QUINTUS DE SMYRNE

LA SUITE D'HOMÈRE

LIVRES I - IV

COLLECTION DES UNIVERSITÉS DE FRANCE
publiée sous le patronage de l'ASSOCIATION GUILLAUME BUDÉ

QUINTUS DE SMYRNE

LA SUITE D'HOMÈRE

TOME I

LIVRES I - IV

TEXTE ÉTABLI ET TRADUIT
PAR
FRANCIS VIAN
Professeur à l'Université de Clermont-Ferrand

Quatrième tirage

PARIS
LES BELLES LETTRES
2022

Conformément aux statuts de l'Association Guillaume Budé, ce volume a été soumis à l'approbation de la commission technique, qui a chargé M. Jean Martin d'en faire la révision et d'en surveiller la correction en collaboration avec M. Francis Vian.

95 boulevard Raspail, 75006 Paris
www.lesbelleslettres.com

Premier tirage 1963

ISBN : 978-2-251-00293-4
ISSN : 0184-7155

INTRODUCTION

I

L'HOMME ET L'ŒUVRE

Le nom de l'auteur et le titre du poème.

Les témoignages de l'antiquité sur Quintus de Smyrne et sur son œuvre sont rares et tardifs. Eustathe, Tzetzès et les scholies homériques sont les seuls à citer le nom du poète, qu'ils appellent Κόϊντος ou Κόϊντος ὁ ποιητής[1] ; Tzetzès parle parfois de Κόϊντος ὁ Σμυρναῖος : il est probable qu'il a tiré du poème lui-même cette précision nouvelle[2]. L'épopée s'intitule la *Suite d'Homère*, Τὰ μετὰ τὸν Ὅμηρον (ou Τὰ μεθ' Ὅμηρον) d'après une scholie de l'*Iliade* confirmée par Eustathe. Ce dernier ajoute que Quintus donnait le nom de « récits », λόγοι, aux différentes parties de son poème, alors qu'Aristarque et ses contemporains avaient employé les lettres de l'alphabet pour désigner les chants de l'*Iliade* et de l'*Odyssée*[3]. Ces maigres renseignements s'accordent

1. Schol. AD Gen à B 220 ; — Eustathe, Introd. au commentaire de l'*Iliade* (p. 5 *in fine* de l'éd. de Leipzig) ; id., à A 468 (136, 4) ; B 814 (352, 2) ; θ 501 (1608, 1) ; λ 546 (1698, 48) ; λ 592 (1702, 11) ; — Tzetzès, *Posthom.*, v. 10, 13, 282, 522, 584, 597 ; id., *Prooemium in Iliadem*, v. 482 (Matranga, *Anecd. gr. e mss bibl. Vat. Angel. Barb.*, p. 16) ; id., schol. à Lycophron, *Alex.*, 61 et 1048. Les allusions faites par Eustathe et Tzetzès peuvent en certains cas remonter à des commentaires plus anciens.

2. Tzetzès, *Exeg. in Iliad.* p. 772, 20 Bachmann ; *Chiliad.*, II, 489 s. ; schol. à Tzetzès, *Posthom.*, 282 (p. 123 Jacobs). L'indication se retrouve dans certains des manuscrits qui donnent l'épigramme sur les *Travaux d'Héraclès* (*Anthol. Pal.*, XVI, 92).

3. Schol. AD Gen à B 220 ; Eustathe, Introd. à l'*Iliade*, p. 5.

avec ceux que fournissent les manuscrits. Dans la famille de Y, le titre a la forme qu'on peut déduire d'Eustathe : on lit au début de M Κοίντου εἰς τὰ μεθ' Ὅμηρον πρῶτον et le *Parrhasianus* porte la souscription τέλος Κοΐντου τῶν μεθ' Ὅμηρον λόγων. Le prototype de la seconde famille, l'*Hydruntinus*, était demeuré inachevé, comme il apparaît par plusieurs de ses copies ; il ne comportait ni les titres, ni la souscription finale, que le copiste avait réservés au rubricateur ; un simple Κοίντου devait figurer, peut-être en marge, au début de quelques chants. Certains descendants de l'*Hydruntinus* ont voulu combler cette lacune ; parmi les titres variés qu'on a imaginés, l'un s'est peu à peu imposé et a été adopté par l'Aldine : Κοίντου Καλαβροῦ παραλειπόμενα Ὁμήρῳ ; il n'a aucune autorité et la dénomination « Quintus Calaber » vient de ce que le cardinal Bessarion a retrouvé le poème à Otrante, en Calabre. Des copistes mieux avisés ont rectifié et écrivent Κοίντου Σμυρναίου ; mais, comme Tzetzès, ils ont pris ce renseignement dans le poème.

Il n'y a pas lieu d'être surpris par le nom de Quintus. L'absence de patronyme n'est pas un fait insolite à l'époque impériale : de nombreux personnages sont désignés par leur *cognomen* (Longus), ou par un simple *praenomen* ; on connaît par exemple l'écrivain Lucius de Patrai, l'archonte Sextus de Phalère (*IG*, III, 93), les sophistes Secundus d'Athènes (Philostr., *Vie des Soph.*, I, 26), Marcus et Sextus de Chéronée, ces deux derniers neveux de Plutarque. Il serait vain de vouloir tirer du nom de l'auteur des conclusions sur sa nationalité ou sa condition. Tout au plus doit-on convenir que son œuvre laisse percer des tendances et des sympathies romaines. Elle porte clairement l'empreinte du stoïcisme ; elle traite Arès en dieu puissant et respectable, alors que les Grecs n'ont le plus souvent que mépris pour sa force brutale. Surtout la prophétie de Calchas au livre XIII (v. 334 ss.) est un hommage rendu à l'empire universel de Rome. Il ne faut cependant pas surestimer la valeur de ces indices. Quintus se sépare de la doctrine devenue officielle depuis Virgile :

il attribue à Énée non la fondation de Lavinium, mais celle de Rome elle-même, conformément à une tradition hellénique qui remonterait à Hellanicos d'après Denys d'Halicarnasse (*Ant. Rom.*, I, 72). Quelle que soit d'ailleurs la sincérité du poète dans ce passage, il est d'abord tributaire de sources littéraires. Le thème de la fondation de Rome par les Énéades est un lieu commun depuis Lycophron et il est déjà préfiguré dans l'*Iliade*, quand Poseidon prédit les glorieuses destinées de la race d'Énée[1]. La formation latine de Quintus serait mieux établie si l'on parvenait à démontrer qu'il lisait des œuvres latines dans le texte original : on l'a souvent affirmé, mais les arguments avancés ne semblent pas décisifs[2].

Renseignements autobiographiques fournis par Quintus de Smyrne. La patrie de Quintus en revanche ne paraît pas faire de doute. Dans un passage autobiographique du livre XII (v. 306-313), l'auteur se donne pour un berger qui reçut l'inspiration des Muses, tandis qu'il gardait, tout jeune encore, ses troupeaux dans la campagne de Smyrne. Il serait aisé de dénier toute valeur à ces vers où abondent les clichés. Entre toutes les patries prêtées à Homère, Smyrne était la plus illustre à l'époque impériale ; elle possédait son *Homereion*[3], et l'on conçoit que l'auteur d'une « Suite de l'*Iliade* » ait désiré apparaître comme un compatriote du Mélésigénès. L'invocation aux Muses, placée avant le catalogue des guerriers qui montèrent dans le Cheval de Troie, est une imitation, dans les termes mêmes, de celle qui précède le Catalogue des Vaisseaux (B 484 ss., 492). Le thème pastoral qui s'y associe provient évidemment du prélude de la

1. Υ 302-308 ; Lycophron, *Alex.*, 1226-1280 ; cf. encore Oppien, *Cynég.*, I, 2.
2. Cf. ci-dessous, p. XXXII-XXXIV.
3. Strabon, XIV, 1, 37 (646) ; Cicéron, *Pro Arch.*, 8, 19. Les érudits de Smyrne s'étaient occupés d'Homère, notamment Hermogène, au Ier siècle ap. J.-C. : cf. C. J. Cadoux, *Ancient Smyrna* (1938), p. 210-212, 233.

Théogonie d'Hésiode. Néanmoins, dans ce cadre de convention, s'insèrent des précisions autobiographiques et topographiques de bon aloi : si le temple d'Artémis et l'*Éleuthérios kêpos* sont inconnus, on parvient aisément à localiser sur une carte le domaine de Quintus, dans la partie montagneuse du territoire de Smyrne, la Σμυρναία ὀρεινή, qui s'étend sur les derniers contreforts du Sipyle. On peut ajouter que le « jardin » du poète devait être un domaine sacré, dépendance du temple d'Artémis, analogue au « Jardin du sanctuaire de la Vertu » qui se trouvait, lui aussi, à Smyrne, au témoignage de Philostrate (*Vie des Soph.*, I, 25, 26)[1].

On accordera moins de crédit au décor bucolique qui pourrait n'être qu'un artifice littéraire. Certes Quintus sait aimer et observer la vie des champs. Bien que nous soyons loin de connaître toutes ses lectures et qu'il soit risqué, chez un pareil écrivain, de faire la part de l'inspiration personnelle, vingt-quatre de ses comparaisons semblent originales et la plupart d'entre elles, souvent les mieux réussies, concernent la vie rurale, la montagne ou la chasse ; certaines décrivent d'humbles réalités comme la cueillette des olives, l'extraction de l'huile, la fabrication du charbon de bois ou la récolte de la résine[2]. Malgré ce préjugé favorable, on doit émettre des doutes sur la sincérité de Quintus. Celui-ci est en effet un poète rompu au difficile maniement de la technique épique ; il est familiarisé avec Homère, Hésiode et Apollonios de Rhodes ; il a beaucoup lu. Cette formation livresque suppose une bibliothèque et des loisirs : un berger, fût-il remarquablement doué, ne saurait l'avoir acquise « à l'âge où ses joues se couvrent de duvet ».

Car on peut croire le poète, quand il déclare que son épopée est une œuvre de jeunesse[3]. Le manque de

1. Le sens d'Éleuthérios est obscur : domaine bénéficiant du droit d'asile ? ou jardin d'Éleuthéros ? ou jardin consacré à la Liberté personnifiée ? Les Smyrniotes célébraient depuis le temps de Gygès une fête des *Eleutheria* : cf. Cadoux, *l. c.*, p. 80.

2. F. Vian, *Rev. de Philol.*, XXVIII, 1954, 48 s.

3. Ce motif est pourtant lui aussi un cliché : dans le prélude

maturité se trahit de bien des façons. La *Suite d'Homère* n'est trop souvent qu'une succession d'exercices scolaires : la bataille, l'ambassade, les funérailles, les jeux funèbres, la description des armes, la tempête ; à ces grands thèmes s'ajoutent des motifs de moindre importance, notamment le riche lot des « comparaisons homériques », élaborées selon des schémas conventionnels. En outre, si l'absence de souffle poétique, la pauvreté de l'analyse psychologique ne sont pas la rançon de la jeunesse, le style a des maladresses qu'un peu d'expérience aurait pu atténuer : en particulier certains adjectifs ou participes reviennent avec une monotonie lassante et dénotent un écrivain qui n'est pas encore parvenu à la pleine maîtrise de sa langue. Ces défauts sont, il est vrai, surtout ceux d'un genre littéraire, sclérosé depuis longtemps ; mais un examen attentif révèle que Quintus ne s'est pas soumis passivement à des routines consacrées. Sa technique se cherche et évolue : il est d'abord prisonnier de ses modèles qu'il suit pas à pas, soucieux seulement de varier l'expression ; puis il réussit à s'en libérer et à trouver un ton plus personnel. Les comparaisons fournissent à cet égard un champ d'expérience commode : 19 des 24 comparaisons qu'on peut tenir pour originales[1] se lisent dans les sept derniers livres ; les parties narratives donneraient lieu à des remarques analogues[2]. Ces indices laissent entrevoir un esprit qui se découvre progressivement et prend conscience de son talent propre ; s'ils sont insuffisants en eux-mêmes, ils confirment du moins les déclarations du poète.

D'ailleurs tout n'est peut-être pas à rejeter non plus

des *Aitia*, Callimaque se qualifie d'ἀρτιγένειος au moment où les Muses l'emportent en songe sur l'Hélicon : schol. Flor., l. 18 (R. Pfeiffer, *Callim.*, I, p. 11) ; or Quintus connaît ce texte : cf. μῆλα νέμοντι fr. 2, 1 Pfeiffer et QS, XII, 310.

1. Il importe peu que certaines de ces comparaisons soient en fait des emprunts à des œuvres perdues : il suffit que l'auteur les ait prises hors du répertoire classique.

2. Nous avons abordé ces questions dans *Rev. de Philol.*, XXVIII, 1954, 48 s., et dans nos *Recherches sur les Posthom.*, p. 175-182.

dans le travestissement bucolique. Rhodomann se demandait si Quintus, en prenant les traits d'un berger, ne voulait pas laisser entendre qu'il avait été un professeur ayant enseigné à d'« illustres ouailles ». Rhodomann fondait son hypothèse sur une interprétation erronée du texte : il exagérait l'importance de l'épithète περικλυτά et imaginait que le poète parlait du « jardin et des brebis des Muses ». Il n'en demeure pas moins que les universitaires de l'époque romaine affectionnent l'image du berger paissant ses moutons : un chant funèbre dédié à un professeur natif de Smyrne nous apprend que ce rhéteur fut appelé à Constantinople « afin qu'il y fît paître le troupeau des jeunes gens » de la haute société[1] ; Libanios parle volontiers de son « troupeau »[2]. Rhodomann pourrait donc avoir vu juste, encore qu'on imagine assez mal une école située si loin de la ville, en plein district rural. En tout cas l'œuvre de Quintus prouve qu'il était un homme de cabinet, passablement érudit, « ein Gelehrter », pour reprendre l'expression de A. Nauck[3] ; la rhétorique l'a marqué de son empreinte, bien qu'il ait réussi à en éviter les travers les plus voyants[4].

On n'est pas surpris que le poète, vivant à Smyrne, connaisse les curiosités naturelles et l'histoire locale de l'Asie Mineure. En particulier, pour les côtes de Carie et de Lycie, son information est précise et garantie par les témoignages des géographes anciens et de l'épigraphie ; parfois il est le seul à fournir tel renseignement topographique (le Tarbèle de Caunos, en VIII, 80) ou mythographique (la légende de Scylacée, en X, 147 ss.).

1. Pap. Berol. 10559, v. 89 : W. Schubart-U. v. Wilamowitz, *Berl. Klass.-texte*, v, 1, p. 87 ; D. L. Page, *Lit. papyri, Poetry*, n° 138, v. 61.

2. P. Petit, *Les étudiants de Libanius* (1956), p. 21.

3. A. Nauck, *Bull. Acad. imp. des sc. de St-Pétersb.*, v, 1863, p. 476.

4. L'influence de la rhétorique, admise par G. W. Paschal, *Study of Quintus of Sm.*, 63-67, a été contestée par M. Wh. Mansur, *Treatment of Hom. characters by Quintus* (1940), 62 ss. ; ce dernier verrait plutôt en Quintus un amateur, un homme d'affaires occupant ses loisirs à versifier ; mais cf. ci-dessous p. XXXVIII-XL.

On en a conclu depuis Tychsen qu'il avait beaucoup voyagé dans ces régions : certaines expressions ne laissent-elles pas penser qu'il a vu de ses propres yeux les merveilles qu'il décrit : le rocher de Niobé (I, 302 ss.), l'antre d'Héraclée (VI, 482 ss.), le tombeau de Pénélée (VII, 160), la flaque purulente de l'antre de Philoctète (IX, 391), le lac de lait du Latmos (X, 134 ss.), la flamme inextinguible du Corycos (XI, 93 s., 98), la crevasse où se réfugient les serpents après avoir dévoré les fils de Laocoon (XII, 480 s.), le rocher d'Hécube (XIV, 351) ? A vrai dire, l'emploi de ces formules, traditionnelles depuis Homère, prouve peu. Une analyse plus complète des allusions géographiques montre que le poète travaille de seconde main. Tantôt on possède la source littéraire (VII, 408-411 = *Anth. Pal.*, VII, 141) ou des indices clairs de son existence (digression sur Niobé, en I, 292-306). Tantôt les notices, éparses dans l'œuvre, s'organisent clairement autour d'un thème central : ainsi les notices lyciennes groupées autour de la légende de Glaucos ou les notices troyennes qui constituent un répertoire d'« Antiquités » homériques et surtout de tombeaux célèbres. Parfois des contaminations provoquent des erreurs. Quintus situe la Chrysé épique, non à proximité de Thèbe, mais sur l'emplacement de la Chrysa historique, non loin du cap Lecton (VII, 401-411 ; XIV, 407-418) ; mais il déplace en même temps Cilla, sans prendre garde qu'il n'existe aucune localité de ce nom sur la côte occidentale de la Troade : il a combiné aux données homériques des renseignements pris à un historien local favorable aux prétentions de la nouvelle Chrysa. En définitive, Quintus se révèle surtout homme de cabinet, en ce domaine comme dans les autres. Du moins l'Asie Mineure est-elle une réalité vivante ; au contraire les rares allusions topographiques à la Grèce d'Europe et aux Iles de la mer Égée sont d'une indigence qui révèle combien la vieille Hellade comptait peu pour lui[1].

1. Nous résumons les conclusions du chapitre IV de nos *Recherches sur les Posthomerica* (p. 110-144) ; Ph. Kakridis, Κόϊντος

Les conceptions religieuses de Quintus de Smyrne.

L'un des aspects de l'homme qui transparaît le mieux dans l'œuvre est son attitude en face de la religion et du problème de la destinée humaine. Il convient naturellement de faire abstraction du lourd héritage épique. Comme chez Homère, les dieux prennent parti ; ils assistent aux combats du haut de l'Olympe, suscitent chez les guerriers le courage, la panique ou des hardiesses téméraires ; ils protègent leurs favoris, interviennent dans la bataille et combattent même entre eux dans une Théomachie inspirée du chant XX de l'*Iliade* (XII, 157-218). Dans l'ensemble cependant, le monde des dieux est plus distinct, plus éloigné de celui des hommes. Si les mortels doivent obéissance à la divinité, ils n'éprouvent guère le besoin de se confier à elle ou de solliciter son aide[1]. Les dieux de leur côté se montrent rarement sous une forme humaine : il faut une grâce spéciale de Zeus (III, 597) pour que les Achéens puissent soutenir la vue de Thétis ; quand Éos paraît devant les Éthiopiens, ceux-ci n'appartiennent déjà plus à ce monde (II, 570-655) ; seul Énée a le privilège de voir Apollon sous les traits d'un devin (XI, 129-141), mais il est appelé à devenir dieu lui-même (XIII, 342). D'ordinaire, les dieux demeurent invisibles : ils se manifestent par des cris formidables, par des prodiges, des présages ou des songes[2] : il ne semble même pas qu'Achille voie Apollon, quand il converse avec lui devant les Portes Scées,

Σμυρναῖος (1962), 181-188, n'a pas été convaincu par nos arguments. Mais il faut souligner que l'existence d'un modèle littéraire ne signifie pas nécessairement que Quintus n'a pas vu certains des lieux dont il parle ; on a justement remarqué que le pouvoir de la Mimésis est tel sur les écrivains qu'ils préfèrent recourir à une inspiration livresque plutôt que de mettre à profit leur expérience personnelle : cf. J. Bompaire, *Lucien écrivain* (1958), p. 221-235 et *passim*.

1. On relève peu de prières (I, 186 ; VIII, 431 ; IX, 9 ; XII, 153 ; XIV, 119) et moins encore des sacrifices (XII, 503 ; XIV, 101, 379).

2. Cris : VIII, 243 ss. ; IX, 298 ss. Prodiges : VIII, 450 ; XII, 55, 94, 500 ss. Présages : I, 198 ; IX, 307 ; X, 265 ; XII, 5. Songes : I, 123 ss. ; XII, 106 ss. ; XIV, 274 ss. — Le combat entre les dieux passe lui-même inaperçu des hommes : XII, 184-185.

quelques instants avant sa mort[1]. L'être divin perd ainsi toute analogie et tout contact avec l'homme : lors même qu'il garde son aspect traditionnel (Apollon archer, Athéné à l'égide), il apparaît comme nimbé d'une demi-immatérialité : il vit dans l'éther[2], circule dans l'espace pareil à un souffle ou agit par l'intermédiaire des Vents[3]. Quintus n'innove pas dans le rôle qu'il attribue à ces derniers génies, déjà familiers à Homère ; mais il accroît considérablement leur importance, parce qu'ils symbolisent la nature incorporelle des dieux par leur fluidité et leur invisible présence.

D'autres figures, autrefois secondaires, passent au premier plan, notamment les Hôrai, que Quintus identifie aux Héliades, filles du Soleil et de la Lune : elles sont tour à tour les quatre Saisons, les douze Heures du jour ou les douze Gardiennes du cercle zodiacal ; leur ronde rythme la course du temps et l'écoulement de la vie humaine[4]. Celle qui dirige leur chœur, Éos, reçoit une promotion significative : elle n'est plus la déité secondaire de l'Aurore, mais la Lumière du Jour, l'antithèse de la Nuit, dont elle devient la fille, à l'instar de l'Héméré hésiodique[5].

Les Olympiens gardent le contrôle du monde. Leur figure s'est moins modifiée, car Quintus subit la tyrannie de la tradition. Néanmoins son Olympe ne ressemble plus à celui d'Homère. Certains dieux, comme Hermès ou Artémis, n'interviennent plus que dans les dévelop-

1. Cf. ci-dessous p. 97, n. 4.

2. QS, I, 124, 683 ; III, 32, 60 s., 88 ; V, 396 s. ; VII, 560 ; XI, 169 ; et ailleurs.

3. QS, I, 683-686 ; II, 550 ss. ; III, 86 ss., 697-718, 781 ; IV, 6, 111 ; V, 396, 637 ; VII, 559 s. ; VIII, 241 ss. ; IX, 293, 436 s. ; XI, 142 ; XII, 163 s., 191 ss. ; XIII, 62 ; XIV, 223, 474 ss. Sur le bouclier cosmique d'Achille, l'éther, les vents et les nuages sont figurés (V, 7 s.), alors qu'Homère ne les mentionne pas.

4. QS, I, 48 ss. ; II, 500 ss., 594 ss., 658 ; IV, 135 ; V, 625 ss. ; X, 336 ss. Chez Nonnos, les Hôrai jouent aussi un rôle important ; elles symbolisent tantôt les Heures, tantôt les Saisons : *Dion.*, XI, 484-521 ; XII, 1-117.

5. QS, II, 625 : cf. Hésiode, *Théog.*, 124, 748.

pements mythologiques. Les autres constituent une troupe hiérarchisée et disciplinée : les mouvements d'humeur, hérités d'un lointain passé, sont vite réfrénés[1] ; à aucun moment, l'autorité de Zeus n'est sérieusement contestée[2]. Ce que les Olympiens perdent en individualité, Zeus le gagne en puissance ; mais, et c'est là l'un des traits marquants de la religion de Quintus, lui-même n'est plus que le docile exécuteur des arrêts du Destin : cette subordination est proclamée avec insistance[3]. Ainsi les forces cosmiques impersonnelles tendent partout à prévaloir ; un détail, qui semble propre à l'auteur, symbolise l'ordre nouveau : les Moires toutes-puissantes sont maintenant les filles du Chaos primordial (III, 756).

Cette conception du monde n'est pas originale. Le Stoïcisme avait proclamé depuis longtemps l'omnipotence du Destin ; il avait dépersonnalisé les dieux qu'il identifiait aux Éléments[4] ou changeait en symboles moraux. D'autre part la religion de l'époque impériale accorde une large place aux dieux qui ont la faveur de Quintus. Si le culte du Destin s'adresse plutôt à Ananké ou à Heimarméné, Smyrne possède un sanctuaire des Moires[5]. Les Vents et les Saisons sont fréquemment associés et invoqués[6]. Le type monétaire des Saisons fait son apparition sur les monnaies qui figurent Antonin et Faustine divinisés sous les traits du Soleil et de la Lune[7] : peut-être y sont-elles considérées là aussi comme des Héliades. Dans la Théomachie où l'auteur formule longuement sa pensée religieuse, intervient la

1. QS, III, 96-138 ; IV, 43-61 ; VIII, 340-358 ; IX, 291-323.
2. QS, I, 690-715 ; II, 164-182, 662 ss. ; XII, 189-218.
3. QS, II, 172 ; III, 651 ; VII, 75 ; IX, 415-422 ; XIII, 473-477 ; XIV, 97-100.
4. Chez Quintus, l'Éther semble parfois divinisé (IV, 142) ; Amphitrite devient un simple nom de la mer (VIII, 63 ; XIV, 535, 609, 644) ; Zeus, Athéné et Apollon ont l'éther pour domaine.
5. C. J. Cadoux, *Ancient Smyrna* (1938), 225.
6. Fr. Cumont, *Symbolisme funéraire* (1942), 104-146 ; L. Robert, *Hellenica*, IX (1950), 56-66 (avec une bibliographie).
7. J. Babelon, *Bulletin de la Société des Antiquaires de France*, 1943/44, 367-380.

figure de l'« immortel Aeon » (xii, 194) : c'est lui qui a forgé le char « éternel » de Zeus, tout en acier, qu'emportent les quatre Vents attelés au même joug. Bien que la personnification d'Aeon remonte au moins à Euripide, c'est surtout dans les spéculations tardives que l'Éternité a pris importance et figure[1]. L'image de Zeus parcourant l'espace sur le char d'Aeon évoque un bas-relief qui représente l'apothéose d'Antonin et de Faustine : là, le couple est enlevé au ciel par Aeon lui-même, qui tient dans sa main une sphère ceinte du zodiaque[2].

Quintus se conforme en général à la conception homérique de la mort et de l'Hadès. Quelques passages cependant trahissent des idées plus personnelles. Nestor, qui est le porte-parole de la pensée stoïcisante du poète, après avoir déploré la misère de l'homme dont le Destin se joue, fait briller une espérance aux yeux de Podalire : il existe chez les hommes, dit-il, la croyance que les âmes des bons montent au ciel, alors que celles des mauvais vont dans les ténèbres (vii, 87-90). Cette foi dans une rémunération d'outre-tombe, où l'on a cru voir sans raison la marque du Christianisme, se retrouve, depuis l'époque hellénistique, dans les écrits stoïciens et jusque dans les croyances populaires : les âmes, considérées comme immortelles ou du moins survivant au corps, ne descendent plus dans un Hadès souterrain ; elles s'envolent dans l'air ; si elles sont impures, elles demeurent dans les couches basses et sombres de l'atmosphère (l'ἀήρ ou, comme dit Quintus, le ζόφος), tandis que les autres s'élèvent jusqu'à l'éther[3]. Peu auparavant (vii, 42), Nestor déclarait que l'âme

1. D. Levi, *Hesperia*, xiii, 1944, 269-314 ; M. Nilsson, *Gesch. d. griech. Religion*, ii (1950), 478 ss.

2. W. Amelung, *Skulpt. des Vatik. Mus.*, i, 883, nº 223, pl. 116 ; D. Levi, *l. c.*, 306, fig. 22. Aeon apparaît sur les monnaies à partir de 138/9. Sur un relief de Modène (cf. D. Levi, *l. c.*, 290, fig. 16 ; M. Nilsson, *l. c.*, ii, pl. 6, 1), le dieu est entouré du zodiaque et des quatre Vents ; il est ailleurs considéré comme le dieu des Vents : D. Levi, *l. c.*, p. 296, n. 67.

3. E. Rohde, *Psyché* (trad. française), 524 ss., 578 s. ; Fr. Cumont, *Lux perpetua* (1949), chap. III.

de Machaon s'était envolée « dans l'air » ; ailleurs encore, il est question de l'âme qui se mêle aux souffles des vents[1] ou, pour certains élus, à l'éther[2]. Une conception un peu différente ressort d'une formule répétée deux fois : au moment du trépas d'un guerrier, le poète déclare que « la Vie immortelle (ἄμβροτος Αἰών) l'abandonne » (III, 319 ; VI, 586 ; cf. XI, 485 ; XIV, 314). C'est l'écho de la croyance, qui remonte à Chrysippe, que la plupart des âmes se dissolvent après la mort dans la Vie universelle, tandis que celles des sages conservent leur existence propre[3]. Or, dans les *Posthomériques* aussi, certains héros bénéficient de cette immortalité, qui est à deux reprises appelée ἄμβροτος αἰών : Memnon, Néoptolème, Héraclès, Dionysos, Achille, Machaon, Ganymède[4]. Ils tiennent pour une part ce privilège de leur lignage divin ; mais ils le doivent plus encore à leur mérite. Achille, Néoptolème, Machaon lui-même sont dits avoir incarné un haut idéal de sagesse et de *mansuétude*[5] ; il n'importe pas que les faits démentent quelque peu ces paroles et que l'« implacable » Achille vienne exiger le sacrifice de Polyxène aussitôt après avoir invité son fils à se montrer toujours μείλιχος : le songe de Néoptolème, que l'on a rapproché du Songe de Scipion, doit exprimer quand même les convictions profondes du poète[6].

1. QS, I, 253. Les Vents sont les convoyeurs des âmes : cf. Fr. Cumont, *Symbolisme funéraire* (1942), p. 104-176. Néoptolème sera emporté aux champs Élysées par des chevaux nés du Zéphyr et de la Harpyie Podarge (QS, III, 760 ss.) ; les Vents enlèvent Memnon et Glaucos ; les Harpyies ont aussi un rôle funéraire (X, 395).

2. QS, V, 647 : c'est l'âme d'Héraclès qui monte chez les dieux après la mort du héros ; αἰθέρι, que Köchly corrige en ἠέρι, est justifié par cette apothéose.

3. E. Rohde, *Psyché* (trad. franç.), 524.

4. QS, II, 651 ; III, 762, 770 ss. ; V, 644 ss. ; VII, 90 ss., 698 ; VIII, 431 ss. ; XIV, 185-227, 246, 254 ss. D'après d'autres passages, Memnon et Achille vivraient aux Enfers.

5. Cf. surtout le songe de Néoptolème (XIV, 185-209) ; en outre III, 424-426, 550 ; VII, 90.

6. Sur la religion et la philosophie de Quintus, cf. maintenant Ph. Kakridis, Κόϊντος Σμυρναῖος (1962), 164-181.

L'epoque de Quintus de Smyrne. Nous ignorons à quelle époque Quintus a vécu et des opinions extrêmes ont été soutenues. Certains ont prétendu que la plus grande partie des *Posthomériques* était contemporaine d'Homère[1], alors que d'autres ont placé le poème au VIe siècle de notre ère. En fait, G. Hermann a démontré d'une façon définitive que les *Posthomériques* de Quintus et les *Argonautiques* orphiques sont des œuvres tardives, proches de Nonnos, mais antérieures à celui-ci ; Quintus serait lui-même plus ancien que le Ps.-Orphée[2]. Cette chronologie, fondée sur l'étude de la métrique et de la langue, est confirmée par d'autres indices. Quintus est connu non seulement des successeurs de Nonnos, comme Tryphiodore et Musée[3], mais aussi de Nonnos lui-même[4], qui a vécu vers le milieu du

1. Par exemple E. A. Berthault, dans l'introduction de sa traduction (1884), p. VIII ; Quintus serait l'éditeur *(sic)* du poème. Dans une lettre du 9 août 1960, dont nous le remercions bien vivement, le Professeur Paul Maas suggère que Quintus pourrait être antérieur à l'ère chrétienne : il serait à ranger parmi les premiers écrivains grecs qui attestent les prétentions de Rome à l'empire universel. Cette date haute aurait l'avantage de simplifier le problème des sources et des rapports de Quintus avec les poètes latins ; elle soulève néanmoins, comme on verra, certaines objections qui nous incitent à conserver la date traditionnelle.

2. G. Hermann, *De aetate scriptoris Argonauticarum*, dissertation annexée à l'édition des *Orphica* (Leipzig, 1805). D'après la métrique (admission de l'allongement de la brève à la césure, de l'hiatus et de l'abrègement « attique »), Quintus et le Ps.-Orphée sont antérieurs à la réforme de Nonnos ; d'autre part, des faits de vocabulaire et de syntaxe (notamment l'extension de l'emploi de οἷ et de σφιν) obligent à adopter une date basse, proche de l'époque de Nonnos.

3. F. Noack, *Hermes*, XXVII, 1892, 452-463 ; A. Wifstrand, *Von Kallimachos zu Nonnos* (1933), 193.

4. On relève des imitations littérales : cf. les *loci similes* consignés par R. Keydell dans son édition de Nonnos et nos compléments (*Rev. de Philol.*, XXXIV, 1960, 301). Certaines batailles des *Dionysiaques* (XXII, 263-273, 287 ss., 354, 359) utilisent les mêmes clichés que les *Posthomériques;* plusieurs thèmes ont particulièrement retenu l'attention de Nonnos : les convulsions du bras coupé (QS, XI, 71-78 ∾ Nonnos, II, 429-435 ; XXII, 197

ve siècle[1]. Un « Combat contre les Blémyes », dont le papyrus date des environs de 400, utilise aussi notre poème[2]. Il existe en outre de nombreux points communs avec les *Argonautiques* et il n'y a pas à douter que le Ps.-Orphée soit l'imitateur. Le court épisode des Jeux funèbres (*Argon.*, 576 ss.), qui ne peut avoir retenu l'attention de Quintus, comporte les mêmes concours non homériques : la récitation poétique[3], le pancrace et la course de chevaux montés[4]. L'analyse de certaines formules est également favorable à la priorité de Quintus[5]. La date des *Argonautiques* n'est pas connue (peut-être le milieu du IVe siècle) ; mais un papyrus du IVe siècle fournit un repère chronologique : dans un recueil d'*éthopées* versifiées, l'une d'elles, intitulée « Quelle

ss. ; XXVIII, 126), le guerrier frappé à la gorge quand il parle (QS, XI, 28 ss. ∾ Nonnos, XV, 367 ss.). Nonnos se souvient aussi de Quintus dans le combat de boxe (QS, IV, 359-360, 364 ∾ Nonnos, XXXVII, 514, 522) et dans l'épisode d'Ambroisie (QS, XIII, 544 ss. ∾ Nonnos, XXI, 24 ss.). Le châtiment de Lycurgue (Nonnos, XXI, 91 ss., 125 ss.) rappelle celui d'Ajax le Locrien ; Arès renonce à sauver son fils (v. 66-68), comme il avait renoncé à venger sa fille Penthésilée (QS, I, 689-715). Enfin les deux poètes accueillent les mêmes allégories cosmiques : le char d'Aeon (ou de Chronos) tiré par les quatre Vents : QS, XII, 191-195 ∾ Nonnos, II, 420-423 ; les quatre ou douze Hôrai (cf. ci-dessus p. XV).

1. Nonnos a écrit entre 397 et 470, sans doute durant le second quart du ve siècle : R. Keydell, dans *Real-Encykl.*, *s.v. Nonnos*, 904 s. ; R. Dostálová-Jeništová, *Listy Filologické*, 1956, 174 ss., date le poème d'après 451-452.

2. Pap. Berol. 5003 : W. Schubart - U. v. Wilamowitz, *Berl. Klass.-texte*, V, 1, p. 108 ss. ; D. L. Page, *Lit. papyri*, *Poetry*, n° 142. Cf. A. Wifstrand, *l. c.*, 183 ss. Le nom de Persinoos (QS, I, 227) se retrouve sur le papyrus (v. 6) ; la leçon des mss doit donc être conservée ; on aurait préféré pourtant lire Peisinoos (cf. Peisinoé chez Nonnos), qui est attesté dans les *Bassariques* (Pap. Lond. 2.273 : H. Milne, *Arch. f. Pap.-forsch.*, VII, 1923, 3 ss. : fr. 2, v. 13, 18, 24).

3. Μολπή : QS, IV, 147, 163 ∾ *Argon.*, 592.

4. Parmi les ressemblances verbales, on retiendra surtout παλαισμοσύνης ὑπερόπλου (QS, IV, 215, 266), que le Ps.-Orphée utilise en dehors des Jeux (v. 663 πυγμαχίης ὑπερόπλου).

5. Εὐθαλέες λειμῶνες (QS, V, 77) devient dans les *Argonautiques* εὐθαλὴς λειμών (v. 912) avec une scansion irrégulière de εὐθαλής.

consolation Calliope pourrait adresser à Thétis ? », utilise directement un passage des *Posthomériques* (III, 632-654)[1].

Ces éléments littéraires de datation s'accordent avec deux indications historiques données par le texte. Quintus fait allusion dans une comparaison aux esclaves qui étaient livrés aux bêtes dans l'amphithéâtre (VI, 531-536) : or ces pratiques tendent à disparaître vers la fin du IVe siècle, sous le règne de Théodose. D'autre part, dans la prophétie de Calchas (XIII, 334-341), Rome est la capitale de l'Univers ; sa suprématie ne paraît ni contestée, ni ébranlée, alors que Quintus ne prononce nulle part le nom de Byzance. Bien que Rome soit demeurée la capitale nominale de l'empire même après la fondation de Constantinople (324), on admettra difficilement que ces vers soient postérieurs à la naissance de la Rome d'Orient. Il n'est pas indifférent que le prélude des *Cynégétiques*, qui comporte une adresse à Caracalla (211-217), développe les mêmes thèmes, la glorification de la dynastie des Énéades et de la puissance universelle de Rome (Oppien, *Cyn.*, I, 2 et 11).

Si 324 peut être tenu comme un *terminus ante quem* probable, les *Halieutiques* d'Oppien (177-180) fournissent un *terminus post quem* assuré. En plusieurs endroits, Quintus utilise des thèmes relatifs à la pêche qui sont traités par Oppien, souvent d'une façon plus complète. Les idées, parfois les expressions sont analogues ; et il est évident que ce n'est pas le poète didactique qui a puisé son information dans une œuvre épique où ces développements font figure de digressions[2]. On doit ajouter que la dernière partie de l'épisode de Memnon est tirée des *Ixeutiques* (ou *Orni-*

1. R. Reitzenstein, *Hermes*, XXXV, 1900, 103 ss. ; R. Pack, *Greek and Latin lit. Texts*, n° 1467 ; E. Heitsch, *Griech. Dichterfragm. d. röm. Kaiserzeit* (1961), 86.

2. F. Vian, *Rev. de Philol.*, XXVIII, 1954, 50 s. Quintus ne semble pas avoir imité les *Cynégétiques* du second Oppien, bien qu'on relève des analogies de vocabulaire : *Cynég.*, IV, 213 (θῶας ἀναιδέας) ∾ QS, V, 18 ; XII, 518 ; *Cynég.*, IV, 219 (ὠρυθμοῖς) ∾ QS, XIII, 101 ; XIV, 287.

thiaques) d'un certain Dionysios[1]. Si l'on ignore tout de l'auteur, il semble du moins que le poème en trois livres dont nous possédons une paraphrase en prose, soit un abrégé des *Ixeutiques* en cinq livres d'Oppien[2]. C'est là une confirmation indirecte que Quintus est postérieur à ce dernier. On note encore des rapprochements avec les *Bassariques* et la *Gigantiade* d'un autre (?) Dionysios[3]; mais l'époque et l'auteur de ces poèmes sont inconnus et l'on ne saurait préciser qui est l'imitateur[4].

C'est donc en définitive au IIIe siècle qu'il convient de situer Quintus de Smyrne, peut-être après le règne d'Alexandre Sévère (222-235), si l'on tient compte du silence de Philostrate dont la *Vie des Sophistes* est riche en informations sur les cercles littéraires de Smyrne. En faveur de cette date, plus haute que celle qui est généralement admise[5], nous invoquerons un dernier argument : l'auteur d'un Hymne (?) à Dionysos restitué par un papyrus du IIIe siècle peint la mort de Lycurgue en empruntant, semble-t-il, plusieurs traits caractéristiques au récit de la mort d'Ajax fils d'Oïlée[6]. Ce rapprochement est important pour fixer la date de Quintus, quoiqu'on ne puisse évidemment exclure l'hypothèse d'un modèle commun.

1. F. Vian, *Recherches sur les Posthomerica*, 28-29.

2. A. Garzya, *Giornale Ital. di Filol.*, X, 1957, 156-160.

3. A. Wifstrand, *Von Kallimachos zu Nonnos* (1933), 179. Outre ἔσχε δ' ἐρωήν (fr. 6, v. 9 ∾ QS, XIII, 390), signalons ἀσχαλόων φάτο μῦθον (fr. 1, v. 21 ∾ QS, V, 180).

4. Ce Dionysios est parfois identifié à Denys le Périégète, dont le poème géographique (date : 117-138) a été utilisé par Quintus (cf. Wifstrand, *l. c.*, 180).

5. Tychsen et Köchly optaient pour le règne de Julien et les années subséquentes ; mais G. W. Paschal, *Study of Quintus of Sm.*, 13-21, proposait la fin du IIe siècle et le début du siècle suivant. D'après notre chronologie, Quintus pourrait avoir imité Pisandre de Laranda : cf. ci-dessous p. XXXIV-XXXV.

6. Pap. Ross. Georg. I. 11 : Pack, *l. c.*, n° 1455 ; Page, *l. c.*, n° 129. Principales analogies : v. 16-18 (Dionysos apparaît environné d'éclairs ; Zeus glorifie son fils en tonnant) ∾ QS, XIV, 509 s., 537 s. (cf. IX, 291 ss.) ; — v. 21-24 (résistance de Lycurgue) ∾ QS, XIV, 556 s. ; — v. 26-28 (Dionysos prolonge le châtiment de Lycurgue) ∾ QS, XIV, 559-561.

Les tendances de la poésie épique au IIIe siècle.

Cette conclusion s'accorde bien avec ce qu'on entrevoit des tendances littéraires de cette époque. Alors que le IIe siècle a cultivé la poésie didactique, le IIIe siècle préfère la vaste épopée narrative. Nestor de Laranda, outre des *Métamorphoses*, refait une *Iliade* ; son fils Pisandre écrit sous Alexandre Sévère des *Théogamies héroïques* en soixante livres, vaste encyclopédie mythologique ; sous Dioclétien, Sotérichos d'Oasis, en Égypte, compose entre autres une *Ariadne*, des *Calydoniaques* et des *Bassariques*. Les papyrus font connaître des œuvres analogues, souvent inspirées du Cycle troyen[1]. Certains de ces écrivains n'hésitent pas à rivaliser directement avec Homère et à traiter à leur façon la matière de l'*Iliade* ou de l'*Odyssée* ; mais les plus nombreux préfèrent ressusciter des légendes qui avaient attiré autrefois des poètes de moindre envergure et qui pouvaient donc passer pour des sujets plus neufs.

Beaucoup de ces légendes avaient été chantées par des émules d'Homère, au VIIe et au VIe siècle : c'est ainsi que s'était constitué un vaste *Cycle épique*, dans lequel les Lyriques et les Tragiques avaient puisé abondamment. Ces œuvres, plus intéressantes par leur matière que par leur valeur littéraire, étaient peu à peu tombées dans l'oubli. Les savants alexandrins les avaient mises à contribution dans leurs commentaires homériques : les uns, comme Zénodote, s'efforçaient de concilier Homère avec le Cycle et de l'expliquer par celui-ci ; l'école d'Aristarque, au contraire, soulignait les différences et traitait avec un certain mépris ces compositions écrites par des épigones[2]. Mais si des poètes érudits — Apollonios de Rhodes ou Virgile — savaient tirer profit de ce répertoire épique, le public

1. Voir R. Pack, *Greek and Latin lit. Texts*, nos 1417 (Télèphe) [= Page, *l. c.*, no 133] ; 1418 a (Télamon et Ulysse ?) ; 1458 (Ulysse et les prétendants) [= Page, no 137] ; 1461 (Achille et Hector).

2. Cf. A. Severyns, *Le Cycle épique dans l'école d'Aristarque* (Liège, 1928).

et même les spécialistes (comme le prouvent les scholies homériques) se contentaient d'utiliser des résumés en prose : les écrits des logographes, notamment ceux de Phérécyde et d'Hellanicos ; plus tard, des manuels de mythologie, comme les premiers livres de Diodore de Sicile ou la *Bibliothèque* d'Apollodore, œuvre d'un grammairien qui paraît avoir vécu au premier ou au second siècle de notre ère[1]. Au IIe siècle, sans doute, un autre grammairien, Proclos, dans sa *Chrestomathie*, atteste que les poèmes du Cycle étaient tombés en discrédit de son temps, bien qu'ils fussent encore conservés ; et il en donne un sommaire dont les manuscrits d'Homère ont gardé les chapitres relatifs à la Geste troyenne[2]. Enfin Jean Philopon (début du VIe siècle) nous apprend que Pisandre (de Laranda) entreprit de rassembler dans une épopée la matière du Cycle et que cette œuvre se substitua si bien aux poèmes cycliques qu'elle les fit définitivement disparaître : il s'agit des *Théogamies héroïques* que nous avons déjà mentionnées[3].

La destination du poème.

L'œuvre de Quintus, plus modeste, répond au même besoin de fournir au public une narration en vers destinée tout à la fois à prendre la place, désormais vacante, qu'occupait le Cycle et à se substituer aux sèches narrations en prose. Le poète ne se propose pas d'écrire une épopée autonome, comme les *Bassariques*, les *Théogamies héroïques* ou les *Dionysiaques*, mais une *Suite d'Homère.* Plus exactement, il veut

1. J. G. Frazer, *Apollodorus* (éd. Lœb, 1921), p. IX-XXXIII ; M. van der Valk, *Rev. Ét. Gr.*, LXXI, 1958, 100-168. Parmi les résumés restitués par des papyrus, il faut citer le *Pap. Ryland* 1.22, qui est tributaire de la *Petite Iliade* (Jacoby, *Fragm. griech. Hist.*, I, p. 182, n° 18).

2. Cf. A. Severyns, *Recherches sur la « Chrestomathie » de Proclos* (Liège-Paris, 1938-1963, 4 vol.). Des manuscrits et des érudits byzantins identifient ce Proclos au Néoplatonicien du Ve siècle.

3. J. Philopon, *Anal. post. comm.*, éd. M. Wallies (1909), p. 156 s. ; cf. A. Severyns, *Cycle épique* (1928), 75 s.

narrer, dans un ordre chronologique, les événements qui se sont succédé depuis la mort d'Hector jusqu'au début du Retour d'Ulysse. Le point de départ est marqué très nettement par une entrée en matière *ex abrupto*, dépouillée du prélude qui est la règle dans l'épopée. Le lien avec l'*Odyssée* est plus lâche : les deux derniers vers servent néanmoins de transition et le destin futur d'Ulysse est évoqué, quelques lignes plus haut, dans une rapide incidente (xiv, 629-631) ; dans le reste du poème, on relève une seule autre annonce (viii, 122-127) pour mentionner Antiphos qui fut la dernière victime du Cyclope (cf. β 19). Les *Posthomériques* visent donc à combler le vide qui sépare l'*Odyssée* de l'*Iliade*. Les copistes de la Renaissance ne s'y sont pas trompés, quand ils ont inséré le poème au milieu du *Corpus* homérique[1]. Avant eux déjà, les commentateurs d'Homère, du ive au xiie siècle, n'ont pas hésité à remplacer les références aux poèmes cycliques perdus par des renvois aux *Posthomériques* qui désormais en tenaient lieu[2]. C'est sans doute à ces circonstances que Quintus doit d'avoir été préservé de l'oubli.

L'intention du poète explique et excuse certains aspects de son œuvre. D'abord, Quintus multiplie les références aux événements de l'*Iliade*, sans pour autant les raconter à son tour : il les considère comme connus et ne s'écarte presque jamais de la version homérique. Au contraire, quand il parle des exploits antérieurs à la Colère d'Achille, il se fait plus explicite, sachant que son lecteur serait livré à lui-même. Ce n'est pas à dire que ses digressions soient suffisantes pour reconstituer la succession des faits. Malgré plusieurs sommaires, la chronologie n'est guère assurée[3] ; certains épisodes fameux sont passés sous silence : le jugement de Pâris, l'enlèvement d'Hélène, le sacrifice d'Iphigénie ; d'autres

1. *Vindobon. phil. gr.* 5 (= R) ; *Cantabrig. Corporis Christi Coll.* 81 (= C) ; *Marc. gr.* Z 456 (= V).

2. A. Severyns, *Cycle épique*, 61, 316.

3. Cf. QS, i, 1-14 ; iv, 131-170 ; vii, 377-381 ; xiv, 125-141 ; et les notes.

sont rapportés d'une façon très vague, comme la mort de Palamède ou l'abandon de Philoctète. Il est visible cependant que le poète, malgré les lacunes de son information, a voulu donner un aperçu assez complet de ces événements : on mentionnera en particulier la mort de Protésilas, celle de Cycnos et de Troïle, l'épisode de Télèphe et surtout les Noces de Thétis et de Pélée[1].

On a d'autre part reproché aux *Posthomériques* leur manque d'unité. Le reproche est justifié si l'on juge l'œuvre en tant que telle ; mais il devient illégitime dès qu'on tient compte des intentions de l'auteur. Il est difficile de donner un centre d'intérêt commun à un aussi vaste ensemble de légendes, à moins de refondre entièrement les données traditionnelles, c'est-à-dire de renoncer à écrire une *Suite* de l'*Iliade*[2]. La *Petite Iliade* de Leschès n'était déjà qu'une succession de récits, alors que l'*Éthiopide* et l'*Ilioupersis*, aux sujets plus limités, devaient être plus harmonieusement construites. Quintus n'a pas négligé entièrement l'ordonnance générale du poème : il a ménagé des rappels et des annonces qui en lient les différentes parties ; il a surtout conçu Néoptolème comme un second Achille, de telle sorte que le protagoniste des premiers livres paraît ressusciter bientôt, plus jeune et plus parfait. Il n'en demeure pas moins vrai que les *Posthomériques* sont une suite de λόγοι, c'est-à-dire d' ἱστορίαι plus ou moins indépendantes. Le « livre » constitue en général un tout, assez habilement charpenté, et l'intérêt dramatique se restreint à ce cadre étroit au lieu de se transmettre jusqu'à la fin de l'épopée. Seule, la geste de Néoptolème et d'Eurypyle, intentionnellement placée au centre, s'affranchit de cette sujétion et s'étale sur près de quatre livres[3].

1. On trouvera une vue d'ensemble sur les légendes troyennes utilisées par Quintus dans l'ouvrage récent de Ph. Kakridis, Κοΐντος Σμυρναῖος (1962), 147 ss.

2. C'est ce qu'ont fait les auteurs du Roman de Polyxène.

3. Livre VI à Livre IX, v. 332. Encore seuls les livres VI et VII sont-ils vraiment solidaires.

Le but poursuivi légitime enfin la couleur homérique du style[1]. L'imitation d'Homère est, il est vrai, une des lois du genre épique ; mais ce qui n'est ailleurs que soumission à la routine devient ici une nécessité littéraire. La prédominance du vocabulaire homérique, le recours à un style à demi formulaire, la reprise des « scènes de genre » consacrées (batailles, funérailles, ambassades, délibérations sur terre ou dans l'Olympe, etc.), la place accordée à la grande comparaison épique, la relative abondance des parties « dramatiques » (parlées) sont autant de moyens pour établir des consonances entre les *Posthomériques* et l'*Iliade* qu'elles prétendent prolonger. Il faut ajouter que cette technique permet en outre à l'auteur de fondre dans un moule commode les matériaux de toute provenance qu'il utilise.

Nous sommes aujourd'hui peu sensibles aux mérites d'une imitation aussi docile. Aussi convient-il, si l'on veut apprécier l'effort de Quintus, d'observer qu'il a su se garder d'une servilité excessive. Loin de composer des centons homériques, comme on l'a prétendu, il s'ingénie à renouveler ou à briser la formule homérique ; il introduit *volontairement*[2] des termes non homériques, parfois même étrangers à l'épopée[3] ; il donne plus de consistance à la masse anonyme des combattants ; il exprime une pensée philosophique par la bouche de ses héros. On ne doit pas méconnaître ces innovations, même si on les juge timides ou mal venues : elles prouvent que l'imitation homérique résulte moins chez lui d'une obéissance passive à des recettes scolaires que de la volonté de créer un cadre qui soit en conformité avec l'objet du poème.

1. Constantin Lascaris qualifie Quintus d'ὁμηρικώτατος dans sa préface manuscrite placée en tête du *Matritensis gr.* 4686 : cf. A. Köchly, *ed. maior* (1850), p. CXI.

2. Ainsi en XI, 169, l'épithète lyrique ἰηίου est substituée à l'homérique ἑκηβόλου, qui a la même valeur métrique.

3. Nous avons traité de ces questions dans nos *Recherches sur les Posthomerica*, chap. V et VI (p. 145-211).

Le problème des sources. Pour écrire son épopée, Quintus se trouvait placé en face d'un double problème : d'une part choisir entre les versions des événements consignées par les poètes ou les mythographes, d'autre part mettre en œuvre ces matériaux. On vient de voir qu'Homère fut son principal maître dans cette seconde tâche. En revanche, il lui fournissait peu de renseignements sur les épisodes postérieurs à la mort d'Hector. Quintus n'a même pas cherché à les exploiter à fond. Il ne s'est jamais senti lié par la *narration* qu'Homère fait de ces événements extérieurs à ses poèmes, alors qu'il ne s'écarte guère de lui pour ceux qui sont *vécus* dans l'*Iliade*. C'est ainsi qu'il ne parle ni de la visite d'Hélène au Cheval ni de la mésaventure d'Anticlos qui sont contées en détail dans l'*Odyssée* (δ 266-289). Il utilise moins encore les commentaires savants qui accompagnaient certaines allusions obscures. Les scholies discutent longuement sur les γύναια δῶρα qui avaient entraîné Eurypyle dans la guerre ; Quintus élude ce « problème » et préfère consacrer une longue digression aux enfances merveilleuses de Télèphe (vi, 134-142). L'abandon de Philoctète, rapidement mentionné en B 721-723, avait aussi fait l'objet de notes explicatives : on n'en trouve pas trace dans notre poème, alors que le crime des Lemniennes est évoqué hors de propos (ix, 338-352)[2].

Ce n'est pas non plus aux Cycliques que Quintus a emprunté directement la trame de son récit ; il ne semble même pas les avoir connus, quoiqu'on l'ait souvent affirmé. Il ne suit pas la chronologie de la *Petite Iliade* qui place le retour de Philoctète et la mort de Pâris avant l'arrivée de Néoptolème et d'Eurypyle ; il ne raconte ni le mariage d'Hélène et de Déiphobe, ni le rapt du Palladion et se contente d'y faire une rapide allusion dans une prophétie (x, 343-360), à seule fin de

1. Sur ce problème, nous nous permettons de renvoyer encore au même ouvrage, chapitres II et III (p. 17-109).

2. Des lacunes de ce genre font douter que Quintus ait disposé d'éditions à scholies, comme on le répète depuis F. Noack, *Gött. gel. Anz.*, ii, 1892, 769 ss.

légitimer son silence. On ne retrouve non plus aucun des traits propres à l'*Ilioupersis* : dans le poème d'Arctinos, l'épisode de Laocoon, qui était d'ailleurs conté d'une autre manière, suivait l'arrivée du Cheval dans la citadelle ; Énée quittait la ville avant la nuit fatale au lieu de prendre part à la bataille ; Astyanax était tué par Ulysse, alors que chez Quintus il est précipité par les Grecs du haut des remparts (xiii, 251-257) ; dans l'épisode du viol de Cassandre (xiii, 420-429), Quintus ne dit rien de l'indignation des Grecs qui, selon Arctinos, avaient voulu lapider le guerrier sacrilège. Les concordances sont plus nombreuses entre l'*Éthiopide* et les *Posthomériques* ; mais elles s'expliquent surtout parce que la légende, moins remaniée, était restée proche de sa forme primitive : il est significatif que l'épisode le plus populaire, la Memnonie, soit précisément celui où les divergences sont les plus accusées et que la source principale pour les Funérailles d'Achille et pour les Jeux soit indiscutablement Homère.

Privé des sources cycliques, Quintus a été réduit à composer une sorte de vulgate éclectique dont les éléments constitutifs sont nombreux et difficiles à déterminer. Les mythographes lui ont procuré un premier canevas, grâce auquel il a retrouvé une partie de la matière cyclique, appauvrie et rajeunie[1]. Ce

1. Si l'on confronte Quintus et l'*Epitome* de la *Bibliothèque* d'Apollodore, on constate des concordances significatives : 1° les mêmes omissions (la purification d'Achille après le meurtre de Thersite, les prédictions de Thétis avant la bataille contre Memnon, le cep d'or donné par Priam à Eurypyle) ; — 2° des rajeunissements analogues (l'ambassade chez Philoctète est suscitée par Calchas et non plus par Hélénos, la mission est exécutée par Ulysse et Diomède comme chez Euripide ; Philoctète est guéri par Podalire et non par Machaon ; les serpents dévorent les deux fils de Laocoon et non plus Laocoon et l'un de ses fils ; Énée bénéficie de la clémence des Grecs et quitte Troie pendant le sac de la ville ; l'épisode de Laodicé est également « récent ») ; — 3° les mêmes contaminations (ce sont les Troyens qui rendent le Jugement des Armes comme dans l'*Éthiopide*, alors que le massacre des troupeaux paraît être propre à la *Petite Iliade;* au livre xiv, la vengeance de Nauplie contre les Grecs est combinée au châtiment divin suscité par le sacrilège d'Ajax).

canevas a été ensuite enrichi et modifié par de nombreuses lectures. Il apparaît en effet de plus en plus que Quintus a possédé une large culture, alors que Köchly pensait que ses seuls modèles avaient été Homère, Hésiode et Apollonios de Rhodes.

Il utilise d'abord la tragédie : l'*Ajax* et le *Philoctète* de Sophocle ; les *Troyennes*, l'*Hécube* et les *Suppliantes* d'Euripide[1]. Quintus ne recourt pas seulement à des *hypotheseis*, mais au texte lui-même, comme le prouvent certaines analogies de détails. Il est plus malaisé de savoir s'il a lu d'autres drames qui n'avaient pas été retenus dans le *Choix* de l'époque d'Hadrien. Il n'y a aucun indice sûr qu'il ait fait des emprunts aux *Éthiopiens* de Sophocle, au *Memnon* ou à la *Psychostasie* d'Eschyle ; mais il a pu connaître, au moins par une *hypothesis*, le *Philoctète* d'Euripide, peut-être aussi le *Laocoon* de Sophocle.

Il a mis largement à contribution la littérature hellénistique. Il s'est naturellement inspiré des œuvres qui traitaient de la Geste troyenne : l'*Alexandra* de Lycophron (destin des Énéades, viol de Cassandre, disparition de Laodicé), Parthénios ou l'une de ses sources (Œnone), les *Ixeutiques* de Dionysios ou d'Oppien (les oiseaux memnons), voire de simples épigrammes, comme celle dont il a tiré quelques vers sur le tombeau de Protésilas (*Anth. Pal.*, VII, 141 ; cf. QS, VII, 408-411). Il a transposé en outre des thèmes étrangers à son sujet. Il doit notamment beaucoup à Apollonios de Rhodes : le pugilat du livre IV s'inspire du combat de Pollux contre Amycos ; l'évasion furtive d'Œnone, au livre X, est imaginée d'après celle de Médée au livre IV des *Argonautiques* ; le halage d'Argô et son départ pour la conquête de la Toison ont servi à peindre l'entrée du Cheval dans Troie et le départ de la flotte grecque. Les effets du poison sur Philoctète et sur Pâris sont décrits d'après Nicandre ou l'une de ses sources. La liste s'allongerait si l'on tenait compte des

1. Cette dernière pièce est utilisée dans le récit de la mort d'Oenone.

auteurs qui ont fourni seulement quelques ornements pour la mise en œuvre littéraire[1].

Le nombre des lectures que nous pouvons contrôler laisse supposer que Quintus a puisé plus généreusement encore dans la littérature hellénistique et plusieurs indices confirment l'utilisation de ces sources perdues. Certains détails ou groupes de détails, qu'une narration mythographique devait normalement omettre, sont empruntés à des compositions étendues. Au livre I par exemple, Quintus fait intervenir sans utilité Ajax au côté d'Achille, il insiste sur leurs liens de parenté qu'Homère ignore, et il admet, contre la tradition courante, que Pélée a participé comme Télamon à l'expédition d'Héraclès contre Troie : c'est là le souvenir manifeste d'une œuvre qui mettait au premier plan le couple des Éacides[2]. Le mur des Achéens, connu par quelques chants de l'*Iliade*, est ignoré dans les premiers livres, alors qu'il tient une grande place dans les livres VI à IX. Il existe en outre des concordances entre Quintus et Dictys, qui sont d'autant plus instructives que la *Suite d'Homère* ne doit rien au Roman troyen. Ces contacts portent en premier lieu sur des « scènes de genre » : les délibérations troyennes où s'affrontent les pacifistes et les partisans de la résistance ; les batailles, qui sont conçues d'après le même schéma scolaire et exploitent le même « stock » de clichés homériques ; des lieux communs stoïcisants ou moralisants (la soumission au destin, le respect dû aux morts). Les récits eux-mêmes présentent des analogies : les principaux éléments de l'épisode d'Eurypyle et de Néoptolème (livres VI, VII, et le début du livre IX) se retrouvent chez Dictys

1. Citons Aratos, Oppien, Denys le Périégète, voire Callimaque (*Hécalé*, fr. 233 Pfeiffer ∾ QS, IX, 313). Si l'on met à part les Bucoliques qui ne pouvaient guère lui servir (encore connaît-il les *Dioscures* de Théocrite), Quintus a utilisé presque tous les poètes hellénistiques qui nous sont parvenus. On discerne naturellement d'autres sources qui ne peuvent être identifiées : physiciens, ouvrages médicaux, géographiques ou mythographiques.

2. Cf. ci-dessous p. 9, 32 (n. 1).

(IV, 14-17, 21) ; les deux auteurs tracent le même portrait de Penthésilée en soulignant également sa beauté, sa témérité et sa démesure. Il est difficile de déterminer si ces similitudes s'expliquent par des sources littéraires communes ou si elles résultent d'une même diffuse formation scolaire.

D'autres connexions révèlent certainement des influences littéraires, mais posent un problème. Il existe de nombreux points de contact entre les *Posthomériques* et plusieurs œuvres latines : les *Métamorphoses* d'Ovide, les *Troyennes* de Sénèque et surtout l'*Énéide*. D'après l'opinion qui prévaut dans la critique moderne, Quintus aurait lu ces œuvres dans le texte original, ce qui ne surprend pas *a priori* de la part d'un auteur qui porte un nom latin et qui vit dans une province romanisée de longue date. On doute d'ailleurs de moins en moins que les écrivains grecs de l'époque impériale aient connu la littérature latine et, si l'on a longtemps pensé que leur intérêt se limitait aux ouvrages techniques, des papyrus, découverts en nombre croissant, montrent que la poésie latine, Virgile notamment, a pénétré dans le monde grec, à une date, il est vrai, assez tardive[1].

Néanmoins un examen systématique des rapprochements proposés n'est pas favorable à une thèse qui semble d'abord séduisante. Du point de vue de la méthode, il est intéressant de constater qu'on a parfois purement et simplement méconnu la source grecque de Quintus[2]. Quand cet antécédent est perdu, ce qui est le cas le plus fréquent, son existence peut être établie d'une façon indirecte. L'interprétation latine fait en général l'impression d'être plus complexe et plus élaborée que celle des *Posthomériques*. Les plaidoyers d'Ajax et d'Ulysse au livre V gardent une simplicité

1. Cf. R. Pack, *Greek and Latin lit. Texts* (1952), n°s 2300-2312 (p. 95 s. et 104). La plupart de ces papyrus datent des IVe et Ve siècles.

2. Au livre II, l'épisode des oiseaux memnons est tiré des *Ixeutiques* de Dionysios et non d'Ovide ; au livre XIV, Quintus décrit le départ de la flotte grecque d'après Apollonios de Rhodes et non d'après Sénèque.

rude et passionnée, fort éloignée de l'érudition et de la subtile rhétorique d'Ovide. Le livre XIII restitue l'image traditionnelle d'Énée sauvant son père et son fils, au milieu des flammes et des traits, grâce à la protection d'Aphrodite, alors que Virgile tire de ce tableau un drame en trois actes : dès lors, si les vers XIII, 330-332 paraissent traduits de Virgile (*Énéide*, II, 633), c'est la preuve que les deux auteurs sont tributaires du même modèle[1]. Chez Quintus, la torture est appliquée à Sinon, comme elle était infligée aux esclaves interrogés devant les tribunaux athéniens ; elle demeure une simple éventualité dans l'*Énéide:* le poète latin a humanisé la tradition afin de la rendre plus favorable aux Troyens. On ne doit pas exclure sans doute que Quintus, par parti pris archaïsant ou par manque de moyens, ait appauvri, simplifié la narration latine, comme il a réduit la bataille homérique à un schéma exsangue ; mais il ne pouvait isoler dans le récit certaines composantes que l'art de Virgile avait intimement fondues. Dans l'épisode de Laocoon, il ignore le motif du coup de lance (arrangement, propre à Virgile, d'un motif d'abord attribué à Cassandre) ; il ne situe pas le drame pendant un sacrifice[2] ; en revanche, l'intervention de Cassandre est racontée longuement, d'une façon qui s'accorde avec la tradition iconographique des peintures pompéiennes, alors que Virgile ne lui accorde qu'une rapide allusion. Il serait tout aussi surprenant que Quintus eût réussi à éliminer la « couleur locale » latine de son modèle. Ses guerriers pratiquent le *synaspismos* (livre XI), auquel les tacticiens hellénistiques attribuaient une origine homérique ; mais il se garde d'employer l'image latine — et virgilienne — de la « tortue ». Il ne donne non plus à Énée aucun de ses traits proprement virgiliens : la piété, la volonté de

1. Lycurgue, *Contre Léocrate*, 95 ss., rapporte une légende sicilienne qui a déjà subi l'influence de cet épisode de la vie d'Énée.

2. Emprunt à la version de Bacchylide (fr. 9 Snell[6]) remaniée par Euphorion (fr. 70 Powell).

combattre jusqu'au bout en dépit des avertissements du Ciel ; il ne fait pas de lui le sauveur des Pénates.

Les correspondances entre les auteurs latins et Quintus s'expliquent donc, semble-t-il, par des sources grecques communes, qui doivent être le plus souvent des œuvres hellénistiques, celles-là mêmes que postulent les analogies constatées avec Dictys. Le recours à des modèles latins aurait d'ailleurs constitué une anomalie. La Mimésis a ses lois et Quintus, moins que tout autre, était capable de s'en écarter : les « canons » de modèles, même les plus « modernistes », ne mentionnent jamais que des auteurs grecs[1]. Assurément, on ne saurait affirmer que Quintus ignorait les Latins ; mais, même si par endroit ces lectures ont laissé des traces[2], la mise en œuvre a été opérée avec des matériaux grecs et d'après la technique traditionnelle de l'imitation.

La guerre de Troie a dû tenter plus d'un poète à l'époque hellénistique, bien que nous soyons réduits en ce domaine à une ignorance presque totale[3]. Macrobe pourrait conserver la mémoire du plus important d'entre eux : les écoliers eux-mêmes savent, assure-t-il, que le livre II de l'*Énéide* a été « traduit presque littéralement » de Pisandre[4]. Malheureusement les préci-

1. E. Stemplinger, *Das Plagiat in d. griech. Lit.* (1912), 110-116 ; J. Bompaire, *Lucien écrivain* (1958), 90 s., 143 ss.

2. Le catalogue des prodiges (XII, 500-524), la tonalité générale du discours d'Achille à son fils (XIV, 185-209), qu'on a rapproché du *Songe de Scipion*, pourraient avoir quelque chose de romain, encore qu'il s'agisse seulement d'une impression subjective. Peut-être Quintus doit-il aussi à Virgile l'idée de combiner les épisodes de Sinon et de Laocoon.

3. Citons une *Iliade* phrygienne attribuée à Darès (Élien, *Var. Hist.*, XI, 2), qu'il faut mettre peut-être en relation avec le papyrus Hibeh 1, 9 (IIIe s. av. J.-C.). A Rome, les *Trôïka* en vers ont été nombreux : à l'époque d'Auguste, on connaît les *Antehomerica* et les *Posthomerica* de Pompeius (?) Macer, les *Posthomerica* de Camerinus et une œuvre d'Arbronius Silo ; Néron chantera aussi la guerre de Troie : cf. H. Bardon, *Litt. lat. inconnue*, II (1956), 64-68, 137. On doit signaler aussi à la même époque Julius Nicanor, le « nouvel Homère » : cf. A. Raubitschek, *Hesperia*, 1954, 317-319, et les remarques de J. et L. Robert, *Rev. Ét. Gr.*, LXVIII, 1955, 210.

4. Macrobe, *Saturnales*, V, 2, 4.

sions qu'il ajoute concernent les *Théogamies héroïques*, écrites au IIIe siècle ap. J.-C. par Pisandre de Laranda, si bien que son témoignage est très suspect. Il est peu probable cependant qu'on doive inverser les termes et donner Pisandre de Laranda pour un traducteur de Virgile : la forme même que celui-ci a donnée à son *Ilioupersis* ne pouvait tenter un auteur soucieux d'abord de conter des ἱστορίαι. On croira plutôt que Macrobe s'est laissé abuser par certaines analogies entre Pisandre et Virgile, dues à une source commune qui pourrait être la *Petite Iliade;* ou mieux qu'il a confondu deux Pisandre, celui de Laranda et un auteur hellénistique qui a laissé quelque souvenir d'autre part. Quel que soit ce Pisandre, il n'est pas illégitime de penser qu'il a été l'une des sources de Quintus, et peut-être celle qui serait, plus que nulle autre, responsable du « mirage latin »[1].

La* Suite d'Homère : *œuvre scolaire.

Pour donner une suite et une conclusion à l'*Iliade*, Quintus a donc largement puisé dans la littérature grecque qui était accessible au moment où il écrivait. Le but qu'il se propose, son inspiration toute livresque révèlent combien a été profonde sur lui l'influence de l'enseignement scolaire. Celle-ci se manifeste encore dans d'autres aspects de son œuvre, qui, pour être plus secondaires, n'en sont pas moins significatifs.

a) Tendances moralisantes.

Quintus aime moraliser. Ses personnages perdent les traits qui les individualisaient chez Homère, et notamment leurs défauts. Cette idéalisation est très sensible pour Pâris qui, loin d'être un bellâtre et un lâche, se conduit en brave et peut se prétendre le digne successeur d'Hector. Les Grecs, sinon les Troyens,

1. Un papyrus du IIIe s. ap. J.-C. confirme qu'un Pisandre a traité des légendes troyennes : F. Jacoby, *Fragm. griech. Hist.*, I², add. p. *11 (16 F 14).

forment une armée unie et disciplinée. Si l'on excepte les disputes entre Thersite et Achille, puis entre Ajax et Ulysse, qui sont imposées par la tradition, la concorde règne dans le camp achéen et, quand quelque querelle éclate par aventure, les adversaires ne tardent pas à se réconcilier (I, 767-781). Personne ne s'insurge contre l'autorité d'Agamemnon qui se montre d'ailleurs moins hautain et moins irascible que dans l'*Iliade*[1].

La poésie hellénistique avait déjà entrepris de réformer le héros épique, mais dans un sens très différent ; au lieu d'en faire un soldat, elle aimait le mêler à des aventures galantes : la prise de Lesbos était l'occasion pour Apollonios et pour Euphorion d'imaginer les amours d'Achille et de Peisidicé et celles de Trambélos, fils de Télamon, et d'Apriaté[2] ; le roman de Polyxène est resté fameux. Plus austère, Quintus refuse de pervertir ainsi l'épopée. La passion d'Achille pour Penthésilée est évoquée sobrement, en quelques lignes, et plus discrètement encore le viol de Cassandre ; l'histoire d'Œnone au livre X est moins le drame de l'amour que celui de la fidélité conjugale. La femme tient peu de place dans l'action : ce sont surtout des mères ou des épouses en deuil qui interviennent[3], ou des vierges accablées par les malheurs de leur patrie[4] ; Hélène elle-même demeure à l'arrière-plan, plus que chez Homère. Le poète évite les évocations sensuelles ou précieuses, si goûtées de ses contemporains[5], et il lui arrive de faire montre d'une certaine pruderie[6].

Il se complaît en revanche dans la prédication morale, tantôt en de longs discours, tantôt par des sentences,

1. Cf. M. Wh. Mansur, *The treatment of Homeric characters by Quintus of Sm.* (New York, 1940).

2. Parthénios, *Narr. amat.*, 21 et 26.

3. Andromaque, Déidamie, Éos, Hécube, Thétis. Briséis et Tecmesse sont elles-mêmes considérées comme des épouses légitimes.

4. Cassandre, Laodicé, Polyxène.

5. On en trouve quelques traces cependant : I, 56-61 ; III, 554-558 ; XIV, 317.

6. QS, I, 622-624 ; IV, 188-192.

qui foisonnent dans son œuvre[1]. Plusieurs de ses récits tendent à illustrer une pensée édifiante, qui s'élève rarement au-dessus du lieu commun : il oppose la folle témérité de Penthésilée et la mesure de Memnon (livres I-II), la force et l'adresse (dans les Jeux du livre IV), le courage droit et loyal et l'intelligence tortueuse (Ajax et Ulysse au livre V) ; Néoptolème incarne l'idéal héroïque par sa bravoure, sa piété filiale, sa soumission au destin et la modération de ses propos (livre VII) ; Sinon et Laocoon font montre d'un courage exemplaire en face de la torture et des épreuves envoyées par le Ciel. La mort de Pâris, la prise de Troie, la tempête du retour sont autant de manifestations de la justice divine. Cependant, malgré ses efforts, le poète n'est pas parvenu à donner une signification morale à l'ensemble de son drame. Sans doute admet-il la culpabilité des Troyens et ses sympathies vont-elles, dans le camp de Priam, aux partisans de la paix, c'est-à-dire à ceux qui veulent réparer le crime initial. Mais Zeus ne se résoud qu'à contre-cœur à laisser périr Troie : il est décidé à faire payer cher leur victoire aux Grecs (IV, 57-61) ; les autres dieux sont aussi divisés et ils écoutent leurs passions plutôt que la justice. Quintus n'a pas su se dégager de son modèle homérique : son enseignement moral, si sincère soit-il, demeure superficiel et comme plaqué sur le récit[2].

b) Digressions didactiques.

Un autre trait scolaire est le goût pour les digressions ou pour des notes rapides sur les sujets les plus variés : astronomie, médecine, géographie et surtout mythologie. Parler de poésie savante serait inexact.

1. Les sentences sont notées consciencieusement dans les marges de l'Aldine ; le *Bruxellensis* 2946-50 (f°s 82-87) en a relevé une soixantaine.

2. Par respect de la tradition, Quintus n'a pas renoncé non plus à certains actes de cruauté gratuits, tels que l'égorgement des Troyens sur le bûcher d'Achille (III, 679 s.) ; il est surprenant qu'Achille exige le sacrifice de Polyxène, après avoir adressé à son fils un discours d'une grande élévation morale.

A l'exception de quelques notices géographiques puisées à bonne source, comme celles qui concernent la Carie et la Lycie, on ne trouve la plupart du temps que des réminiscences de poèmes connus (par exemple les *Phénomènes* d'Aratos) ou des résumés de légendes banales. Quintus ne recherche pas le détail rare ou étrange qui fait les délices du lecteur érudit ; il ne semble pas avoir prisé beaucoup Callimaque et, s'il est friand d'Apollonios de Rhodes, c'est moins pour les traits qui l'apparentent à son rival que parce qu'il est l'un des tenants de l'épopée homérique. Dans l'ensemble, Quintus s'adresse à des lecteurs de culture moyenne, sinon médiocre, et il se contente de leur rappeler des souvenirs classiques.

c) Influence de la rhétorique. Il serait étonnant que la rhétorique n'eût pas laissé son empreinte sur une telle œuvre. Son influence n'est pourtant pas très apparente à première vue. Les rhéteurs affectionnent le romanesque, le merveilleux, les sujets érotiques ; ils critiquent volontiers Homère et récrivent à leur façon l'histoire de la guerre de Troie. Sur tous ces points, Quintus s'oppose franchement à eux[1]. Mais dans son style il se montre plus docile à l'enseignement « sophistique ». Il aime l'hyperbole, l'épithète à effet, plus grandiloquente que descriptive ; il ne recule pas devant certaines hardiesses, sans cependant les prodiguer[2]. S'il n'admet guère l'antithèse ou le balancement à l'intérieur de la phrase, il recherche les effets de contraste et de symétrie dans la composition du récit et les souligne par des rappels de thèmes et de termes. Çà et là sont insérés des morceaux de bravoure qui relèvent à la fois de l'imitation homérique et de l'art rhétorique : des *ecphraseis* (V, 6 ss. ; VI, 200 ss. ;

1. Ce n'est pas à dire que Quintus ignore les histoires romancées : il aime faire état des « antiquités troyennes » comme Philostrate dans l'*Héroïque;* sa chronologie de la Téléphie s'apparente à celle qui est admise dans le même ouvrage : cf. ci-dessous p. 141, n. 6.

2. Cf. nos *Recherches sur les Posthomerica*, p. 182-192, 201-211.

x, 189 ss.) ou un tableau de la tempête en mer (livre XIV).

Ce sont surtout les discours qui révèlent l'influence de la rhétorique. Quintus use deux fois moins du style direct qu'Homère ; le dialogue est assez rare chez lui et comporte peu de répliques ; en revanche, les discours tendent à s'allonger, c'est-à-dire à être traités pour eux-mêmes[1] ; ils se figent aussi en quelques types conventionnels, le poète ayant pour toute ambition d'écrire des variations sur un thème connu. Certains de ces discours sont clairement d'origine épique : l'exhortation au combat[2], l'échange de défis avant un combat singulier[3], les invectives à l'adresse des ennemis ou d'un adversaire qui s'est dérobé[4], les injures à l'adversaire mort ou moribond[5], les lamentations funèbres[6]. D'autres s'apparentent au contraire aux exercices des rhéteurs. Ce sont d'abord les discours délibératifs ou judiciaires, le plus souvent accouplés en forme d'*agôn*, ailleurs groupés en nombre variable dans de plus vastes débats[7] : l'exemple le plus remarquable en est fourni par le Jugement des Armes au livre V, où les quatre discours d'Ajax et d'Ulysse

1. Cf. G. W. Elderkin, *Aspects of the speech in the Later Greek epic* (Baltimore, 1906). Les discours constituent 24 % du texte chez Quintus, 50 % chez Homère. Les statistiques d'Elderkin ne permettent pas de parler d'une progressive désaffection pour le discours, puisque le pourcentage d'Apollonios est déjà de 29 %, alors qu'il se relève chez Nonnos (36 %). Il faut y voir seulement la confirmation de cette remarque d'Aristote qu'Homère est le seul poète épique à écrire des « imitations dramatiques » (*Poét.*, IV, 1448 b 35).

2. QS, I, 212, 497 ; II, 268 ; III, 190 ; IV, 83 ; VI, 443, 604 ; VII, 422 ; VIII, 15, 256 ; IX, 85, 275, 537 ; XI, 137, 217.

3. QS, I, 553 et 575 ; II, 412 et 431 ; III, 246 et 253 ; VIII, 138 et 147.

4. QS, I, 326 ; III, 167, 344 ; VII, 513 ; IX, 248, 261 ; X, 226 ; XI, 491.

5. QS, I, 644, 757 ; V, 441 ; VI, 385, 414 (et 431) ; VIII, 211 ; XIII, 359.

6. QS, II, 609 ; III, 435, 463, 493, 560, 608 ; V, 509, 532 ; VII, 58 ; X, 373, 392, 424 ; XIII, 272 ; XIV, 289.

7. QS, I, 409 et 451 ; II, 9-99, 309 et 320 ; IV, 19-109 ; V, 139-175 ; VI, 7-93 ; X, 10 et 26 ; XII, 1-84, 219-302.

forment une tétralogie dont Eustathe notait le caractère rhétorique. Parmi les autres formes typiques, on relèvera : l'éloge[1], l'invective[2], l'exhortation[3], la consolation, qui n'est qu'une variante de l'exhortation morale[4], le discours d'accueil[5].

d) Le style. Par son style enfin, Quintus s'inspire d'une longue tradition scolaire. On a dit qu'il ne goûte pas la poésie savante et artiste de l'école callimachéenne ; sa conception de l'épopée est celle-là même que combattait Callimaque : celle des émules d'Homère, qui se manifeste déjà dans le *Bouclier* pseudo-hésiodique, et peut-être aussi dans certaines interpolations homériques. Si pour nous la tradition du poème cyclique se perd durant de longs siècles (car Antimaque et Apollonios ne se rattachent pas franchement à elle)[6], on la voit renaître à l'époque impériale. Les poèmes des Oppiens, bien qu'ils appartiennent à un genre différent, l'attestent par certains côtés, notamment par l'emploi de la grande comparaison homérique ; elle apparaît surtout dans les *encômia* épiques que nous restituent les papyrus[7]. Quintus utilise la même technique que ces poètes de circonstance, mais avec plus de talent.

Son vocabulaire est emprunté en majeure partie à Homère ; encore n'utilise-t-il pas toutes les ressources qu'il lui fournissait : les formes désuètes, rares ou obscures sont en général évitées, sans cependant être

1. QS, IV, 128-170 (style indirect) ; 526-532.
2. QS, I, 723 ; III, 68, 98 ; IV, 49 ; X, 308 ; XII, 540 et 553.
3. QS, III, 518 (cf. V, 601) ; IV, 294, 303 ; VII, 183 ; VIII, 452 ; XIII, 334, 409 ; XIV, 235, 338.
4. QS, III, 633 (cf. R. Reitzenstein, *Hermes*, XXXV, 1900, 103 ss.), 770 ; VII, 38 et 67.
5. QS, II, 127 ; VI, 298 ; VII, 179, 642, 689.
6. Les épigrammes fournissent quelques témoignages : Callimaque, *Épigr.*, 6 et 28 Pfeiffer ; Pollien, *Anth. Pal.*, XI, 130.
7. Voir surtout l'*Antinoos* de Pancratès (IIe s.), qui est si proche de Quintus par la diction, le mouvement des phrases, les comparaisons et le sujet même : *Oxy. pap.* 1085 ; D. L. Page, *Lit. pap.*, *Poetry*, n° 128.

aussi rigoureusement proscrites qu'on l'a prétendu[1]. Dans l'ensemble, Quintus écrit une sorte de *koine* homérisante. Les créations de mots sont rares : on a compté environ 150 *hapax eiremena*[2]; mais les verbes composés représentent les deux tiers de ce chiffre et les autres nouveautés manquent d'originalité. Vues à travers une culture livresque, les « réalités » homériques ont perdu leur signification ; les termes techniques relatifs à l'équipement militaire, au harnachement des chevaux, à la marine disparaissent ou sont employés sans valeur précise : tous les mots désignant le casque sont interchangeables ; à l'exception de la *pelté* de Penthésilée (dont le nom n'est pas prononcé), tous les boucliers paraissent identiques ; il est souvent malaisé de savoir si un guerrier combat en char ou à cheval.

Dans ce vocabulaire qui tend à l'uniformité, les épithètes, les participes et les adverbes occupent une grande place : le poète les affectionne pour des raisons de métrique, car il s'agit en général de mots longs, faciles à placer devant la césure ou la diérèse bucolique, et qui donnent à peu de frais de l'ampleur au vers ; ils satisfont en outre le goût du poète par leur valeur emphatique : l'épithète vague, qui exprime une idée d'immensité, de force ou d'horreur, est constamment préférée à l'épithète descriptive[3]. Disposant d'un petit nombre de thèmes et d'une langue appauvrie, le poète doit s'efforcer sans cesse de rompre la monotonie du récit : il tente de nouvelles combinaisons, il transforme les formules homériques en y substituant des mots de même valeur métrique, il les désarticule pour créer à son tour d'autres formules[4]. Mais dans ce jeu de

1. Quintus doit à Homère 80 % de son vocabulaire : cf. A. Köchly, *ed. maior* (1850), p. lv ss. ; G. W. Paschal, *Study of Quintus of Sm.* (Chicago, 1904). Sur l'emploi des homérismes rares, cf. nos *Recherches sur les Posthomerica*, p. 146-162.

2. On en trouvera chez Paschal, *l. c.*, une liste qui appellerait quelques corrections de détails.

3. Voir nos *Recherches*, p. 185-186.

4. Voir *ibid.*, p. 178-182, 186-201.

variations purement formelles, la routine pèse lourdement : il n'est pas rare que les mêmes mots soient répétés mécaniquement à peu d'intervalle : ces négligences, qu'il faut bien se garder d'attribuer à l'étourderie d'un copiste, ne sont d'ailleurs pas propres à Quintus et l'on en relève déjà de semblables en certains passages d'Homère[1].

Conclusion. La *Suite d'Homère* est l'œuvre d'un lettré resté fidèle aux enseignements reçus. Elle a les défauts inhérents à cette formation purement « scholastique » ; mais c'est de là aussi qu'elle tire son intérêt. Quintus est l'un des meilleurs représentants, bien qu'il soit tard venu, de cette « école cyclique », qui n'a cessé d'avoir des adeptes depuis les Homérides, mais dont les œuvres ont péri presque entièrement. A cet égard, il est un témoin qui permet d'étudier certains aspects de la technique épique, et cette connaissance n'est pas indifférente pour la compréhension des poèmes homériques eux-mêmes.

Il faut se montrer plus réservé pour apprécier la valeur littéraire du poème. En tout cas, il se détache avantageusement dans la production littéraire grecque de l'époque impériale. Si Quintus n'a pas évité certains travers propres à son temps, l'enflure, le manque d'originalité, on ne trouve chez lui ni l'exubérance débridée, ni les fioritures précieuses, ni le goût pour le baroque ou la sensualité érotique, qui s'étalent dans la prose des rhéteurs et des romanciers avant d'envahir la poésie. Sa narration reste sobre, elle conte sans complications romanesques des légendes simples. Aujourd'hui encore, même pour le lecteur que n'intéresse pas l'histoire littéraire, les *logoi* des *Posthomériques* gardent une saveur archaïsante, une naïveté un peu gauche, qui n'est pas sans agrément. C'est parce qu'il s'est mis humblement à l'école d'Homère, en bon disciple, que Quintus de Smyrne a su retrouver quelques-uns de ses

1. Sur les répétitions de mots chez Quintus, cf. L. Castiglioni, *Byzantinisch-Neugriech. Jahrbb.*, II, 1921, 33 ss.

accents. Vertu de l'imitation : « du génie des Anciens, comme des bouches sacrées des oracles, émanent des effluves qui pénètrent l'âme de leurs émules, et, par l'effet de cette inspiration, même les plus rebelles aux transports de Phoibos, sont gagnés par l'enthousiasme que leur communique l'élévation de leurs modèles[1]. »

1. Ps.-Longin, *Du sublime*, XIII, 2.

II

LA TRADITION DU TEXTE DES *POSTHOMÉRIQUES*

Tous nos manuscrits de Quintus de Smyrne[1] sont postérieurs au milieu du xve siècle. Ils proviennent de deux prototypes aujourd'hui perdus.

L'Hydruntinus. Le premier est l'*Hydruntinus* (H), retrouvé par le cardinal Bessarion dans le monastère de Saint-Nicolas de Casole près d'Otrante. Cette découverte, qui est à l'origine de la « renaissance » de Quintus de Smyrne, a eu lieu entre la prise de Constantinople (1452) et 1462, date d'achat inscrite sur l'un des descendants directs de l'*Hydruntinus*, l'*Ambrosianus D 528 inf.* Comme l'atteste une lettre de Bessarion, le Cardinal avait chargé Michel Apostolis de faire transcrire le poème[2]. Nous possédons cette première copie, fidèle et consciencieuse : c'est l'*Ambrosianus D 528 inf.* (D) que nous venons de mentionner[3].

1. Cf. notre *Histoire de la Tradition manuscrite de Quintus de Smyrne* (Paris, P.U.F., 1959) et les compléments codicologiques apportés par J. Irigoin, *Rev. Ét. Anc.*, LXII, 1960, 484-489.

2. *Marc. gr.* 527, fol. 243v-244 ; lettre publiée par L. Mohler, *Aus Bessarions Gelehrtenkreis*, p. 483, n° 34, l. 32.

3. Dans notre *Histoire de la Tradition manuscrite*, p. 18-23, nous avons supposé que D n'était qu'un apographe de la première copie de l'*Hydruntinus* que nous désignions sous le sigle *a*. A la suite des remarques de J. Irigoin *(loc. cit.)*, nous avons procédé à un nouvel examen de la question, d'où il ressort que D ne présente aucune *faute caractéristique* qui autorise à le distinguer de *a*. On rectifiera donc sur ce point notre *stemma* (hors-texte, p. 76). Le *stemma* demeure inchangé pour les autres manuscrits : en particulier, il n'y a pas lieu de revenir sur le classement de R et de V que J. Irigoin veut remettre en question. Ajoutons que, pour la commodité, nous avons éliminé de l'apparat critique les minuscules symbolisant les manuscrits perdus.

Plusieurs copistes ont reproduit à leur tour ce manuscrit, en s'efforçant en général d'amender le texte. Citons parmi les apographes de D :

— le *Laurentianus LVI, 29*, œuvre de Georges Tribizios.

— le *Neapolitanus gr. II E 24* (L).

— le *Matritensis gr. 4566*. C'est une copie que Constantin Lascaris fit exécuter à la hâte par divers scribes italiens en 1464/65 ; certaines parties en sont écrites par Lascaris lui-même. Ce manuscrit fut retranscrit à diverses reprises dans l'atelier de Lascaris ; parmi les cinq copies que nous possédons, la plus importante est le *Matritensis gr. 4686*, achevé le 13 juin 1496 à Messine : elle est entièrement de la main de Lascaris et conserve, en quelque sorte, le dernier état d'un travail d'édition qui s'est poursuivi pendant plus de trente ans. Nous désignons les corrections qui figurent sur ce manuscrit par le sigle *Lasc.*² (*Lasc.*¹ représente le *Matritensis gr. 4566*).

— un autre manuscrit *b*, de moindre qualité, est représenté pour nous par : 1° le *Neapolitanus gr. II F 11* (N) ; 2° le *Vindobonensis phil. gr. 5* (R), dont le copiste a remanié le texte avec beaucoup de hardiesse, n'hésitant pas à retrancher des vers ou à en forger de son cru, là où il soupçonnait des lacunes ; 3° enfin un manuscrit *d*, qui a servi de modèle au *Scorialensis Σ II 8* (E) et à la première édition imprimée, publiée en 1504 ou 1505 chez les Alde à Venise (Ald.). Les manuscrits R et *d* ont en commun de nombreuses corrections, ce qui laisse supposer qu'ils ont été copiés sur *b* après révision de celui-ci ; on relève en outre entre REAld. et L des analogies qui doivent s'expliquer par diverses contaminations.

Après avoir servi à l'établissement de D, l'*Hydruntinus* a subi certaines dégradations : c'est ainsi que la plus grande partie de VIII, 99, est devenue illisible. En revanche, il a reçu un certain nombre de corrections souvent audacieuses. Sous cette forme, que nous désignons par le sigle H^c, il a donné lieu à diverses copies[1] :

— L'*Urbinas gr. 147* (U) fut exécuté à Londres ; il est, avec D, la plus fidèle copie de l'*Hydruntinus*, bien qu'il soit déparé par de nombreuses omissions.

— Le *Barberinus gr. 166* (Q) fut transcrit à Paris en 1476 par Georges Hermonyme de Sparte.

Ces deux manuscrits comportent un petit nombre de fautes communes qui laissent supposer un intermédiaire perdu entre eux et H^c ; l'existence de cet intermédiaire n'est néanmoins pas assurée[2].

— Le *Cantabrigiensis Corporis Christi Collegii 81* (C) doit être la plus récente copie directe de H^c (elle est antérieure à 1468, date à laquelle son apographe V est recensé dans la bibliothèque de Bessarion). Il permet de constater que les dégradations de l'*Hydruntinus* s'étaient aggravées : le copiste a laissé plusieurs fois en blanc des groupes de lettres qu'il ne parvenait plus à déchiffrer ; à la révision, il a bouché ces lacunes par des lettres de remplissage dépourvues de sens qu'on retrouve dans la descendance du manuscrit. Le *Cantabrigiensis* a servi en effet de modèle pour le *Marcianus gr. Z 456* (V), qui provient de la bibliothèque de Bessarion, et le *Bruxellensis gr. 11.400* (B).

Le second prototype Y. Le principal représentant de ce prototype est le *Neapolitanus gr. II F 10* (P), qui a appartenu à l'humaniste Janus Parrhasios, d'où le nom de *Parrhasianus* sous lequel on le désigne habituellement. Il est l'œuvre d'un copiste d'Italie Méridionale à qui l'on doit le *Vaticanus gr. 2291* (Sophocle et scholies de Nicandre)[3].

D'une seconde copie, nous ne connaissons que les *variae lectiones* inscrites dans la marge et dans les

1. H^c *(Hydruntinus correctus)* figure dans notre *Tradition manuscrite* sous le sigle *e*.

2. La mention de Londres qui figure sur U (fol. 101ᵛ) se rapporterait, selon Irigoin (*loc. cit.*, p. 488), au modèle commun de U et de Q.

3. Cf. A. Colonna, *Riv. di Filol. e Istr. class.*, XXXVIII, 1960, 85.

interlignes de N par un réviseur N^r du XVIe siècle. La collation de N^r est très incomplète et s'arrête à la fin du livre VII.

Y fut enfin dépecé et deux tronçons du manuscrit ont fait l'objet d'une copie, le *Monacensis gr. 264* (M), qui conserve le début du texte jusqu'au vers IV, 10, ainsi que le livre XII en entier.

Le plus-proche-commun-ancêtre Ω.

H et Y procèdent d'un ancêtre commun Ω dont il est possible d'entrevoir l'aspect grâce à un accident survenu au livre IV. Par suite du déplacement d'un folio, quarante-huit vers de ce chant (v. 526-573) se lisent après le vers 158 *a* du livre V sur le *Parrhasianus* qui signale d'ailleurs en marge la transposition. Cet accident remonte à l'ancêtre commun Ω ; car H, en rétablissant l'ordre correct, a transposé par inadvertance le vers V, 158 *a* entre IV, 524 et IV, 526 (c'est le vers 525 des éditions antérieures à Zimmermann) ; il laisse en outre une ligne blanche avant et après les 49 vers qu'il a ainsi déplacés. On conclura donc que Ω comportait vingt-quatre vers par page[1].

Ce qui précède montre que Y est la première copie de Ω ; elle est aussi la meilleure, si l'on compare son texte à celui de H. Il s'ensuit que P est, de tous nos manuscrits, celui qui mérite la plus grande confiance. H commet un nombre important d'omissions et de fautes qui sont imputables à la négligence du scribe. En outre, comme son modèle était devenu illisible par endroits, tantôt il doit laisser en blanc certains mots (ainsi la fin des vers I, 540, 541, 546, 549), tantôt il risque des conjectures, notamment sur la première page, à laquelle il veut donner sans doute une présentation plus soignée (I, 2, 3, 9, 12, 16, 18, 21). On ne doit cependant pas sous-estimer la valeur de H. Y est l'œuvre d'un copiste lettré qui peut avoir introduit des conjec-

1. Grâce à cet accident, l'étendue de la grande lacune qui précède immédiatement le vers 526 peut être fixée avec exactitude : elle correspond à un folio, soit 48 vers.

tures personnelles : ces interventions, rares, mais indiscutables, doivent inciter à la prudence[1]. En revanche, le scribe de l'*Hydruntinus*, moins cultivé que son collègue, a souvent mieux conservé la physionomie de l'original, lorsque celui-ci n'était pas détérioré : dans les *orthographica* par exemple, une « faute de H » remonte souvent à son modèle, alors que Y l'a éliminée. Il faut ajouter que les leçons de H peuvent presque toujours être établies avec certitude en confrontant D, UQ, C ; Y au contraire n'est connu pour dix livres que par un seul représentant P. C'est dire que l'on ne doit pas préférer systématiquement les leçons de P, quelle que soit la valeur de ce manuscrit.

On a parfois pensé que l'ancêtre des deux branches de la tradition n'était autre que le manuscrit découvert par Bessarion[2]. Cette hypothèse est insoutenable, si l'on tient compte de la supériorité de Y et de la date à laquelle il a été utilisé par les copistes. Si l'on admet que Y est la copie *princeps* du manuscrit de Bessarion, on ne comprend pas qu'elle soit restée inemployée pendant près de cinquante ans, alors que la seconde copie était reproduite à plus de vingt-cinq exemplaires. On ne peut davantage imaginer que Y ait réussi au bout de cinquante ans à déchiffrer son modèle là où son prédécesseur avait échoué : les accidents du livre I prouvent que le manuscrit de Bessarion avait subi d'irréparables mutilations. Ajoutons que tous les manuscrits pour lesquels on saisit un rapport avec Bessarion sont des descendants de H[3]. Enfin on doit se souvenir

1. C'est ainsi qu'en I, 637 et en XI, 21, H garde la faute de Ω, alors que Y fait des conjectures sans valeur (αἶψα δέ, ποτί). En IV, 506 et en V, 110, les deux prototypes donnent également des conjectures : πεδίον/χῶρον, πολλόν/καλόν ; celle de P en V, 110 est nettement moins bonne que celle de H.

2. A. Colonna, *Riv. di Filol.*, XXXVIII, 1960, 85 ; J. Irigoin, *Rev. Ét. Anc.*, LXII, 1960, 484, 488 s. Pourquoi serait-il « surprenant » que les deux prototypes, issus sans doute l'un et l'autre du centre de copie d'Otrante, eussent été retrouvés tous deux en Italie Méridionale ?

3. Notamment le *Marc. gr. Z 456* et le groupe lascaridien pour lequel nous sommes renseignés par les confidences de Lascaris lui-même.

que H et Y se sont dégradés progressivement dans le court laps de temps pendant lequel ils ont été utilisés, ce qui serait inconcevable s'il s'agissait de manuscrits postérieurs à la découverte de Bessarion[1].

Aucun critère sûr ne permet de dater Ω. Tout au plus peut-on le croire contemporain du plus-proche-commun-ancêtre de Callimaque qui comportait aussi vingt-quatre vers par page : on suggérera qu'il a été écrit dans les années 1260-1280[2].

L'histoire du texte, dans les dix siècles qui séparent Quintus de Smyrne du plus-proche-commun-ancêtre, demeure obscure. La tradition indirecte, presque inexistante, n'est d'aucun secours[3]. Du moins une transposition de feuillets commune à tous les manuscrits, au livre XIV (v. 539-578 et 579-618), fournit-elle des renseignements sur l'un des antécédents de Ω. Il apparaît que ce manuscrit avait vingt vers par page et que les hauts et les bas des feuillets étaient devenus difficiles à lire, lorsque Ω (ou l'un de ses devanciers) l'a utilisé. L'étude des fautes communes à toute la tradition qu'on relève à ces places montre que le copiste n'a pas hésité à compléter au hasard plutôt que de transcrire scrupuleusement ce qu'il parvenait à déchiffrer. Cette constatation autorise à corriger parfois profondément le texte sans recourir à l'hypothèse d'une lacune. Mais,

1. Pour les dégradations subies par H, cf. notre *Tradition manuscrite*, p. 73-75 (et ci-dessus, p. XLVI-XLVII) ; pour celles de Y, cf. *ibid.*, p. 78-80.

2. Pour la date du manuscrit de Callimaque, voir les communications de A. Dain à l'Association des Études Grecques : cf. *Rev. Ét. Gr.*, LIX, 1946, p. XIX ; et LXVIII, 1955, p. VIII. R. Pfeiffer, *Callimachus*, II, p. LXXXIV sq., adopte une date plus haute pour le manuscrit à 24 vers de Callimaque.

3. Eustathe et Tzetzès sont les seuls à citer le poème de Quintus ; encore s'agit-il plutôt d'allusions que de citations proprement dites. On sait du moins, d'après les *Posthomerica* de Tzetzès (v. 12), que celui-ci lisait le texte correct — qui est celui de Ω — en I, 21 et 33. Le *Vallicellanus F 58* n'est d'aucune utilité, malgré J. Irigoin, *loc. cit.*, 487 : il cite treize vers d'après H ou l'une de ses copies ; les deux bonnes leçons qu'il donne sont des conjectures (cf. la liste complète des *variae lectiones* dans *Tradition manuscrite*, p. 55-56).

la plupart du temps, seule l'analyse interne du texte permet de choisir entre les deux méthodes[1].

Quelques manuscrits (CV, R) insèrent les *Posthomériques* entre l'*Iliade* et l'*Odyssée;* R ajoute en outre la *Vie d'Homère* du Ps.-Hérodote ; V, les *Hymnes homériques* et la *Batrachomyomachie.* Dans le *Parrhasianus*, les *Hymnes orphiques* et les *Hymnes* de Proclos accompagnent l'œuvre de Quintus de Smyrne. Il s'agit toujours d'associations occasionnelles, voire factices : en P, par exemple, le copiste fait commencer les *Hymnes orphiques* au début d'un nouveau quaternion. En raison de sa longueur, le poème de Quintus de Smyrne n'appartient pas à un *Corpus*, comme c'est le cas entre autres pour les *Hymnes* de Callimaque[2].

*
* *

Principes de cette édition. Les éditions antérieures des *Posthomériques* reposent toutes sur le texte de l'Aldine qui est très défectueux. Aucun des manuscrits issus de l'*Hydruntinus* n'a fait l'objet d'une collation complète et les *variae lectiones* signalées par Schow et par Tychsen sont notoirement insuffisantes, quand elles ne sont pas fautives. Les représentants de Y ont été mieux étudiés, notamment M que Köchly a examiné consciencieusement. Mais le *Parrhasianus* n'a pas eu le sort qu'il méritait : A. Zimmermann, qui est le premier à en faire état, ne le connaît que de seconde main, par une collation particlle de Treu[3] ; la collation complète de Wein-

1. Köchly a tendance à recourir, parfois abusivement, à l'hypothèse de la lacune. Zimmermann donne dans l'excès contraire et s'efforce d'éliminer, en corrigeant le texte, la plupart des lacunes précédemment admises.

2. Parler d'un « petit corpus » à l'occasion de C et de V (*sic*, J. Irigoin, *loc. cit.*, 488) risque d'induire en erreur. En fait, le copiste principal de V (Jean Rhosos?) est indépendant de C pour l'*Iliade* et pour la plus grande partie de l'*Odyssée* : cf. T. W. Allen, *Papers of British School at Rome*, V, 1910, 35-41, 56-57 ; id., *Homeri Ilias*, I (1931), 119, 135.

3. M. Treu, *Hermes*, IX, 1875, 365 ss.

berger est postérieure à la publication de l'édition Teubner[1], et c'est seulement dans des *Remarques critiques* ultérieures que Zimmermann a pu en faire son profit[2].

Dans la présente édition, nous nous sommes donné pour tâche de reconstruire les deux prototypes perdus à partir de PM (et Nr) d'une part, de D, UQ, C d'autre part. Ces manuscrits ont été entièrement examinés soit directement, soit sur microfilms ou reproductions photographiques. L'apparat critique ne cite en principe que H et Y (ou P dans les passages où le témoignage de M fait défaut). Lorsque le texte des deux prototypes ne peut être établi avec certitude, les *variae lectiones* des manuscrits précités sont expressément signalées ; en revanche, les fautes ou omissions individuelles ne sont pas prises en considération.

Nous avons en outre collationné VB, LNREAld., Lasc. 1-2, afin de relever les corrections dignes d'intérêt. Quand Y (ou P) donne la forme correcte, les descendants de H qui sont parvenus à la rétablir par conjecture ne sont pas cités ; au contraire, quand la correction n'apparaît que dans la descendance de H, tous les manuscrits collationnés qui ont la bonne leçon sont mentionnés.

Conformément aux usages de la collection, nous éliminons les fautes purement orthographiques ; mais nous avons cru utile de noter les détails qui présentent un intérêt pour la langue de Quintus de Smyrne[3].

1. W. Weinberger, *Wien. Stud.*, XVII, 1895, 161-164. La collation de Weinberger n'est elle-même exempte ni d'omissions, ni d'erreurs.

2. A. Zimmermann, dans ses *Neue kritische Beiträge zu den Posthom. des Qu. Sm.* (progr. Leipzig, 1910), donne des *addenda* et des *corrigenda* à son apparat critique qui ont été établis surtout à l'aide de la collation de P par W. Weinberger. — L'édition de A. S. Way (coll. Loeb, 1913) se contente de reproduire le texte de Köchly, plus ou moins modifié d'après l'édition de Zimmermann.

3. Nous ne mentionnons pas, sauf cas particuliers :

a) les variantes ou erreurs concernant les accents, les esprits, le signe de l'élision, les iotas souscrits ;

b) les variantes concernant le ν « euphonique » *en fin de vers* ;

Nous remercions bien vivement MM. les Professeurs P. Maas et M. L. West pour les remarques et conjectures qu'ils nous ont communiquées et dont on trouvera l'essentiel dans les notes et dans l'apparat critique. Mlle S. Follet a eu l'obligeance de vérifier sur le manuscrit plusieurs leçons du Cantabrigiensis pour lesquelles nous avions des doutes. Qu'elle trouve ici l'expression de notre gratitude, ainsi que notre collègue et ami, J. Martin, qui a assumé avec beaucoup de dévouement et de compétence la révision de cet ouvrage[1].

c) les fautes courantes d'iotacisme, les confusions entre ο et ω à l'intérieur du mot, l'omission contre le mètre de la géminée, l'emploi manifestement erroné de formes sans allongement métrique (par exemple πολύς pour πουλύς) ;
d) les *lectiones pleniores* ;
e) certaines graphies telles que φάλαγκες, ὀρυγμαδός, κάμβαλε.

1. Il a paru commode d'adopter dans l'apparat critique les abréviations suivantes :
Rhodomann* : Rhodomann, édition des livres XII-XIV (1577).
Rhodomann : Rhodomann, éd. de 1604.
Rhodomann (uert.) : correction tacite faite par Rhodomann dans sa traduction latine de l'édition de 1604.
Köchly : Köchly, *editio maior* (1850).
Köchly^2 : Köchly, *addenda* à l'édition de 1850 (Préface, p. VIII-XVI) et *editio minor* (1853).
Zimmermann : Zimmermann, éd. Teubner (1891).
Zimmermann^2 : Zimmermann, *Kritische Nachlese* (1899-1900).
Zimmermann^3 : Zimmermann, *Neue kritische Beiträge* (1910).
Zimmermann^4 : Zimmermann, *Neue kritische Beiträge, 2. Folge* (1913).
Platt : Platt, *Journal of Philology*, 1901, 103-135.
Platt^2 : Platt, *Journal of Philology*, 1910, 287-298.

SIGLA

I. Codices deperditi.

Ω	omnium codicum communis stirps (s. XIII?).
Y	prototypus unus, e quo P M N[r] fluxerunt (s. XIV?).
H	Hydruntinus uel prototypus alter, e quo ceteri codices fluxerunt (s. XIV?).
H[c]	Hydruntinus post correctionem, e quo UQ, CVB fluxerunt.

II. Codices adhuc servati.

Codices primarii.

C	Cantabrigiensis Corporis Christi coll. 81 (ante a. 1468).	
D	Ambrosianus D 528 inf. (a. 1452-1462).	
M	Monacensis gr. 264 (s. XVI in.).	
	M[1]	librarii correctiones uel uariae lectiones.
	M[2]	recentioris manus (i. e. G. Hardt) correctiones.
P	Parrhasianus uel Neapolitanus gr. II F 10 (s. XV ex.).	
	P[1]	librarii correctiones uel uariae lectiones.
	P[2]	recentioris manus correctiones (ex Aldina sumptae?).
Q	Barberinus gr. 166 (a. 1476).	
U	Urbinas gr. 147 (ante a. 1476).	

Codices recentiores.

B Bruxellensis gr. 11.400 (s. XVI).
E Scorialensis Σ II 8 (circ. a. 1491).
L Neapolitanus gr. II E 24 (circ. a. 1460-1465).
N Neapolitanus gr. II F 11 (circ. a. 1460-1465).
N^r codicis deperditi stirpis Y lectiones, quae in marginibus uel supra lineas codicis N inscriptae sunt.
R Vindobonensis phil. gr. 5 (circ. a. 1460-1465).
V Marcianus gr. Z 456 (538) (ante a. 1468).

Lasc.[1] Constantini Lascaridis emendationes quae in Matritensi 4566 (a. 1464-1465) leguntur.
Lasc.[2] Constantini Lascaridis emendationes quae in Matritensi 4686 (a. 1496) leguntur.
Ald. editio princeps in aedibus Aldorum edita, Venetiis (1504 uel 1505).
Basil. editio Basileensis (1569).

LIVRE I

PENTHÉSILÉE

NOTICE

La composition. Le livre I est occupé par un seul épisode, l'arrivée et la mort de Penthésilée. Sa composition est claire et bien équilibrée :

Préambule (v. 1-17), servant de transition avec l'*Iliade* et d'introduction générale ;

I. — L'arrivée, la réception et le songe de Penthésilée (v. 18-137) ;

II. — La première partie de la bataille : victoires de Penthésilée (v. 138-493) :

a) Préliminaires (v. 138-226) ;

b) Aristies individuelles et notamment combat de Penthésilée contre Podarcès (v. 227-306) ;

c) Vue d'ensemble de la bataille : l'Amazone brise la résistance des Argiens (v. 307-402) et les contraint à fuir jusqu'aux navires (v. 475-493) ;

III. — Le dénouement de la bataille et ses conséquences (v. 494-781) :

a) L'entrée en scène d'Achille et d'Ajax (v. 494-537) ;

b) La rencontre d'Achille et de Penthésilée et la mort de l'Amazone (v. 538-653) ;

c) Le chagrin d'Achille ; l'intervention et le châtiment de Thersite (v. 654-781) ;

Épilogue (v. 782-830) : les funérailles.

La narration est entrecoupée par des épisodes plus ou moins indépendants de l'action principale. Deux d'entre eux sont particulièrement caractéristiques. Le récit de la défaite grecque est interrompu par l'intermède des femmes troyennes (v. 403-476) : conduites par Hippodamie, celles-ci s'apprêtent à participer à la bataille ; mais la prêtresse Théanô réussit à les détourner de leur projet, si bien que ces 74 vers n'ont à proprement parler aucune utilité dramatique. Peut-être Quintus a-t-il trouvé dans ses sources l'idée de cette digression. L'épisode virgilien de Camille offre plus d'un point commun avec celui-ci : les femmes, prises d'émulation à la vue des prouesses de Camille, concourent à la défense de la ville, mais seulement après la mort de la reine des Volsques (*Én.*, xi, 891-895)[1]. Quintus a été surtout attiré par le débat contradictoire sur le rôle de la femme et les prétentions des « féministes ». Le thème était propice aux développements rhétoriques ; il permettait en outre de dégager par avance la moralité de l'histoire de Penthésilée. Pour une femme, combattre contre des hommes à la guerre, c'est oublier sa condition et enfreindre l'ordre établi : Achille le proclame après avoir tué la vierge (v. 652-653) et c'était déjà, avant la bataille, l'avis d'Andromaque, ce modèle de la femme vertueuse (v. 100-104). La « prudente Théanô » ne fait que développer cette idée qui domine le livre I.

La « colère d'Arès » est plus malaisée à légitimer. S'il est naturel qu'un père veuille venger sa fille, son intervention n'en demeure pas moins inattendue, puisqu'il ne s'est à aucun moment préoccupé de la bataille ; Penthésilée non plus n'a pas songé à l'appeler à l'aide, bien qu'elle ait cru, la nuit précédente, qu'il l'encourageait à combattre Achille. Les vers 675-715 pourraient disparaître d'autant plus aisément qu'Arès renonce bientôt à son entreprise. Cependant la scène n'est pas un simple hors-d'œuvre, suggéré par l'épisode homérique d'Ascalaphe[2]. Elle vient d'une part fort à propos retarder la narration au moment où naît la passion d'Achille pour l'Amazone. D'autre part, les deux premiers livres sont conçus comme les volets d'un diptyque : Arès obligé de céder devant la toute-puissance

1. Sur une autre source possible de cet épisode, cf. p. 28, n. 3.
2. Homère indique clairement les raisons pour lesquelles Arès est resté à l'écart de la bataille (N 521-525).

de Zeus préfigure le drame qui se livrera dans l'âme d'Éos au second livre.

Les autres interruptions se justifient d'elles-mêmes. L'aparté d'Andromaque (v. 98-117) et la prière de Priam (v. 182-204) annoncent le dénouement ; le cri d'espoir lancé par un Troyen anonyme (v. 353-375) est un habile artifice pour expliquer l'absence d'Achille et d'Ajax et pour préparer leur entrée en scène.

L'unité du livre est soulignée par des correspondances et des contrastes, suivant un procédé cher à l'auteur. Les deux parties de la bataille forment antithèse ; Andromaque s'oppose à Penthésilée, Théanô à Hippodamie ; Achille donne la réplique tour à tour à Penthésilée et à Thersite. En outre certains motifs reviennent plusieurs fois : la réponse d'Achille à Penthésilée, puis les paroles qu'il prononce après sa victoire reprennent, parfois jusque dans les termes, des idées exprimées d'abord par Andromaque et par Théanô.

Les caractères. La peinture de Penthésilée, vivante et vigoureuse, fait le principal intérêt du livre. Jeune fille courageuse jusqu'à la témérité, remplie d'une joie naïve par son bel équipement tout neuf, grisée de se voir à la tête d'une immense armée, elle n'a pas le sens de la mesure. Elle fait des promesses inconsidérées et se laisse abuser par les songes. Si elle suscite l'enthousiasme parmi la foule troyenne (v. 62-73, 353-375), Andromaque a tôt fait de percer à jour sa faiblesse. Priam lui-même, quoiqu'il soit heureux de l'accueillir, tire peu de réconfort de sa venue ; il ne se fait guère d'illusions sur l'avenir, quand il adresse sa prière à Zeus, et les dieux aussitôt confirment ses appréhensions. Ainsi, dès le début, on sait que Penthésilée est condamnée et l'imminence de sa mort est rappelée maintes fois[1]. En présence de l'ennemi, elle prend une attitude de défi (v. 326-334, 553-562) qui est de règle dans la bataille épique, mais que le

1. QS, I, 172, 203 s., 357, 374 s., 389-395, 493.

poète semble accentuer ici à dessein. Dans la lutte décisive, sa force paraît dérisoire. Ses deux piques manquent le but : il n'y a sans doute aucune maladresse de sa part, puisque les armes divines d'Achille brisent le bronze et qu'Ajax est invulnérable ; néanmoins l'opposition est voulue avec le Péléide qui, du premier coup, la met hors de combat. Les deux Éacides la traitent avec mépris : ils éclatent de rire à ses propos et Ajax s'efface aussitôt qu'il l'a toisée pour laisser à Achille la gloire d'une facile victoire. Penthésilée blessée perd contenance ; et, si son adversaire lui en avait laissé le loisir, elle se serait jetée à ses genoux pour demander grâce. Quintus, souvent médiocre peintre de caractères, a su ici animer le personnage de l'Amazone et le rendre émouvant. Les autres acteurs ne retiennent guère l'attention. La passion d'Achille s'exprime en quelques formules assez conventionnelles, de même que l'attachement d'Andromaque au souvenir d'Hector. Seuls les sentiments contradictoires du vieux roi sont analysés avec finesse et vérité.

L'influence de l'Éthiopide. Dans l'ensemble, Quintus paraît suivre la version cyclique. Voici le résumé que Proclos conserve de cette partie de l'*Éthiopide* d'Arctinos : « L'Amazone Penthésilée vient combattre aux côtés des Troyens ; elle était fille d'Arès et originaire de Thrace. Elle se distingue par ses prouesses, mais Achille la tue et les Troyens l'ensevelissent. En outre Achille massacre Thersite qui l'avait injurié et lui avait reproché la passion qu'on lui prêtait pour Penthésilée[1]. Après cela

1. Ὀνειδισθεὶς τὸν ἐπὶ τῇ Πενθεσιλείᾳ λεγόμενον ἔρωτα. On pourrait entendre aussi : « lui avait fait reproche d'un prétendu amour pour Penthésilée ». Il est cependant probable que, déjà dans l'*Éthiopide*, Achille était effectivement touché par les charmes de sa victime ; sinon les accusations de Thersite eussent été dépourvues de fondement. Au début du ve s., le peintre de la coupe de Munich 2688 a su rendre l'émotion qui s'empare du héros au moment où il égorge l'Amazone : cf. D. von Bothmer, *Amazons in Gr. art* (1957), 143, pl. 71, 4. Une peinture de

survient une querelle parmi les Achéens, provoquée par la mort de Thersite. Puis Achille fait voile vers Lesbos et, au cours d'un sacrifice à Apollon, à Artémis et à Létô, Ulysse le purifie du meurtre. » Apollodore le Mythographe fournit quelques renseignements complémentaires qui doivent provenir du même poème (*Épit.*, v, 1) : « Penthésilée, fille d'Otréré et d'Arès, tue accidentellement Hippolyte et Priam la purifie ; au cours d'une bataille, elle massacre beaucoup de guerriers et notamment Machaon ; puis elle est tuée à son tour par Achille. Après sa mort, celui-ci, s'étant épris de l'Amazone, tue Thersite qui l'injuriait. »

Certaines divergences entre Arctinos et Quintus peuvent être réduites. La concision du sommaire de Proclos ne permet pas de décider si Penthésilée vient de Thrace ou si elle est seulement d'origine thrace ; du moins plusieurs auteurs font-ils état d'une migration des Amazones thraces vers le Thermodon[1]. Quintus s'accorde avec eux : son Amazone vient du Thermodon, mais possède des attaches en Thrace (v. 168), ce qui ne surprend guère, puisque la Thrace est le domaine de son père[2]. Proclos mentionne l'épisode de Thersite après et non avant l'ensevelissement de Penthésilée ; mais c'est sans doute seulement pour la commodité de l'exposition, comme l'indique la liaison très vague (καί) dont il use pour introduire cette phrase : d'autres récits mythographiques, qui paraissent inspirés d'Arctinos pour l'essentiel, montrent que Thersite injurie Achille en présence de la dépouille de Penthésilée, comme chez Quintus[3]. Enfin la querelle qui divise les Grecs après la mort de Thersite opposait déjà dans l'*Éthiopide*

Panainos à Olympie montrait Achille portant sur les épaules Penthésilée morte : Paus., v, 11, 6 ; von Bothmer, *l. c.*, 89.

1. Properce, IV, 4, 71 ; Virgile, *Én.*, XI, 659-662.

2. QS, VIII, 355. Ce sont les filles du Borée thrace qui annoncent à Arès la mort de sa fille (I, 684) ; Borée lui-même a engendré les chevaux d'Arès (VIII, 243).

3. Outre le passage cité d'Apollodore, cf. Eustathe à B 219 (208, 1) ; Tzetzès, à Lycophron, 999 ; schol. Soph., *Phil.*, 445.

Diomède à Achille, malgré le silence de Proclos[1] ; bien que Quintus ait minimisé l'incident en ne faisant pas intervenir au côté des chefs leurs troupes respectives, les situations dans les deux poèmes devaient être substantiellement les mêmes.

Plusieurs passages mettent en œuvre des données anciennes et l'on peut présumer, sinon affirmer, que celles-ci remontent en définitive à l'*Éthiopide*. La réception de Penthésilée par Priam, soit au palais, soit devant le tombeau d'Hector, est un thème iconographique qui apparaît au IVe siècle[2], peut-être même dès le début du Ve siècle[3]. L'artiste figure parfois, à l'écart de la scène, Andromaque en deuil, serrant dans ses bras l'urne qui renferme les cendres d'Hector. On trouve là la préfiguration des deux scènes principales de la première partie : la réception de Priam et le monologue d'Andromaque. En outre ces monuments figurés attestent une relation étroite entre la venue de l'Amazone et la mort d'Hector ; ce thème a été exploité par le roman de Dictys qui fait périr Hector dans une embuscade au moment où il se porte à la rencontre de Penthésilée. Quintus le connaît aussi et prête à son héroïne le désir de venger Hector[4].

1. Le témoignage le plus clair est celui d'Eustathe, à B 212 (204, 6-14).

2. C. Robert, *Hom. Becher*, 25-29 (= F. Courby, *Vases à reliefs*, 284-286) ; — E. Brunn, *Urne etr.*, I, pl. 67, 1 ; — J. Overbeck, *Bildw. z. theb. u. troischen Heldenkreis*, 495 s., nos 3-4, *Atlas*, pl. 21, nos 1, 3 ; — M. Borda, *Pittura romana* (1958), 171. Le premier tableau de la Table Capitoline relatif à l'*Éthiopide* est perdu ; mais on a conservé une partie de la souscription Ị ΟΣ Πενθεσιλεια (et non, comme on avait cru, Ποδαρ]κης Πενθεσιλεια) : U. Mancuso, *Mem. R. Accad. Lincei*, ser. V, XIV, 1911, 662 ss. ; nous restituerions volontiers Πρια]μος Πενθεσιλεια.

3. D. von Bothmer, *Amazons in Greek art*, 98-100, nos 72 (= pl. 62, 4) et 107. Ajouter sans doute un cratère du Louvre à fig. rouges : *CVA*, *Louvre*, fasc. II, III I c, pl. 23 : nous y reconnaissons Penthésilée serrant la main à Priam assis ; la femme debout derrière le cheval serait Andromaque.

4. QS, I, 326 (et 212, 341 s.). Comparer Tzetzès, *Posthom.*, 35. L'arrivée des Amazones est associée à la mort d'Hector sur une amphore à figures noires de Londres : D. von Bothmer, *l. c.*, 101, no 112, pl. 63, 2.

Le grand fait d'armes de Penthésilée est sa victoire sur Podarcès, chef homérique du contingent de Phylaque. Quintus est notre seule source d'information, puisque le témoignage de la Table Capitoline doit être récusé[1] ; mais la mention du tombeau, « visible de loin », que les Grecs élèvent au frère de Protésilas « en monument de sa bravoure » (v. 821-822) laisse entendre que cette aristie n'a pas été forgée de toutes pièces et que le monument de Podarcès existait effectivement dans la plaine troyenne. Il en va de même pour le tombeau des Amazones, encastré dans le rempart à côté de celui de Laomédon (v. 801-805) : ce dernier en tout cas est connu par d'autres auteurs[2]. Enfin Quintus associe avec insistance Ajax et Achille, et il le fait sans nécessité, puisque Ajax se retire avant le combat décisif : il donne à Ajax le titre d'Éacide, contrairement à l'usage homérique ; il admet que Pélée a participé comme Télamon à l'expédition d'Héraclès contre Troie, tradition rare attestée seulement par Pindare et Euripide ; dans ses discours, Achille se fait l'interprète de son compagnon et il continue à parler à la première personne du pluriel même après le départ de celui-ci (v. 575-581, 589, 649). Nul mieux qu'Arctinos ne pouvait avoir imaginé ou précisé ces affinités inconnues d'Homère : c'était pour lui le moyen de donner son unité à un récit dont les deux moments principaux sont la mort d'Achille et celle d'Ajax. Il faut ajouter que, dans le même passage, Quintus fait une allusion au thème cyclique de l'invulnérabilité d'Ajax (v. 566-567).

Autres sources. La narration de Quintus est cependant loin d'être toujours fidèle. L'« Amazonie » cyclique comportait, semble-t-il, deux scènes symétriques : la purification de Penthésilée et celle d'Achille. Quintus ignore la seconde et se contente de suggérer la première : il est surprenant que

1. Cf. ci-dessus p. 8, n. 2.
2. Servius, à Virgile, *Én.*, II, 241.

la meurtrière d'Hippolyte, qui vient à Troie pour se laver de sa souillure (v. 27-32), ne demande pas à Priam d'accomplir le rite salutaire avant la bataille. Ailleurs le récit porte des traces manifestes de contamination. On sait par Tzetzès et par Dictys que les Anciens n'étaient pas d'accord pour expliquer la venue de Penthésilée à Troie[1] : Quintus a tenté de concilier ces différentes versions[2]. Il a également doté son héroïne d'un équipement fort hétéroclite : l'armement de l'hoplite d'une part — mal adapté d'ailleurs au combat à cheval —, la bipenne et l'arc d'autre part. La façon même dont l'auteur conduit son énumération révèle son caractère composite. La *Suite d'Homère* ignore la victoire de Penthésilée sur Machaon, parce que le poète a préféré suivre sur ce point la *Petite Iliade* et réserver la gloire de cet exploit à Eurypyle. Le portrait de Penthésilée avec ses grâces apprêtées (v. 56-61, 657-668), l'armure au luxe tapageur (v. 140-152) trahissent l'alexandrinisme. Plusieurs passages permettent des rapprochements avec Virgile. Ces omissions, ces additions, ces rajeunissements ne permettent guère de douter que Quintus n'ait connu l'*Éthiopide* qu'indirectement. Ses sources immédiates ne peuvent être déterminées avec précision. Il semble en tout cas qu'elles n'avaient ni la sécheresse d'un sommaire mythographique, ni l'ampleur d'un récit épique : les péripéties de la bataille, les noms des douze compagnes de Penthésilée sont de pure invention ou ont été imaginés d'après Homère ; en revanche, des scènes secondaires comme la réception de Penthésilée ou des détails tels que ceux qui concernent Achille et Ajax appartenaient à la tradition dont s'est servi Quintus ; l'épisode d'Hippodamie pourrait avoir été suggéré par une tragédie hellénistique[3]. Le caractère de Penthésilée lui-même ne diffère pas notablement chez Dictys et devait donc être fixé depuis longtemps.

1. Tzetzès, *Posthom.*, 10-25 ; Dictys, III, 15.
2. Voir les v. 20-26, 91-92, et les notes à ces passages.
3. Cf. ci-dessous, p. 28, n. 3.

L'originalité de Quintus de Smyrne. Il est difficile dans ces conditions de préciser ce qu'a été l'apport original du poète. Faute de pouvoir se référer à l'*Éthiopide* qui est trop mal connue, on doit utiliser pour la comparaison des témoins tardifs, d'inspiration souvent romanesque. L'un des traits les plus remarquables de notre récit est la rapidité de l'action qui n'excède guère les vingt-quatre heures : les événements se succèdent sur un rythme de tragédie plutôt que d'épopée. Ailleurs, au contraire, la bataille n'a lieu que quelque temps après l'arrivée de l'Amazone et elle dure elle-même plusieurs journées[1]. Resserré dans le temps, le drame ne se joue qu'entre un petit nombre de personnages : Penthésilée a la modeste suite qui convient à une exilée, alors que chez Virgile et chez Dictys elle conduit une immense armée[2] ; ses douze compagnes ne se manifestent d'ailleurs guère et seule leur mort fait l'objet d'une mention.

Un autre souci majeur de Quintus est celui de la moralité. Il insiste sur la pudeur de la vierge guerrière, sur son souci de mourir avec décence, comme Iphigénie. Rien de trouble non plus dans les sentiments d'Achille, alors que le roman prétendait qu'il s'était uni à la défunte ; Thersite lui-même ne fait aucune allusion à cette fable malgré la violence de ses invectives. Ce respect des convenances a conduit le poète à débarrasser la légende de ses accrétions romanesques et à retrouver la simplicité du récit cyclique. La passion d'Achille demeure muette ou du moins ses pensées ne sont-elles rapportées que très brièvement et au style indirect ; ainsi sont évités la préciosité et le bel esprit que la rhétorique et la poésie de l'époque impériale ont cultivés avec tant de plaisir.

1. Tzetzès, schol. à Lycophron, 999, et *Posthom.*, 30-193 ; Dictys, IV, 2-3. Virgile (*Én.*, XI, 661-663) paraît décrire un retour triomphal, *en char*, de Penthésilée ; la bataille a donc comporté plusieurs journées. On ne possède aucune indication pour l'*Éthiopide.*

2. Virgile, *Én.*, I, 491 ; Dictys, IV, 2 (= Tz., *Posthom.*, 23-24) ; Tryphiod., 33.

QUINTUS DE SMYRNE

LA SUITE D'HOMÈRE

LIVRE I

Depuis qu'Hector pareil aux dieux est tombé sous les coups du Péléide, que le bûcher a dévoré son corps et la terre recouvert ses os, les Troyens se cantonnent dans la ville de Priam : ils craignent la mâle ardeur du fier Éacide, pareils à ces vaches qui, pour ne pas risquer de rencontrer dans les sous-bois un féroce lion, courent se blottir d'effroi l'une contre l'autre au plus épais des taillis. Repliés ainsi dans leur citadelle, ils tremblent à la pensée du vaillant guerrier. A combien naguère n'a-t-il pas ôté le souffle, quand il se déchaînait sur les bords du Scamandre Idéen ! Combien de fugitifs n'a-t-il pas massacrés sous la haute muraille ! Et Hector qu'il a abattu, puis traîné tout autour de la ville[1] !

1. Les v. 1-12 résument les chants XXI, XXII et XXIV de l'*Iliade*. Seul le dernier détail, qu'on retrouve en i, 112 et en xiv, 133, n'est pas homérique ; il est attesté chez Eurip., *Androm.*, 107 s., et Virgile, *Én.*, i, 483, et remonte sans doute au Cycle. Chez Homère, Achille traîne le cadavre d'Hector devant la ville pour le ramener au camp (X 395-411, 463-465), puis il le traîne à nouveau chaque matin trois fois autour du tombeau de Patrocle (Ω 12-21). Les v. 13-14 évoquent les débuts de la guerre avec la prise des douze villes insulaires par la flotte d'Achille : cf. I 328 ; γ 105 s. Les *Cypria* plaçaient cet épisode après le débarquement des Grecs en Troade : cf., outre Proclos, Apollod., *Epit.*, iii, 33. Quintus le situe au contraire pendant la traversée (iv, 150 ; vii, 379 ; xiv, 128), peut-être parce que la prise de Ténédos est effectivement antérieure au débarquement.

ΚΟΙΝΤΟΥ
ΟΙ ΜΕΘ' ΟΜΗΡΟΝ ΛΟΓΟΙ

ΛΟΓΟΣ Α'

Εὖθ' ὑπὸ Πηλείωνι δάμη θεοείκελος Ἕκτωρ
καί ἑ πυρὴ κατέδαψε καὶ ὀστέα γαῖα κεκεύθει,
δὴ τότε Τρῶες ἔμιμνον ἀνὰ Πριάμοιο πόληα
δειδιότες μένος ἠὺ θρασύφρονος Αἰακίδαο·
ἠύτ' ἐνὶ ξυλόχοισι βόες βλοσυροῖο λέοντος
ἐλθέμεν οὐκ ἐθέλουσιν ἐναντίαι, ἀλλὰ φέβονται
ἰληδὸν πτώσσουσαι ἀνὰ ῥωπήια πυκνά·
ὣς οἳ ἀνὰ πτολίεθρον ὑπέτρεσαν ὄβριμον ἄνδρα,
μνησάμενοι προτέρων ὁπόσων ἀπὸ θυμὸν ἴαψε
θύων Ἰδαίοιο περὶ προχοῇσι Σκαμάνδρου,
ἠδ' ⟨ὁπ⟩όσους φεύγοντας ὑπὸ μέγα τεῖχος ὄλεσσεν,
Ἕκτορά θ' ὡς ἐδάμασσε καὶ ἀμφείρυσσε πόληι,

Titulus Κοΐντου [εἰς τὰ add. M] μεθ' ὅμηρον in initio Y : τέλος Κοΐντου τῶν μεθ' Ὅμηρον λόγων in poematis fine P : Κοΐντου H.

Test. : LIBER I Schol. A ad B 220 ‖ **1-17** Tzetzae *Posthom.* 1-5 ‖ **18-53** *ibid.* 10-13 ‖ **62-90** *ibid.* 26-29.

2 πυρὴ Y : πυρὰ H ‖ γαῖα Tychsen : πάντα codd. ‖ κεκεύθει Lehrs : κέκευθε Y κέκαυται H ‖ **3** ἀνὰ H : κατὰ Y ‖ πριάμοιο Y : -μου H ‖ πόληα P : πόλια P[sl]M πτολίεθρον H ‖ **7** ἰληδὸν Y : ἰλαδὸν H ‖ **8** ὄβριμον MH : ὄμβρ- P ‖ **9** μνησάμενοι H : μνήσαντες P μνήσαν M ‖ ἀπὸ θυμὸν ἴαψε(ν) Y : ἀπέταμνε κάρηνα H ‖ **10** θύων H : θέων Y ‖ περὶ codd. (cf. IX 210) : παρὰ M. West (per litt.) cl. I 589; V 433; al. ‖ προχοῇσι Y : -οῇς (uel -οῆς) H ‖ **11** ὁπόσους nos : ὅσους EAld. ὅσσους Ω ‖ ὑπὸ Lehrs : ὑπαὶ H παίων Y ‖ **12** ἀμφείρυσσε πόληι [-λιι P] Y : ἦμαρ ἔρυσσε πολήων H.

et tant d'autres qu'il a fait périr sur les flots houleux de la mer, dans les premiers temps où il vint porter la mort aux Troyens ! Tout à ces pensées, ils se cantonnent dans leur citadelle et le deuil amer plane sur eux, comme si déjà le feu, lourd de sanglots, consumait Troie.

Mais voici que des rives du large Thermodon[1] arrive Penthésilée, parée de la beauté des déesses. Un double dessein l'anime[2] : elle aime la bataille qui cause bien des larmes, et elle veut surtout fuir la honte d'une odieuse rumeur[3] : que personne dans son pays n'aille lui faire reproche pour la sœur dont elle porte le deuil, pour cette Hippolyte qu'elle a tuée de sa bonne lance, par méprise, alors qu'elle visait une biche. C'est ce crime qui la conduit sur le sol de la glorieuse Troie. Au surplus son cœur de guerrière nourrit l'espoir de laver la maudite souillure du meurtre et d'apaiser par des sacrifices les horribles Érinyes[4], irritées par la mort de sa sœur, qui la poursuivent depuis ce jour, invisibles[5] : car ces déesses rôdent sans relâche sur les pas du coupable ; au coupable, nul moyen de se soustraire à leur châtiment. A sa suite marchent douze vierges, également nobles, également éprises de bataille et de hideuse mêlée : elles sont ses servantes, malgré leur haut lignage. Mais Penthésilée se distingue entre toutes, et de loin. On voit ainsi, dans les espaces du ciel, se détacher la lune divine au milieu de tous les astres

1. Le Thermodon coule en Cappadoce ; sur ses bords s'élève Thémiscyre, l'une des capitales des Amazones.

2. Le poète contamine deux traditions. La première était attestée chez Hellanicos (fr. 149 Jacoby) et chez Lysias selon Tzetzès, *Posthom.*, 14-19. Le motif du meurtre accidentel se retrouve chez Diod. Sic., II, 46 ; Apollod., *Epit.*, V, 1 ; Serv., à Virgile, *Én.*, I, 491 ; mais Quintus est seul à faire d'Hippolyte la sœur de Penthésilée. Cette version, qui remonte peut-être pour l'essentiel à l'*Éthiopide*, tend à justifier la venue de Penthésilée qui surprend de prime abord, puisque Priam avait jadis combattu contre les Amazones (Γ 188 s.) ; elle soulève des difficultés de chronologie : Hippolyte, adversaire de Thésée ou d'Héraclès, précède Penthésilée d'une ou deux générations.

ἄλλους θ' οὓς ἐδάιξε δι' ἀκαμάτοιο θαλάσσης,
ὁππότε δὴ τὰ πρῶτα φέρεν Τρώεσσιν ὄλεθρον.
Τῶν οἵ γε μνησθέντες ἀνὰ πτολίεθρον ἔμιμνον·
ἀμφὶ δ' ἄρά σφισι πένθος ἀνιηρὸν πεπότητο
ὡς ἤδη στονόεντι καταιθομένης πυρὶ Τροίης.
Καὶ τότε Θερμώδοντος ἀπ' εὐρυπόροιο ῥεέθρων
ἤλυθε Πενθεσίλεια θεῶν ἐπιειμένη εἶδος,
ἄμφω καὶ στονόεντος ἐελδομένη πολέμοιο
καὶ μέγ' ἀλευομένη στυγερὴν καὶ ἀεικέα φήμην,
μή τις ἑὸν κατὰ δῆμον ἐλεγχείῃσι χαλέψῃ
ἀμφὶ κασιγνήτης, ἧς εἵνεκα πένθος ἄεξεν,
Ἱππολύτης· τὴν γάρ ῥα κατέκτανε δουρὶ κραταιῷ,
οὐ μὲν δή τι ἑκοῦσα, τιτυσκομένη δ' ἐλάφοιο·
τοὔνεκ' ἄρα Τροίης ἐρικυδέος ἵκετο γαῖαν.
Πρὸς δ' ἔτι οἱ τόδε θυμὸς ἀρήιος ὁρμαίνεσκεν,
ὄφρα καθηραμένη πέρι λύματα λυγρὰ φόνοιο
σμερδαλέας θυέεσσιν Ἐριννύας ἱλάσσηται,
αἵ οἱ ἀδελφειῆς κεχολωμέναι αὐτίχ' ἕποντο
ἄφραστοι· κεῖναι γὰρ ἀεὶ περὶ ποσσὶν ἀλιτρῶν
στρωφῶντ', οὐδέ τι ἔστι θεὰς ἀλιτόνθ' ὑπαλύξαι.
Σὺν δέ οἱ ἄλλαι ἕποντο δυώδεκα, πᾶσαι ἀγαυαί,
πᾶσαι ἐελδόμεναι πόλεμον καὶ ἀεικέα χάρμην,
αἵ οἱ δμωίδες ἔσκον ἀγακλειταί περ ἐοῦσαι·
ἀλλ' ἄρα πασάων μέγ' ὑπείρεχε Πενθεσίλεια.
Ὡς δ' ὅτ' ἀν' οὐρανὸν εὐρὺν ἐν ἄστρασι δῖα σελήνη

14 φέρεν Y : -ε H ‖ τρώεσσιν H : τέκεσσιν P τεκέεσσιν M ‖ **16** πεπότητο om. H ‖ **18** θερμώδοντος Y : θερμόδοντος D -οδόοντος H[c] ‖ ῥεέθρων Y : ῥοάων H ‖ **21** μέγ' ἀλευομένη nos (cf. Tzetzae *Posthom.* 12 μύσος ἀλευομένη) : μέγ' ἀλευαμένη Y μέγα αἰδομένη H ‖ **25** τι Köchly (cf. Orph. *Argon.* 526) : τόγ' codd. ‖ **27** δ' ἔτι H : δέ τι Y ‖ ὁρμαίνεσκεν Y : ὡρ- H ‖ **28** πέρι nos : περὶ codd. ‖ **29** θυέεσσιν H : -σσι Y ‖ **30** ἕποντο Y : ἕσπ- H ‖ **32** στρωφῶντ' D[pc] : στροφ- Ω ‖ τι nos : νυ codd. τιν' Hermann ‖ ἔστι P : ἐστὶ MH ‖ ἀλιτόνθ' Y : ἀλιτρόν θ' H ‖ **33** ἕποντο Y (et Tzetzae *Posthom.* 12) : om. H.

et les éclipser de sa clarté, quand l'azur a déchiré le voile des nuages tonnants et que les vents endorment la fureur de leurs rafales[1]. Penthésilée se détache aussi nettement dans la troupe en marche de ses compagnes. Voici Clonié et Polémousa et Dérinoé, Évandré, Antandré, la divine Brémousa ; voici Hippothoé, puis Harmothoé aux yeux noirs, Alcibié, Antibroté et Dérimachéia, Thermodossa enfin, si fière de sa lance : c'est là l'escorte de la guerrière Penthésilée[2]. Telle paraît Éos, lorsqu'elle descend de l'Olympe inébranlable, le cœur enorgueilli par l'éclatante blancheur de ses chevaux ; les Heures aux jolies tresses lui font un cortège, mais aucune d'elles n'égale le rayonnement de sa splendeur, quoique leur beauté soit sans tache : telle Penthésilée s'avance vers la ville de Tros, superbe, au milieu de ses Amazones[3]. Les Troyens accourus à la ronde l'entourent, tout émerveillés de voir la fille aux fortes jambières de l'invincible Arès. Ne dirait-on pas une Immortelle? Son visage rayonne de splendeur tout en inspirant l'effroi ; que d'attraits dans son sourire ! sous ses paupières, quel charme et quel éclat dans ses yeux brillants comme des traits de lumière ! quelle chaste rougeur vient colorer ses joues sur lesquelles s'épand une grâce divine empreinte de mâle énergie[4] !

1. Cf. pour cette comparaison E 524 ss. ; Θ 555 ss. ; Π 300.

2. Imitation du catalogue des Néréides (Σ 39 ss.). Quintus a dû imaginer lui-même les noms de ces douze Amazones qui ne figurent dans aucun autre catalogue, à l'exception d'Hippothoé (Hygin, *Fab.*, 163 ; Tzetzès, *Posthom.*, 176).

3. Les v. 48-53 sont une transposition de ζ 102-109. Quintus aime la mythologie astrale. Les douze Heures ou Héliades sont les compagnes habituelles d'Éos, la déesse du jour (cf. ci-dessous, p. 44, n. 1) ; elles représentent les signes du Zodiaque et président aux saisons : cf. ii, 501-506, 594-602, 658 ; iv, 135 ; v, 625-630. La tradition adoptée en x, 336-342, est différente : les quatre servantes d'Héré, filles d'Hélios et de Séléné, sont aussi les Heures, mais elles ne patronnent que les saisons.

4. Ce portrait riche en antithèses est bien dans le goût alexandrin. Tzetzès (*Posthom.*, 64-71) exprime la même idée en imaginant que Penthésilée était représentée sur son propre bouclier entre Arès et Éros qui revendiquaient chacun la paternité de la jeune fille.

ἐκπρέπει ἐν πάντεσσιν ἀριζήλη γεγαυῖα,
αἰθέρος ἀμφιραγέντος ὑπὸ νεφέων ἐριδούπων,
εὖτ' ἀνέμων εὕδῃσι μένος μέγα λάβρον ἀέντων·
ὣς ἥ γ' ἐν πάσῃσι μετέπρεπεν ἐσσυμένῃσιν.
Ἔνθ' ἄρ' ἔην Κλονίη Πολεμοῦσά τε Δηρινόη τε
Εὐά⟨ν⟩δρη τε καὶ Ἀντάνδρη καὶ δῖα Βρέμουσα
ἠδὲ καὶ Ἱπποθόη, μετὰ δ' Ἁρμοθόη κυανῶπις
Ἀλκιβίη τε καὶ Ἀντιβρότη καὶ Δηριμάχεια,
τῇς δ' ἐπὶ Θερμώδοσσα μέγ' ἔγχεϊ κυδιόωσα·
τόσσαι ἄρ' ἀμφὶς ἕποντο δαΐφρονι Πενθεσιλείῃ.
Οἵη δ' ἀκαμάτοιο κατέρχεται Οὐλύμποιο
Ἠὼς μαρμαρέοισιν ἀγαλλομένη φρένας ἵπποις
Ὡράων μετ' ἐυπλοκάμων, μετὰ δέ σφισι πάσαις
ἐκπρέπει ἀγλαὸν εἶδος ἀμωμήτοις περ ἐούσαις·
τοίη Πενθεσίλεια μόλεν ποτὶ Τρώιον ἄστυ
ἔξοχος ἐν πάσῃσιν Ἀμαζόσιν. Ἀμφὶ δὲ Τρῶες
πάντοθεν ἐσσύμενοι μέγ' ἐθάμβεον, εὖτ' ἐσίδοντο
Ἄρεος ἀκαμάτοιο βαθυκνήμιδα θύγατρα
εἰδομένην μακάρεσσιν, ἐπεί ῥά οἱ ἀμφὶ προσώπῳ
ἄμφω σμερδαλέον τε καὶ ἀγλαὸν εἶδος ὀρώρει,
μειδίαεν ⟨δ'⟩ ἐρατεινόν, ὑπ' ὀφρύσι δ' ἱμερόεντες
ὀφθαλμοὶ μάρμαιρον ἀλίγκιον ἀκτίνεσσιν,
αἰδὼς δ' ἀμφερύθηνε παρήια, τῶν δ' ἐφύπερθε

38 ἀριζήλη Y : ἀρίζηλος H ‖ **39** ὑπὸ Lehrs : ὑπαὶ codd. ‖ **40** om. H ‖ λάβρον Tychsen : λαῦρον [λάυ- M] Y ‖ **41** πάσῃσι Heyne : πάσαισι H πάντεσσι Y ‖ **42** ἄρ' ἔην Hermann : ἄρα ἦν codd. (cf. Σ 39 u. l.) ‖ Δηρινόη Köchly (cf. 230, 258) : -ιόνη codd. ‖ **43** εὐάνδρη LRLasc.[1-2] (cf. 254) : -άδρη Ω ‖ **45** δηριμάχεια H : δηαμάχεια P δη ἀμάχεα M[ac] -χεια M[pc] ‖ **46** τῇς [τῆς M] Y : ταῖς H ‖ Θερμώδωσα uoluit Lobeck (sed cf. 254) ‖ μέγ' H : μετ' Y ‖ **47** ἄρ' Rhodomann : δ' ἄρ' codd. δ' del. Lasc.[2] ‖ ἀμφὶς ἕποντο Y : ἀμφιέποντο H ‖ πενθεσιλείῃ Y : -είᾳ H ‖ **48** Οὐλύμποιο Rhodomann : ἀπ' οὐλύμπου codd. ‖ **58** μειδίαεν δ' Zimmermann[2] : μειδιόων Ω -ιόον L[pr] -ιόωσ' cum enallage Rhodomann ‖ **60** ἀμφερύθηνε [ἀμφ' ἐρ- Y] Ω : -ύθαινε Zimmermann ‖ παρήια, τῶν Rhodomann : παρηιάδων codd.

La joie règne dans ce peuple naguère en détresse. Parfois, depuis la cime d'une montagne, des paysans voient surgir l'arc-en-ciel de la mer aux larges routes : ils appelaient de leurs vœux la pluie divine, car leurs guérets, déjà brûlés par la sécheresse, réclamaient l'ondée de Zeus ; lorsqu'enfin le vaste ciel a commencé de se couvrir et qu'ils aperçoivent l'heureux présage annonciateur du vent et de la pluie, quelle joie pour eux qui naguère pleuraient sur leurs champs[1] ! Les fils des Troyens ont autant d'allégresse à regarder, dans leur patrie, la terrible Penthésilée, avide de combats. Elle n'a pas plus tôt pénétré dans le cœur de l'homme que l'espérance du bonheur dissipe les alarmes des mauvais jours.

Priam lui-même, qui pleure sans répit dans l'excès de son infortune, sent quelque réconfort gagner son âme ; on dirait un homme depuis longtemps accablé d'avoir perdu la vue : il n'a plus qu'un désir, revoir la lumière sainte ou mourir ; si le secours d'un bon médecin ou d'un dieu dissipe le brouillard qui voile ses yeux, s'il parvient à discerner la lumière du jour, sans pour autant la voir comme autrefois, il en tire un peu de réconfort après tant de malheur, mais il n'en garde pas moins sous les paupières la cruelle souffrance de son infirmité[2]. Le fils de Laomédon a les mêmes sentiments à la vue de la terrible Penthésilée : il éprouve un peu de joie, mais son chagrin d'avoir perdu ses enfants demeure le plus fort. Il conduit la reine dans son palais ; il s'empresse et la choie aussi tendrement qu'une fille qui revient d'un lointain voyage après vingt ans d'absence[3]. Il lui offre un de ces festins somptueux que se font servir les rois, quand, couverts de gloire, après avoir défait des nations ennemies, ils fêtent dans les banquets l'allégresse de la victoire[4]. Il la comble de beaux et riches présents et

1. La comparaison rappelle celle de Δ 275 ss. ; pour le v. 68, cf. Aratos, *Phén.*, 787. D'après la physique ancienne, l'arc-en-ciel pompe l'eau de la mer et son apparition présage la pluie : Aristote, *Météor.*, III, 2, 371 b ; [Théophraste], *De signis tempest.*, 22 ; Aratos, *Phén.*, 940 ; Plaute, *Curc.*, 131 ; Virgile, *Géorg.*, I, 380 ;

θεσπεσίη ἐπέκειτο χάρις καταειμένη ἀλκήν.
Λαοὶ δ' ἀμφεγάνυντο καὶ ἀχνύμενοι τὸ πάροιθεν·
ὡς δ' ὁπότ' ἀθρήσαντες ἀπ' οὔρεος ἀγροιῶται
Ἶριν ἀνεγρομένην ἐξ εὐρυπόροιο θαλάσσης,
ὄμβρου ὅτ' ἰσχανόωσι θεουδέος, ὁππότ' ἀλωαὶ
ἤδη ἀπαυαίνονται ἐελδόμεναι Διὸς ὕδωρ,
ὀψὲ δ' ὑπηχλύνθη μέγας οὐρανός, οἳ δ' ἐσιδόντες
ἐσθλὸν σῆμ' ἀνέμοιο καὶ ὑετοῦ ἐγγὺς ἐόντος
χαίρουσι⟨ν⟩, τὸ πάροιθεν ἐπιστενάχοντες ἀρούραις·
ὣς ἄρα Τρώιοι υἷες, ὅτ' ἔδρακον ἔνδοθι πάτρης
δεινὴν Πενθεσίλειαν ἐπὶ πτόλεμον μεμαυῖαν,
γήθεον· ἐλπωρὴ γὰρ ὅτ' ἐς φρένας ἀνδρὸς ἵκηται
ἀμφ' ἀγαθοῦ, στονόεσσαν ἀμαλδύνει κακότητα.
Τοὔνεκα καὶ Πριάμοιο νόος πολέα στενάχοντος
καὶ μέγ' ἀκηχεμένοιο περὶ φρεσὶ τυτθὸν ἰάνθη.
Ὡς δ' ὅτ' ἀνὴρ ἀλαοῖσιν ἐπ' ὄμμασι πολλὰ μογήσας
ἱμείρων ἰδέειν ἱερὸν φάος ἢ θανέεσθαι
ἢ πόνῳ ἰητῆρος ἀμύμονος ἠὲ θεοῖο
ὄμματ' ἀπαχλύσαντος ἴδῃ φάος ἠριγενείης,
οὐ μὲν ὅσον τὸ πάροιθεν, ὅμως δ' ἄρα βαιὸν ἰάνθη
πολλῆς ἐκ κακότητος, ἔχει δ' ἔτι πήματος ἄλγος
αἰνὸν ὑπὸ βλεφάροισι λελειμμένον· ὣς ἄρα δεινὴν
υἱὸς Λαομέδοντος ἐσέδρακε Πενθεσίλειαν·
παῦρον μὲν γήθησε, τὸ δὲ πλέον εἰσέτι παίδων
ἄχνυτ' ἀποκταμένων. Ἄγε δ' εἰς ἑὰ δώματ' ἄνασσαν,
καί μιν προφρονέως τίεν ἔμπεδον, εὖτε θύγατρα
τηλόθε νοστήσασαν ἐεικοστῷ λυκάβαντι,
καί οἱ δόρπον ἔτευξε πανείδατον, οἷον ἔδουσι
κυδάλιμοι βασιλῆες, ὅτ' ἔθνεα δῃώσαντες
δαίνυντ' ἐν θαλίῃσιν ἀγαλλόμενοι περὶ νίκης.

61 καταειμένη H : κατακειμένη P ἐπιειμένη M ‖ **67** ὑπηχλύνθη Y : ὑπαχλ- H ‖ **69** χαίρουσιν R : -σι Ω ‖ **71** πτόλεμον Y : πόλ- H ‖ **77** ἢ Y : ἠὲ H ‖ **85** ἀποκταμένων Y : ἀπεκτ- H ‖ **87** τηλόθε H : -θεν Y -θι Lasc.[1-2].

lui en promet bien d'autres si elle sait défendre les Troyens décimés par la guerre[1]. Elle alors s'engage à faire ce que jamais mortel n'aurait cru possible[2] : massacrer Achille, anéantir la vaste armée des Argiens et jeter dans la flamme leurs nefs[3]. Folle enfant ! elle ne sait pas combien Achille, avec sa bonne pique, excelle sur tous dans la bataille tueuse d'hommes.

En entendant ces mots, la noble fille d'Éétion, Andromaque, se dit à elle-même[4] :

« Ah ! chétive ! Pourquoi tant de bravades ? Tu n'es pas de taille à combattre l'intrépide fils de Pélée. Il fera bientôt fondre sur toi le désastre et la mort. Infortunée ! quel délire possède ton cœur ? Tout près de toi déjà se dressent la Mort exterminatrice et la Fatalité du Ciel[5]. Hector savait bien mieux que toi tenir la lance ; il a péri pourtant malgré sa force. Quel deuil ce fut pour les Troyens qui tous le regardaient comme un dieu dans la cité ! Que de gloire il m'avait value, ainsi qu'à ses parents divins, tant qu'il vivait ! Ah ! que n'ai-je été couchée sous un tertre de terre avant qu'il ne rendît l'âme, la gorge percée d'une pique. Maintenant, indicible douleur, je l'ai vu, hélas ! traîner sauvagement autour de la ville par les rapides chevaux de cet Achille qui m'a ravi mon époux légitime et le chagrin me tourmente chaque jour[6] ! »

Elle parle ainsi, pour elle-même, la fille d'Éétion aux jolies chevilles, pleine du souvenir de son époux : immense est le deuil que la perte d'un mari laisse au cœur d'une femme vertueuse.

Tibulle, I, 4, 44 ; Ovide, *Métam.*, I, 271 ; Sénèque, *Quest. nat.*, I, 8, 7 ; Pline l'A., *Hist. nat.*, II, 60 (150 s.) ; Stace, *Théb.*, IX, 405 ; Nonnos, *Dion.*, II, 201 ss.

1. Bien que cette remise et cette promesse de présents n'aient rien que de très naturel, il faut y voir l'écho d'une variante d'après laquelle l'Amazone était une mercenaire gagnée par l'or des Priamides : Dictys, III, 15 ; IV, 2 ; Tzetzès, *Posthom.*, 20-25. L'idée sera reprise au v. 647.

2. Cf. γ 275.

3. Il y a un trait de caractère dans cette exagération voulue.

4. Sur l'origine de cette scène, cf. *Notice*, p. 8.

5. Quintus s'inspire de Π 853 (= Ω 132) et de λ 61.

Δῶρα δέ οἱ πόρε καλὰ καὶ ὄλβια, πολλὰ δ' ὑπέστη
δωσέμεν, ἤν Τρώεσσι δαϊζομένοις ἐπαμύνῃ.
Ἡ δ' ἄρ' ὑπέσχετο ἔργον ὃ οὔ ποτε θνητὸς ἐώλπει,
δῃώσειν Ἀχιλῆα καὶ εὐρέα λαὸν ὀλέσσειν
Ἀργείων, νῆας δὲ πυρὸς καθύπερθε βαλέσθαι,
νηπίη · οὐδέ τι ἤδη ἐυμμελίην Ἀχιλῆα,
ὅσσον ὑπέρτατος ἦεν ἐνὶ φθισήνορι χάρμῃ.
Τῆς δ' ὡς οὖν ἐπάκουσεν ἐὺς πάις Ἠετίωνος
Ἀνδρομάχη, μάλα τοῖα ⟨φίλῳ⟩ προσελέξατο θυμῷ ·
« Ἆ δειλή, τί νυ τόσσα μέγα φρονέουσ' ἀγορεύεις ;
Οὐ γάρ τοι σθένος ἐστὶν ἀταρβέι Πηλείωνι
μάρνασθ', ἀλλὰ σοὶ ὦκα φόνον καὶ λοιγὸν ἐφήσει.
Λευγαλέη, τί μέμηνας ἀνὰ φρένας ; Ἦ νύ τοι ἄγχι
ἔστηκε⟨ν⟩ Θανάτοιο τέλος καὶ Δαίμονος Αἶσα.
Ἕκτωρ γὰρ σέο πολλὸν ὑπέρτερος ἔπλετο δουρί ·
ἀλλ' ἐδάμη κρατερός περ ἐών, μέγα δ' ἤκαχε Τρῶας
οἵ ἑ θεὸν ὣς πάντες ἀνὰ πτόλιν εἰσορόωντο ·
καί μοι ἔην μέγα κῦδος ἰδ' ἀντιθέοις τοκέεσσι
ζωὸς ἐών. Ὡς εἴ με χυτὴ κατὰ γαῖα κεκεύθει,
πρίν σφε δι' ἀνθερεῶνος ὑπ' ἔγχεϊ θυμὸν ὀλέσσαι.
Νῦν δ' ἄρ' ἀάσπετον ἄλγος ὀιζυρῶς ἐσάθρησα,
κεῖνον ὅτ' ἀμφὶ πόληα ποδώκεες εἴρυον ἵπποι
ἀργαλέως Ἀχιλῆος, ὅ μ' ἀνέρος εὖνιν ἔθηκε
κουριδίου, τό μοι αἰνὸν ἄχος πέλει ἤματα πάντα. »
Ὣς φάθ' ἑὸν κατὰ θυμὸν ἐύσφυρος Ἠετιώνη
μνησαμένη πόσιος · μάλα γὰρ μέγα πένθος ἀέξει

95-96 νῆας ... νηπίη om. M ‖ **98** post 99 transp. P, corr. P¹ ‖ ἐπάκουσεν Y : ἐσά- H ‖ **99** δὲ post Ἀνδρομάχη add. Y ‖ φίλῳ Köchly : om. Y (et Ω ?) ἑῷ H (per coniecturam ?) ‖ προσελέξατο [-ετο M] Ω : -έγξατο P^{sl} ‖ **101** ἐστὶν H : ἔστιν [-τι M] Y ‖ **103** ἄγχι om. H ‖ **104** ἕστηκεν H : -κε Y ‖ **108** ἰδ' R : ἠδ' (uel ἤδ') Ω ‖ τοκέεσσι R : -σσιν H τεκέεσσι Y ‖ **109** κεκεύθει Ω : -θοι Lasc.¹⁻² ‖ **111** ἄρ' ἀάσπετον Rhodomann : ἄρα ἄσπ- codd. ‖ ὀιζυρῶς Rhodomann : -ρὸς codd. ‖ ἐσάθρησα Y : ἐπά- H ‖ **116** μέγα om. H.

Cependant le soleil, hâtant sa marche circulaire[1], plonge dans le cours profond de l'Océan : c'est le crépuscule. Quand les convives se sont assez réjouis à boire et à manger, les servantes étendent un lit moelleux dans la demeure de Priam pour la fière Penthésilée. Elle y va dormir et déjà le doux sommeil s'est épandu sur elle et lui couvre les yeux. Mais, des cimes de l'éther, Pallas envoie vers elle un Songe trompeur[2] : elle veut, par cette vision, l'inciter à faire le malheur des Troyens et le sien, en lui donnant le désir d'affronter les phalanges en bataille. Tel est le dessein de la belliqueuse Tritogénie. Le Songe malin, debout à son chevet, prend les traits de son père[3] pour la presser d'aborder Achille aux pieds rapides et de le combattre bravement, face à face ! A cette voix, son cœur exulte : elle se dit qu'elle va, le jour même, accomplir le prestigieux exploit dans la mêlée qui glace d'épouvante. Folle enfant ! Se fier au Songe funeste entre tous, au Songe crépusculaire qui séduit sur leurs couches les races des malheureux humains par les paroles les plus insidieuses ! Comme il a bien su l'enjôler en l'invitant au combat[4] !

Dès que se lève Érigénie aux chevilles de rose, Penthésilée, le cœur plein d'assurance, saute du lit et couvre ses épaules de son armure ciselée, divin présent d'Arès[5]. D'abord, à ses jambes immaculées, elle fixe les jambières d'or, qui s'ajustent exactement. Ensuite

1. Pour la formule, cf. Φ 11.

2. Le « Songe » est manifestement emprunté au début du chant II de l'*Iliade*. Cependant, chez Tzetzès, *Posthom.*, 119 ss., Penthésilée a également un songe envoyé par Héré après le troisième jour de la bataille : sa mère Otréré la met en garde contre l'avenir qui la menace. Il est donc probable que Quintus n'a pas inventé l'épisode de toutes pièces.

3. Chez Quintus, un dieu se montre très rarement sous une apparence qui n'est pas la sienne : ce procédé homérique ne se retrouve qu'en XI, 135.

4. Les Songes véridiques apparaissent au contraire pendant le dernier tiers de la nuit : Platon, *Criton*, 44 a ; Moschos, *Europe*, 2-5 ; Ovide, *Héroïdes*, XIX, 195 ; Horace, *Satires*, I, 10, 31-35. Pourtant le songe trompeur du chant II de l'*Iliade* est un songe matinal.

ἀνδρὸς ἀποφθιμένοιο σαόφροσι θηλυτέρῃσιν.
Ἠέλιος δὲ θοῇσιν ἑλισσόμενος περὶ δίνῃς
δύσετ' ἐς Ὠκεανοῖο βαθὺν ῥόον, ἤνυτο δ' ἠώς.
Καί ῥ' ὅτε δὴ παύσαντο ποτοῦ δαιτός ⟨τ'⟩ ἐρατεινῆς,
δὴ τότε που δμωαὶ στόρεσαν θυμήρεα λέκτρα
ἐν Πριάμοιο δόμοισι θρασύφρονι Πενθεσιλείῃ.
Ἣ δὲ κιοῦσ' εὕδεσκεν, ὕπνος δέ οἱ ὄσσ' ἐκάλυψε
νήδυμος ἀμφιπεσών. Μόλε δ' αἰθέρος ἐξ ὑπάτοιο
Παλλάδος ἐννεσίῃσι μένος δολόεντος Ὀνείρου,
ὅππως μιν λεύσσουσα κακὸν Τρώεσσι γένηται
οἷ τ' αὐτῇ, μεμαυῖα ποτὶ πτολέμοιο φάλαγγας.
Καὶ τὰ μὲν ὣς ὥρμαινε δαΐφρων Τριτογένεια·
τῇ δ' ἄρα λυγρὸς Ὄνειρος ἐφίστατο πατρὶ ἐοικώς,
καί μιν ἐποτρύνεσκε ποδάρκεος ἄντ' Ἀχιλῆος
θαρσαλέως μάρνασθαι ἐναντίον. Ἣ δ' ἀίουσα
γήθεεν ἐν φρεσὶ πάμπαν· ὀίσατο γὰρ μέγα ἔργον
ἐκτελέειν αὐτῆμαρ ἀνὰ μόθον ὀκρυόεντα,
νηπίη, ἥ ῥ' ἐπίθησεν ὀιζυρῷ περ Ὀνείρῳ
ἑσπερίῳ, ὃς φῦλα πολυτλήτων ἀνθρώπων
θέλγει ἐνὶ λεχέεσσιν ἄδην ἐπικέρτομα βάζων,
ὅς μιν ἄρ' ἐξαπάφησεν ἐποτρύνων πονέεσθαι.
Ἀλλ' ὅτε δή ῥ' ἐπόρουσε ῥοδόσφυρος Ἠριγένεια,
δὴ τότε Πενθεσίλεια μέγ' ἐνθεμένη φρεσὶ κάρτος
ἐξ εὐνῆς ἀνέπαλτο καὶ ἀμφ' ὤμοισιν ἔδυνε
τεύχεα δαιδαλόεντα, τά οἱ θεὸς ὤπασεν Ἄρης.
Πρῶτα μὲν ἂρ κνήμῃσιν ἐπ' ἀργυφέῃσιν ἔθηκε

118 περὶ codd. : an πέρι legendum ? ‖ **119** δύσετ' R : δύσατ' Ω ‖ ἤνυτο Heyne : ἄν- codd. ‖ **120** καί ῥ' Köchly (1838) (cf. VI 96) : καὶ τοίη δ' YQLR δὴ post τοίη add. D[s1] (= H ?), CNE δὴ post καὶ add. U[s1] ‖ δαιτός τ' Ald. : καὶ δαιτὸς Y ἰδὲ δ. H ‖ ἐρατεινῆς om. QCNR ‖ **123** ὄσσ' ἐκάλυψε Y : ὄσσε (uel ὄσσε) κάλυψεν H ‖ **127** πτολέμοιο PH : πολ- M ‖ **133** ἐκτελέειν Castiglioni : -έσειν H -έσσειν Y ‖ **136** ἐνὶ Y : ἐν H ‖ ἄδην H : ἅ- Y ‖ ἐπικέρτομα H : ἐνὶ κέρτ- Y ‖ **137** ἐξαπάφησεν Ω : -άτησεν Lasc.[2] ‖ **142** ἀργυφέῃσιν Köchly : -υρέῃσιν Y -υρέοισιν H.

elle met sa cuirasse entièrement ouvragée ; autour des épaules, elle ceint avec fierté sa grande épée dont le fourreau est un chef-d'œuvre, tout en argent rehaussé d'ivoire. Puis elle endosse le bouclier, cadeau d'un dieu[1] : on croirait le croissant de la lune, quand elle se lève sur le cours profond de l'Océan, à demi pleine, avec ses cornes recourbées, tant il brille d'un ineffable éclat[2]. Sur sa tête, elle pose le casque empanaché d'une crinière d'or[3]. Quand elle s'est ainsi vêtue de ses armes damasquinées[4], on dirait, à la voir, l'éclair que Zeus, du haut de l'Olympe, lance sur la terre avec sa fougue invincible, pour présager aux hommes un furieux orage tout grondant de tonnerres ou ces vents de tempête qui sifflent dans des hurlements sans fin[5].

Sans perdre un instant, elle sort par la grand-salle[6] en prenant deux javelines sous son bouclier et, de la dextre, la hache à deux tranchants[7], l'arme formidable que la terrible Discorde lui a donnée pour la bataille dévoreuse d'hommes. Elle la manie d'un air triomphant et, vite, s'en va hors des remparts convier les Troyens à marcher au combat et à la gloire. On lui obéit sur l'heure ; tous les preux se rassemblent, quand naguère encore ils refusaient d'affronter cet Achille qui semait la mort chez tous ses ennemis. Elle ne contient plus son orgueil et monte sur son cheval[8], un splendide coursier que jadis l'épouse de Borée, Orithyie, lui avait donné quand elle vint en Thrace[9], en cadeau d'hospitalité,

1. La *pelté* est le bouclier des Thraces d'Europe et d'Asie : Hérodote, VII, 75 ; Eurip., *Alc.*, 498 ; Aristoph., *Lys.*, 563. Elle est caractéristique de l'équipement des Amazones, comme la bipenne, l'arc et le cheval qui seront mentionnés plus loin. Moins soucieux de couleur locale que Virgile (*Én.*, I, 490-493 ; V, 312 s.), Quintus ne mentionne ni le baudrier des Amazones, ni leur habitude de combattre avec un sein nu.

2. Pour la comparaison avec la lune, cf. T 374 ; Virgile, *Én.*, I, 490 (et Servius) ; XI, 663. Quintus imite en outre Aratos, *Phén.*, 790.

3. Comparer avec Properce, III, 11, 13.

4. Μορόεις, épithète des boucles d'oreilles chez Homère (« de la grosseur d'une mûre » ?), est interprété par les scholiastes comme un synonyme de δαιδαλόεις. L'autre sens du mot (« fatal »), attesté chez Nicandre, conviendrait ici à la rigueur.

κνημῖδας χρυσέας αἵ οἱ ἔσαν εὖ ἀραρυῖαι·
ἕσσατο δ' αὖ θώρηκα παναίολον· ἀμφὶ δ' ἄρ' ὤμοις
θήκατο κυδιόωσα μέγα ξίφος ᾧ περὶ πάντῃ
κουλεὸς εὖ ἤσκητο δι' ἀργύρου ἠδ' ἐλέφαντος·
ἂν δ' ἔθετ' ἀσπίδα δῖαν ἀλίγκιον ἄντυγι μήνης,
ἥ θ' ὑπὲρ Ὠκεανοῖο βαθυρρόου ἀντέλλῃσιν
ἥμισυ πεπληθυῖα περιγνάμπτοισι κεραίῃς·
τοίη μαρμαίρεσκεν ⟨ἀ⟩άσπετον· ἀμφὶ δὲ κρατὶ
θῆκε κόρυν κομόωσαν ἐθείρῃσι⟨ν⟩ χρυσέῃσιν.
Ὣς ἣ μὲν μορόεντα περὶ χροῒ θήκατο τεύχη·
ἀστεροπῇ δ' ἀτάλαντος ἐείδετο, τὴν ἀπ' Ὀλύμπου
ἐς γαῖαν προΐησι Διὸς μένος ἀκαμάτοιο
δεικνὺς ἀνθρώποισι μένος βαρυηχέος ὄμβρου
ἠὲ πολυρροίζων ἀνέμων ἄλληκτον ἰωήν.
Αὐτίκα δ' ἐγκονέουσα δι' ἐκ μεγάροιο νέεσθαι
δοιοὺς εἵλετ' ἄκοντας ὑπ' ἀσπίδα, δεξιτερῇ δὲ
ἀμφίτυπον βουπλῆγα τόν οἱ Ἔρις ὤπασε δεινὴ
θυμοβόρου πολέμοιο πελώριον ἔμμεναι ἄλκαρ.
Τῷ ἐπικαγχαλόωσα τάχ' ἤλυθεν ἔκτοθι πύργων
Τρῶας ἐποτρύνουσα μάχην ἐς κυδιάνειραν
ἐλθέμεναι· ⟨τ⟩οὶ δ' ὦκα συναγρόμενοι πεπίθοντο
ἄνδρες ἀριστῆες, καί περ πάρος οὐκ ἐθέλοντες
στήμεναι ἄντ' Ἀχιλῆος· ὃ γὰρ περιδάμνατο πάντας.
Ἣ δ' ἄρα κυδιάασκεν ἀάσχετον· ἕζετο δ' ἵππῳ
καλῷ τ' ὠκυτάτῳ τε τόν οἱ ἄλοχος Βορέαο

143 χρυσέας Y : -είας H || **144** ὤμοις Y : -οισι H || **145** περὶ codd. : πέρι Köchly || **147** ἔθετ' codd. : ἕλετ' Glasewald || **149** περιγνάμπτοισι nos (post -μπτῃσι Tychsen) (cf. Arati *Phaen.* 790 περιγνά(μ)πτωσι) : περὶ γναπτῆσι [γναμπῆσι P] Ω || **150** ἀάσπετον Rhodomann : ἄσπ- codd. || **151** ἐθείρῃσιν Zimmermann[3] : -σι codd. || **153** ὀλύμπου Y : οὐλ- H || **154** μένος codd. : σθένος Zimmermann[2] || **161** ἐπι- YU : ἐπὶ DQC ἔπι Lasc.[1-2] || **163** τοὶ Köchly : οἳ codd. || **165** περι- YQ περὶ D πέρι UC || **166** ἀάσχετον YH[c] : -ετο D (unde -ετα recc.).

une bête capable de gagner de vitesse les Harpyies[1]. Telle est la monture sur laquelle elle quitte alors la ville et ses hautes demeures, la valeureuse Penthésilée, que les Trépas maudits entraînent vers son premier et ultime combat. A ses côtés, des Troyens en masse marchent, pour n'en plus revenir, à l'implacable bataille ; leur foule suit la vierge téméraire comme des brebis derrière le bélier qui court en avant du troupeau sous la sage conduite du berger[2]. C'est ainsi que, derrière Penthésilée, tout brûlants d'ardeur, s'élancent les robustes Troyens et les Amazones au cœur vaillant ; tandis que, telle la Tritonide partant à l'assaut des Géants ou la Discorde qui parcourt les rangs d'une armée pour donner le signal de la mêlée[3], Penthésilée déploie sa fougue au milieu des Troyens.

Il tend alors vers le Cronide ses mains accablées d'infortunes, le noble fils de l'opulent Laomédon, et il l'implore en se tournant vers le sanctuaire vénérable de Zeus Idéen dont les regards veillent toujours sur Ilion[4] :

« Père, exauce-moi ; permets qu'en ce jour l'armée des Achéens succombe sous le bras de la reine fille d'Arès. Elle, au contraire, laisse-la revenir dans ma demeure ; préserve-la par égard pour le puissant Arès, ton fils formidable, par amour pour elle aussi : c'est merveille comme elle ressemble aux déesses du ciel ; n'est-ce pas d'ailleurs de ta race, ô dieu, qu'elle tient sa naissance ? Prends pitié de moi : j'ai tant souffert depuis que mes enfants tombent l'un après l'autre ; les Trépas me les ont ravis, par le bras des Argiens,

1. Les Boréades Zétès et Calaïs parviennent aussi à rattraper les Harpyies : Apoll. Rhod., II, 273-290.

2. Pour la comparaison, cf. N 492 s. et Apoll. Rhod., I, 575-578.

3. Comparer avec VI, 294, où le rôle d'Éris est tenu par Arès. Quintus a une prédilection particulière pour l'allégorie de la Discorde : il lui consacrera une longue description en X, 53-65, et il la fait souvent intervenir au début des combats.

4. Sur le sanctuaire de Zeus Idéen à Gargaron, cf. A. B. Cook, *Zeus*, II, 2, 949, n. 5. Le présent ἐπιδέρκεται laisse entendre que Zeus continue de veiller sur la Nouvelle Ilion.

ὤπασεν Ὠρείθυια πάρος Θρήκην δὲ κιούσῃ
ξείνιον, ὅς τε θοῇσι μετέπρεπεν Ἁρπυίῃσι·
τῷ ῥα τόθ' ἑζομένη λίπεν ἄστεος αἰπὰ μέλαθρα
ἐσθλὴ Πενθεσίλεια· λυγραὶ δέ μιν ὀτρύνεσκον
Κῆρες ὁμῶς πρώτην τε καὶ ὑστατίην ἐπὶ δῆριν
ἐλθέμεν. Ἀμφὶ δὲ Τρῶες ἀνοστήτοισι πόδεσσι
πολλοὶ ἕποντ' ἐπὶ δῆριν ἀναιδέα τλήμονι κούρῃ
ἰλαδόν, ἠύτε μῆλα μετὰ κτίλον, ὅς θ' ἅμα πάντων
νισομένων προθέῃσι δαημοσύνῃσι νομῆος·
ὣς ἄρα τῇ γ' ἐφέποντο βίῃ μέγα μαιμώωντες
Τρῶες ἐυσθενέες καὶ Ἀμαζόνες ὀβριμόθυμοι.
Ἡ δ' οἵη Τριτωνίς, ὅτ' ἤλυθεν ἄντα Γιγάντων,
ἢ Ἔρις ἐγρεκύδοιμος ἀνὰ στρατὸν ἀίσσουσα,
τοίη ἐνὶ Τρώεσσι θοὴ πέλε Πενθεσίλεια.
Καὶ τότε δὴ Κρονίωνι πολυτλήτους ἀναείρας
χεῖρας Λαομέδοντος ἐὺς γόνος ἀφνειοῖο
εὔχετ' ἐς ἱερὸν ἠὺ τετραμμένος Ἰδαίοιο
Ζηνὸς ὃς Ἴλιον αἰὲν ἑοῖς ἐπιδέρκεται ὄσσοις·
« Κλῦθι, πάτερ, καὶ λαὸν Ἀχαι⟨ι⟩κὸν ἤματι τῷδε
δὸς πεσέειν ὑπὸ χερσὶν Ἀρηι⟨ά⟩δος βασιλείης,
καὶ δή μιν παλίνορσον ἐμὸν ποτὶ δῶμα σάωσον
ἀζόμενος τεὸν υἷα πελώριον ὄβριμον Ἄρην
αὐτήν θ', οὕνεκ' ἔοικεν ἐπουρανίῃσι θεῇσιν
ἐκπάγλως καὶ σεῖο θεοῦ γένος ἐστὶ γενέθλης.
Αἴδεσσαι δ' ἐμὸν ἦτορ, ἐπεὶ κακὰ πολλὰ τέτληκα

168 κιούσῃ J.C. Struve : κιοῦσα codd., quod defendit Severyns || **169** ἁρπυίῃσι(ν) R : -υίαισιν Ω || **171** λυγραὶ YH^{c} : λυγρὰ D || ὀτρύνεσκον P^{sl}MR : ὠτρ- Ω || **172** ὁμῶς Rhodomann : ὅπως codd. || **174** ἕποντ' Y : ἕσπ- H || **176** νισομένων nos : νισσο- codd. || **177** post ὣς add. δ' P || **184** ἐς H : εἰς Y || ἠὺ codd. : αἰπὺ Dietsch Köchly || **186** ἀχαιικὸν Pauw : ἀχαϊκὸν codd. || **187** ἀρηιάδος Rhodomann (cf. 318) : ἀρηΐδος codd. || **188** δή μιν H : δ' ἡμὶν Y || **190** θ', οὕνεκ' Lasc.^{2} : τ' οὕνεκ' codd. || ἐπουρανίῃσι Y : ἐπ' οὐρ- H || **191** καὶ Y : δὴ H || **192** κακὰ πολλὰ L^{pr} et Rhodomann : πολλὰ κακὰ Ω.

sur le front de la bataille[1]. Aie pitié pendant que nous sommes encore en vie, derniers restes du noble sang de Dardanos[2], pendant que notre ville demeure encore debout. Laisse-nous reprendre haleine, à notre tour, après l'horrible carnage d'Arès. »

Tandis qu'il adresse sa fervente prière, un aigle pousse un cri strident : l'oiseau, qui tenait dans ses serres une colombe près d'expirer, s'envole à tire-d'aile par la gauche. L'esprit de Priam frémit dans son cœur : il comprend qu'il ne reverra plus vivante Penthésilée : non ! elle ne retournera pas du combat. Présage véridique ! Les Trépas vont l'accomplir en ce jour ; et Priam pleure, le cœur brisé[3].

Cependant les Argiens au loin demeurent un moment interdits, quand ils voient courir sur eux les Troyens et Penthésilée, fille d'Arès ; les uns, pareils aux bêtes des montagnes qui portent la tuerie et la désolation dans les troupeaux de moutons laineux ; elle, semblable au feu qui éclate et fait rage dans les broussailles sèches sous les rafales du vent[4]. On s'attroupe et l'on s'écrie[5] :

« Qui donc a rassemblé les Troyens, maintenant qu'Hector a péri ? Nous pensions qu'ils ne voudraient plus désormais se mettre en ligne contre nous ; et soudain ils prennent l'offensive, avec quelle ardeur pour la lutte ! Il y a dans leurs rangs quelqu'un pour les entraîner au combat : on dirait un dieu, car il projette un grand exploit. Allons ! mettons en nos poitrines une invincible audace[6] ! Ne songeons qu'à

1. Littéralement, « dans la gueule de la bataille », c'est-à-dire en première ligne : cf. I, 487, 813 ; XI, 298. Nous avons hésité à garder l'image dont la vigueur avait dû s'émousser depuis Homère (K 8 ; T 313 ; Υ 359).

2. Dardanos est fils de Zeus et de l'Atlantide Électre ; sur la généalogie des Dardanides, cf. II, 140 ss.

3. Dans cette scène (v. 182-204), le poète s'inspire de la prière de Priam en Ω 287-321 ; il imite aussi Z 305-307 et M 200 s.

4. Le thème de l'incendie est familier à Quintus : I, 536 ; V, 387 ; VIII, 89, 363 ; X, 68 ; XIII, 488. Cf. Λ 155 ss. ; O 605 s. ; Υ 490 ss. ; et surtout Apoll. Rhod., I, 1027 s., qui est ici le modèle direct du poète : ὀξείῃ ἴκελοι ῥιπῇ πυρός, ἥ τ' ἐνὶ θάμνοις | αὐαλέοισι πεσοῦσα κορύσσεται.

παίδων ὀλλυμένων οὕς μοι περὶ Κῆρες ἔμαρψαν
Ἀργείων παλάμῃσι κατὰ στόμα δηιοτῆτος·
αἴδεο δ', ⟨ἕ⟩ως ἔτι παῦροι ἀφ' αἵματός εἰμεν ἀγαυοῦ
Δαρδάνου, ⟨ἕ⟩ως ἀδάικτος ἔτι πτόλις, ὄφρα καὶ ἡμεῖς
ἐκ φόνου ἀργαλέοιο καὶ Ἄρεος ἀμπνεύσωμεν. »
Ἦ ῥα μέγ' εὐχόμενος. Τῷ δ' αἰετὸς ὀξὺ κεκληγὼς
ἤδη ἀποπνείουσαν ἔχων ὀνύχεσσι πέλειαν
ἐσσυμένως οἴμησεν ἀριστερός· ἀμφὶ δὲ θυμῷ
τάρβησε⟨ν⟩ Πριάμοιο νόος, φάτο δ' οὐκέτ' ἀθρήσειν
ζωὴν Πενθεσίλειαν ἀπὸ πτολέμοιο κιοῦσαν.
Καὶ τὸ μὲν ὣς ἤμελλον ἐτήτυμον ἤματι κείνῳ
Κῆρες ὑπεκτελέειν· ὃ δ' ἄρ' ἄχνυτο θυμὸν ἐαγώς.
Ἀργεῖοι δ' ἀπάνευθεν ἐθάμβεον, εὖτ' ἐσίδοντο
Τρῶας ἐπεσσυμένους καὶ Ἀρηίδα Πενθεσίλειαν,
τοὺς μὲν δὴ θήρεσσιν ἐοικότας, οἵ τ' ἐν ὄρεσσι
ποίμνῃς εἰροπόκοισι φόνον στονόεντα φέρουσι,
τὴν δὲ πυρὸς ῥιπῇ ἐναλίγκιον, ἥ τ' ἐπὶ θάμνοις
μαίνεται ἀζαλέοισιν ἐπειγομένου ἀνέμοιο.
Καί τις ἅμ' ἀγρομένοισιν ἔπος ποτὶ τοῖον ἔειπε·
« Τίς δὴ Τρῶας ἄγειρε μεθ' Ἕκτορα δῃωθέντα,
οὓς φάμεν οὐκέτι νῶιν ὑπαντιάσειν μεμαῶτας ;
Νῦν δ' ἄφαρ ἀίσσουσι λιλαιόμενοι μέγα χάρμης.
Καί νύ τις ἐν μέσσοισιν ἐποτρύνει πονέεσθαι·
φαίης κεν θεὸν ἔμμεν, ἐπεὶ μέγα μήδεται ἔργον.
Ἀλλ' ἄγε, θάρσος ἄατον ἐνὶ στέρνοισι βαλόντες

193 μοι om. Y ‖ **195** ἕως Rhodomann (uert.) Scaliger : ὡς codd. ‖ εἰμεν Spitzner : ἐσμὲν codd. ‖ **196** ἕως : uide 195 ‖ πτόλις Y : πόλις H ‖ **197** ἀμπνεύσωμεν H : ἐμ- Y ‖ **201** τάρβησεν Hilberg : -σε codd. ‖ **203** τὸ YH[c] : τότε D ‖ ἤμελλον P[pc] M[sl] : -ελον Ω ‖ **205** ἀπάνευθεν Y : -θε H ‖ ἐθάμβεον Y : θάμ- H ‖ **206** om. H ‖ Ἀρηίδα Köchly : ἀρήιδα Y ‖ **207** δὴ YD[sl] : om. DH[c] (= H) ‖ **208** φόνον Rhodomann : πόνον codd. ‖ **209** τὴν δὲ H : τήνδε Y ‖ **212** ἄγειρε codd. : ἔγ- Köchly ‖ **216** φαίης κεν H : φάησκε P φέης κε M ‖ ἔμμεν Köchly : ἔμμεν' R ἔμμεναι Ω **217** βαλόντες Bonitz : λαβόντες codd.

lutter avec vaillance : à nous non plus, l'aide des dieux ne fera pas défaut aujourd'hui, quand nous combattrons les Troyens. »

A ces mots, les Argiens ceignent leurs armes étincelantes ; ils sortent à flots des nefs, les épaules vêtues de fougue. Et, se ruant les uns contre les autres, tels des bêtes carnassières, ils engagent la mêlée sanglante, tous, en bel arroi, avec leurs piques, leurs cuirasses, leurs solides boucliers en cuir de bœuf, leurs casques robustes. Chacun de son bronze frappe l'adversaire, sans merci ; le sang rougit le sol de Troie[1].

Alors Penthésilée tue Molion, Persinoos, Eilissos, et Antithéos, et Lernos le preux, Hippalmos et Haimonidès et le puissant Élasippos. Dérinoé tue Laogonos ; et Clonié, Ménippos[2] qui était jadis parti de Phylaque sous les ordres de Protésilas pour combattre les robustes Troyens. Dès qu'il le voit tomber, le cœur de Podarcès, fils d'Iphiclos, s'émeut, car il le chérissait entre tous ses compagnons[3]. Aussitôt il frappe la divine Clonié : sa lourde lance lui perce le ventre, de part en part ; sous la pique jaillit d'abord un flot de sang noir, bientôt suivi de toutes les entrailles. Penthésilée, courroucée par sa mort, atteint à son tour Podarcès avec son immense pique au biceps du bras droit[4] ; elle tranche les veines gonflées de sang et, par la blessure ouverte, le sang noir gicle à gros bouillons. L'homme en geignant

1. Pour les v. 220-226, cf. Δ 446-451.

2. On trouve des listes semblables chez Homère, par ex. en Θ 273-276. Eilissos est un nom rare ; mais une inscription de Termessos (*Tit. Asiae Minoris*, III, 1, 698) mentionne un Εἰλησσός. Haimonidès, patronyme chez Homère, est devenu un nom propre chez Virgile (*Én.*, X, 537) et Quintus. Lernos est un emprunt à Apoll. Rhod., I, 35, 202. Persinoos et Hippalmos se retrouvent l'un dans la *Blémyomachie* (cf. *Introd.*, p. XX, n. 2) et l'autre chez Nonnos (*Dion.*, XXVI, 147).

3. Phylaque est située en Phthiotide, non loin de la Thèbes thessalienne, avec laquelle elle est parfois confondue. Chez Quintus (cf. I, 816) comme chez Homère (B 695-710 ; N 698), Podarcès et Protésilas sont tous deux fils d'Iphiclos. Au contraire, d'après [Hésiode], *Catal.*, fr. 94, 35 Rzach, Podarcès seul est fils d'Iphiclos et petit-fils de Phylacos (cf. Apollod., *Bibl.*, I, 9, 12), tandis que Protésilas est fils d'Actor. D'après une autre

ἀλκῆς μνησώμεσθα δαΐφρονος· οὐδὲ γὰρ ἡμεῖς
νόσφι θεῶν Τρώεσσι μαχησόμεθ' ἤματι τῷδε.»
Ὣς φάτο· τοὶ δὲ φαεινὰ περὶ σφίσι τεύχεα θέντες
νηῶν ἐξεχέοντο μένος καταειμένοι ὤμοις.
Σὺν δ' ἔβαλον θήρεσσιν ἐοικότες ὠμοβόροισι
δῆριν ἐς αἱματόεσσαν, ὁμοῦ δ' ἔχον ἔντεα καλά,
ἔγχεα καὶ θώρηκας ἐυσθενέας τε βοείας
καὶ κόρυθας βριαράς· ἕτερος δ' ἑτέρου χρόα χαλκῷ
τύπτον ἀνηλεγέως, τὸ δ' ἐρεύθετο Τρώιον οὖδας.
Ἔνθ' ἕλε Πενθεσίλεια Μολίονα Περσίνοόν τε
Εἴλισσόν τε καὶ Ἀντίθεον καὶ ἀγήνορα Λέρνον
Ἵππαλμόν τε καὶ Αἱμονίδην κρατερόν τ' Ἐλάσιππον.
Δηρινόη δ' ἕλε Λαογόνον, Κλονίη δὲ Μένιππον
ὅς ῥα πάρος Φυλάκηθεν ἐφέσπετο Πρωτεσιλάῳ,
ὄππως κεν Τρώεσσιν ἐυσθενέεσσι μάχοιτο.
Τοῦ δ' ἄρ' ἀποφθιμένοιο Ποδάρκεϊ θυμὸς ὀρίνθη
Ἰφικληιάδῃ· τὸν γὰρ μέγα φίλαθ' ἑταίρων.
Αἶψα δ' ὅ γ' ἀντιθέην Κλονίην βάλε· τῆς δὲ διὰ πρὸ
ἦλθε δόρυ στιβαρὸν κατὰ νηδύος, ἐκ δέ οἱ ὦκα
δουρὶ χύθη μέλαν αἷμα, συνέσπετο δ' ἔγκατα πάντα.
Τῆς δ' ἄρα Πενθεσίλεια χολώσατο, καί ῥα Ποδάρκεα
οὔτασεν ἐς μυῶνα παχὺν περιμήκεϊ δουρὶ
χειρὸς δεξιτερῆς, διὰ δὲ φλέβας αἱματοέσσας
κέρσε, μέλαν δέ οἱ αἷμα δι' ἕλκεος οὐταμένοιο

218 μνησώμεσθα R : -ώμεθα H -όμεθα Y ‖ **220** τοὶ δὲ H : τοίδε Y ‖ σφίσι om. H ‖ **221** ἐξεχέοντο YH[c] : ἐξοχ- D ‖ **223** ἐς H : εἰς Y ‖ αἱματόεσσαν Y : ματ- H ‖ **225** χαλκῷ PYϘMH : χα //// P (et Y) ‖ **226** τύπτον Ω : -τεν P[sl]L[pc] ‖ ἀνηλεγέως Zimmermann : ἀπη- codd. ‖ **227** μολίονα R et Rhodomann (cf. Λ 322) : μολίονά τε Lasc.[2] μολίωνά τε [-λέω- P] Ω ‖ **228** εἴλισσόν Y : γλισσόν H ‖ **229** καὶ om. P ‖ **230** δηρινόη Y : -ιόνη H ‖ λαογόνον codd., sed Λαόγονον Π 604, Υ 460 ; cf. schol. A ad Π 604 et Eust. ad Υ 459 (1213, 41) ‖ **231** φυλάκηθεν Y : -ακῆθεν uel -ακήθεν H ‖ ἐφέσπετο Rhodomann : ἐπέ- codd. ‖ **232** ἐυσθενέεσσι R : -έοισι Ω ‖ μάχοιτο codd. : μάχηται Köchly ‖ **234** ἰφικληιάδῃ YC : -κλιά- UQ -κλεϊά- D ‖ **235** τῆς δὲ H : τῆσδε Y.

se retire derrière les lignes, l'âme terrassée par la souffrance. Son départ cause aux Phylaciens un indicible regret : lui cependant, un peu à l'écart du combat, expire bientôt entre les bras de ses compagnons[1].

Idoménée occit Brémousa en la touchant de sa longue pique près du sein droit : il lui a rompu le cœur sous le coup. Elle tombe, tel un frêne altier que des bûcherons abattent dans la montagne : un froissement plaintif mêlé d'un bruit sourd accompagne l'arbre dans sa chute[2]. C'est avec un pareil cri de détresse qu'elle tombe ; le trépas lui brise les membres et son âme se confond aux souffles de la brise[3]. Maintenant Mérionès tue Évandré et Thermodossa qui chargeaient dans la bataille meurtrière : à l'une, il perce le cœur de sa lance ; à l'autre, il plonge son coutelas dans le bas-ventre ; promptement, la vie les abandonne. Le vaillant fils d'Oïlée[4] abat Dérinoé en lui traversant la clavicule avec la pointe de sa pique.

A Alcibié et à Dérimachéia, le Tydéide tranche la tête ainsi que la nuque, au ras des épaules : son épée leur est funeste. Elles s'écroulent comme deux génisses qu'un gaillard tue brutalement en leur coupant les tendons de la nuque avec sa lourde hache[5] : elles croulent ainsi, terrassées par le bras du Tydéide, sur la plaine de Troie, tandis que leurs têtes roulent au loin.

tradition (schol. B à B 695), c'est Iphiclos, père de Podarcès, qui serait le frère de Protésilas.

1. Sur l'épisode de Podarcès, cf. *Notice*, p. 9. Quintus nomme dans cette première bataille un certain nombre de chefs grecs. Il s'est en effet appliqué à mettre en scène dans son œuvre la plupart des héros qui apparaissent dans le *Catalogue des Vaisseaux*. Sur les quarante-six noms de la liste homérique, douze seulement manquent. Sept d'entre eux ont péri dans l'*Iliade:* Ascalaphe, Clonios, Diorès, Léite (pour lequel Homère ne spécifie pas clairement s'il a succombé à sa blessure), Médon, Schédios et Tlépolème ; les cinq autres sont des figures secondaires qui ne sont connues que par le *Catalogue* (Épistrophos, Gounée, Pheidippos, Polyxeinos et Prothoos).

2. Comparaison imitée de Π 482-484.

3. L'âme est ici véhiculée après la mort par les souffles de l'air; sur cette conception, cf. *Introd.*, p. XVII-XVIII.

4. Ajax le Locrien.

ἔβλυσεν ἐσσυμένως · ὃ δ' ἄρα στενάχων ἀπόρουσεν
εἰσοπίσω, μάλα γάρ οἱ ἐδάμνατο θυμὸν ἀνίη.
Τοῦ δ' ἄρ' ἀπεσσυμένοιο ποθὴ Φυλάκεσσιν ἐτύχθη
ἄσπετος · ὃ⟨ς⟩ δ' ἄρα βαιὸν ἀπὸ πτολέμοιο λιασθεὶς
κάτθανε καρπαλίμως σφετέρων ἐν χερσὶν ἑταίρων.
'Ιδομενεὺς δὲ Βρέμουσαν ἐνήρατο δούρατι μακρῷ
δεξιτερὸν παρὰ μαζόν, ἄφαρ δέ οἱ ἦτορ ἔλυσεν.
Ἣ δ' ἔπεσεν μελίῃ ἐναλίγκιος, ἥν τ' ἐν ὄρεσσι
δουροτόμοι τέμνουσιν ὑπείροχον, ἣ δ' ἀλεγεινὸν
ῥοῖζον ὁμῶς καὶ δοῦπον ἐρειπομένη προΐησιν ·
ὣς ἣ ἀνοιμώξασα πέσεν, τῆς δ' ἄψεα πάντα
λῦσε μόρος, ψυχὴ δ' ἐμίγη πολυαέσιν αὔραις.
Εὐάνδρην δ' ἄρα Μηριόνης ἰδὲ Θερμώδοσσαν
εἷλεν ἐπεσσυμένας ὀλοὴν ἀνὰ δηιοτῆτα,
τῇ μὲν ἄρ' ἐς κραδίην ἐλάσας δόρυ, τῇ δ' ὑπὸ νηδὺν
φάσγανον ἐγχρίμψας · τὰς δ' ἐσσυμένως λίπεν ἦτορ.
Δηρινόην δ' ἐδάμασσεν 'Οιλέος ὄβριμος υἱὸς
ἔγχεϊ ὀκριόεντι διὰ κληῖδα τυχήσας.
'Αλκιβίης δ' ἄρα Τυδείδης καὶ Δηριμαχείης
ἄμφω κρᾶτ' ἀπέκοψε σὺν αὐχέσιν ἄχρις ἐπ' ὤμοις
ἄορι λευγαλέῳ · ταὶ δ' ἠύτε πόρτιες ἄμφω
κάππεσον, ἅς τ' αἰζηὸς ἄφαρ ψυχῆς ἀπαμέρσῃ
κόψας αὐχενίους στιβαρῷ βουπλῆγι τένοντας ·
ὣς αἳ Τυδείδαο πέσον παλάμῃσι δαμεῖσαι
Τρώων ἂμ πεδίον σφετέρων ἀπὸ νόσφι καρήνων.

245 ὅς Rhodomann : ὁ codd. || **247** μακρῷ codd. : τύψας Spitzner ; post 247 lac. susp. Hermann || **249** ἔπεσεν H : -σε Y || **250** δουροτόμοι Y : δρυοτ- H || **254** εὐάνδρην YH^c : -άδρην D || μηριόνης H : -νη Y || ἰδὲ RAld. : τε Ω καὶ P²B^sl || θερμώδοσσαν PQCL^pcRLasc.^1-2 : -δοσαν Ω -δουσαν EAld. (cf. 46) || **256** τῇ (ant. loco) Y : τὴν H || **257** ἐγχρίμψας Tychsen : -ίψας codd. || ἦτορ codd. : αἰών Rhodomann || **258** δηρινόην Y : -ιόνην P²H || **259** ὀκριόεντι R (cf. VI 553 ; XII 135) : ὀκρυό- Ω ὀξυό- Hermann || **261** ὤμοις Ω : ὤμους UQ et Rhodomann || **263** ἀπαμέρσῃ Rhodomann : -σει codd. || **266** ἂμ Köchly : ἀμ H ἀν Y || ἀπὸ H : ἄπο Y.

Sur leurs corps, Sthénélos massacre le puissant Cabeiros[1] : celui-ci était venu de Sestos pour guerroyer contre les Argiens ; mais il ne s'en est pas retourné dans sa patrie. Pâris, le cœur courroucé par sa mort, tire une flèche sur Sthénélos, bien en face ; il ne réussit pas à l'atteindre malgré son envie : le trait dévie vers le but où le dirigent les inexorables Trépas et va soudain tuer Événor au couvre-ventre d'airain qui était venu de Doulichion combattre les Troyens. Sa perte émeut le fils du noble Phylée[2] : avec la promptitude d'un lion tombant sur un troupeau de moutons[3], il bondit ; tous fuient, pris de panique devant le vaillant guerrier. Il vient déjà d'occire Itymonée et Agélaos, fils d'Hippasos, tous deux partis de Milet pour porter la huée de la guerre contre les Danaens : ils ont pour chefs le divin Nastès et le magnanime Amphimaque, seigneurs du Mycale et du Latmos aux blanches cimes, de la large vallée de Branchos, des rivages de Panorme et du bassin du Méandre profond, qui descend des pâturages phrygiens vers le vignoble de Carie où serpente son cours sinueux[4]. Mégès massacre d'abord ces deux guerriers dans la mêlée ; il en tue bien d'autres ensuite, au hasard des rencontres, avec sa lance noire de sang, tant Tritogénie a mis d'audace en sa poitrine pour qu'il fasse fondre sur l'ennemi le jour de la mort.

1. On a retrouvé à Sestos une dédicace aux Dieux Cabires : H. Lolling, *Ath. Mitt.*, VI, 1881, 209 ss. ; O. Kern, dans *Real-Encykl.*, *s. v. Kabeiros*, 1404, l. 17 ; B. Hemberg, *Kabiren*, 237. Cf. en outre L. Robert, *Rev. Phil.*, XXXIII, 1959, 226, n. 7.

2. Mégès, fils de Phylée, est le chef du contingent de Doulichion, île de la Mer Ionienne : cf. B 625-630.

3. Comparaisons analogues en I, 315 ss. ; XI, 163. Comparer avec E 161 s. ; δ 413 ; Apoll. Rhod., IV, 486 s.

4. Quintus rajeunit et complète la description homérique de la Carie (B 867-875). Le Latmos est le nom classique des Monts Phthires dont parle l'*Iliade* : cf. Hécatée de Milet, dans Strabon, XIV, 635 ; la faute des mss Τιτάνοιο provient d'une glose qui citait la formule homérique (B 735) dont s'inspire le poète. Branchos, berger dont Apollon s'était épris, fonda le temple de Didymes et fut l'ancêtre de la dynastie sacerdotale des Branchides : cf. Callim., fr. 229 Pf. ; Conon, *Narr. amat.*, XXXIII, 4 ; Varron, schol. à Stace, *Théb.*, VIII, 198.

Τῇσι δ' ἐπὶ Σθένελος κρατερὸν κατέπεφνε Κάβειρον
ὃς κίεν ἐκ Σηστοῖο λιλαιόμενος πολεμίζειν
'Αργείοις, οὐδ' αὖτις ἑὴν νοστήσατο πάτρην.
Τοῦ δὲ Πάρις κραδίην ἐχολώσατο δῃωθέντος
καί ῥ' ἔβαλε Σθενέλοιο καταντίον · οὐδ' ἄρα τόν γε
οὔτασεν ἐλδόμενός περ, ἀπεπλάγχθη γὰρ ὀιστὸς
ἄλλῃ, ὅπῃ μιν Κῆρες ἀμείλιχοι ἰθύνεσκον ·
κτεῖνε δ' ἄρ' ἐσσυμένως Εὐήνορα χαλκεομίτρην
ὅς ῥ' ἐκ Δουλιχίοιο κίεν Τρώεσσι μάχεσθαι.
Τοῦ δ' ἄρ' ἀποφθιμένοιο πάις Φυλῆος ἀγαυοῦ
ὠρίνθη · μάλα δ' ὦκα, λέων ὣς πώεσι μήλων,
ἔνθορε · τοὶ δ' ἅμα πάντες ὑπέτρεσαν ὄβριμον ἄνδρα.
Κτεῖνε γὰρ 'Ιτυμονῆα καὶ 'Ιππασίδην 'Αγέλαον
οἵ ῥ' ἀπὸ Μιλήτοιο φέρον Δαναοῖσιν ὁμοκλὴν
Νάστῃ ὑπ' ἀντιθέῳ καὶ ὑπ' 'Αμφιμάχῳ μεγαθύμῳ,
οἳ Μυκάλην ἐνέμοντο Λάτμοιό τε λευκὰ κάρηνα
Βράγχου τ' ἄγκεα μακρὰ καὶ ἠιόεντα Πάνορμον
Μαιάνδρου τε ῥέεθρα βαθυρρόου, ὅς ῥ' ἐπὶ γαῖαν
Καρῶν ἀμπελόεσσαν ἀπὸ Φρυγίης πολυμήλου
εἶσι πολυγνάμπτοισιν ἑλισσόμενος προχοῇσι.
Καὶ τοὺς μὲν κατέπεφνε Μέγης ἐν δηιοτῆτι ·
ἄλλους δ' αὖτ' ἐδάμασσεν ὅσους κίχε δουρὶ κελαινῷ ·
ἐν γάρ οἱ στέρνοισι θράσος βάλε Τριτογένεια,
ὄφρά κε δυσμενέεσσιν ὀλέθριον ἦμαρ ἐφείη.

268 σηστοῖο ULNRE Lasc.[1-2] : -τεῖο Ω ‖ **269** αὖτις nos : αὖθις codd. ‖ **270** δὲ Y : δὴ H ‖ **272** ἐλδόμενός Zimmermann : ἐσσύμενός H -υμένος Y ‖ ἀπεπλάγχθη plerique : -άχθη UL[ac] ‖ **274** δ' ἄρ' Bonitz : γὰρ codd. ‖ **276** Φυλῆος Rhodomann : φυλλ- codd. ‖ ἀγαυοῦ Y : -ὸς H ‖ **278** ἅμα PDUQ : ἄμα M ἄρα CNREAld. ‖ **279** ἱππασίδην PH : -δη M ‖ **280** φέρον Y : φέρων H ‖ **281** ὑπ' (ant. loco) Köchly : ἅμ' codd. ‖ 'Αμφιμάχῳ Rhodomann (cf. B 871) : ἀγχεμάχῳ codd. ‖ post 281 lac. unius uersus stat. Köchly ‖ **282** μυκάλην MR : -αλέην P -αλίην H ‖ Λάτμοιό Pauw (cf. Strab. xiv, 1, 8) : τιτάνοιό codd. ‖ **283** τ' ἄγκεα M[pc]H : τ' ἄγχεα Y τείχεα P[2] ‖ **286** πολυγνάμπτοισιν P[sl] : -άπτοισιν Y -άπτῃσιν H ‖ **290** κε Köchly : γε Ω τε M ε (sic) MYP ‖ ἦμαρ Rhodomann : ἦτορ codd.

Polypoetès[1], chéri d'Arès, abat Drésaios qu'avait enfanté la divine Néère[2], quand elle fut entrée au lit du prudent Théiodamas, au pied du Sipyle neigeux. C'est là que les dieux ont changé Niobé en pierre : le flot de ses larmes ruisselle encore du haut de l'âpre falaise, tandis qu'à ses plaintes font écho les ondes de l'Hermos mugissant et les cimes altières du Sipyle que recouvrent toujours des nuées odieuses aux bergers. C'est grande merveille pour le voyageur : le roc ressemble à une femme douloureuse qui gémit sur un deuil amer et verse des larmes à l'infini ; tel est en vérité son aspect, quand on le contemple de loin ; mais, si l'on approche, on ne distingue plus qu'un roc abrupt, détaché du Sipyle. Ainsi s'accomplit l'implacable courroux des Bienheureux : Niobé continue de gémir dans sa chape de pierre, image éternelle de la douleur[3].

Chacun à l'envi suscite l'horreur du carnage et du trépas. L'effrayant Tumulte circule parmi les bataillons ; à ses côtés se tient, impassible, la Mort exterminatrice, cependant qu'autour d'eux rôdent les funestes Trépas, porteurs de tuerie et de désolation. Combien en ce jour ont le cœur rompu dans la poussière, Troyens ou Argiens ! Que de clameurs ! Rien ne peut arrêter la fougue de Penthésilée : on croirait voir une lionne, en pleine montagne, bondir et fondre sur des vaches à travers les rochers d'un vallon, altérée d'un sang qui lui délecte le cœur[4] ; elle fond alors avec la même ardeur sur les Danaens, la vierge née d'Arès. Ils battent en retraite, pris de panique ; mais elle les pourchasse

1. Polypoetès, chef thessalien, fils de Pirithoos : cf. B 738-747.

2. D'après Apollod., *Bibl.*, III, 5, 6, l'une des Niobides se nommait Néère. Il est possible que la Néère de Quintus soit cette fille de Niobé, échappée au massacre : la légende citait les noms de plusieurs survivants, par ex., Amyclas, Méliboia (Apollod., *l. c.*).

3. La digression sur Niobé doit peu à Homère (Ω 614 ss.) ; elle ne semble pas non plus suggérée uniquement par des impressions personnelles, bien que le Sipyle soit voisin de la patrie de Quintus. Elle possède en effet plusieurs parallèles littéraires (Paus., I, 21, 3 ; Ovide, *Métam.*, VI, 301-312 ; Eustathe, à Dion. Per., 87, et à Ω 614 [1368, 11 ss.]), qui dépendent peut-être d'une

Δρησαῖον δ' ἐδάμασσεν ἀρηίφιλος Πολυποίτης
τὸν τέκε δῖα Νέαιρα περίφρονι Θειοδάμαντι
μιχθεῖσ' ἐν λεχέεσσιν ὑπαὶ Σιπύλῳ νιφόεντι,
ἧχι θεοὶ Νιόβην λᾶαν θέσαν, ἧς ἔτι δάκρυ
πουλὺ μάλα στυφελῆς καταλείβεται ὑψόθε πέτρης,
καί οἱ συστοναχοῦσι ῥοαὶ πολυηχέος Ἕρμου
καὶ κορυφαὶ Σιπύλου περιμήκεες ὧν καθύπερθεν
ἐχθρὴ μηλονόμοισιν ἀεὶ περιπέπτατ' ὀμίχλη·
ἣ δὲ πέλει μέγα θαῦμα παρεσσυμένοισι βροτοῖσιν,
οὕνεκ' ἔοικε γυναικὶ πολυστόνῳ ἥ τ' ἐπὶ λυγρῷ
πένθεϊ μυρομένη μάλα μυρία δάκρυα χεύει·
καὶ τὸ μὲν ἀτρεκέως φῇς ἔμμεναι, ὁππότ' ἄρ' αὐτὴν
τηλόθεν ἀθρήσειας· ἐπὴν δέ οἱ ἐγγὺς ἵκηαι,
φαίνεται αἰπήεσσα πέτρη Σιπύλοιό τ' ἀπορρώξ.
Ἀλλ' ἣ μὲν μακάρων ὀλοὸν χόλον ἐκτελέουσα
μύρεται ἐν πέτρῃσιν ἔτ' ἀχνυμένῃ εἰκυῖα.

Ἄλλοι δ' ἀμφ' ἄλλοισι φόνον καὶ κῆρ' ἐτίθεντο
ἀργαλέον. Δεινὸς γὰρ ἐνεστρωφᾶτο Κυδοιμὸς
λαοῖς ἐν μέσσοισιν· ἀταρτηρὸν δέ οἱ ἄγχι
εἱστήκει Θανάτοιο τέλος· περὶ δέ σφισι Κῆρες
λευγαλέαι στρωφῶντο φόνον στονόεντα φέρουσαι.
Πολλῶν δ' ἐν κονίῃσι λύθη κέαρ ἤματι κείνῳ
Τρώων τ' Ἀργείων τε, πολὺς δ' ἀλαλητὸς ὀρώρει.
Οὐ γάρ πως ἀπέληγε μένος μέγα Πενθεσιλείης,
ἀλλ' ὥς τίς τε βόεσσι κατ' οὔρεα μακρὰ λέαινα
ἐνθόρῃ ἀίξασα βαθυσκοπέλου διὰ βήσσης
αἵματος ἱμείρουσα, τό οἱ μάλα θυμὸν ἰαίνει·
ὣς τῆμος Δαναοῖσιν Ἀρηιὰς ἔνθορε κούρη.
Οἳ δ' ὀπίσω χάζοντο τεθηπότα θυμὸν ἔχοντες·

295 ὑψόθε Platt : -θι codd. ‖ **296** συστοναχοῦσι Tychsen : συστονάχουσι RLasc.[2] συνστ- Ω ‖ ἕρμου Y : ἑρμοῦ H ‖ **298** μηλονόμοισιν Rhodomann : μηλανόμοισι(ν) YU μελαν- C μαλαν- D μηλανόμῃσι Q ‖ ἀεὶ om. H ‖ περιπέπτατ' Spitzner : περιίπτατ' codd. ‖ **302** φῇς H : φήσ' Y ‖ **304** τ' om. H ‖ **308** ἀργαλέον codd. (cf. β 284 sq.) : -έην Pauw ‖ **313** τ' om. H.

comme la vague de la mer grondante suit les nefs rapides, lorsque leurs blanches voiles s'enflent au vent qui les presse, tandis que tous les promontoires hurlent sous les flots qui rugissent en déferlant le long de la côte[1]. Penthésilée pourchasse ainsi les Danaens et taille en pièces leurs phalanges. A tous, elle lance ce défi, l'âme enivrée d'orgueil :

« Chiens ! vous allez payer aujourd'hui l'outrage infâme fait à Priam[2]. Non ! il ne sera pas dit que l'un de vous parvienne à éviter mon bras pour faire la joie de ses parents, de ses fils et de son épouse. Vos cadavres gisants seront la proie des oiseaux et des bêtes, et nul tertre de terre ne vous recouvrira. Où donc est aujourd'hui la Force du Tydéide ? et l'Éacide ? et Ajax aussi[3] ? On prétend qu'ils sont des preux ; mais, contre moi, ils n'oseront pas combattre, face à face ! Ils ont peur que je ne leur arrache l'âme des membres pour la jeter chez les morts ! »

Elle dit et, pleine de superbe, se rue sur les Argiens : on dirait la Mort en personne[4]. Que d'ennemis elle massacre, tantôt avec le profond tranchant de sa hache, tantôt en dardant la pointe de sa javeline ! Son cheval fringant porte son carquois et son arc qui ne pardonne pas, au cas où elle aurait besoin dans la mêlée sanglante des flèches douloureuses et de l'arc[5]. De fougueux guerriers la suivent : ce sont les frères et les amis d'Hector expert au corps à corps, la poitrine gonflée par le souffle puissant d'Arès. De leurs lances bien fourbies, ils taillent en pièces les Danaens qui tombent, plus drus que des feuilles légères[6] ou des gouttes de

description épique d'Euphorion (cf. le fr. 102 Powell). Cf. nos *Recherches*, p. 131-133.

1. Pour cette comparaison, cf. B 209 ; P 264 s. ; ε 269 ; QS, III, 508 ss. ; VI, 330 ss. ; VIII, 361 ss. L'image, composée de bribes homériques, est assez incohérente : un vent favorable (οὖρος) ne déchaîne pas la tempête et les marins amènent les voiles par gros temps.

2. Allusion aux outrages infligés par Achille au cadavre d'Hector. Sur ce vers, cf. *Notice*, p. 8, n. 4.

3. Réminiscence de N 770 s.

4. Cf. ρ 500 ; QS, X, 101.

ἣ δ' ἕπετ' ἠύτε κῦμα βαρυγδούποιο θαλάσσης
νήεσιν ὠκείῃσιν, ὅθ' ἱστία λευκὰ πετάσσῃ
οὖρος ἐπειγόμενος, βοόωσι δὲ πάντοθεν ἄκραι
πόντου ἐρευγομένοιο ποτὶ χθονὸς ἠόνα μακρήν.
Ὣς ἥ γ' ἑσπομένη Δαναῶν ἐδάιζε φάλαγγας·
καί σφιν ἐπηπείλησε μέγα φρεσὶ κυδιόωσα·
« Ὦ κύνες, ὡς Πριάμοιο κακὴν ἀποτίσετε λώβην
σήμερον. Οὐ γάρ πώ τις ἐμὸν σθένος ἐξυπαλύξας
χάρμα φίλοις τοκέεσσι καὶ υἱάσιν ἠδ' ἀλόχοισιν
ἔσσεται· οἰωνοῖς δὲ βόσις καὶ θηρσὶ θανόντες
κείσεσθ', οὐδέ τι τύμβος ἐφ' ὑμέας ἵξεται αἴης.
Πῇ νῦν Τυδείδαο βίη, πῇ δ' Αἰακίδαο,
ποῦ δὲ καὶ Αἴαντος ; Τοὺς γὰρ φάτις ἔμμεν ἀρίστους·
ἀλλ' ἐμοὶ οὐ τλήσονται ἐναντία δηριάασθαι,
μή σφιν ἀπὸ μελέων ψυχὰς φθιμένοισι πελάσσω. »
Ἦ ῥα καὶ Ἀργείοισι μέγα φρονέουσ' ἐνόρουσε,
Κηρὶ βίην εἰκυῖα. Πολὺν δ' ὑπεδάμνατο λαόν,
ἄλλοτε μὲν βουπλῆγι βαθυστόμῳ, ἄλλοτε δ' αὖτε
πάλλουσ' ὀξὺν ἄκοντα· φέρεν δέ οἱ αἰόλος ἵππος
ἰοδόκην καὶ τόξον ἀμείλιχον, εἴ που ἄρ' αὐτῇ
χρειὼ ἀν' αἱματόεντα μόθον βελέων ἀλεγεινῶν
καὶ τόξοιο πέλοιτο. Θοοὶ δέ οἱ ἄνδρες ἕποντο,
Ἕκτορος ἀγχεμάχοιο κασίγνητοί τε φίλοι τε,
ὄβριμον ἐν στέρνοισιν ἀναπνείοντες Ἄρηα,
οἳ Δαναοὺς ἐδάιζον ἐυξέστῃς μελίῃσι.
Τοὶ δὲ θοοῖς φύλλοισιν ἐοικότες ἢ ψεκάδεσσι

320 ἔπετ' H : ἕσπετ' Y || **321** ὠκείῃσιν H : -σι Y || **323** ἠόνα Y : ἠιόνα H || **325** κυδιόωσα Tychsen : μειδ- codd. || **326** ὡς Bonitz : οἳ codd. || **328** τοκέεσσι Rhodomann (uert.) Dausque : τεκ- codd. || **329** ἔσσεται Köchly : οἴσεται codd. || **332** δὲ καὶ Y : δ' H || **333** ἐναντία Y : ἔναντι H || **337** βαθυστόμῳ codd. : βαρυ- Pauw (cf. Oppiani *Halieut.* IV 481 ; V 152) || **339** ἰοδόκην Y : -κον H || **341** οἱ Rhodomann : μιν codd. || **344** μελίῃσι Y : -σιν H ; an legendum μελίῃσιν. | Οἳ δὲ... ? || **345** θοοῖς YUQ : θοῇς C θεοῖς D.

pluie. La terre à l'infini gémit longuement sous les ruisseaux de sang et les monceaux de cadavres, tandis que des chevaux, percés de flèches ou de lances, rendent l'âme dans un dernier hennissement. Certains se tordent en prenant la poussière à pleines mains et les chevaux troyens, en donnant la chasse, foulent comme gerbes ces blessés qui gisent parmi les morts[1].

Un Troyen, transporté de joie, s'émerveille de voir Penthésilée charger à la tête de l'armée, pareille au noir ouragan qui fait rage sur la mer, quand le soleil entre dans le signe du Capricorne[2] ; il s'écrie alors, plein d'un vain espoir :

« Voyez, amis ! Une déesse est sûrement descendue du ciel aujourd'hui pour combattre les Argiens et nous porter assistance : tel est le souverain vouloir de Zeus, car il se souvient sans doute encore du puissant Priam qui se réclame de son sang immortel. Non ! je ne puis croire en la voyant qu'elle ne soit qu'une femme : quelle bravoure ! quelle armure splendide ! Ne dirait-on pas plutôt Athéné ou la violente Ényô, la Discorde ou la glorieuse fille de Létô ? Je présume qu'en ce jour, elle va faire fondre sur les Argiens la tuerie et la désolation, et détruire par le feu la flotte sur laquelle ils sont jadis venus à Troie en méditant notre perte. Ils sont venus nous apporter le fléau sans merci d'Arès[3] ; mais ils ne s'en retourneront pas : leur Hellade natale

1. Les v. 350-352 concernent les guerriers agonisants par opposition aux morts (v. 345-346). L'expression δραχμοῖσι δεδραγμένοι montre qu'il ne peut s'agir des chevaux comme on comprend ordinairement ; d'ailleurs, en ce cas, le développement consacré aux chevaux aurait une ampleur inaccoutumée. Pour la comparaison du v. 352, cf. Υ 495 s.

2. C'est-à-dire au moment du solstice d'hiver. Quintus imite Aratos, *Phén.*, 286, 291 ss. ; son texte invite à restituer ἠελίου ἴς au v. 286 des *Phénomènes* qui est corrompu (sur le problème critique posé par ce vers, cf. l'éd. J. Martin, *ad loc.*). Le thème de la tempête en mer fournit de nombreuses comparaisons à Quintus : ii, 217, 533 s. ; iv, 552 ; v, 364, 386 ; vii, 300 ss. ; ix, 270 ; x, 69 ; xiii, 480.

3. Pour l'idée, cf. O 720 s. Le procédé de l'épanalepse, que Quintus emploie avec discrétion, sera fort apprécié de Nonnos.

πῖπτον ἐπασσύτεροι· μέγα δ' ἔστενεν ἄσπετος αἶα
αἵματι δευομένη νεκύεσσί τε πεπληθυῖα,
ἵπποι δ' ἀμφὶ βέλεσσι πεπαρμένοι ἢ μελίῃσιν
ὑστάτιον χρεμέτιζον ἑὸν μένος ἐκπνείοντες.
Οἳ δὲ κόνιν δραχμοῖσι δεδραγμένοι ἀσπαίρεσκον·
τοὺς δ' ἄρα Τρώιοι ἵπποι ἐπεσσύμενοι μετόπισθεν
ἄντλον ὅπως στείβεσκον ὁμοῦ κταμένοισι πεσόντας.
Καί τις ἐνὶ Τρώεσσιν ἀγάσσατο μακρὰ γεγηθώς,
ὡς ἴδε Πενθεσίλειαν ἀνὰ στρατὸν ἀίσσουσαν
λαίλαπι κυανέῃ ἐναλίγκιον, ἥ τ' ἐνὶ πόντῳ
μαίνεθ', ὅτ' Αἰγοκερῆι συνέρχεται ἠελίου ἴς·
καί ῥ' ὅ γε μαψιδίῃσιν ἐπ' ἐλπωρῇσιν ἔειπεν·
« Ὦ φίλοι, ὡς ἀναφανδὸν ἀπ' οὐρανοῦ εἰλήλουθε
σήμερον ἀθανάτων τις, ἵν' Ἀργείοισι μάχηται
ἡμῖν ἦρα φέρουσα Διὸς κρατερόφρονι βουλῇ,
ὃς τάχα που μέμνηται ἐυσθενέος Πριάμοιο
ὅς ῥά οἱ εὔχεται εἶναι ἀφ' αἵματος ἀθανάτοιο.
Οὐ γὰρ τήνδε γυναῖκά γ' ὀίομαι εἰσοράασθαι
αὔτως θαρσαλέην τε καὶ ἀγλαὰ τεύχε' ἔχουσαν,
ἀλλ' ἄρ' Ἀθηναίην ἢ καρτερόθυμον Ἐνυὼ
ἢ Ἔριν ἠ⟨ὲ⟩ κλυτὴν Λητωίδα· καί μιν ὀίω
σήμερον Ἀργείοισι φόνον στονόεντα βαλέσθαι
νῆάς τ' ἐμπρήσειν ὀλοῷ πυρί, τῇσι πάροιθεν
ἤλυθον ἐς Τροίην νῶιν κακὰ πορφύροντες·
ἤλυθον ἄσχετον ἄμμιν ὑπ' Ἄρεϊ πῆμα φέροντες,
ἀλλ' οὐ μὰν παλίνορσοι ἐς Ἑλλάδα νοστήσαντες

346 αἶα Y : γαῖα H || **350** δραχμοῖσι P^{sl}MH : δραμμ- P δηγμοῖσι Van Herwerden (quod quis defendat cl. *Anth. Pal.* IX 252, 4) || **356** αἰγοκερῆι codd. : ἄλλως αἰγοκερῶτι P^{2} || **357** μαψιδίῃσιν Rhodomann : -ίης codd. || **362** εἶναι Y : εἶν' H || **364** αὔτως H : αὔ- Y || **366** Ἔριν Zimmermann : ἔριδ' codd. || ἠὲ Zimmermann^{2} : ἢ codd. || κλυτὴν Ω : κλειτὴν EAld. || **369 sq.** κακὰ πορφύροντες Zimmermann^{2} : πολλὰ κακὰ φέροντες codd. κ. π. φέρ. Dausque ; 370 a librario quodam confectum esse susp. Pauw, sed forsitan 369 sq. duplicis recensionis uestigia sint || **370** ὑπ' J. C. Struve : ἐπ' codd.

n'aura pas le bonheur de les accueillir, puisqu'une déesse nous seconde ! »

Ainsi parle ce Troyen, l'âme toute joyeuse. Pauvre fou ! il n'a pas pressenti le malheur qui va s'abattre si lourdement sur lui, sur les autres Troyens aussi bien que sur Penthésilée. Car les hurlements de la mêlée ne sont pas encore venus aux oreilles[1] d'Ajax, cœur de vaillance, ni d'Achille, le preneur de villes. Tous deux sont couchés près du tombeau du fils de Ménoitios[2] : ils pensent à leur compagnon et restent là à sangloter, chacun de son côté. Un dieu les retient pour l'heure loin de la bataille, car il faut que des guerriers accomplissent par milliers leur sort douloureux en tombant sous les coups des Troyens et de la valeureuse Penthésilée qui redouble ses assauts[3] <...> médite leur perte. Sa force et son audace ne cessent de croître ; jamais elle ne charge en vain dans la bataille[4] : tour à tour elle frappe les fuyards dans le dos et les assaillants en pleine poitrine. Un sang tiède ruisselle sur son corps ; les attaques n'alourdissent pas ses membres, la fatigue ne peut briser son cœur intrépide : elle a la résistance de l'acier. Le Destin fatal veut encore la glorifier[5] ; mais, se tenant à l'écart du combat, il tire déjà gloire de sa mort, car il va bientôt faire périr la vierge sous le bras de l'Éacide. Dans son manteau de ténèbres, invisible, il l'excite sans trêve pour la conduire à la male mort, en la comblant de gloire une dernière fois[6]. Çà et là, elle sème le carnage. Parfois une génisse

1. Cf. P 377.

2. Le tombeau de Patrocle se trouve sur le cap Sigée (Strabon, XIII, 1, 32) ; il est donc passablement éloigné du champ de bataille.

3. Le texte est corrompu ; il faut probablement admettre une lacune d'un vers.

4. Texte douteux : la scansion interdit de conserver ἴθυνεν ; notre conjecture donne à αἰχμῇ le sens de « bataille » qu'il a en XI, 77 et 282.

5. Le vers 389 *a*, donné par tous les manuscrits, est métriquement incorrect et dépourvu de sens à cette place. Cette ligne paraît provenir d'un commentaire marginal aux v. 389-395 qu'un copiste aura pris pour un vers authentique.

6. Nous avons tenté de rendre la répétition κύδαινεν, κυδιάασκεν, κυδαίνουσα.

πάτρην εὐφρανέουσιν, ἐπεὶ θεὸς ἄμμιν ἀρήγει. »
Ὣς ἄρ' ἔφη Τρώων τις ἐνὶ φρεσὶ πάγχυ γεγηθώς,
νήπιος· οὐδ' ἄρ' ἐφράσσατ' ἐπεσσύμενον βαρὺ πῆμα
οἷ αὐτῷ καὶ Τρωσὶ καὶ αὐτῇ Πενθεσιλείῃ.
Οὐ γάρ πώ τι μόθοιο δυσηχέος ἀμφὶ πέπυστο
Αἴας ὀβριμόθυμος ἰδὲ πτολίπορθος Ἀχιλλεύς·
ἀλλ' ἄμφω περὶ σῆμα Μενοιτιάδαο κέχυντο
μνησάμενοι ἑτάροιο, γόος δ' ἔχεν ἄλλυδις ἄλλον.
Τοὺς γὰρ δὴ μακάρων τις ἐρήτυε νόσφι κυδοιμοῦ,
ὄφρ' ἀλεγεινὸν ὄλεθρον ἀναπλήσωσι δαμέντες
πολλοὶ ὑπὸ Τρώεσσι καὶ ἐσθλῇ Πενθεσιλείῃ
ἥ σφιν ἐπαΐσσουσα . . . .
. . . . κακὰ μήδετο, καί οἱ ἄεξεν
ἀλκὴ ὁμῶς καὶ θάρσος ἐπὶ πλέον, οὐδέ γ' ἐς αἰχμὴν
μαψιδίη ποτ' ἔθυνεν, ἀεὶ δ' ἢ νῶτα δάιζε
φευγόντων ἢ στέρνα καταντίον ἀισσόντων.
Θερμῷ δ' αἵματι πάμπαν ἐδεύετο· γυῖα δ' ἐλαφρὰ
ἔπλετ' ἐπεσσυμένης· κάματος δ' οὐ δάμνατο θυμὸν
ἄτρομον, ἀλλ' ἀδάμαντος ἔχε⟨ν⟩ μένος. Εἰσέτι γάρ μιν
389a [οὕνεκα Μοῖρα ποτὶ κλεινὸν ὀτρύνουσ' Ἀχιλῆα]
Αἶσα λυγρὴ κύδαινεν· ἀπόπροθι δ' ἑστηυῖα
χάρμης κυδιάασκεν ὀλέθριον, οὕνεκ' ἔμελλε
κούρην οὐ μετὰ δηρὸν ὑπ' Αἰακίδαο χέρεσσι
δάμνασθ'· ἀμφὶ δέ μιν ζόφος ἔκρυφε· τὴν δ' ὀρόθυνεν
αἰὲν ἄιστος ἐοῦσα καὶ ἐς κακὸν ἦγεν ὄλεθρον
ὕστατα κυδαίνουσ'. Ἡ δ' ἄλλοθεν ἄλλον ἔναιρεν·

376 ἀμφὶ Rhodomann : ἀμφι- codd. || **383** ἐπαΐσσουσα YH^c : ἐπαίσοσα D ἐπεσσυμένη Rhodomann ἐπασσυτέροις J. Th. Struve || lac. stat. Hermann || **384** γ' ἐς tentauimus (cf. xi 77, 282) : οἱ codd. || **385** μαψιδίη Y : -ίην H || ἔθυνεν nos (post Dausque ποτὲ θῦνεν) : ἴθυνεν codd. || δάιζε Ω : δάιξε P || **388** ἐπεσσυμένης Rhodomann : -νως codd. || δάμνατο Ω : κά- D || **389** ἔχεν RAld. : ἔχε Ω || **389 a** del. Rhodomann || ὀτρύνουσ' H : -ουσα Y || **391** κυδιάασκεν H : -ίασκ- Y || **393** μιν om. P || ἔκρυφε Y : -εν H || **395** κυδαίνουσ'· ἣ δ' Rhodomann (uert.) Dausque : κυδαίνουσα ἴδ' codd.

fait irruption dans un jardin humide de rosée, gourmande de l'herbe savoureuse du printemps ; en l'absence du maître, elle bondit çà et là et saccage toutes les pousses que gonfle la sève nouvelle, broûtant les unes, piétinant les autres[1]. Au cœur de la mêlée, elle bondit ainsi sur les fils des Achéens, la vierge née d'Ényalios : aux uns, elle apporte la mort, aux autres la panique.

Tandis que les Troyennes de loin admirent les prouesses de cette femme, le désir du combat s'empare d'Hippodamie, la fille d'Antimaque, épouse de Tisiphonos qui ne sait pas fuir[2]. L'âme résolue, ardente, elle tient à ses compagnes ce fier langage pour les entraîner dans la bataille qui cause bien des larmes : l'audace lui a donné des forces[3] :

« Amies, emplissons nos poitrines d'une mâle vaillance ; imitons l'exemple de nos époux qui défendent la patrie contre l'ennemi, pour nous et nos enfants, sans jamais reprendre haleine dans l'épreuve. A notre tour, armons-nous de courage ; comme eux, ne songeons qu'à la guerre. Serions-nous en force les inférieures des hommes ? Le souffle de vie qui est en eux nous anime aussi ; nos yeux, nos genoux sont semblables, ainsi que tout notre être. Nous jouissons tous également de la lumière et des effluves de l'air ; notre nourriture est la même. Quel privilège Dieu a-t-il réservé aux mâles ? Pourquoi dès lors craindre la bataille ? Ne voyez-vous pas combien cette femme surpasse tous les gars, tout experts qu'ils sont au corps à corps ?

1. Cf. *Hymne hom. Déméter*, 174 s. ; Virgile, *Géorg.*, iv, 11 s.

2. On ne connaît pas autrement cette Hippodamie, épouse d'un Tisiphonos qui peut être le fils de Priam tué en xiii, 215 ; le texte est d'ailleurs mal établi et, d'après une autre conjecture, la jeune femme se nommerait Tisiphoné et serait l'épouse d'un certain Méneptolémos. Quoi qu'il en soit, son comportement convient bien à la fille d'Antimaque, ce Troyen ami de Pâris qui prêchait la guerre à outrance (Λ 123-125, 138-142).

3. Cet épisode (v. 403-446) rappelle à certains égards l'intervention des femmes après la mort de Camille dans Virgile, *Én.*, xi, 891-895. Il faut surtout faire état d'un intéressant rapprochement dû à Ph. I. Kakridis, Κόιντος Σμυρναῖος (1962), 19-22. Dans un fragment tragique conservé sur le *Pap. Osl.* 1413

ὡς δ' ὁπόθ' ἐρσήεντος ἔσω κήποιο θοροῦσα
ποίης ἐλδομένη θυμηδέος εἴαρι πόρτις,
ἀνέρος οὐ παρεόντος, ἐπέσσυται ἄλλοθεν ἄλλῃ
σινομένη φυτὰ πάντα νέον μάλα τηλεθόωντα,
καὶ τὰ μὲν ἂρ κατέδαψε, τὰ δ' ἐν ποσὶν ἠμάλδυνεν·
ὣς ἄρ' Ἀχαιῶν υἷας ἐπεσσυμένη καθ' ὅμιλον
κούρη Ἐνυαλίη τοὺς μὲν κτάνε, τοὺς δ' ἐφόβησε.
Τρωιάδες δ' ἀπάνευθεν ἀρήια ἔργα γυναικὸς
θαύμαζον· πολέμοιο δ' ἔρως λάβεν Ἱπποδάμειαν
Ἀντιμάχοιο θύγατρα, μενεπτολέμοιο δ' ἄκοιτιν
Τισιφόνου. Κρατερῇσι δ' ὑπὸ φρεσὶ⟨ν ἐμ⟩μεμαυῖα
θαρσαλέον φάτο μῦθον ὁμήλικας ὀτρύνουσα
δῆριν ἐπὶ στονόεσσαν (ἔγειρε δέ οἱ θράσος ἀλκήν)·
« Ὦ φίλαι, ἄλκιμον ἦτορ ἐνὶ στέρνοισι βαλοῦσαι
ἀνδράσιν ἡμετέροισιν ὁμοίιον, οἳ περὶ πάτρης
δυσμενέσιν μάρνανται ὑπὲρ τεκέων τε καὶ ἡμέων,
οὔ ποτ' ἀναπνείοντες ὀιζύος –, ἀλλὰ καὶ αὐταὶ
παρθέμεναι φρεσὶ θυμὸν ἴσης μνησώμεθα χάρμης.
Οὐ γὰρ ἀπόπροθέν εἰμεν ἐυσθενέων αἰζηῶν,
ἀλλ' οἷον κείνοισι πέλει μένος, ἔστι καὶ ἡμῖν·
ἶσοι δ' ὀφθαλμοὶ καὶ γούνατα, πάντα δ' ὁμοῖα,
ξυνὸν δ' αὖ πάντεσσι φάος καὶ νήχυτος ἀήρ,
φορβὴ δ' οὐχ ἑτέρη. Τί δ' ἐπ' ἀνδράσι λώιον ἄλλο
θῆκε θεός; Τῶ μή τι φεβώμεθα δηιοτῆτος.
Ἦ οὐχ ὁρά⟨α⟩τε γυναῖκα μέγ' αἰζηῶν προφέρουσαν

396 ὁπόθ' ἐρσ- Lasc.[2] : ὁπότ' ἐρσ- codd. ‖ κήποιο H : κηπιοῖος Y κηποῖο P[2]γρ ‖ **397** ἐλδομένη Lasc.[1-2] : ἐελδ- codd. ‖ **398** ἄλλῃ H : -ην Y ‖ **401** υἷας Rhodomann (uert.) Dausque : νῆας codd. ‖ **404** Ἱπποδάμειαν codd. : ἱπποδάμοιο Kōchly[2] ‖ **405** Μενεπτολέμοιο uoluit Kōchly[2] ‖ **406** Τισιφόνου Rhodomann : τισιφόνην Y (quod seruauit Kōchly[2]) σιφόνην H ‖ φρεσὶν ἐμμεμαυῖα R et Rhodomann : φρεσὶ μεμαυῖα Ω ‖ **409** ἐνὶ Tychsen : ἐπὶ codd. ‖ **411** τεκέων Y : τοκ- H ‖ ἡμέων Spitzner : ἡμῶν codd. ‖ **419** δηιοτῆτος codd. : -τα Kōchly (cf. ɪx 102) ‖ **420** ἦ Zimmermann : ἤ codd. ‖ ὁράατε Rhodomann (cf. ρ 545 ; Hesiodi *Opera* 241) : ὁρᾶτε codd. ὁράασθε Platt.

Pourtant elle n'a pas près d'elle, comme nous, sa famille, ni sa cité : c'est pour un prince étranger qu'elle combat, de tout son cœur, indifférente aux hommes, en ne comptant que sur son audace et son sang-froid. Pour nous au contraire, il est tant et tant de malheurs, ici même, à nos pieds : les unes ont perdu sous la ville un fils ou un époux ; d'autres parmi nous portent le deuil d'un père qui n'est plus ; d'autres aussi pleurent la mort d'un frère ou d'un allié : aucune qui n'ait son lot de misères et de peines. Que dis-je ? Le seul destin qui nous attend est de voir paraître le jour de la servitude. Que tardons-nous donc encore à prendre les armes en cette extrémité? Mieux vaut mourir au combat qu'être emmenées un jour ou l'autre par des étrangers avec nos petits enfants, ployant sous la triste nécessité, quand le feu consumera la ville et que les hommes ne seront plus ! »

Elle dit, et le désir de l'odieuse mêlée envahit toutes ses compagnes : sur l'heure, elles veulent sortir des remparts, en armes, pour courir à la rescousse de la cité et de l'armée. Leur cœur est en émoi : on entend ainsi dans la ruche bourdonner les abeilles après l'hiver, quand elles s'apprêtent à aller butiner ; elles en ont assez de rester au logis et toutes, à qui mieux mieux, s'encouragent au départ[1]. Les Troyennes, avec la même impatience, s'excitent au combat ; elles ont déjà mis de côté laines et corbeilles et s'en vont chercher les armes douloureuses. Elles seraient tombées sous la ville dans la bataille, elles aussi, à côté de leurs époux et des robustes Amazones ; mais la prudente Théanô les

(S. Eitrem-L. Amundsen, *Fragments of unknown Greek tragic texts*, Oslo, 1955, 7), un messager rapporte comment une apparition d'Achille mort a mis en fuite des Troyennes armées ; or, selon la version de Tellès (Ptolémée Chennos, VI, 1 Chatzis ; Eust., à λ 538 [1696, 52]), Achille avait été tué par Penthésilée ; puis, ressuscitant grâce à l'intervention de Thétis, il avait à son tour tué l'Amazone. Il est possible que les Troyennes du fragment d'Oslo soient les auxiliaires de Penthésilée (bien que le texte ne mentionne pas l'Amazone) et que Quintus ait utilisé cette version rare de la légende de Penthésilée pour imaginer l'épisode d'Hippodamie.

ἀγχεμάχων ; Τῆς δ' οὔ τι πέλει σχεδὸν οὔτε γενέθλη
οὔτ' ἄρ' ἐὸν πτολίεθρον, ὑπὲρ ξείνοιο δ' ἄνακτος
μάρναται ἐκ θυμοῖο καὶ οὐκ ἐμπάζεται ἀνδρῶν
ἐνθεμένη φρεσὶ θάρσος ἀταρτηρόν τε νόημα.
Ἡμῖν δ' ἄλλοθεν ἄλλα παραὶ ποσὶν ἄλγεα κεῖται·
τῆς μὲν γὰρ φίλα τέκνα καὶ ἀνέρες ἀμφὶ πόληι
ὤλονθ', αἳ δὲ τοκῆας ὀδυρόμεθ' οὐκέτ' ἐόντας,
ἄλλαι δ' αὖτ' ἀκάχονται ἀδελφειῶν ἐπ' ὀλέθρῳ
καὶ πηῶν· οὐ γάρ τις ὀιζυρῆς κακότητος
ἄμμορος, ἐλπωρὴ δὲ πέλει καὶ δούλιον ἦμαρ
εἰσιδέειν. Τῶ μή τις ἔτ' ἀμβολίη πολέμοιο
εἴη τειρομένῃσιν· ἔοικε γὰρ ἐν δαῒ μᾶλλον
τεθνάμεν ἢ μετόπισθεν ὑπ' ἀλλοδαποῖσιν ἄγεσθαι
νηπιάχοις ἅμα παισὶν ἀνιηρῇ ὑπ' ἀνάγκῃ,
ἄστεος αἰθομένοιο καὶ ἀνδρῶν οὐκέτ' ἐόντων. »
Ὣς ἄρ' ἔφη, πάσῃσι δ' ἔρως στυγεροῖο μόθοιο
ἔμπεσεν· ἐσσυμένως δὲ πρὸ τείχεος ὁρμαίνεσκον
βήμεναι ἐν τεύχεσσιν, ἀρηγέμεναι μεμαυῖαι
ἄστεϊ καὶ λαοῖσιν· ὀρίνετο δέ σφισι θυμός.
Ὡς δ' ὅτ' ἔσω σίμβλοιο μέγ' ἰύζωσι μέλισσαι
χείματος οὐκέτ' ἐόντος, ὅτ' ἐς νομὸν ἐντύνονται
ἐλθέμεν, οὐδ' ἄρα τῇσι φίλον πέλει ἔνδοθι μίμνειν,
ἄλλη δ' αὖθ' ἑτέρην προκαλίζεται ἐκτὸς ἄγεσθαι·
ὣς ἄρα Τρωιάδες ποτὶ φύλοπιν ἐγκονέουσαι
ἀλλήλας ὤτρυνον· ἀπόπροθι δ' εἴρια θέντο
καὶ ταλάρους, ἀλεγεινὰ δ' ἐπ' ἔντεα χεῖρας ἴαλλον.
Καί νύ κεν ἄστεος ἐκτὸς ἅμα σφετέροισιν ὄλοντο
ἀνδράσι καὶ σθεναρῇσιν Ἀμαζόσιν ἐν δαῒ κεῖναι,
εἰ μή σφεας κατέρυξε πύκα φρονέουσα Θεανὼ

421 τι H : τις Y ‖ **422** οὔτ' ἄρ' Rhodomann : οὐ γὰρ codd. ‖ **426** τῆς Spitzner : τῇ codd. ‖ **427** ὤλονθ' nos : ὄλυνθ' Ω ὤλλυνθ' R ὄλλυνθ' Lasc.[1-2] ‖ **428** ἀκάχονται codd. : -χηνται Ald. ‖ **434** ὑπ' Y : ἐπ' H ‖ **437** ὁρμαίνεσκον Y : ὡρμ- H ‖ **438** om. P ‖ **445** ὤτρυνον Y : ὄτρ- H ‖ **448** κεῖναι codd. : κείνῃ Rhodomann.

arrête en chemin et s'adresse à elles pour les ramener à la raison[1] :

« Pourquoi courir à la cruelle mêlée ? Vous rêvez de guerroyer, malheureuses, et n'avez jamais connu les travaux de la guerre ! Novices, vous rêvez l'impossible ! Pourquoi cette témérité ? Vous ne serez pas à la taille de ces Danaens si experts aux combats. Les Amazones, elles, se sont dès l'enfance adonnées aux mêlées implacables, aux chevaux, à tout ce qui est besogne de mâles. C'est à cela qu'elles doivent d'avoir le cœur toujours plein d'Arès et de ne le céder point aux hommes : il leur a fallu peiner pour acquérir tant de force d'âme et ces genoux intrépides. Ne dit-on pas au surplus que celle-ci est fille du puissant Arès[2] ? Comment siérait-il à une simple femme de rivaliser avec elle ? Qui sait même si elle n'est pas une Immortelle, venue à nos prières ? Tous les humains certes ont commune origine ; mais à chacun sa besogne[3] : la besogne n'est-elle pas mieux faite, quand un esprit averti mène le travail ? Renoncez donc aux clameurs des combats pour vous remettre au métier dans vos appartements. Laissez aux hommes de chez nous le soin de la guerre[4]. Bientôt nous pourrons nous attendre à des jours meilleurs, puisque nous voyons périr les Achéens et croître la force de notre armée ; du moins le pire n'est-il point à craindre : l'ennemi ne bloque pas la ville dans un siège sans issue et la nécessité n'est pas si dure qu'elle contraigne les femmes mêmes à combattre. »

Elle dit et les Troyennes se rangent à son avis, car elle est leur aînée ; elles s'en vont, de loin, regarder la bataille. Cependant Penthésilée continue le massacre.

1. Chez Homère, Théanô est la prêtresse d'Athéné et l'épouse d'Anténor qui représente le parti de la modération et s'oppose à Antimaque : cf. Eustathe, à Λ 123 (835, 15). Dans le roman, Anténor deviendra un défaitiste et un traître, notamment chez Dictys et chez Darès ; il persuadera Théanô de livrer le palladion : Dictys, v, 8 ; schol. B à Z 311 ; *Souda*, *s. v. Palladion*.

2. Dans les v. 456-461, Quintus paraît se souvenir d'Apoll. Rhod., ii, 987-990.

3. Cf. Archiloque, fr. 36, 2 Lasserre.

4. Les v. 468 s. rappellent Z 490-492.

ἐσσυμένας πινυτοῖσι παραυδήσασ᾽ ἐπέεσσι·
« Τίπτε ποτὶ κλόνον αἰνόν, ἐελδόμεναι πονέεσθαι,
σχέτλιαι, οὔ τι πάροιθε πονησάμεναι περὶ χάρμης,
ἀλλ᾽ ἄρα νήιδες ἔργον ἐπ᾽ ἄτλητον μεμαυῖαι,
ὄρνυσθ᾽ ἀφραδέως ; Οὐ γὰρ σθένος ἔσσεται ἶσον
ὑμῖν καὶ Δαναοῖσιν ἐπισταμένοισι μάχεσθαι.
Αὐτὰρ Ἀμαζόσι δῆρις ἀμείλιχος ἱππασίαι τε
εὔαδεν ἐξ ἀρχῆς καὶ ὅσ᾽ ἀνέρες ἔργα πένονται·
τοὔνεκ᾽ ἄρά σφισι θυμὸς ἀρήιος αἰὲν ὄρωρεν,
οὐδ᾽ ἀνδρῶν δεύονται, ἐπεὶ πόνος ἐς μέγα κάρτος
θυμὸν ἀνηέξησε καὶ ἄτρομα γούνατ᾽ ἔθηκε.
Τὴν δὲ φάτις καὶ Ἄρηος ἔμεν κρατεροῖο θύγατρα·
τῷ οἱ θηλυτέρην τιν᾽ ἐριζέμεν οὔ τι ἔοικεν·
ἠὲ τάχ᾽ ἀθανάτων τις ἐπήλυθεν εὐχομένοισι.
Πᾶσι δ᾽ ἄρ᾽ ἀνθρώποισιν ὁμὸν γένος, ἀλλ᾽ ἐπὶ ἔργα
στρωφῶντ᾽ ἄλλος ἐπ᾽ ἄλλα· πέλει δ᾽ ἄρα κεῖνο φέριστον
ἔργον, ὅ τι φρεσὶν ᾗσιν ἐπιστάμενος πονέηται.
Τοὔνεκα δηιοτῆτος ἀποσχόμεναι κελαδεινῆς
ἱστὸν ἐπεντύνεσθε ἑῶν ἔντοσθε μελάθρων·
ἀνδράσι δ᾽ ἡμετέροισι περὶ πτολέμοιο μελήσει.
Ἐλπωρὴ δ᾽ ἀγαθοῖο τάχ᾽ ἔσσεται, οὕνεκ᾽ Ἀχαιοὺς
δερκόμεθ᾽ ὀλλυμένους, μέγα δὲ κράτος ὄρνυται ἀνδρῶν
ἡμετέρων· οὐδ᾽ ἔστι κακοῦ δέος· οὔ τι γὰρ ἄστυ
δήιοι ἀμφὶς ἔχουσιν ἀνηλέες, οὔτ᾽ ἀλεγεινὴ
γίνετ᾽ ἀναγκαίη καὶ θηλυτέρῃσι μάχεσθαι. »
Ὣς φάτο· ταὶ δ᾽ ἐπίθοντο παλαιοτέρῃ περ ἐούσῃ,
ὑσμίνην δ᾽ ἀπάνευθεν ἐσέδρακον. Ἡ δ᾽ ἔτι λαοὺς

451 ποτὶ om. H ‖ πονέεσθαι H : -σθε Y ‖ **455** ὑμῖν H : ἡμῖν YR ‖ **457** εὔαδεν codd. : -δον Rhodomann ‖ ἀνέρες codd. : ἀνδράσιν Lasc.1-2 ‖ πένονται R et Zimmermann (post Köchly) : πέλονται Ω ‖ **459** ἐς Köchly : εἰς codd. ‖ **461** ἔμεν RAld. : ἔμμεν Ω ‖ **465** fortasse ἄλλοι ἐπ᾽ ἄλλα uel ἄλλος ἐπ᾽ ἄλλο ‖ **466** ἐπιστάμενος codd. : -αμένως Lasc.1-2 ‖ **468** ἔντοσθε Y : -σθι H ‖ **469** πτολέμοιο Y : πολ- H ‖ **472** κακοῦ Köchly : κακὸν codd. ‖ οὔτι codd. : οὔτε Platt ‖ **474** γίνετ᾽ Y : γίγνετ᾽ H.

Les Achéens tremblent de tous leurs membres : nul moyen pour eux d'échapper à la mort et à la désolation. Ils tombent comme chèvres bêlantes sous la féroce mâchoire d'une panthère. Le désir de combattre a fait place à l'envie de fuir : les hommes se débandent en tous sens, ceux-ci avec leurs armes, d'autres les arrachant des épaules pour les jeter à terre ; les chevaux, privés de conducteur, s'échappent. Les poursuivants sont remplis d'allégresse ; les moribonds poussent de longs sanglots ; les vaincus n'offrent plus de résistance : le temps est compté pour tous ceux que la vierge rencontre sur le front glacé de la bataille. Quand la tempête s'abat, en semant la désolation, sur de grands arbres en pleine floraison, elle les jette au sol, déracinés, ou casse les rameaux qui couronnent leur tronc ; il ne reste plus qu'un monceau de débris, gisant pêle-mêle[1]. C'est une telle armée de Danaens qu'ont alors couchés dans la poussière le vouloir des Destins et la pique de Penthésilée.

La main des Troyens s'apprête déjà à mettre le feu aux nefs, quand Ajax qui ne sait pas fuir entend les cris de détresse et dit à l'Éacide[2] :

« Achille ! une immense rumeur vient de frapper mes oreilles : on dirait qu'on livre là-bas une grande bataille. Allons ! en route ! Si les Troyens allaient avant notre arrivée écraser les Argiens près des nefs et incendier la flotte, quelle douleur, quelle honte ce serait pour tous deux ! Il ne nous sied pas, à nous qui sommes issus du grand Zeus[3], de déshonorer la race sainte de nos pères[4] : avant nous, ils ont jadis ravagé de leurs piques la belle

1. Pour cette comparaison, on rapprochera I 541 ss. ; Π 765 ; QS, xi, 122.

2. Les v. 494-500 rappellent Ξ 1-4, 47 ; Π 21 ss. Penthésilée menace les nefs grecques comme chez Properce, iv, 11, 13 s. ; Dion Chrys., xi, 117 ; Darès, 36 ; Tryphiod., 37 s.

3. Contrairement à Homère, Quintus admet que Télamon, le père d'Ajax, est comme Pélée le fils d'Éaque et le petit-fils de Zeus ; aussi Ajax sera-t-il appelé « Éacide » au v. 521. Cette généalogie, encore contestée par Phérécyde (fr. 60 Jacoby), remonte soit à l'*Alcméonide*, soit à l'*Éthiopide*.

4. Cf. Z 209.

δάμνατο Πενθεσίλεια· περιτρομέοντο δ' Ἀχαιοί,
οὐδέ σφιν θανάτοιο πέλε στονόεντος ἄλυξις,
ἀλλ' ἅτε μηκάδες αἶγες ὑπὸ βλοσυρῇσι γένυσσι
πορδάλιος κτείνοντο. Ποθὴ δ' ἔχεν οὐκέτι χάρμης
ἀνέρας, ἀλλὰ φόβοιο· καὶ ἄλλυδις ἤιον ἄλλοι,
οἳ μὲν ἀπορρίψαντες ἐπὶ χθόνα τεύχε' ἀπ' ὤμων,
οἳ δ' ἄρα σὺν τεύχεσσι· καὶ ἡνιόχων ἀπάνευθεν
ἵπποι ἴσαν φεύγοντες. Ἐπεσσυμένοις δ' ἄρα χάρμα
ἔπλετ', ἀπολλυμένων δὲ πολὺς στόνος· οὐδέ τις ἀλκὴ
γίνετο τειρομένοισι· μινυνθάδιοι δὲ πέλοντο
πάντες ὅσους ἐκίχανεν ἀνὰ κρυερὸν στόμα χάρμης.
Ὡς δ' ὅτ' ἐπιβρίσασα μέγα στονόεσσα θύελλα
ἄλλα μὲν ἐκ ῥιζῶν χαμάδις βάλε δένδρεα μακρὰ
ἄνθεσι τηλεθόωντα, τὰ δ' ἐκ πρέμνοιο κέδασσεν
ὑψόθεν, ἀλλήλοισι δ' ἐπὶ κλασθέντα κέχυ⟨ν⟩ται·
ὣς Δαναῶν ⟨τότε⟩ κεῖτο πολὺς στρατὸς ἐν κονίῃσι
Μοιράων ἰότητι καὶ ἔγχεϊ Πενθεσιλείης.
Αὐτὰρ ἐπεὶ καὶ νῆες ἐνιπρήσεσθαι ἔμελλον
χερσὶν ὕπο Τρώων, τότε που μενεδήιος Αἴας
οἰμωγῆς ἐσάκουσε καὶ Αἰακίδην προσέειπεν·
« Ὦ Ἀχιλεῦ, περὶ δή μοι ἀπείριτος ἤλυθεν αὐδὴ
οὔασιν, ὡς πολέμοιο συνεσταότος μεγάλοιο.
Ἀλλ' ἴομεν, μὴ Τρῶες ὑποφθάμενοι παρὰ νηυσὶν
Ἀργείους ὀλέσωσι, καταφλέξωσι δὲ νῆας,
νῶιν δ' ἀμφοτέροισιν ἐλεγχείη ἀλεγεινὴ
ἔσσεται. Οὐ γὰρ ἔοικε Διὸς μεγάλοιο γεγῶτας
αἰσχύνειν πατέρων ἱερὸν γένος, οἵ ῥα καὶ αὐτοὶ

478 σφιν Y : σφι H ‖ πέλε plerique : -εν YU ‖ **479** βλοσυρῇσι Rhodomann : -ροῖσι codd. ‖ **480** πορδάλιος Köchly : παρδ- codd. παρδάλιοιο P[2]Yρ ‖ **481** ἤιον ἄλλοι Y : ἤιεν ἄλλος H ‖ **484** ἴσαν Spitzner : ἔσαν codd. ‖ **485** στόνος Y : πόνος H ‖ **487** an ἐκίχανον legendum ? ‖ **491** ἐπὶ Pauw : ἐπι- codd. ‖ κέχυνται Lasc.[1-2] : -υται codd. ‖ **492** τότε κεῖτο Zimmermann[4] (cf. VIII 232) : κέκλιτο codd. κέκλιντο Pauw ‖ **495** ὕπο Köchly : ὑπὸ codd. ‖ **502** μεγάλοιο codd. : -λου Lasc.[1-2] ‖ γεγῶτας Rhodomann : γεγαῶτας codd.

ville de Troie, aux côtés du belliqueux Héraclès[1], <... pour châtier l'insolence> de Laomédon[2]. Cet exploit, nos bras sauront bien, je pense, le renouveler aujourd'hui : nous avons assez de force pour cela, tous deux. »

Il dit et l'Éacide, le hardi preux, l'approuve : ses oreilles ont distingué la clameur gémissante. Vite, ils courent ensemble à leurs armes brillantes ; ils s'en revêtent et prennent position face à la presse ennemie. Ils font sonner bien haut leur bel arroi ; la furie d'Arès possède leur cœur, tant l'Infatigable Manieuse de bouclier a donné de force à ces deux guerriers impatients de combattre. Les Argiens, avec joie, voient paraître les puissants champions, pareils aux fils du grand Alôeus qui jadis avaient prétendu dresser sur le vaste Olympe deux hautes montagnes, l'Ossa superbe et l'altière cime du Pélion, quand ils rêvaient de monter jusqu'au ciel[3]. Ils ont même allure, les Éacides, quand ils prennent leur poste de combat, dans l'inexorable mêlée, pour la plus grande joie des Achéens qui les appelaient de leurs vœux, impatients tous deux de détruire l'armée ennemie. Quelle multitude tombe sous leurs lances déchaînées ! Quand deux lions tueurs de bœufs surprennent dans un fourré de grasses brebis privées de leurs bergers, vite, ils les égorgent en masse jusqu'à ce qu'ils se soient désaltérés de sang noir et qu'ils aient repu d'entrailles leur vaste panse[4]. On ne peut davantage dénombrer les hommes qu'ils font périr à eux deux.

Alors Ajax tue Déiochos et Hyllos le capitaine, Eurynomos, le bon guerrier, et le divin Ényée. Le

1. D'après une scholie à Eurip., *Androm.*, 796, Pindare (cf. *Olymp.*, VIII, 45 ; *Isthm.*, V, 35 ss. ; *Adela*, fr. 52 Puech) et Euripide *(loc. cit.)* seraient les seuls auteurs qui eussent associé Pélée à la première Ilioupersis ; il est en réalité probable qu'ils ont trouvé cette tradition dans l'*Éthiopide.*

2. Cf. E 640-642. Laomédon ayant refusé de donner à Héraclès le prix convenu pour la délivrance d'Hésione, le héros avait fait voile vers Troie avec six (ou dix-huit) vaisseaux ; il prit la ville, puis massacra Laomédon et ses fils, à l'exception de Priam. Au v. 505, Λαομέδοντος, qui est isolé, n'est ni corrompu, ni à

Τροίης ἀγλαὸν ἄστυ διέπραθον ἐγχείῃσι
τὸ πρὶν ἅμ' Ἡρακλῆι δαΐφρονι, Λαομέδοντος
. . . .
ὥς περ νῦν τελέεσθαι ὑφ' ἡμετέρῃσιν ὀίω
χερσίν, ἐπεὶ μέγα κάρτος ἀέξεται ἀμφοτέροισιν. »
Ὣς φάτο· τῷ δ' ἐπίθησε θρασὺ σθένος Αἰακίδαο·
κλαγγὴν γὰρ στονόεσσαν ἐπέκλυεν οὔασιν οἷσιν.
Ἄμφω δ' ὡρμήθησαν ἐπ' ἔντεα μαρμαίροντα·
καὶ τὰ μὲν ἑσσάμενοι κατεναντίον ἔσταν ὁμίλου·
τῶν δ' ἄρα τεύχεα καλὰ μέγ' ἔβραχε, μαίνετο δέ σφιν
ἶσον θυμὸς Ἄρηι, τόσον σθένος ἀμφοτέροισι
δῶκεν ἐπειγομένοισι σακέσπαλος Ἀτρυτώνη.
Ἀργεῖοι δ' ἐχάρησαν, ἐπεὶ ἴδον ἄνδρε κραταιὼ
εἰδομένω παίδεσσιν Ἀλωῆος μεγάλοιο,
οἵ ποτ' ἐπ' εὐρὺν Ὄλυμπον ἔφαν θέμεν οὔρεα μακρά,
Ὄσσαν ⟨τ'⟩ αἰπεινὴν καὶ Πήλιον ὑψικάρηνον,
ὅππως δὴ μεμαῶτε καὶ οὐρανὸν εἰσαφίκωνται·
τοῖοι ἄρ' ἀντέστησαν ἀταρτηροῦ πολέμοιο
Αἰακίδαι, μέγα χάρμα λιλαιομένοισιν Ἀχαιοῖς,
ἄμφω ἐπειγόμενοι δηίων ἀπὸ λαὸν ὀλέσσαι.
Πολλοὺς δ' ἐγχείῃσιν ἀμαιμακέτῃσι δάμασσαν·
ὡς δ' ὅτε πίονα μῆλα βοοδμητῆρε λέοντε
εὑρόντ' ἐν ξυλόχοισι φίλων ἀπάνευθε νομήων
πανσυδίῃ κτείνωσιν, ἄχρις μέλαν αἷμα πιόντες
σπλάγχνων ἐμπλήσωνται ἑὴν πολυχανδέα νηδύν·
ὣς οἵ γ' ἄμφω ὄλεσσαν ἀπειρέσιον στρατὸν ἀνδρῶν.
Ἔνθ' Αἴας ἕλε Δηί⟨ο⟩χον καὶ ἀρήιον Ὕλλον
Εὐρύνομόν τε φιλοπτόλεμον καὶ Ἐνυέα δῖον.

504 τροίης Y : τρώων H Τροίην Zimmermann ‖ **505** lac. stat. Rhodomann ; 504 post 505 transp. Zimmermann ‖ **506** περ codd. (cf. VII 703) : καὶ Köchly ‖ ἡμετέρῃσιν H : -ροισιν Y ‖ **509** ἐπέκλυεν Platt : ἐσέ- Y ὑπέ- H ‖ **518** τ' add. Rhodomann ‖ **525** ἐν Rhodomann : ἐνὶ codd. ‖ **527** ἐμπλήσωνται Y : -σονται H πολυχανδέα P²H : πουχ- Y ‖ **529** Δηίοχον Pauw : δήιχον codd. καὶ Köchly : ἠδὲ H ἤδε Y ‖ fortasse Δηικόωντ' ἴδ' legendum ‖ **530** φιλοπτόλεμον P^{s1}H : -πόλ- Y.

Péléide de son côté tue Antandré, Polémousa, Antibroté, puis la magnanime Hippothoé ; sur leurs corps ensuite, il massacre Harmothoé. Il charge l'armée entière, de concert avec le fils de Télamon au grand cœur. Les phalanges, si solides et si compactes soient-elles, croulent sous leur bras : il ne faut pas plus de temps ni de peine au feu pour ravager une forêt touffue, quand le vent souffle en rafales dans la montagne à travers les sous-bois[1].

A peine la guerrière Penthésilée a-t-elle remarqué ces deux fauves déchaînés dans la mêlée qui glace d'horreur qu'elle court à leur rencontre. On croirait voir une cruelle panthère dans les sous-bois, à l'instant où, avide de carnage, terrible, la queue frémissante, elle fond sur les chasseurs qui la traquent ; eux cependant, bien à l'abri sous leur armure, ils attendent son assaut, en s'assurant sur leurs piques. Les deux capitaines attendent ainsi Penthésilée, la lance haute, en faisant sonner le bronze sur eux à chaque mouvement. La première, elle envoie son immense pique, la valeureuse Penthésilée : l'arme touche le bouclier de l'Éacide, mais elle rebondit comme sur une pierre et vole en éclats : telle vertu possèdent les présents immortels de l'habile Héphaistos[2]. Elle saisit alors sa seconde javeline de haut vol et la pointe sur Ajax en jetant ce défi à tous deux[3] :

« Ma main vient de lancer un trait pour rien[4] ; mais celui-ci, par ma foi, ôtera bientôt l'ardeur et le souffle à chacun de vous, si braves que vous prétendiez être parmi les Danaens ; l'épreuve du combat pèsera moins

rapporter à ἄστυ : un vers a dû tomber, qui rappelait la perfidie de Laomédon.

1. Outre les modèles cités ci-dessus p. 20, n. 4, le poète utilise ici B 455 s. ; Ξ 397.

2. Cf. Υ 260-272 ; Virgile, *Én.*, xii, 739-741. Achille porte le bouclier qu'Héphaistos lui a fabriqué au chant xviii de l'*Iliade*.

3. Le dialogue entre Penthésilée et Achille est interrompu, d'une façon inaccoutumée, par une partie narrative (v. 563-572). On notera que Penthésilée identifie tout de suite ses adversaires, bien qu'elle ne les ait jamais rencontrés. Au contraire, dans l'*Éthiopide*, c'est Achille qui parlait le premier et qui demandait

Ἀντάνδρην δ' ἄρα Πηλείδης ἕλε καὶ Πολεμοῦσαν
ἠδὲ καὶ Ἀντιβρότην, μετὰ δ' Ἱπποθόην ἐρίθυμον,
τῇσι δ' ἐφ' Ἁρμοθόην. Ἐπὶ δ' ᾤχετο λαὸν ἅπαντα
σὺν Τελαμωνιάδῃ μεγαλήτορι· τῶν δ' ὑπὸ χερσὶ
πυκναί τε σθεναραί τε κατηρείποντο φάλαγγες
ῥεῖα καὶ ὀτραλέως, ὡς εἰ πυρὶ δάσκιος ὕλη,
οὔρεος ἐν ξυλόχοισιν ἐπισπέρχοντος ἀήτεω.
Τοὺς δ' ὁπότ' εἰσενόησε δαΐφρων Πενθεσίλεια
θῆρας ὅπως θύνοντας ἀνὰ μόθον ὀκρυόεντα,
ἀμφοτέρων ὥρμησε καταντίον, ἠύτε λυγρὴ
πόρδαλις ἐν ξυλόχοισιν ὀλέθριον ἦτορ ἔχουσα
αἰνὰ περισσαίνουσα θόρῃ κατέναντ' ἐπιόντων
ἀγρευτῶν, οἵ πέρ μιν ἐν ἔντεσι θωρηχθέντες
ἐσσυμένην μίμνουσι πεποιθότες ἐγχείῃσιν·
ὣς ἄρα Πενθεσίλειαν ἀρήιοι ἄνδρες ἔμιμνον
δούρατ' ἀειράμενοι· περὶ δέ σφισι χαλκὸς ἀύτει
κινυμένων. Πρώτη δ' ἔβαλεν περιμήκετον ἔγχος
ἐσθλὴ Πενθεσίλεια· τὸ δ' ἐ⟨ς⟩ σάκος Αἰακίδαο
ἷξεν, ἀπεπλάγχθη δὲ διατρυφὲν εὖτ' ἀπὸ πέτρης·
τοῖ' ἔσαν Ἡφαίστοιο περίφρονος ἄμβροτα δῶρα.
Ἡ δ' ἕτερον μετὰ χερσὶ τιτύσκετο θοῦρον ἄκοντα
Αἴαντος κατέναντα καὶ ἀμφοτέροισιν ἀπείλει·
« Νῦν μὲν ἐμῆς ἀπὸ χειρὸς ἐτώσιον ἔκθορεν ἔγχος·
ἀλλ' ὀίω τάχα τῷδε μένος καὶ θυμὸν ὀλέσσειν
ὑμέων ἀμφοτέρων, οἵ τ' ἄλκιμοι εὐχετάασθε
ἔμμεναι ἐν Δαναοῖσιν· ἐλαφροτέρη δὲ μόθοιο
ἔσσεται ἱπποδάμοισι μετὰ Τρώεσσιν ὀιζύς.

531 πολεμοῦσαν Y : -έμουσαν H ‖ **533** ᾤχετο Y : ὤλετο H ‖ **536** καὶ Y : δὲ H ‖ **540** καταντίον R : κατεναν- Ω ‖ λυγρὴ om. H ‖ **541** πόρδαλις D^{s1} et codd. plerique : πάρδ- P$^{2\gamma\rho}$D ‖ ἔχουσα om. H ‖ **542** θόρῃ Köchly : θορῇ Y θορεῖ H ‖ **544** μίμνουσι Y : -σιν H ‖ **546** ἀύτει om. H ‖ **547** ἔβαλεν H : -ε Y ‖ **548** δ' ἐς Pauw (post δ' εἰς Rhodomann) : δὲ codd. ‖ **549** ἷξεν Tychsen : ἵξεν codd. ‖ ἀπεπλάγχθη M^{s1}P$^{2\gamma\rho}$ H : -άχθη U -άγχνη Y ‖ ἀπὸ πέτρης om. H ‖ **551** χερσὶ N^{r} et Rhodomann : φρεσὶ Ω ‖ **552** ἀμφοτέροισιν Y : -ροις H ‖ **557** μετὰ codd. : τότε Köchly.

lourd sur les Troyens dompteurs de chevaux[1]. Approchez donc au travers de la mêlée, que vous appreniez quelle force gonfle la poitrine des Amazones. Ma race, autant que la vôtre, est vouée à Arès ; mais ce n'est pas un mortel qui m'a donné le jour, c'est Arès en personne, que jamais ne lasse la huée de la guerre. Comment ne passerais-je pas, et de loin, tous les hommes en vaillance ? »

Elle dit, pleine <de superbe...> ; ils éclatent de rire. Dans le même temps, la lance vient toucher Ajax à sa jambière d'argent[2]; mais elle n'entame pas la peau délicate, quoiqu'elle le frappe en plein élan. Le destin ne veut pas qu'un trait ennemi, lourd de sanglots, puisse se tremper de son sang sur les champs de bataille[3]. Ajax alors, sans plus se soucier de l'Amazone, s'en va charger le gros des Troyens : il a quitté le Péléide pour lui laisser Penthésilée, car il sait bien en son cœur que, malgré sa bravoure, elle sera pour Achille une proie aussi facile que la colombe pour l'épervier[4].

Elle pousse un grand cri de douleur en voyant qu'elle a lancé pour rien ses javelots. Cependant le fils de Pélée lui rétorque d'une voix railleuse :

« Femme, c'est bien en vain que tu prenais plaisir à braver, quand l'envie de combattre t'a portée contre nous, qui sommes sur cette terre, et de loin, les premiers des héros. Le fils tonnant de Cronos n'est-il pas l'auteur de la race dont nous prétendons descendre[5]? Nous faisions trembler jusqu'au fougueux Hector, quand il nous voyait, fût-ce de loin, accourir dans la mêlée qui cause tant de larmes[6] ; et c'est ma pique qui l'a tué, malgré sa force. Le délire possède entièrement ton cœur : quoi? présomptueuse, tu oses menacer de nous faire périr en cette heure ! C'est ta dernière heure plutôt qui approche maintenant : personne, pas même

à la vierge de qui elle était issue : cf. *Oxy. pap.*, 1611, fr. 4, qui paraît bien conserver un fragment du poème d'Arctinos.

1. Pour les v. 554-557, cf. X 285-288 ; QS, III, 118 s.

2. Le détail manque dans l'*Iliade;* d'ailleurs les cnémides des héros homériques ne sont pas en argent, mais seulement dotées de couvre-chevilles en ce métal.

Ἀλλά μοι ἄσσον ἵκεσθε ἀνὰ κλόνον, ὄφρ' ἐσίδησθε
ὅσσον Ἀμαζόσι κάρτος ἐνὶ στήθεσσιν ὄρωρε.
Καὶ γάρ μευ γένος ἐστὶν ἀρήιον · οὐδέ με θνητὸς
γείνατ' ἀνήρ, ἀλλ' αὐτὸς Ἄρης ἀκόρητος ὁμοκλῆς ·
τοὔνεκά μοι μένος ἐστὶ πολὺ προφερέστατον ἀνδρῶν. »
Ἦ μέγα . . . .
. . . . τοὶ δ' ἐγέλασσαν. Ἄφαρ δέ οἱ ἤλασεν αἰχμὴ
Αἴαντος κνημῖδα πανάργυρον · οὐδέ οἱ εἴσω
ἤλυθεν ἐς χρόα καλὸν ἐπειγομένη περ ἱκέσθαι ·
οὐ γὰρ δὴ πέπρωτο μιγήμεναι αἵματι κείνου
δυσμενέων στονόεσσαν ἐνὶ πτολέμοισιν ἀκωκήν.
Αἴας δ' οὐκ ἀλέγιζεν Ἀμαζόνος, ἀλλ' ἄρα Τρώων
ἐς πληθὺν ἀνόρουσε · λίπεν δ' ἄρα Πηλείωνι
οἴῳ Πενθεσίλειαν, ἐπεί ῥά οἱ ἐν φρεσὶ θυμὸς
ᾔδεεν ὡς Ἀχιλῆι καὶ ἰφθίμη περ ἐοῦσα
ῥηίδιος πόνος ἔσσεθ' ὅπως ἴρηκι πέλεια.
Ἣ δὲ μέγα στονάχησεν ἐτώσια δοῦρα βαλοῦσα ·
καί μιν κερτομέων προσεφώνεε Πηλέος υἱός ·
« Ὦ γύναι, ὡς ἀλίοισιν ἀγαλλομένη ἐπέεσσιν
ἡμέων ἤλυθες ἄντα λιλαιομένη πολεμίζειν,
οἳ μέγα φέρτατοί εἰμεν ἐπιχθονίων ἡρώων.
Ἐκ γὰρ δὴ Κρονίωνος ἐριγδούποιο γενέθλης
εὐχόμεθ' ἐκγεγάμεν · τρομέεσκε δὲ καὶ θοὸς Ἕκτωρ
ἡμέας, εἰ καὶ ἄπωθεν ἐσέδρακεν ἀίσσοντας
δῆριν ἐπὶ στονόεσσαν · ἐμὴ δέ μιν ἔκτανεν αἰχμὴ
καὶ κρατερόν περ ἐόντα. Σὺ δ' ἐν φρεσὶ πάγχυ μέμηνας,
ἣ μέγ' ἔτλης καὶ νῶιν ἐπηπείλησας ὄλεθρον
σήμερον · ἀλλὰ σοὶ εἶθαρ ἐλεύσεται ὕστατον ἦμαρ ·

558 ἵκεσθε R : ἵκεσθ' [-εθ' P] Ω ‖ ἐσίδησθε Rhodomann : -δεσθε codd. -δητε Lasc.[2] ‖ **562** προφερέστατον codd. : -τερον Zimmermann ‖ **563** ἦ. μέγα τοίδ' codd. : post μέγα lac. stat. Köchly ‖ ἤλασεν Y : ἤλασ' H ‖ **565** ἤλυθεν H : ἤλυθ' Y ‖ **572** ἔσσεθ' Y : -εσθ' H ‖ ἴρηκι UC : ἴρηκι DQ ἴρικι Y ‖ **573** στονάχησεν MH : στεν- P ‖ **584** σοὶ M : σὺ P σοι H ‖ ὕστατον LR : ὕστερον Ω.

ton père Arès, ne te préservera désormais de moi. Tu vas subir la male mort comme une biche qui rencontre dans la montagne un lion tueur de bœufs. Il faut que tu n'aies pas encore ouï-dire combien sont tombés sous nos bras près des rives du Xanthe[1] ; ou bien, si tu le sais, ce sont les dieux qui t'ont ôté le sens et la raison pour que les Trépas inexorables t'engloutissent[2]. »

A ces mots, il s'élance en brandissant de sa main puissante la grande pique, fléau des armées, qu'avait fabriquée Chiron[3]. Du premier coup, il blesse la guerrière Penthésilée au-dessus du sein droit[4]. Son sang noir gicle à flots ; la force de ses membres se brise net : la grande hache lui glisse de la main, la nuit embrume ses yeux et la douleur pénètre jusqu'au diaphragme[5]. Elle reprend néanmoins ses esprits et aperçoit l'ennemi qui déjà s'apprête à la tirer à bas de son coursier. Elle hésite : va-t-elle dégainer sa grande épée pour soutenir l'assaut du fougueux Achille qui se rue sur elle ? Va-t-elle au contraire, sans perdre un instant, sauter de son rapide coursier pour supplier le héros divin ? Vite, elle lui promettrait de l'airain, de l'or à foison[6] : ce sont de sûrs appâts pour un cœur de mortel, si intraitable soit-il. Ah ! si l'âme meurtrière du preux Éacide se laissait fléchir par cette rançon ; s'il pouvait aussi la prendre en pitié par égard pour leur commune jeunesse et lui octroyer la journée du retour ! Elle voudrait tant échapper à la mort[7] !

1. En réalité, malgré le pluriel, Ajax n'a pas participé au combat du Xanthe.

2. Cf. I 377 et Ψ 78 s.

3. Cf. Π 143 s.

4. Comparer cette scène avec la mort de Camille dans Virgile, *Én.*, xi, 799-835.

5. Le parallèle fourni par iii, 63, montre que φρήν a gardé son sens physiologique. Tous les termes du passage ont d'ailleurs une grande précision. Penthésilée blessée se sent défaillir et un voile noir couvre ses yeux (νὺξ ἤχλυσε) ; puis elle reprend partiellement ses esprits (ἄμπνυε) et aperçoit Achille au sortir de son bref évanouissement (ἔξιδε).

6. Cf. X 340.

7. Pour les v. 607-609, cf. Υ 463-465.

οὐδὲ γὰρ οὐδ' αὐτός σε πατὴρ ἔτι ῥύσεται Ἄρης
ἐξ ἐμέθεν, τίσεις δὲ κακὸν μόρον, εὖτ' ἐν ὄρεσσι
κεμμὰς ὁμαρτήσασα βοοδμητῆρι λέοντι.
Ἦ οὔ πω τόδ' ἄκουσας, ὅσων ὑποκάππεσε γυῖα
Ξάνθου πὰρ προχοῇσιν ὑφ' ἡμετέρῃς παλάμῃσιν,
ἤ σευ πευθομένης μάκαρες φρένας ἐξείλοντο
καὶ νόον, ὄφρά σε Κῆρες ἀμείλιχοι ἀμφιχάνωσιν. »
Ὣς εἰπὼν οἴμησε κραταιῇ χειρὶ τιταίνων
λαοφόνον δόρυ μακρὸν ὑπαὶ Χείρωνι πονηθέν.
Αἶψα δ' ὑπὲρ μαζοῖο δαΐφρονα Πενθεσίλειαν
οὔτασε δεξιτεροῖο, μέλαν δέ οἱ ἔρρεεν αἷμα
ἐσσυμένως. Ἡ δ' εἶθαρ ὑπεκλάσθη μελέεσσιν,
ἐκ δ' ἔβαλεν χειρὸς πέλεκυν μέγαν · ἀμφὶ δέ οἱ νὺξ
ὀφθαλμοὺς ἤχλυσε καὶ ἐς φρένα δῦσαν ἀνῖαι.
Ἀλλὰ καὶ ὣς ἄμπνυε καὶ ἔξιδε δήιον ἄνδρα
ἤδη μιν μέλλοντα καθελκέμεν ὠκέος ἵππου ·
ὥρμηνεν δ' ἢ χειρὶ μέγα ξίφος εἰρύσσασα
μεῖναι ἐπεσσυμένοιο θοοῦ Ἀχιλῆος ἐρωήν,
ἢ κραιπνῶς ἵπποιο κατ' ὠκυτάτοιο θοροῦσα
λίσσεσθ' ἀνέρα δῖον, ὑποσχέσθαι δέ οἱ ὦκα
χαλκὸν ἅλις καὶ χρυσόν, ἅ τε φρένας ἔνδον ἰαίνει
θνητῶν ἀνθρώπων, εἰ καὶ μάλα τις θρασὺς εἴη,
τοῖς ἤν πως πεπίθοιτ' ὀλοὸν σθένος Αἰακίδαο,
ἢ καὶ ὁμηλικίην αἰδεσσάμενος κατὰ θυμὸν
δώῃ νόστιμον ἦμαρ ἐελδομένῃ περ ἀλύξαι.

587 ὁμαρτήσασα Y : ἐπαντήσασα H ‖ **589** πὰρ R : παρὰ uel παρα Ω ‖ **591** σε H : σοι Y ‖ ἀμφιχάνωσιν Y : -χέωνται H -χέονται C ‖ **592** κραταιῇ R et Rhodomann : κρατερῇ Ω ‖ **597** ἔβαλεν H : -ε Y ‖ **599** ἄμπνυε Ω : ἔμ- NEAld (de forma ἄμπνῡε, uide x 92 et hom. ἄμπνῡτο) ‖ **605** ἅτε YH^{c} : ἅτερ D ἅπερ Lasc.$^{1-2}$ ‖ **606** εἰ καὶ Y : κεἰ H ‖ **607** πεπίθοιτ' codd. (cf. vi 86) : πεπίθητ' Zimmermann (cf. δώῃ 609) ; an legendum εἴ πως πεπίθοιτ', cl. Υ 464 ? ‖ **608** ὁμηλικίην N^{pc}R Lasc.$^{1-2}$: -κίαν Ω ‖ **609** δώῃ Köchly : δώη H δῴη Y δοίῃ Platt.

Tandis qu'elle hésite encore, les dieux en décident autrement. A peine a-t-elle fait un mouvement[1] vers le fils de Pélée que celui-ci, pris d'un violent courroux, la transperce sur-le-champ, elle et son cheval au galop de tempête[2]. C'est ainsi qu'un homme, pressé de manger, met à la broche des morceaux de fressure pour les griller à la flamme d'un brasier[3], ou encore qu'un chasseur, dans la montagne, frappe une biche de son javelot lourd de sanglots : il lui a traversé brutalement le ventre et le dard robuste, poursuivant son vol, se fiche dans le tronc d'un pin ou d'un grand chêne chevelu. Penthésilée et son cheval magnifique sont pareillement percés, d'outre en outre, par la pique avide du Péléide. Elle roule aussitôt dans la poussière et la mort, pudiquement affaissée sur le sol[4] : sans donner de son sexe un spectacle qui eût souillé sa beauté, elle se couche de tout son long sur le ventre, en se convulsant autour de la pique, son cheval abattu sous elle. Parfois la violence du Borée glacé brise un sapin : il était le plus haut de tous dans le large vallon boisé et il faisait l'orgueil de la terre qui le nourrissait, non loin d'une source[5]. Telle apparaît Penthésilée, jetée à bas de son coursier : elle garde sa merveilleuse beauté, mais sa force s'est brisée à jamais.

Les Troyens ne l'ont pas plus tôt vue périr dans la bataille que, vite, ils refluent en masse, tout tremblants, vers la ville. La détresse de leur cœur, qui saurait la dire, tant leur deuil est immense ? Quand un coup de vent s'abat sur le grand large et coule un navire, si des

1. Depuis Köchly, on corrige en ἐπεσσύμενος. A tort : Penthésilée se décide, après quelques hésitations, à demander grâce (le mouvement des v. 601-609 ne laisse aucun doute sur ce point) ; elle esquisse alors un geste vers Achille et celui-ci, croyant qu'elle lui résiste, est pris de colère ; si l'on fait disparaître le geste de l'Amazone, le courroux d'Achille ne s'explique plus.

2. Cette épithète convient bien à un cheval qui a été donné à Penthésilée par l'épouse de Borée.

3. Cf. B 426-428.

4. D'autres poètes ont évoqué la pudeur d'une vierge mourante : Eurip., *Hécube*, 568-570 ; Ovide, *Métam.*, XIII, 479 s. ; Nonnos, *Dion.*, XVII, 220-224 ; Tzetzès, *Posthom.*, 198.

Καὶ τὰ μὲν ὣς ὥρμαινε· θεοὶ δ' ἑτέρως ἐϐάλοντο.
Τῇ γὰρ ἐπεσσυμένῃ μέγ' ἐχώσατο Πηλέος υἱός,
καί οἱ ἄφαρ συνέπειρεν ἀελλόποδος δέμας ἵππου.
Εὖτέ τις ἀμφ' ὀϐελοῖσιν ὑπὲρ πυρὸς αἰθαλόεντος
σπλάγχνα διαμπείρῃσιν ἐπειγόμενος ποτὶ δόρπον,
ἢ ὥς τις στονόεντα βαλὼν ἐν ὄρεσσιν ἄκοντα
θηρητὴρ ἐλάφοιο μέσην διὰ νηδύα κέρσῃ
ἐσσυμένως, πταμένη δὲ διαμπερὲς ὄϐριμος αἰχμὴ
πρέμνον ἐς ὑψικόμοιο πάγη δρυὸς ἠέ νυ πεύκης·
ὣς ἄρα Πενθεσίλειαν ὁμῶς περικαλλέι ἵππῳ
ἀντικρὺ διάμησεν ὑπ' ἔγχεϊ μαιμώωντι
Πηλείδης. Ἡ δ' ὦκα μίγη κονίῃ καὶ ὀλέθρῳ
εὐσταλέως ἐριποῦσα κατ' οὔδεος· οὐδέ οἱ αἰδὼς
ᾔσχυνεν δέμας ἠύ· τάθη δ' ἐπὶ νηδύα μακρὴ
δουρὶ περισπαίρουσα, θοῷ δ' ἐπεκέκλιτο ἵππῳ.
Εὖτ' ἐλάτη κλασθεῖσα βίῃ κρυεροῦ Βορέαο,
ἥν τέ που αἰπυτάτην ἀνά τ' ἄγκεα μακρὰ καὶ ὕλην,
οἷ αὐτῇ μέγ' ἄγαλμα, τρέφει παρὰ πίδακι γαῖα·
τοίη Πενθεσίλεια κατ' ὠκέος ἤριπεν ἵππου,
θηητή περ ἐοῦσα· κατεκλάσθη δέ οἱ ἀλκή.
Τρῶες δ' ὡς ἐ⟨σ⟩ίδοντο δαϊκταμένην ἐνὶ χάρμῃ,
πανσυδίῃ τρομέοντες ἐπὶ πτόλιν ἐσσεύοντο,
ἄσπετ' ἀκηχέμενοι μεγάλῳ περὶ πένθεϊ θυμόν.
Ὡς δ' ὅτ' ἀν' εὐρέα πόντον ἐπιϐρίσαντος ἀήτεω

610 τὰ Glasewald : τὸ codd. (sed τọ̀ R) ‖ ἑτέρως ἐϐάλοντο (cf. x 427) uel potius ἐϐόλοντο (cf. α 234 ; QS xii 300) nos : ἑτέρωσε βάλοντο [-ρωσ' ἐϐ- L] codd. ‖ **611** πηλέος Y : -έως H ‖ **613** ὑπὲρ Spitzner : ὑπαὶ codd. ‖ **614** σπλάγχνα plerique : σπλάγχα PD[ac] σπλάχνα M ‖ διαμπείρῃσιν Rhodomann : -ρησεν H -ρησε Y ‖ **615** ἢ Rhodomann (uert.) Bonitz : ἧδ' uel ἠδ' codd. ‖ **618** ἠέ νυ Köchly : ἢ ἐνὶ Y ἢ H ‖ **620** ἔγχει Y : αἴχει H ‖ **623** ἤσχυνεν Y : -νε H ‖ δέμας ἠύ· τάθη H : δέμας· ἠϋτάθη Y ‖ μακρὴ nos (cf. iii 419) : μακρὴν codd. μακρῷ Van Herwerden ‖ **624** ἐπεκέκλιτο Köchly : ἐπικέκλιτο H ἐπεκέκλετο Y ‖ **627** παρὰ Pauw : περὶ codd. ‖ **630** ἐσίδοντο R[sl] et Pauw : εἴδοντο Y ἴδ- H ‖ **633** ἐπιϐρίσαντος YH[c] : -ντο D.

marins parviennent à éviter la mort, une poignée seulement après bien des épreuves sur les flots funestes, lorsqu'ils découvrent enfin, tout près, une terre et une ville, tous, geignant de fatigue, les membres harassés, se hâtent de sortir de l'eau ; comme ils se désolent alors sur leur vaisseau et les camarades que la vague entraîna dans l'affreuse nuit[1] ! Tous les rescapés du combat qui ont pu se réfugier vers la ville pleurent ainsi la fille d'Arès l'Impétueux et les guerriers tombés dans cette bataille qui leur cause tant de larmes.

Cependant le fils de Pélée, triomphant, nargue sa victime :

« Gis donc dans la poussière, pâture des chiens et des oiseaux[2] ! Chétive ! qui a leurré ton esprit pour oser m'affronter ? Ou comptais-tu par hasard revenir de la guerre, comblée de présents par le vieux Priam après avoir défait les Argiens[3] ? Les Immortels n'ont pas accompli ton dessein ; car nous sommes, et de loin, les premiers des héros[4]. Oui, nous sommes la lumière des Danaens et le fléau des Troyens, le tien aussi, infortunée, puisque tu t'es laissée follement entraîner par les ténébreux Trépas et par ton cœur à quitter les travaux des femmes pour aller à la guerre qui fait trembler même les mâles[5] ! »

A ces mots, du coursier et de la terrible Penthésilée, le Péléide arrache sa pique de frêne ; leur chair se convulse encore sous la lance qui les a tués tous deux d'un seul coup. Puis il ôte de sa tête le casque aussi brillant que les rayons du soleil ou la gloire dont Zeus s'environne[6]. Et Penthésilée, tombée dans le sang et la poussière, découvre sous l'arc gracieux de ses sourcils son visage dont la mort n'a pas terni la beauté. Les

1. Pour cette comparaison, cf. H 4-6 ; ψ 233 ss. ; QS, xiv, 63 ss.
2. Cf. X 335, 354.
3. Cf. p. 16, n. 1.
4. Achille continue à employer le pluriel, moins par emphase que parce qu'il veut parler au nom des « deux Éacides ».
5. La faute principale de Penthésilée est donc d'avoir voulu s'élever au-dessus de sa condition de femme ; le même grief est adressé à l'Amazone chez Dictys, iv, 3. Cf. en outre *Notice*, p. 4.

ναῦται νῆ' ὀλέσαντες ὑπεκπροφύγωσιν ὄλεθρον,
παῦροι πολλὰ καμόντες ὀιζυρῆς ἁλὸς εἴσω,
ὀψὲ δ' ἄρά σφισι γαῖα φάνη σχεδὸν ἠδὲ καὶ ἄστυ,
τοὶ δὲ μόγῳ στονόεντι τετρυμένοι ἅψεα πάντα
ἐξ ἁλὸς ἀίσσουσι μέγ' ἀχνύμενοι περὶ νηὸς
ἠδ' ἑτάρων οὓς αἰνὸν ὑπὸ ζόφον ἤλασε κῦμα·
ὣς Τρῶες ποτὶ ἄστυ πεφυζότες ἐκ πολέμοιο
κλαῖον πάντες Ἄρηος ἀμαιμακέτοιο θύγατρα
καὶ λαοὺς οἳ δῆριν ἀνὰ στονόεσσαν ὄλοντο.

Τῇ δ' ἐπικαγχαλόων μεγάλ' εὔχετο Πηλέος υἱός·
« Κεῖσό νυν ἐν κονίῃσι κυνῶν βόσις ἠδ' οἰωνῶν,
δειλαίη· τίς γάρ σε παρήπαφεν ἀντ⟨ί⟩' ἐμεῖο
ἐλθέμεν; Ἦ που ἔφησθα μάχης ἀπονοστήσασα
οἴσειν ἄσπετα δῶρα παρὰ Πριάμοιο γέροντος
κτείνασ' Ἀργείους; Ἀλλ' οὐ τόδε σοί γε νόημα
ἀθάνατοι ἐτέλεσσαν, ἐπεὶ μέγα φέρτατοί εἰμεν
ἡρώων, Δαναοῖσι φάος μέγα, Τρωσὶ δὲ πῆμα
ἠδὲ σοὶ αἰνομόρῳ, ἐπεὶ ⟨ἦ⟩ νύ σε Κῆρες ἐρεμναὶ
καὶ νόος ἐξορόθυνε γυναικῶν ἔργα λιποῦσαν
βήμεναι ἐς πόλεμον τόν περ τρομέουσι καὶ ἄνδρες. »

Ὣς εἰπὼν μελίην ἐξείρυσε Πηλέος υἱὸς
ὠκέος ἐξ ἵπποιο καὶ αἰνῆς Πενθεσιλείης·
ἄμφω δ' ἀσπαίρεσκον ὑφ' ἓν δόρυ δηωθέντες.
Ἀμφὶ δέ οἱ κρατὸς κόρυν εἵλετο μαρμαίρουσαν
ἠελίου ἀκτῖσιν ἀλίγκιον ἢ Διὸς αἴγλῃ·
τῆς δὲ καὶ ἐν κονίῃσι καὶ αἵματι πεπτηυίης
ἐξεφάνη ἐρατῇσιν ὑπ' ὀφρύσι καλὰ πρόσωπα
καί περ ἀποκταμένης. Οἳ δ', ὡς ἴδον, ἀμφιέποντες

637 μόγω H : μόνω Y ‖ τετρυμένοι L et Rhodomann : -υμμένοι Y -υγμένοι H ‖ ἅψεα Dausque : αἶψα H αἶψα δὲ Y ‖ πάντα Spitzner : πάντες codd. ‖ **641** κλαῖον H : κλαίοντες Y ‖ **645** ἀντί' Rhodomann : ἄντ' [ἀντ' P] Ω ‖ ἐμεῖο P^pc MQC : ἐμοῖο P^ac H ‖ **647** παρὰ H : περὶ Y ‖ **648** τόδε Rhodomann : τό γε codd. ‖ σοὶ Rhodomann : οἵ H οἶ Y ‖ **651** ἦ add. Rhodomann ‖ ἐρεμναὶ Rhodomann : ἐρυμναὶ codd.

Argiens à l'entour s'émerveillent en l'apercevant : comme elle ressemble aux Immortelles ! A la voir reposer sur le sol, dans son armure, ne dirait-on pas la fille de Zeus, l'indomptable Artémis, lorsqu'elle dort, les membres lassés d'avoir en pleine montagne forcé les lions à la course ? Ce charme qu'elle conserve jusque dans la mort, c'est l'œuvre d'Aphrodite en personne, la compagne à la belle couronne du puissant Arès ; car elle veut que la vierge tourmente d'amour même le fils de l'irréprochable Pélée. Beaucoup rêvent de pouvoir, à leur retour, dormir sur la couche d'une telle épouse[1]. Mais c'est Achille surtout qui donne libre cours au remords de son cœur : pourquoi l'a-t-il tuée plutôt que d'emmener comme épouse dans sa Phthie, le pays des pouliches, cette femme divine que sa taille et sa beauté si parfaites rendent l'égale des Immortelles[2] ?

Cependant la perte de sa fille a touché Arès au plus profond des entrailles. L'âme déchirée, il a bondi sans retard de l'Olympe. On dirait un de ces terribles carreaux de foudre que, dans un fracas de tonnerre, Zeus se plaît à lancer ; le trait, parti de son bras invincible, se précipite sur la terre ou sur la mer sans bornes en flamboyant, tandis que le vaste Olympe vacille à l'entour[3]. Tel Arès, vêtu de ses armes, s'est précipité à travers l'immensité de l'air, le cœur bouleversé, dès qu'il apprend le triste destin de son enfant. Il circulait en effet dans les espaces du ciel quand les Brises, divines filles de Borée[4], lui ont dit la mort cruelle de la vierge. A cette nouvelle, il descend sur les monts de l'Ida avec la rapidité de la tempête ; il fait trembler sous ses pas les larges vallons, les ravins encaissés, les fleuves et toutes les bases de l'énorme montagne[5]. Il aurait apporté

1. Cf. α 366.

2. La douleur et l'amour d'Achille sont très sobrement indiqués : au contraire de Libanios (*Progymn.*, éd. Förster, VIII, 401), Quintus ne fait pas parler son héros. Sur la passion que Penthésilée inspire à son vainqueur, cf. Properce, III, 11, 15 s. ; Nonnos, *Dion.*, XXXV, 21-29 ; Tryphiod., 39 ; schol. à Soph., *Phil.*, 445 ; Tzetzès, à Lycophron, *Alex.*, 999 ; id., *Posthom.*, 196-199.

3. Pour cette comparaison, cf. N 242-244, 795-799.

Ἀργεῖοι θάμβησαν, ἐπεὶ μακάρεσσιν ἐῴκει.
Κεῖτο γὰρ ἐν τεύχεσσι κατὰ χθονὸς ἠύτ' ἀτειρὴς
Ἄρτεμις ὑπνώουσα Διὸς τέκος, εὖτε κάμῃσι
γυῖα κατ' οὔρεα μακρὰ θοοὺς βάλλουσα λέοντας·
αὐτὴ γάρ μιν ἔτευξε καὶ ἐν φθιμένοισιν ἀγητὴν
Κύπρις ἐυστέφανος κρατεροῦ παράκοιτις Ἄρηος,
ὄφρά τι καὶ Πηλῆος ἀμύμονος υἷ' ἀκαχήσῃ.
Πολλοὶ δ' εὐχετόωντο κατ' οἰκία νοστήσαντες
τοίης ⟨τῆσδ'⟩ ἀλόχοιο παρὰ λεχέεσσιν ἰαῦσαι.
Καὶ δ' Ἀχιλεὺς ἀλίαστον ἑῷ ἐνετείρετο θυμῷ,
οὕνεκά μιν κατέπεφνε καὶ οὐκ ἄγε δῖαν ἄκοιτιν
Φθίην εἰς εὔπωλον, ἐπεὶ μέγεθός τε καὶ εἶδος
ἔπλετ' ἀμώμητός τε καὶ ἀθανάτῃσιν ὁμοίη.
Ἄρεϊ δ' ἔμπεσε πένθος ὑπὸ φρένας ἀμφὶ θυγατρὸς
θυμὸν ἀκηχεμένου. Τάχα δ' ἔκθορεν Οὐλύμποιο,
σμερδαλέῳ ἀτάλαντος ἀεὶ κτυπέοντι κεραυνῷ
ὅν τε Ζεὺς προΐησιν, ὃ δ' ἀκαμάτης ἀπὸ χειρὸς
ἔσσυται ἢ ἐπὶ πόντον ἀπείριτον ἢ ἐπὶ γαῖαν
μαρμαίρων, τῷ δ' ἀμφὶ μέγας πελεμίζετ' Ὄλυμπος·
τοῖος Ἄρης ταναοῖο δι' ἠέρος ἀσχαλόων κῆρ
ἔσσυτο σὺν τεύχεσσιν, ἐπεὶ μόρον αἰνὸν ἄκουσε
παιδὸς ἑῆς· τῷ γάρ ῥα κατ' οὐρανὸν εὐρὺν ἰόντι
Αὖραι μυθήσαντο θεαὶ Βορέαο θύγατρες
κούρης αἰνὸν ὄλεθρον. Ὁ δ' ὡς κλύεν, ἶσος ἀέλλῃ
Ἰδαίων ὀρέων ἐπεβήσετο· τοῦ δ' ὑπὸ ποσσὶν
ἄγκεα κίνυτο μακρὰ βαθύρρωχμοί τε χαράδραι
καὶ ποταμοὶ καὶ πάντες ἀπειρέσιοι πόδες Ἴδης.

670 τῆσδ' addidimus, cl. ɪɪ 16 : ἧς add. Kōchly τοιαύτης pro τοίης uoluit Scaliger ‖ παρὰ Y : παραὶ H ‖ **675** ὑπὸ φρένας om. H ‖ **676** ἀκηχεμένου Kōchly² : -νῳ RAld. ἀκαχημένου Y -νω H ‖ **677** ἀεὶ YD^ac : ἀει- H^cD^pc ; uarie emendatum, sed cf. η 118 ; λ 608 ‖ **680** πελεμίζετ' YD : πολ- H^cLLasc.¹⁻² ‖ **683** ἰόντι H : ἐόντι Y ‖ **684** θεαὶ ΩL^sl (cf. ɪ 141 ; xɪɪɪ 377 ; al.) : θοαὶ ULN^pcLasc.² (rectius fort., cl. ɪv 135) ‖ **685** κλύεν Pierson : κίεν codd.

aux Myrmidons le jour des lamentations, si Zeus en personne ne l'avait épouvanté du haut de l'Olympe : de terribles éclairs, des foudres chargées de douleur traversent son chemin en sillonnant l'azur sans répit d'une effrayante lueur[1]. Arès reconnaît à ces signes les grondantes menaces de son père, le Dieu Tonnant ; il s'arrête net, malgré sa hâte de courir au tumulte de la bataille. Parfois, d'une guette abrupte, un bloc énorme se détache sous la violence conjuguée des vents et de l'orage, œuvre de Zeus, — ou peut-être de l'orage et de la foudre — ; il roule à vive allure en faisant résonner les vallons ; dans un grondement ininterrompu, il court à bonds répétés, jusqu'à ce qu'il arrive dans la plaine ; là, il s'arrête aussitôt, malgré lui[2]. Le vaillant fils de Zeus Arès suspend ainsi sa marche bien à contre-cœur, malgré son impatience : tous les Olympiens, quels qu'ils soient, ne s'inclinent-ils pas devant le régent des Bienheureux, puisqu'il les surpasse tous, et de loin, par sa force prodigieuse ? Il roule bien des pensées contraires dans son cœur agité : tantôt, tremblant devant les terribles remontrances du Cronide en courroux, il songe à regagner le ciel ; tantôt, sans égard pour son père, il veut combattre sans défaillance et tremper ses bras dans le sang d'Achille[3]. A la longue, il lui revient au cœur que Zeus lui-même a perdu bien des fils à la guerre : lui non plus ne les a pas secourus à l'heure de leur mort[4]. Il s'éloigne alors des Argiens. Il était temps, car il eût été bientôt terrassé, vaincu, comme les Titans, par la foudre lourde de sanglots[5], s'il eût osé braver le vouloir de Zeus immortel[6].

1. Le prodige est d'autant plus manifeste que les coups de tonnerre éclatent dans un ciel serein (αἴθρῃ).

2. Pour cette comparaison, cf. N 137 ss. ; Apoll. Rhod., iv, 1340 ; QS, ii, 379 ss. ; xi, 396 ss., 401 ss.

3. Même formule en iv, 341.

4. A travers le pluriel employé, Quintus songe avant tout à Sarpédon (cf. Π 431-461) ; on retrouvera la même idée en iii, 635 s.

5. Cf. Hésiode, *Théog.*, 684, 687-712.

6. Le souvenir de l'épisode d'Ascalaphe (N 521-525 ; O 104-141) se manifeste plusieurs fois dans les v. 675-715.

Καί νύ κε Μυρμιδόνεσσι πολύστονον ὤπασεν ἦμαρ,
εἰ μή μιν Ζεὺς αὐτὸς ἀπ' Οὐλύμποιο φόβησε
σμερδαλέῃς στεροπῇσι καὶ ἀργαλέοισι κεραυνοῖς
οἵ οἱ πρόσθε ποδῶν θαμέες ποτέοντο δι' αἴθρης
δεινὸν ἀπαιθόμενοι. Ὁ δ' ἄρ' εἰσορόων ἐνόησε
πατρὸς ἐριγδούποιο μέγα βρομέουσαν ὁμοκλήν,
ἔστη δ' ἐσσύμενός περ ἐπὶ πτολέμοιο κυδοιμόν.
Ὡς δ' ὅτ' ἀπ' ἠλιβάτου σκοπιῆς περιμήκεα λᾶαν
λάβρος ὁμῶς ἀνέμοισιν ἀπορρήξῃ Διὸς ὄμβρος,
ὄμβρος ἄρ' ἠδὲ κεραυνός, ἐπικτυπέουσι δὲ βῆσσαι
λάβρα κυλινδομένοιο, ὃ δ' ἀκαμάτῳ ὑπὸ ῥοίβδῳ
ἔσσυτ' ἀναθρῴσκων μάλα ταρφέα, μέχρις ἵκηται
χῶρον ἐπ' ἰσόπεδον, σταίη δ' ἄφαρ οὐκ ἐθέλων περ·
ὣς Διὸς ὄβριμος υἱὸς Ἄρης ἀέκοντί γε θυμῷ
ἔστη ἐπειγόμενός περ, ἐπεὶ μακάρων μεδέοντι
πάντες ὁμῶς εἴκουσιν Ὀλύμπιοι, οὕνεκ' ἄρ' αὐτῶν
πολλὸν ὑπέρτατός ἐστι, πέλει δέ οἱ ἄσπετος ἀλκή.
Πολλὰ δὲ πορφύροντα θοὸς νόος ὀτρύνεσκεν
ἄλλοτε μὲν Κρονίδαο μέγ' ἀσχαλόωντος ἐνιπὴν
σμερδαλέην τρομέοντα πρὸς οὐρανὸν ἀπονέεσθαι,
ἄλλοτε δ' οὐκ ἀλέγειν σφετέρου πατρός, ἀλλ' Ἀχιλῆι
μῖξαι ἐν αἵματι χεῖρας ἀτειρέας. Ὀψὲ δέ οἱ κῆρ
μνήσαθ' ὅσοι καὶ Ζηνὸς ἐνὶ πτολέμοισι δάμησαν
υἱέες οἷς οὐδ' αὐτὸς ἐπήρκεσεν ὀλλυμένοισι.
Τοὔνεκ' ἀπ' Ἀργείων ἑκὰς ἤιεν· ἦ γὰρ ἔμελλε
κεῖσθαι ὁμῶς Τιτῆσι δαμεὶς στονόεντι κεραυνῷ,
εἰ Δ⟨ι⟩ὸς ἀθανάτοιο παρ' ἐκ νόον ἄλλα μενοίνα.

692 ποτέοντο Spitzner : ποτόωντο codd. || **696** ἀπηλιβάτου (sic) Y : ἀπ' ἠλιβάτοιο H || **698** ἄρ' Y : δ' ἄρ' H || ἠδὲ H : ἦδε Y ἠὲ Tychsen || ἐπικτυπέουσι H^c : ἐπεκτ- D ἐπικτυπέουσαι Y || **699** λάβρα CL : λαῦρα Ω || ῥοίβδῳ codd. : ῥοίζῳ Köchly || **706** ὀτρύνεσκεν Y : ὠτρ- H || **707** ἄλλοτε YH^c : ἀλλ' ὅτε D || **711** μνήσαθ' plerique : -ασθ' PD || ζηνὸς Y : διὸς H || **715** εἰ Διὸς Pauw : εἰδὸς Y εἰδὼς [et ἕως οὗ s. l.] H spatio relicto om. C.

Cependant les fils belliqueux des robustes Argiens s'affairent à dépouiller les morts de leurs armes sanglantes : ils accourent de partout ! Mais, tout à sa douleur, le fils de Pélée reste à contempler la noble grâce de la vierge couchée dans la poussière : à cause d'elle, la cruelle détresse lui ronge le cœur, comme naguère quand périt son compagnon Patrocle[1]. Or Thersite s'avance et, d'une voix méchante, il le prend à parti rudement[2] :

« Achille, cœur pervers ! Quoi ? Un dieu t'a donc envoûté l'âme dans la poitrine pour la maudite Amazone qui rêvait de machiner contre nous mille malheurs ! Quel fol amour des femmes te tient aux entrailles pour que tu fasses de celle-ci même cas que d'une sage épouse dont tu aurais brigué la main, en apportant des présents pour l'obtenir en justes noces ? Plût au ciel qu'elle t'eût la première frappé de sa lance dans la bataille, puisque tu te laisses à ce point séduire par le sexe, puisque ton âme scélérate oublie, à la seule vue d'une femme, les glorieux travaux des preux. Misérable, qu'as-tu fait de ta force et de ta raison ? Où se trouve la vaillance du Prince Sans-Reproche ? Tu ne sais donc pas combien de maux a valus aux Troyens leur fol amour des femmes ? Rien de plus funeste aux mortels que le plaisir du lit : il fait perdre l'esprit au plus sage. La renommée est compagne de la peine[3] : aussi bien les plaisirs du brave sont-ils la gloire du triomphe et les travaux d'Arès ; mais dormir avec des femmes, c'est affaire de couard. »

1. Allusion à Σ 316 ss.

2. Quintus, qui ne disposait que d'un sommaire de l'*Éthiopide* et qui avait par principe écarté les arrangements romanesques, s'est trouvé gêné pour légitimer les invectives de Thersite. Il le fait parler comme si Achille avait négligé ses devoirs de combattant ou comme s'il avait traité Penthésilée à la manière d'une épouse, ce qui ne correspond pas à la situation. Peut-être songe-t-il malgré lui à la légende d'une union charnelle entre Achille et Penthésilée morte (schol. à Soph., *Phil.*, 445 ; Servius, à Virgile, *Én.*, XI, 661 ; Tzetzès, à Lycophron, *Alex.*, 999 ; Eustathe, à B 219 ; Libanios, *Progymn.*, 22 [VIII, p. 289 Förster]) ; mais il a plutôt en mémoire le comportement du héros après

Καὶ τότ' ἀρήιοι υἷες ἐυσθενέων Ἀργείων
σύλεον ἐσσυμένως βεβροτωμένα τεύχεα νεκρῶν
πάντῃ ἐπεσσύμενοι. Μέγα δ' ἄχνυτο Πηλέος υἱὸς
κούρης εἰσορόων ἐρατὸν σθένος ἐν κονίῃσι·
τοὔνεκά οἱ κραδίην ὀλοαὶ κατέδαπτον ἀνῖαι,
ὁππόσον ἀμφ' ἑτάροιο πάρος Πατρόκλοιο δαμέντος.
Θερσίτης δέ μιν ἄντα κακῷ ⟨μέγα⟩ νείκεσε μύθῳ·
«Ὦ Ἀχιλεῦ φρένας αἰνέ, τί ⟨ἤ⟩ νύ σε⟨υ⟩ ἤπαφε δαίμων
θυμὸν ἐνὶ στέρνοισιν Ἀμαζόνος εἵνεκα λυγρῆς
ἣ νῶιν κακὰ πολλὰ λιλαίετο μητίσασθαι;
Καί τοι ἐνὶ φρεσὶ σῇσι γυναιμανὲς ἦτορ ἔχοντι
μέμβλεται ὡς ἀλόχοιο πολύφρονος ἥν τ' ἐπὶ ἕδνοις
κουριδίην μνήστευσας ἐελδόμενος γαμέεσθαι.
Ὥς ⟨σ'⟩ ὄφελον κατὰ δῆριν ὑποφθαμένη βάλε δουρί,
οὕνεκα θηλυτέρῃσιν ἄδην ἐπιτέρπεαι ἦτορ,
οὐδέ νυ σοί τι μέμηλεν ἐνὶ φρεσὶν οὐλομένῃσιν
ἀμφ' ἀρετῆς κλυτὸν ἔργον, ἐπὴν ἐσίδῃσθα γυναῖκα.
Σχέτλιε, ποῦ νύ τοί ἐστι †περὶ† σθένος ἠδὲ νόημα;
Πῇ δὲ βίη βασιλῆος ἀμύμονος; Οὐδέ τι οἶσθα
ὅσσον ἄχος Τρώεσσι γυναιμανέουσι τέτυκται;
Οὐ γὰρ τερπωλῆς ὀλοώτερον ἄλλο βροτοῖσιν
ἐς λέχος ἱεμένης, ἥ τ' ἄφρονα φῶτα τίθησι
καὶ πινυτόν περ ἐόντα. Πόνῳ δ' ἄρα κῦδος ὀπηδεῖ·
ἀνδρὶ γὰρ αἰχμητῇ νίκη⟨ς⟩ κλέος ἔργα τ' Ἄρηος
τερπνά, φυγοπτολέμῳ ⟨δὲ⟩ γυναικῶν εὔαδεν εὐνή.»

718 πηλέος Y : -έως H ‖ **722** μέγα add. Tychsen ‖ **723** ἤ add. R et Rhodomann ‖ σευ Rhodomann : σε codd. ‖ ἤπαφε Spitzner : ἤκαχε codd. ‖ **724** εἵνεκα Spitzner : οὕν- codd. ‖ **726** καί codd. : τῆς Köchly² ‖ **727** μέμβλεται Hermann : -ετο codd. ‖ πολύφρονος : περίφρονος malim (cf. x 474) ‖ ἕδνοις habuit Ω ‖ **729** σ' add. Rhodomann ‖ **730** ἐπι- PH : ἔπι M ‖ **731** φρεσὶν P^pc H : -σι Y ‖ **733** περὶ Ω corruptum uidetur : πέρι L (i. e. « superest »), (ἐστιν) εὖ Spitzner, alii alia coni. ‖ ἠδὲ Pauw : ἠὲ codd. ‖ **735** γυναιμανέουσι codd. (cf. Nonni *Dion.* II 125) : -νέεσσι J. C. Struve fort. rectius ‖ **739** νίκης Köchly : -κη codd. ‖ **740** φυγοπτολέμω MH : -μων P ‖ δὲ RAld. : om. Ω.

C'est ainsi qu'il le prend à parti, rudement. Quel courroux s'empare alors du magnanime Péléide ! Il lui assène aussitôt un puissant coup de poing entre la mâchoire et l'oreille. Toutes les dents à la fois tombent sur le sol ; puis l'homme s'abat à son tour, la tête en avant. Le sang coule de la bouche à flots et l'âme débile du vaurien abandonne ses membres sur-le-champ. L'armée des Achéens applaudit : il ne s'entendait qu'aux querelles et aux méchants outrages, bien qu'il ne fût lui-même qu'un infâme ; il était la honte des Danaens[1]. Et chacun se prend à dire parmi les Argiens prompts au combat :

« Le vilain ne gagne rien à insulter les rois en public ou en cachette, car une terrible colère s'attache à lui. C'est justice : langue impudente toujours est châtiée par Aveuglement qui n'apporte aux mortels que douleurs après douleurs. »

Ainsi parlent les Danaens, tandis que le magnanime Péléide, la rage au cœur, apostrophe Thersite :

« Gis donc dans la poussière, à jamais oublieux de tes sottises[2]. Il ne sied pas à un pleutre de se mesurer à plus fort que lui[3]. Naguère déjà, tu avais mis à bout la patience d'Ulysse par je ne sais combien d'affronts. Mais moi, le fils de Pélée, je ne me suis pas montré à toi sous le même jour : je t'ai rompu le souffle d'un coup, d'une simple chiquenaude. L'inexorable Destin t'a enveloppé ; par ta pusillanimité, tu as perdu la vie[4]. Va-t'en maintenant loin des Argiens ; va chez les morts proférer tes outrages[5] ! »

Ainsi parle le fils intrépide du fier Éacide. Le Tydéide, seul des Argiens, garde rancune à Achille d'avoir tué Thersite, car il prétend descendre du même sang que

l'enlèvement de Briséis ainsi que les reproches adressés par Hector à Pâris (cf. notamment Γ 39 γυναιμανές et QS, I, 726, 735). Chez Dictys (IV, 3), la querelle entre Achille et Diomède est mieux justifiée, car il s'agit alors de décider si la défunte a mérité qu'on lui rende les derniers devoirs.

1. Pour les besoins du mètre, λωβητός prend un sens actif et sert d'équivalent à l'homérique λωβητήρ (B 275).

2. Imitation d'un vers homérique fameux (Π 776).

Φῆ μέγα νεικείων · ὃ δέ οἱ περιχώσατο θυμῷ
Πηλείδης ἐρίθυμος. Ἄφαρ δέ ἑ χειρὶ κραταιῇ
τύψε κατὰ γναθμοῖο καὶ οὔατος · οἳ δ' ἅμα πάντες
ἐξεχύθησαν ὀδόντες ἐπὶ χθόνα, κάππεσε δ' αὐτὸς
πρηνής · ἐκ δέ οἱ αἷμα διὰ στόματος πεφόρητο
ἀθρόον · αἶψα δ' ἄναλκις ἀπὸ μελέων φύγε θυμὸς
ἀνέρος οὐτιδανοῖο. Χάρη δ' ἄρα λαὸς Ἀχαιῶν ·
τοὺς γὰρ νείκεε πάμπαν ἐπεσβολίῃσι κακῇσιν
αὐτὸς ἐὼν λωβητός · ὃ γὰρ Δαναῶν πέλεν αἰδώς.
Καί ῥά τις ὧδ' εἴπεσκεν ἀρηιθόων Ἀργείων ·
« Οὐκ ἀγαθὸν βασιλῆας ὑβριζέμεν ἀνδρὶ χέρηι
ἀμφαδὸν οὔτε κρυφηδόν, ἐπεὶ χόλος αἰνὸς ὀπηδεῖ ·
ἔστι θέμις, καὶ γλῶσσαν ἀναιδέα τίνυται Ἄτη
ἥ τ' αἰεὶ μερόπεσσιν ἐπ' ἄλγεσιν ἄλγος ἀέξει. »
Ὣς ἄρ' ἔφη Δαναῶν τις · ὃ δ' ἀσχαλόων ἐνὶ θυμῷ
Πηλείδης ἐρίθυμος ἔπος ποτὶ τοῖον ἔειπε ·
« Κεῖσό νυν ἐν κονίῃσι λελασμένος ἀφροσυνάων ·
οὐ γὰρ ἀμείνονι φωτὶ χρεὼ κακὸν ἀντιφερίζειν ·
ὃς καί που προπάροιθεν Ὀδυσσῆος ταλαὸν κῆρ
ἀργαλέως ὤρινας ἐλέγχεα μυρία βάζων.
Ἀλλ' οὐ Πηλείδης τοι ὁμοίιος ἐξεφαάνθη⟨ν⟩,
ὅς σευ θυμὸν ἔλυσα καὶ οὐκ ἐπὶ χειρὶ βαρείῃ
πληξάμενος · σὲ δὲ πότμος ἀμείλιχος ἀμφεκάλυψε,
σῇ δ' ὀλιγοδρανίῃ θυμὸν λίπες. Ἀλλ' ἀπ' Ἀχαιῶν
ἔρρε καὶ ἐν φθιμένοισιν ἐπεσβολίας ἀγόρευε. »
Ὣς ἔφατ' Αἰακίδαο θρασύφρονος ἄτρομος υἱός.
Τυδείδης δ' ἄρα μοῦνος ἐν Ἀργείοις Ἀχιλῆι
χώετο Θερσίταο δεδουπότος, οὕνεκ' ἄρ' αὐτοῦ

741 φῆ Y : ἧ H ‖ **742** δέ ἑ Rhodomann : δ' ὅγε codd. ‖ **748** κακῇσιν H : κακοῖσιν Y ‖ **751** om. H ‖ βασιλῆας N^r : -λείας PM ‖ χέρηι M : χερῆι PN^r ‖ **752** ἐπεὶ Lehrs : ὅπη codd. ‖ **758** χρεὼ Y : χρεὼν H ‖ **759** ὃς codd. : ὡς Köchly ‖ προπάροιθεν codd. (cf. VII 175 ; X 379) : τὸ πάρ- J. C. Struve ‖ **761** ἐξεφαάνθην J. C. Struve : -θη codd. ‖ **762** σεῦ habuit Ω ‖ ἐπὶ ... πληξάμενος per tmesin ? an οὔ νύ τι uel simile pro οὐκ ἐπὶ legendum ?

lui : il est le vaillant fils du noble Tydée ; l'autre, celui d'Agrios pareil aux dieux, de cet Agrios qui était frère du divin Oenée ; or Oenée avait engendré Tydée, capitaine des Danaens, et Tydée à son tour le robuste Diomède[1]. C'est pourquoi celui-ci est fâché de la mort de Thersite. Il en serait venu aux mains avec le fils de Pélée, si l'élite de la jeunesse achéenne n'était accourue en masse pour l'arrêter à force de persuasion et contenir d'autre part le Péléide. Il était temps : les meilleurs champions des Argiens allaient déjà trancher leur querelle par l'épée, dans l'emportement d'une funeste colère. Mais ils se rendent aux instances de leurs compagnons[2].

Cependant les rois Atrides ont si grande pitié de la noble Penthésilée, ils ont eux aussi tant d'admiration pour elle qu'ils accordent aux Troyens de la ramener avec ses armes dans la ville du glorieux Ilos, sitôt qu'ils ont reçu le message envoyé par Priam[3] : il désirait, disait-il, ensevelir la vierge au cœur vaillant avec ses armes et son cheval dans le grand tombeau de l'opulent Laomédon[4]. Donc Priam lui fait dresser en avant de la ville un bûcher haut et large ; sur son faîte, il dépose la vierge parmi la masse des offrandes qu'il sied de livrer au feu avec la dépouille d'une riche souveraine. Quand la puissante ardeur d'Héphaistos, quand la flamme dévastatrice l'a dévorée, la foule, massée à l'entour, se hâte d'éteindre le bûcher avec du vin parfumé. On recueille les os, on répand sur eux des flots d'huile douce, on les dépose au fond d'une châsse ; puis on les recouvre avec la graisse onctueuse d'une vache, la

1. Chez Homère, Agrios est le frère d'Oenée (Ξ 117), mais non le père de Thersite ; les disciples d'Aristarque soulignent que Thersite n'est pas un noble chez Homère ; sinon, Ulysse ne l'aurait pas frappé ou, s'il l'avait osé, Diomède aurait pris la défense de sa victime. C'est précisément ce qui arrive dans l'*Éthiopide* dont Quintus garde ici le souvenir : cf., outre Proclos, Phérécyde, fr. 123 Jacoby ; Euphorion, fr. 106 Powell (tous deux cités par schol. ABDT à B 212) ; Eustathe, à B 212 (204, 6-13) ; Tzetzès, à Lycophron, *Alex.*, 206. Dans le Cycle thébain, Diomède et Thersite ont les mêmes liens de parenté, mais ils sont ennemis : Apollod., *Bibl.*, I, 8, 6.

εὔχετ' ἀφ' αἵματος εἶναι, ἐπεὶ πέλεν ὃς μὲν ἀγαυοῦ
Τυδέος ὄϐριμος υἱός, ὃ δ' Ἀγρίου ἰσοθέοιο,
Ἀγρίου ὅς τ' Οἰνῆος ἀδελφ⟨ε⟩ὸς ἔπλετο δίου·
Οἰνεὺς δ' υἱ⟨έ⟩α γείνατ' ἀρήιον ἐν Δαναοῖσι
Τυδέα· τοῦ δ' ἐτέ⟨τυ⟩κτο πάις σθεναρὸς Διομήδης.
Τοὔνεκα Θερσίταο περὶ κταμένοιο χαλέφθη.
Καί νύ κε Πηλείωνος ἐναντίον ἤρατο χεῖρας,
εἰ μή μιν κατέρυξαν Ἀχαιῶν φέρτατοι υἷες
πολλὰ παρηγορέοντες ὁμιλαδόν· ὣς δὲ καὶ αὐτὸν
Πηλείδην ἑτέρωθεν ἐρήτυον. Ἦ γὰρ ἔμελλον
ἤδη καὶ ξιφέεσσιν ἐριδμαίνειν οἱ ἄριστοι
Ἀργείων· τοὺς γάρ ῥα κακὸς χόλος ὀτρύνεσκεν.
Ἀλλ' οἳ μὲν πεπίθοντο παραιφασίῃσιν ἑταίρων.
Οἳ δὲ μέγ' οἰκτείραντες ἀγαυὴν Πενθεσίλειαν
Ἀτρεΐδαι βασιλῆες, ἀγασσάμενοι δὲ καὶ αὐτοὶ
Τρωσὶ δόσαν ποτὶ ἄστυ φέρειν ἐρικυδέος Ἴλου
σὺν σφοῖσι⟨ν⟩ τεύχεσσιν, ἐπεὶ Πριάμοιο νόησαν
ἀγγελίην προϊέντος· ὃ γὰρ φρεσὶν ᾗσι μενοίνα
κούρην ὀϐριμόθυμον ὁμῶς τεύχεσσι καὶ ἵππῳ
ἐς μέγα σῆμα βαλέσθαι ἀφνειοῦ Λαομέδοντος.
Καί οἱ πυρκαϊὴν νηήσατο πρόσθε πόληος
ὑψηλήν, εὐρεῖαν· ὕπερθε δὲ θήκατο κούρην
πολλοῖς σὺν κτεάτεσσιν ὅσα κταμένῃ ἐπεῴκει
ἐν πυρὶ συγκείασθαι ἐυκτεάνῳ βασιλείῃ.
Καὶ τὴν μὲν κατέδαψε μένος μέγα Ἡφαίστοιο,
φλὸξ ὀλοή· λαοὶ δὲ περισταδὸν ἄλλοθεν ἄλλοι
πυρκαϊὴν σϐέσσαντο θοῶς εὐώδεϊ οἴνῳ.
Ὀστέα δ' ἀλλέξαντες ἄδην ἐπέχευαν ἄλειφα

771 ἀδελφεὸς L^pc R^pc Lasc.[1-2] : -φὸς Ω ‖ **772** υἱέα Lasc.[2] : υἷα codd. ‖ **773** ἐτέτυκτο Rhodomann : ἐτέκτο Y ἐτέκετο H ‖ **779** ἐριδμαίνειν Y : ἐριδαί- H ‖ **780** ὀτρύνεσκε(ν) Y : ὤτρ- H ‖ **783** δὲ PH : om. M τε coni. Zimmermann ‖ **785** σφοῖσιν Lasc.[2] : σφίσι codd. ‖ **786** προϊέντος plerique : -ϊόντος YV ‖ ᾗσι H : οἷσι Y ‖ **792** συγκείασθαι J.C. Struve (-κήα- Zimmermann) : συγχεύασθαι codd. ‖ **796** ἄλειφα Ω : -φαρ RLasc.[1-2].

plus belle bête des troupeaux qui paissent sur les monts de l'Ida[1]. Les Troyens entonnent en chœur la plainte funèbre comme si elle eût été leur propre fille ; désolés, ils l'ensevelissent tout contre le solide rempart, sur une tour en ressaut, près des reliques de Laomédon[2] : tel est l'hommage qu'ils rendent à Arès et à la personne de Penthésilée. A ses côtés, ils placent les tombeaux des autres Amazones, ses compagnes de guerre qu'ont tuées les Argiens. Car les Atrides ne leur ont pas refusé la sépulture où l'on viendra les pleurer[3] : aux belliqueux Troyens, ils ont octroyé la faveur de retirer leurs corps du milieu des traits ainsi que tous ceux des leurs qui ont péri. La haine ne s'attache pas aux morts ; l'ennemi qui n'est plus n'a droit qu'à la pitié, dès l'instant qu'il a rendu l'âme[4].

Les Argiens de leur côté livrent au feu bien des têtes chéries de héros qui ont succombé dans la même rencontre, terrassés par le bras des Troyens, sur le front de la bataille. Ils ont très grande douleur de leur mort ; mais, plus que tout autre, ils pleurent Podarcès le preux. Au combat, il ne le cédait pas à son frère, le valeureux Protésilas. Il y a longtemps déjà que Sire Protésilas est tombé sous les coups d'Hector[5], et maintenant c'est lui qu'a frappé la lance de Penthésilée, en plongeant les Argiens dans un deuil amer. Aussi ne le mêlent-ils pas à la foule des morts qu'ils ensevelissent : pour lui seul, ils élèvent sur son corps, à grand travail, un tertre visible de loin, en monument de sa bravoure. Puis, dès qu'ils ont enterré dans un coin le pitoyable

1. Les funérailles de Penthésilée doivent beaucoup à Homère : cf. Ω 787-797, et, en outre, Ψ 164, 169-176, 243, 253. Pour les v. 798 s., cf. B 480 s.

2. Le tombeau de Laomédon se trouvait au-dessus des Portes Scées et la légende voulait que Troie ne pût être détruite tant qu'il demeurerait inviolé : Servius, à Virgile, *Én.*, II, 241.

3. Cf. H 408-410.

4. Sentences analogues en H 409 s. ; χ 412 ; et chez Archiloque, fr. 83 Lasserre.

5. Selon Homère (B 698-709), Protésilas était tué par un Dardanien anonyme ; mais une variante agréée par Démétrios de Scepsis remplaçait en B 701 Δάρδανος ἀνήρ par φαίδιμος

ἡδὺ καὶ ἐς κοίλην χηλὸν θέσαν · ἀμφὶ δ' ἄρ' αὐτοῖς
πίονα δημὸν ὕπερθε βάλον βοὸς ἥ τ' ἀγέλῃσιν
Ἰδαίοις ἐν ὄρεσσι μετέπρεπε φερβομένῃσι.
Τρῶες δ' ὥς τε θύγατρα φίλην περικωκύσαντες
ἀχνύμενοι τάρχυσαν ἐύδμητον περὶ τεῖχος
πύργῳ ἐπὶ προὔχοντι παρ' ὀστέα Λαομέδοντος,
ἦρα φέροντες Ἄρηι καὶ αὐτῇ Πενθεσιλείῃ.
Καί οἱ παρκατέθαψαν Ἀμαζόνας ὅσσαι ἅμ' αὐτῇ
ἑσπόμεναι ποτὶ δῆριν ὑπ' Ἀργείοισι δάμησαν ·
οὐ γάρ σφι⟨ν⟩ τύμβοιο πολυκλαύτοιο μέγηραν
Ἀτρεΐδαι, Τρώεσσι δ' ἐυπτολέμοισιν ὄπασσαν
ἐκ βελέων ἐρύσασθαι ὁμῶς κταμένοισι καὶ ἄλλοις.
Οὐ γὰρ ἐπὶ φθιμένοισι πέλει κότος, ἀλλ' ἐλεεινοὶ
δήιοι οὐκέτ' ἐόντες, ἐπὴν ἀπὸ θυμὸς ὄληται.
Ἀργεῖοι δ' ἀπάνευθε δόσαν πυρὶ πολλὰ κάρηνα
ἡρώων οἵ δή σφιν ὁμοῦ κτάθεν ἠδ' ἐδάμησαν
Τρώων ἐν παλάμῃσιν ἀνὰ στόμα δηιοτῆτος,
πολλὰ μάλ' ἀχνύμενοι κταμένων ὕπερ · ἔξοχα δ' ἄλλων
ἀμφ' ἀγαθοῦ μύροντο Ποδάρκεος. Οὐ γὰρ ἐπ' ἐσθλοῦ
δεύετ' ἀδελφειοῖο μάχῃ ἔνι Πρωτεσιλάου ·
ἀλλ' ὃ μὲν ἤδη πρόσθεν ὑφ' Ἕκτορι κεῖτο δαϊχθεὶς
ἠὺς Πρωτεσίλαος, ὃ δ' ἔγχεϊ Πενθεσιλείης
βλήμενος Ἀργείοισι λυγρὸν περικάββαλε πένθος.
Τοὔνεκά οἱ πληθὺν μὲν ἀπόπροθι ταρχύσαντο
τεθναότων · κείνῳ δὲ πέριξ ἐβάλοντο καμόντες
οἴῳ σῆμ' ἀρίδηλον, ἐπεὶ θρασὺς ἔπλετο θυμῷ.
Νόσφι δὲ Θερσίταο λυγρὸν δέμας οὐτιδανοῖο

797 θέσαν PUQR : θέσσαν H (et U[sl]) θέαν M[pc] θέας M[ac] || **798** ὕπερθε βάλον Köchly : ὕπερθ' ἔβ- codd. || **801** περὶ codd. : παρὰ Pauw (sed παρ' u. sq.) || **802** ἐπὶ H : ἐπι- Y || **803** πενθεσιλείῃ Y : -εία H || **805** ποτὶ Köchly : παρὰ L περὶ Ω || **806** γὰρ Y : δ' ἄρ' H || σφιν Rhodomann : σφι Y ἀμφὶ H || **810** ὄληται Lasc.[2] : ὄλυται codd. || **812** οἱ Y : ἤ H || **814** ὕπερ P : ὑπερ M ὑπερ- H || **815** μύροντο YH[c] : κύροντο D κείροντο N[sl]EAld. || ἐπ' Köchly : ἐτ' M ἔτ' PH || **816** ἐνὶ habuit Ω || **820** πληθὺν H : -ὺς Y || **821** κείνῳ codd. : -νου Lasc.[2].

cadavre de Thersite le vaurien, ils s'en retournent vers les nefs aux bonnes proues, en célébrant de tout leur cœur Achille l'Éacide. Là, quand la lumineuse Éos[1] a plongé dans l'Océan et que la Nuit sainte s'est épandue sur la terre, la Force du Péléide festoie dans les baraques de l'opulent Agamemnon, et tous les chefs avec lui font joyeuse chère jusqu'au retour de l'Aurore divine[2].

Ἕκτωρ. Cette dernière tradition appartient aux *Cypria* : cf. Proclos ; Apollod., *Épit.*, III, 30 ; A. Severyns, *Cycle épique*, 301 ss. Sur le tombeau de Protésilas, cf. QS, VII, 408.

1. Éos désigne chez Quintus la déesse du jour (cf. p. 52, n. 2) ; il n'est donc pas possible de traduire par « Aurore », sauf dans les locutions conventionnelles (ci-dessous, v. 830). Nous ne traduisons pas davantage le synonyme Érigénie, littéralement la « Dame du Matin ».

2. Comparer avec H 313-322 ; Ovide, *Métam.*, XII, 150-163.

θάψαντες, ποτὶ νῆας ἐυπρώρους ἀφίκοντο
Αἰακίδην Ἀχιλῆα μέγα φρεσὶ κυδαίνοντες.
Ἦμος δ' αἰγλήεσσα κατ' Ὠκεανοῖο βεβήκει
Ἠώς, ἀμφὶ δὲ γαῖαν ἐκίδνατο θεσπεσίη Νύξ,
δὴ τότ' ἄρ' ἐν κλισίῃς Ἀγαμέμνονος ἀφνειοῖο
δαίνυτο Πηλείδαο βίη· σὺν δ' ἄλλοι ἄριστοι
τέρποντ' ἐν θαλίῃς μέχρις Ἠῶ δῖαν ἱκέσθαι.

826 βεβήκει H : -βλή- Y || **827** ἐκίδνατο Y : σκίδν- H || **830** θαλίῃς Y : -ίῃσι H.

LIVRE II

MEMNON

NOTICE

Le livre II conte encore un exploit d'Achille, sa dernière victoire qui a lieu la veille même de sa mort. Presque aussi resserré dans le temps que le livre I, il n'exige guère plus de vingt-quatre heures, si l'on fait abstraction du prologue : Memnon est tué le lendemain de son arrivée et la narration s'achève à l'aube du jour suivant.

La composition : a) Analogies avec le livre I ;

Le poète a construit son récit d'après le plan qu'il avait adopté pour l'Amazonie, afin de marquer clairement l'unité des deux épisodes :

Prologue (v. 1-99) : délibération des Troyens et annonce de l'arrivée de Memnon ;

I. — L'arrivée et la réception de Memnon ; le conseil des dieux dans l'Olympe (v. 100-182) ;

II. — La première partie de la bataille : victoires de Memnon (v. 183-387) :

a) Préliminaires (v. 183-227) ;
b) Aristies d'Achille (v. 228-234) ;
c) Aristie de Memnon : la mort d'Antiloque (v. 235-344) ;
d) Vue d'ensemble de la bataille : la fuite des Argiens vers l'Hellespont (v. 345-387) ;

III. — Le combat singulier de Memnon contre Achille et sa mort (v. 388-548) :

a) Intervention d'Achille (v. 388-410) ;
b) Les discours des deux champions (v. 411-451) ;

c) La première phase du combat (v. 452-489) ;

d) La seconde phase : Zeus révèle le destin des deux combattants (v. 490-537) ;

e) La mort de Memnon (v. 538-548) ;

Épilogue (v. 549-666). — Les funérailles de Memnon :

a) Le rapt de Memnon et la disparition des Éthiopiens (v. 549-592) ;

b) Les plaintes et les menaces d'Éos (v. 593-633) ;

c) La métamorphose des Éthiopiens et le retour d'Éos au ciel (v. 634-666).

Le rappel de certains thèmes souligne les analogies, notamment l'arrivée du héros à Troie, l'effacement d'Achille pendant la première partie de la bataille, la fuite des Grecs et les discours échangés entre les deux adversaires.

b) Contrastes. Si les deux panneaux du diptyque sont symétriques, ils s'opposent aussi grâce à un savant jeu de contrastes. Alors que l'insolence et la témérité caractérisent la conduite de Penthésilée, Memnon se refuse modestement à faire des promesses pendant le festin[1] ; il s'avance au milieu de son armée avec une force sûre d'elle-même, sans vaine ostentation ; il fait preuve de générosité vis-à-vis du vieux Nestor. Ce n'est que pendant le combat singulier qu'il manifeste son orgueil dans ses actes comme dans ses paroles (v. 411, 412-429, 454) ; mais un tel comportement face au champion adverse est de règle dans l'épopée et n'appelle pas le blâme. Aussi Priam éprouve-t-il pour le héros une confiance sans réserve, alors que ses sentiments étaient plus partagés lors de la venue de l'Amazone. L'attitude des dieux est également bien différente. Penthésilée se laisse abuser par un songe, elle est le jouet du Destin[2] et, quoiqu'elle soit fille d'Arès, les dieux se désintéressent

1. Cependant les promesses mentionnées au v. 36 rappellent celles de Penthésilée (I, 93-95).

2. On trouve néanmoins un écho de ce thème au livre II, dans les v. 361 s. : cf. I, 124-137, 171 ss., 389-395.

de son sort : son père lui-même ne tentera guère de la venger. Au contraire, au livre II, Thétis et Éos sont intimement liées au drame ; Zeus, qui aime Memnon autant qu'Achille (v. 458 ss. ; cf. 492 ss., 525), sent que la paix dans l'Olympe est menacée par le combat qui se prépare : il réunit un conseil la veille de la bataille, il révèle les destins des deux adversaires pendant le duel pour arrêter la guerre civile, mais n'en prolonge pas moins la rencontre par égard pour la victime désignée par le sort. S'il doit faire violence à la douleur d'Éos pour sauvegarder l'ordre de l'Univers, il octroie au défunt des privilèges exceptionnels.

La bataille prend des proportions qu'elle n'avait pas au livre I, malgré le goût de Quintus pour l'hyperbole. L'armée des Troyens et des Éthiopiens ressemble à une nuée de sauterelles[1] ; le choc des deux phalanges évoque les cataclysmes naturels[2] et des images analogues sont reprises pour évoquer la fuite des Grecs, bien plus grandioses que celles dont le poète usait au livre I[3] ; Memnon et Achille se livrent un combat de dieux ou de Géants (v. 459 s., 518 s.), au milieu d'un nuage de poussière (v. 469 ss.) et leur duel formidable ébranle tous les éléments (v. 495 ss.). Enfin, tandis que la supériorité d'Achille sur Penthésilée était éclatante, Memnon est l'égal de son adversaire : ils ont tous deux une déesse pour mère ; ils tiennent leurs armes d'Héphaistos et sont l'un et l'autre chers au cœur de Zeus ; le narrateur a le souci constant de rappeler cet équilibre de forces, au début de la bataille (v. 204-214, 228 ss., 238 ss.) comme pendant le combat singulier[4].

1. QS, II, 102, 193-201 ; comparer avec I, 173-176.

2. QS, II, 217-227 ; comparer avec I, 222-226.

3. QS, II, 345 ss., 371 ss., 379 ss. (cette dernière comparaison sert au livre I à évoquer Arès : v. 696 ss.) ; comparer avec I, 315 ss., 320 ss., 396 ss., 479 ss., 488 ss.

4. On relève d'autres contrastes entre les deux livres : le livre I fait intervenir dans la bataille de nombreux héros et contingents homériques, alors que le livre II ne mentionne, outre les deux protagonistes, que les Éthiopiens et le contingent pylien dont le livre I ne parlait pas.

Les sources : Proclos résume le récit de l'*Éthiopide* de la façon suivante : « Memnon, fils d'Éos, portant une panoplie forgée par Héphaistos, arrive au secours des Troyens ; Thétis prédit à son fils l'issue du combat contre Memnon[1] ; au cours de la bataille qui s'engage, Antiloque est massacré par Memnon, puis Achille tue Memnon. Éos, étant venue supplier Zeus, confère l'immortalité à son fils. » La lutte continue ensuite jusqu'au moment où Achille meurt à son tour devant les Portes Scées[2]. Malgré la sécheresse du sommaire, il apparaît qu'Arctinos présentait les faits autrement que Quintus. Ce dernier répartit entre deux journées la mort de Memnon et celle d'Achille ; il ignore la prophétie de Thétis et, s'il sait que les armes de Memnon sont l'œuvre d'Héphaistos, il n'accorde pas à ce détail la place qu'il devait occuper chez Arctinos, à en juger par les souvenirs qu'il a laissés dans la littérature postérieure[3].

a) La mort d'Antiloque ; Les trois actes principaux du drame, communs aux deux œuvres, sont traités dans un esprit différent. Le premier est la mort d'Antiloque : d'après Pindare (*Pyth.*, VI, 28-42), qui suit sans aucun doute l'*Éthiopide*, le char de Nestor se trouve immobilisé par l'un de ses chevaux que Pâris a blessé d'une flèche ; le vieillard allait être massacré par Memnon, quand Antiloque, appelé au secours, se dévoue pour couvrir la retraite de son père[4]. Quintus,

1. C'est-à-dire la mort d'Achille lui-même qui survenait dans l'*Éthiopide* pendant la même journée.

2. Apollodore (*Épit.*, V, 3) fournit peu de renseignements complémentaires : il précise que Memnon est fils de Tithon et d'Éos et qu'il conduit une immense armée ; il note aussi qu'il fait beaucoup de victimes parmi les Grecs outre Antiloque.

3. Cf. Proclos, *Éthiopide;* Hésiode, *Théog.*, 984 ; Virgile, *Én.*, I, 489, 751 ; VIII, 383 s. ; QS, IV, 457 ss.

4. Θ 80 ss. comporte les mêmes péripéties ; mais il est difficile de décider si Arctinos imitait ce passage ou si c'est au contraire Homère qui s'inspire d'une *Memnonie* antérieure. Homère fait allusion à la mort d'Antiloque en γ 111 s. ; δ 187 s.

qui ne devait disposer que de maigres récits mythographiques, imagine la rencontre sous une forme beaucoup plus conventionnelle ; puis il fait suivre la mort d'Antiloque de scènes mélodramatiques et moralisantes dépourvues de réalisme : on sourit de voir Memnon délacer tranquillement la cuirasse du défunt, pendant que ses ennemis hésitent à l'aborder (v. 295-300) ; les imprécations de Nestor (v. 320 ss.) n'émeuvent guère non plus, puisqu'il se retire ensuite avec tous les siens, sans la moindre résistance, oubliant la malédiction qu'il a proférée naguère contre Thrasymède (v. 272-274). Aussitôt après, commence la déroute des Grecs et l'on est surpris qu'au milieu de la panique générale, Nestor soit demeuré assez près de Memnon pour lui tuer l'un de ses lieutenants (v. 368)[1] : le poète a maladroitement combiné le thème de la fuite, inspiré du livre I, et celui du combat autour du cadavre d'Antiloque qui devait figurer dans le récit cyclique[2].

b) La mort de Memnon et le rôle des dieux ; Lorsque Achille et Memnon sont aux prises, le moment le plus dramatique du duel est la pesée des âmes, la *psychostasie*. Ce motif, déjà connu de l'*Iliade* (Θ 68-77 ; X 208-213), a donné son titre à la tragédie d'Eschyle qui contait la mort de Memnon, et il semble que l'*Éthiopide* l'utilisait déjà[3]. Alors que Thétis et Éos imploraient Zeus en faveur de leurs fils, celui-ci

1. Au v. 369, Νηλείδης est une correction pour Πηλείδης qui est impossible. D'autres corrections seraient concevables (Τυδείδης) ; mais, outre que le livre II ne connaît que le contingent pylien (cf. *supra* p. 49, n. 4), Quintus a préparé cette intervention en précisant au v. 338 que Nestor ne recule que de quelques pas.

2. D'après les monuments figurés du VIe s. : R. Niehrhaus, *Jahrb. d. d. arch. Inst.*, LIII, 1938, 104, 111 ss., fig. 8 ; P. Ducati, *Jahresh. d. Oest. arch. Inst.*, XII, 1909, 79, fig. 41 et 48 ; A. Rumpf, *Chalkid. Vas.*, fig. 12 ; pl. 1 et 173. A ce thème, il faut rattacher le détail, d'origine cyclique (cf. Pind., *Ném.*, VI, 51), qu'Achille avait laissé son char en arrière des lignes (v. 406) ; cette conduite n'a pas de raison d'être dans la bataille de mouvement qu'imagine Quintus.

3. A. Severyns, *Cycle épique*, 318 ss.

évitait de se prononcer lui-même et ordonnait à Hermès de peser sur la balance du Destin soit les sorts (κῆρε), soit, comme chez Eschyle, les âmes des deux champions. Les *Posthomériques* renferment deux souvenirs de cette scène : pendant le combat, Zeus fait apparaître aux yeux des seuls Olympiens les deux κῆρες des antagonistes[1] ; puis, plus tard, Éris suscite la décision en levant « la balance de la bataille », expression allégorique banale qui intervient au moment même où se situait autrefois la psychostasie (v. 540). Ici encore, Quintus altère le récit ancien.

Il a réussi du moins à charger le sien d'une signification qui ne manque pas de beauté. Son Zeus n'est plus le diplomate qui ne veut déplaire ni à Éos ni à Thétis ; il est le maître universel « dont procèdent toutes choses » (v. 663), le garant de l'Ordre tel que l'imaginent les Stoïciens : son rôle est de prévenir toute dissension entre les dieux et toute infraction aux décrets de la Providence (v. 164-182, 507-513), puis d'exiger qu'Éos, malgré sa douleur et sa révolte, reprenne les fonctions que le Destin lui a assignées. Le symbolisme d'Éos est également approfondi. Fille de la Nuit (ii, 625 s.), comme l'Héméré hésiodique à laquelle elle est désormais identifiée[2], elle n'est plus seulement une mère, elle possède une haute charge dans le monde, qui fait sa grandeur et sa servitude : malgré la mort de son fils, elle continue à l'accomplir jusqu'au soir, sans pouvoir marquer autrement son deuil qu'en se voilant dans les nuages[3] ; elle ne peut plus enlever elle-même la dépouille

1. V. 509 ss. Κήρ désigne d'abord la mort, la destinée dans ses rapports avec la mort, ce qui explique que, chez Homère, la Kère la plus lourde soit celle du guerrier promis à la mort. Eschyle substitue les âmes aux Kères ; quant à Quintus, il garde le terme ancien, mais l'entend comme synonyme de « destin », heureux ou malheureux, ce qui l'autorise à parler d'une Kère de vie, éblouissante de lumière.

2. Cf. p. 44, n. 1. Cette filiation d'Éos, admise par Tzetzès (*Homerica*, 285), peut difficilement remonter à l'*Éthiopide*, comme le pense, après O. Gruppe, W. Kullmann, *Die Quellen der Ilias* (*Hermes*, Einzelschr. xiv, 1960), 36, n. 1.

3. Tel est le sens de ἀχλύς (v. 550, 582 ; cf. 554) : cf. Ovide,

de son fils, comme elle le faisait jadis[1], mais doit en charger les Vents, frères de Memnon ; dès le lendemain, il lui faudra surmonter sa douleur et reprendre la route du ciel. Les Pléiades, les Héliades du zodiaque, la Nuit, le Ciel compatissent à son tourment et la consolent. Bien que le style assez conventionnel ne parvienne pas toujours à s'élever à la hauteur du sujet, Quintus a réussi par instants à transfigurer le duel épique en un drame cosmique et il a su le faire avec beaucoup plus de discrétion qu'un Nonnos ; il serait injuste de le méconnaître.

Les funérailles et la métamorphose des Éthiopiens.

L'épilogue comporte un doublet évident : dans un premier temps, un dieu anonyme accorde aux Éthiopiens le don de se déplacer dans les airs, sans qu'il soit précisé de quelle façon s'opère le miracle (v. 570-574) ; puis, à la fin de la nuit funèbre, Éos les métamorphose entièrement en oiseaux memnons (v. 645-647). Des similitudes dans l'expression soulignent encore la maladresse de la contamination. Les sources de la première partie de la narration sont difficiles à déterminer, en raison de la multiplicité des variantes qu'on peut légitimement supposer. La légende a été traitée, après Arctinos, par Simonide dans un dithyrambe intitulé *Memnon*, par Eschyle dans la *Psychostasie* et par Sophocle dans les *Éthiopiens*. D'après les monuments figurés des VIe et Ve siècles, Memnon était enlevé soit par Éos (c'est peut-être la version de l'*Éthiopide*), soit par deux génies ailés, sans doute Hypnos et Thanatos, comme dans la légende

Métam., XIII, 579-582 ; Philostrate, *Imag.*, I, 7, 2 ; Tryphiodore, 30 ss. Les nuages obscurcissent soudain le ciel (v. 569) ; mais rien ne suggère une éclipse de soleil, qui constituerait à proprement parler un prodige, un événement contraire à l'ordre naturel.

1. Peut-être dès l'*Éthiopide*, en tout cas chez Eschyle : cf. Pollux, IV, 130 (Nauck, *Trag. gr. fragm.*[2], p. 89). La scène est figurée dans l'art dès le début du Ve s. : *Ann. dell' Inst.*, 1883, pl. Q ; Graef-Langlotz, *Akrop.-vas.*, II, 16, n° 206, pl. 9.

homérique de Sarpédon, plutôt que les Vents[1]. L'enlèvement par les Vents doit être plus récent : en tout cas, Callimaque y fait une rapide allusion dans la *Chevelure de Bérénice* (fr. 110 Pfeiffer, v. 52) ; Quintus a préféré cette version, parce qu'elle s'accorde bien avec les éléments naturalistes de son récit. La scène d'Éos pleurant son fils dans le bosquet de l'Aesépos est illustrée dès le VIe siècle sur un vase du Vatican[2].

La métamorphose des Éthiopiens qui occupe la seconde partie a une origine indépendante. Le thème en était connu de longue date, même si l'*Éthiopide* l'ignorait, comme on peut le supposer d'après le silence de Proclos : dans la *Nékyia* de Polygnote, Memnon portait une chlamyde parsemée d'oiseaux brodés[3], et le vase du Vatican déjà mentionné figure un oiseau noir perché sur un arbre derrière Éos. Les poètes hellénistiques et romains ont aimé cette fable dont on possède plusieurs variantes. Quintus a adopté celle qu'il lisait dans les *Ixeutiques* d'un certain Dionysios, œuvre didactique de l'époque impériale dont nous avons conservé une paraphrase en prose[4]. Il s'est contenté de modifier l'ordre des faits : chez Dionysios, c'est après le combat que les oiseaux se baignent dans l'Aesépos, puis, après s'être roulés dans le sable, vont se faire sécher sur le tombeau de Memnon afin de le couvrir de poussière. Dans ce développement homogène, l'auteur glisse une remarque incidente, sans doute de

1. Enlèvement de Memnon par Éos : cf. note précédente. Enlèvement par deux génies ailés : coupe de Pamphaios du British Museum : E. Pfuhl-J. Beazley, *Masterpieces*, pl. 22.

2. Amphore à fig. noires du Vatican 350 : Albizzati, *Vasi ant. Vat.*, pl. 44 ; J. D. Beazley, *Development Att. Bl.-fig.*, 74, pl. 33. Pour la localisation de la scène, cf. ci-dessous p. 78, n. 1.

3. Pausanias, x, 31, 6.

4. Texte dans l'édition Didot d'Oppien, p. 109, réédité par A. Garzya, *Byzantion*, 1955/57, 195. Cf. nos *Recherches sur les Posthomerica*, p. 28-29. Les réserves de R. Keydell (*Gnomon*, XXXIII, 1961, 283) ne nous semblent pas fondées ; tout au plus peut-on penser que les v. 643-645, dont le style est en effet typique du genre des métamorphoses, ont une autre origine : l'imitation de Dionysios commence en 646 et la suture est encore sensible à la lecture.

son propre chef : il ne sait, dit-il, si Memnon vit aux Enfers (c'est la tradition commune)[1], ou s'il a obtenu le privilège d'habiter les champs Élysées (v. 650-651) : on discerne là un lointain écho de l'*Éthiopide* d'après laquelle Éos obtenait de Zeus l'immortalité pour son fils[2].

Jugement d'ensemble.

Si le poète a conservé les trois actes principaux de la narration cyclique, il a été contraint pour la mise en œuvre soit de puiser à d'autres sources, soit de tirer de son propre fonds. Ces divers éléments ne se sont pas fondus sans quelque maladresse ni sans laisser de visibles disparates. Cependant le récit se lit dans l'ensemble avec intérêt. Les angoisses et la douleur d'une mère sont déjà naturellement émouvantes ; mais Quintus a accru le pathétique de la situation en prêtant à Memnon de hautes qualités morales et il a inséré la tragédie humaine dans un drame cosmique où sont impliqués les dieux qui président à la vie universelle. Il a par surcroît redécouvert le charme étrange de ce conte dont le héros, venu d'un au-delà mystérieux (v. 115-119, 418-419), ne fait qu'une brève apparition dans le monde des hommes, avant de s'évanouir à nouveau au milieu de son exotique cortège d'Éthiopiens. D'autres avaient tenté avec moins de bonheur de faire du fils de l'Aurore un symbole du grand empire perse. Plutôt que de recourir à ces exégèses historiques, il a préféré garder le cadre irréel dans lequel se mouvait sans doute la légende primitive et l'utiliser pour donner à cette légende une résonance philosophique qu'elle n'avait peut-être jamais eue avant lui.

1. Memnon figure dans les Enfers de Polygnote : Pausanias, x, 31, 5 ; chez Ovide (*Métam.*, xiii, 598), Éos ne sollicite que « quelque marque d'honneur qui la console de sa mort ».

2. Mais Quintus ne fait aucune allusion à la démarche d'Éos.

LIVRE II

Et voici que, par-delà les cimes des montagnes bruissantes[1], surgit la claire lumière du soleil invincible : tandis que les vaillants fils des Achéens continuent dans leurs baraques à rire et à chanter bien haut les louanges de l'indomptable Achille, les Troyens se désespèrent dans la ville et leurs postes font le guet sur les remparts ; ils tremblent tous que le valeureux guerrier ne vienne à franchir la haute muraille pour les massacrer et anéantir leur cité par le feu. Au milieu de ces lamentations, le vieux Thymoetès élève la voix[2] : « Amis, je ne sais plus quel recours imaginer contre les malheurs de cette guerre, depuis qu'Hector, expert au corps à corps, a péri au combat. Lui qui jadis était la grande force des Troyens, il n'a pas évité pour autant les Trépas : Achille l'a dompté de son bras, et je crois bien qu'il vaincrait même un dieu, s'il le trouvait en face de lui dans la bataille[3] ! Quelle n'était pas celle qu'il vient de terrasser en pleine mêlée ! Elle faisait fuir tous les Argiens, la guerrière Penthésilée, tant elle était formidable ; et j'ai cru pour ma part en l'apercevant qu'une Immortelle était venue du ciel nous apporter la joie ! Mais ce n'était là, je le vois, qu'une illusion. Allons ! il faut délibérer : quel parti prendre ? continuer la lutte contre l'ennemi que nous abhorrons ?

1. Cf. *Hymne hom. à la Mère des Dieux*, 5 ; Aratos, *Phén.*, 118.

2. Thymoetès (cf. Γ 146), frère ou beau-frère de Priam, était hostile au roi d'après la légende, parce que celui-ci avait fait périr son fils au moment de la naissance de Pâris : Euphorion, fr. 55 Powell. Il est, selon Virgile (*Én.*, II, 32), le premier à inciter les Troyens à conduire le Cheval dans leurs murs. On n'est donc pas surpris de le voir tenir ici les propos les plus défaitistes.

ΛΟΓΟΣ Β'

Αὐτὰρ ἐπεὶ κορυφὰς ὀρέων ὕπερ ἠχηέντων
λαμπρὸν ὕπερ φάος ἦλθεν ἀτειρέος ἠελίοιο,
οἳ μὲν ἄρ' ἐν κλισίῃσιν Ἀχαιῶν ὄϐριμοι υἷες
γήθεον ἀκαμάτῳ μέγ' ἐπευχόμενοι Ἀχιλῆι·
Τρῶες δ' αὖ μύροντο κατὰ πτόλιν, ἀμφὶ δὲ πύργους
ἑζόμενοι σκοπίαζον, ἐπεὶ φόϐος ἔλλαϐε πάντας,
μὴ δή που μέγα τεῖχος ὑπερθόρῃ ὄϐριμος ἀνὴρ
αὐτούς τε κτείνῃ κατά τε πρήσῃ πυρὶ πάντα.
Τοῖσι δ' ἄρ' ἀχνυμένοισι γέρων μετέειπε Θυμοίτης·
« Ὦ φίλοι, οὐκέτ' ἔγωγε περὶ φρεσὶν οἶδα νοῆσαι
ὅππως ἔσσεται ἄλκαρ ἀνιηροῦ πολέμοιο
Ἕκτορος ἀγχεμάχοιο δεδουπότος, ὃς μέγα Τρώων
κάρτος ἔην τὸ πάροιθε· καὶ οὐδ' ὅ γε Κῆρας ἄλυξεν,
ἀλλ' ἐδάμη παλάμῃσιν Ἀχιλλέος, ᾧ περ ὀίω
καὶ θεὸν ἀντιάσαντα μάχῃ ἔν⟨ι⟩ δῃωθῆναι·
οἵην τήνδ' ἐδάμασσεν ἀνὰ κλόνον, ἥν περ οἱ ἄλλοι
Ἀργεῖοι φοϐέοντο, δαΐφρονα Πενθεσίλειαν·
καὶ γὰρ ἔην ἔκπαγλος· ἔγωγέ μιν ὡς ἐνόησα,
ὠισάμην μακάρων τιν' ἀπ' οὐρανοῦ ἐνθάδ' ἱκέσθαι
ἡμῖν χάρμα φέρουσαν· ὃ δ' οὐκ ἄρ' ἐτήτυμον ἦεν.
Ἀλλ' ἄγε φραζώμεσθα τί λώιον ἄμμι γένηται,

Test. : 300-338 Tzetzae *Posthom.* 280-283.

1 ὑπὲρ J. C. Struve : ὑπερ- codd. ‖ **6** σκοπίαζον Rhodomann (post σκοπιάαζον Lasc.[2]) : -ίασκον YUQ -ιάασκον DC ‖ **14** ἀχιλλέος RELasc.[2]Ald. : -ιλέος Y -ιλέως H ‖ **15** ἔνι Rhodomann : ἂν codd. ‖ **16** ἐδάμασσεν R : -ασεν Y -ασαν QC^{ac} ἐδάμησαν DUC^{pc} ‖ **18** μιν codd. : μὲν Zimmermann (cf. xiv 433) ‖ **21** φραζώμεσθα plerique : -ώμεθα U^{ac} -όμεθα Y.

ou plutôt quitter dès maintenant la ville à l'heure qu'elle expire ? Aussi bien nos forces ne pourront-elles plus balancer celles des Argiens, si l'inexorable Achille combat dans leurs rangs[1]. »

A ces mots, le fils de Laomédon réplique :

« Ami et vous tous, Troyens et puissants alliés, n'allons pas dans la panique abandonner notre patrie, ni non plus continuer à nous battre loin de la ville : attendons l'ennemi du haut des tours et des remparts[2], jusqu'à ce que vienne Memnon, cœur de vaillance, avec les bataillons sans nombre de ses peuples noirs qui habitent l'Éthiopie. Il doit maintenant, je présume, approcher de notre pays, car voilà déjà bien longtemps que je lui ai dépêché une ambassade, tant l'angoisse me tourmentait[3]. Lui, de grand cœur, m'a promis de tout mener à bien, sitôt qu'il serait à Troie. Je pense qu'il ne tardera plus. Allons ! encore un peu de patience ! Mieux vaut d'ailleurs cent fois mourir en braves plutôt que de fuir à l'étranger pour vivre dans le déshonneur[4] ! »

Ainsi parle le vieillard ; mais le prudent Polydamas[5], qui n'a plus le cœur à la bataille, lui répond avec sagesse :

« Si vraiment Memnon t'a donné pleine et entière assurance d'écarter de nous la cruelle mort, je ne refuse pas d'attendre dans la cité ce guerrier divin. Je crains néanmoins que, dès son arrivée, ce brave ne succombe avec ses compagnons, en causant aussi la perte de bien des nôtres[6] : car la force des Achéens se fait de jour en jour plus redoutable. Allons ! renonçons à fuir loin de notre ville et à nous couvrir de déshonneur, triste lot des lâches, en émigrant sur une terre étrangère ; mais

1. Les Troyens ont pu croire qu'Achille n'était retourné au combat que pour venger Patrocle ; mais, depuis qu'il a défait Penthésilée, ils comprennent qu'il a définitivement repris sa place dans l'armée grecque.

2. Priam reprend à son compte l'avis que donnait Polydamas dans l'*Iliade* : cf. Σ 254 ss., et surtout 278.

3. C'est parce que Memnon est son neveu (cf. v. 115 s. et les notes) que Priam lui a demandé du secours. D'après la version historicisée, il lançait un appel à son suzerain, le roi d'Assyrie

ἢ ἔτι που στυγεροῖσι μαχώμεθα δυσμενέεσσιν,
ἢ ἤδη φεύγωμεν ἀπ' ἄστεος ὀλλυμένοιο·
οὐ γὰρ ἔτ' Ἀργείοισι δυνησόμεθ' ἀντιφερίζειν
μαρναμένου κατὰ δῆριν ἀμειλίκτου Ἀχιλῆος. »
Ὣς ἄρ' ἔφη· τὸν δ' υἱὸς ἀμείβετο Λαομέδοντος·
« Ὦ φίλος ἠδ' ἄλλοι Τρῶες σθεναροί τ' ἐπίκουροι,
μή νύ τι δειμαίνοντες ἑῆς χαζώμεθα πάτρης,
μηδ' ἔτι δυσμενέεσσι μαχώμεθα τῆλε πόληος,
ἀλλά που ἐκ πύργων καὶ τείχεος, εἰς ὅ κεν ἔλθῃ
Μέμνων ὀβριμόθυμος ἄγων ἀπερείσια φῦλα
λαῶν οἳ ναίουσι μελάμβροτον Αἰθιόπειαν.
Ἤδη γάρ ῥα καὶ αὐτὸν ὀίομαι ἀγχόθι γαίης
ἔμμεναι ἡμετέρης, ἐπεὶ ἦ νύ οἱ οὔ τι νέον γε
ἀγγελίην προέηκα μέγ' ἀχνύμενος περὶ θυμῷ·
αὐτὰρ ὅ γ' ἀσπασίως μοι ὑπέσχετο πάντα τελέσσαι
ἐλθὼν ἐς Τροίην· καί μιν σχεδὸν ἔλπομαι εἶναι.
Ἀλλ' ἄγε τλῆτ' ἔτι βαιόν, ἐπεὶ πολὺ λώιόν ἐστι
θαρσαλέως ἀπολέσθαι ἀνὰ κλόνον ἠὲ φυγόντας
ζώειν ἀλλοδαποῖσι παρ' ἀνδράσιν αἴσχε' ἔχοντας. »
Ἦ ῥ' ὁ γέρων· ἀλλ' οὔ τι σαόφρονι Πουλυδάμαντι
ἥνδανεν εἰσέτι δῆρις, ἐύφρονα δ' ἔκφατο μῦθον·
« Εἰ μὲν δὴ Μέμνων τοι ἀριφραδέως κατένευσεν
ἡμέων αἰνὸν ὄλεθρον ἀπωσέμεν, οὔ τι μεγαίρω
μίμνειν ἀνέρα δῖον ἀνὰ πτόλιν· ἀλλ' ἄρα θυμῷ
δείδω μὴ σὺν ἑοῖσι κιὼν ἑτάροισι δαμείῃ
κεῖνος ἀνήρ, πολλοῖς δὲ καὶ ἄλλοις πῆμα γένηται
ἡμετέροις· δεινὸν γὰρ ἐπὶ σθένος ὄρνυτ' Ἀχαιῶν.
Ἀλλ' ἄγε μήτε πόληος ἑῆς ἀπὸ τῆλε φυγόντες
αἴσχεα πολλὰ φέρωμεν ἀναλκείῃ ὑπὸ λυγρῇ

24 οὐ γὰρ Ω : αὐτὰρ P ‖ **28** τι R : τοι Ω ‖ **29** μηδ' ἔτι EAld. : μηδέ τι uel μὴ δέ τι Ω ‖ **30** που Y : πω H ‖ **32** Αἰθιόπειαν Rhodomann : -οπίαν codd. ‖ **34** ἦ et οἱ om. H ‖ **35** προέηκα Y : νοέ- H ‖ **40** αἴσχε' H : -χη Y ‖ **50** φέρωμεν codd. : -ώμεθ' Zimmermann[3].

n'allons pas non plus, en demeurant dans notre patrie, nous laisser massacrer par les Argiens dans la huée des combats. A cette heure encore, quoiqu'il soit bien tard, voici le meilleur parti qui nous reste : la glorieuse Hélène et tous les trésors qu'elle apporta de Sparte, rendons-les aux Danaens ; joignons-y d'autres trésors, deux fois plus grands, en rançon de la ville et de nos personnes[1], avant que les bataillons ennemis ne se soient partagés nos biens et que la flamme dévorante n'ait anéanti nos maisons. Croyez-m'en aujourd'hui : je ne pense pas qu'on puisse donner meilleur avis parmi les Troyens. Ah ! si naguère aussi Hector avait écouté ma voix, quand je tentais de le retenir au sein de la cité[2] ! »

Telles sont les paroles de Polydamas, le noble preux. Autour de lui, les Troyens qui l'écoutent l'approuvent en secret ; mais, devant l'assistance, nul ne souffle mot[3] : car tous craignent et respectent leur roi et cette Hélène aussi qui les mène à leur ruine. Alors, sans égard pour sa valeur, Pâris s'avance pour le prendre à parti, rudement :

« Polydamas, tu n'es qu'un pleutre et qu'un lâche ; ce n'est pas un cœur de brave qui habite ta poitrine, mais la peur et la couardise. Tu te prétends le meilleur au conseil, alors que de tous c'est toi qui nourris les pires pensers. Eh bien donc ! tout seul, abandonne le combat, reste blotti chez toi ! Les autres à mes côtés n'en prendront pas moins les armes dans la ville jusqu'à ce que nous trouvions à cette guerre sans merci le remède qui répond à nos vœux. Sans peine ni dure bataille[4], l'homme ne saurait bâtir sa gloire ni faire de

Teutamos, qui lui envoyait en renfort Memnon, le fils du roi des Perses Tithon : Platon, *Lois*, III, 685 cd (d'après Ctésias ?) ; Céphalion, fr. 1 (Müller, *Fragm. hist. graec.*, III, 626) ; Diod. Sic., II, 22. On contait aussi que Priam avait corrompu Tithon en lui offrant un cep d'or (Servius, à Virgile, *Én.*, I, 493).

1. Cf. X 349 s.

2. Allusion au rôle de Polydamas dans le chant XII de l'*Iliade* (cf. notamment M 211-251) ; les v. 59-60 ont été directement suggérés par M 75 et 215.

3. Cf. Θ 28 s. ; QS, II, 178 s.

ἀλλοδαπὴν περόωντες ἐπὶ χθόνα, μηδ' ἐνὶ πάτρῃ
μίμνοντες κτεινώμεθ' ὑπ' Ἀργείων ὀρυμαγδοῦ·
ἀλλ' ἤδη Δαναοῖσι, καὶ εἰ βραδύ, λώιον εἴη
εἰσέτι κυδαλίμην Ἑλένην καὶ κτήματα κείνης,
ἠμὲν ὅσα Σπάρτηθεν ἀνήγαγεν ἠδὲ καὶ ἄλλα,
δισσάκι τόσσα φέροντας ὑπὲρ πόλιός τε καὶ αὐτῶν
⟨ἐκδόμεν, ἕ⟩ως οὐ κτῆσιν ἀνάρσια φῦλα δέδασται
ἡμετέρην οὐδ' ἄστυ κατήνυκε πῦρ ἀίδηλον.
Νῦν δ' ἄγ' ἐμεῖο πίθεσθε ἐνὶ φρεσίν· οὐ γὰρ ὀίω
ἄλλον ἀμείνονα μῆτιν ἐνὶ Τρώεσσι φράσασθαι.
Αἴθ' ὄφελον καὶ πρόσθεν ἐμῆς ἐπάκουσεν ἐφετμῆς
Ἕκτωρ, ὁππότε μιν κατερήτυον ἔνδοθι πάτρης. »
Ὣς φάτο Πουλυδάμαντος ἐὺ σθένος· ἀμφὶ δὲ Τρῶες
ᾔνεον εἰσαΐοντες ἐνὶ φρεσίν, οὐδ' ἀναφανδὸν
μῦθον ἔφαν· πάντες γὰρ ἑὸν τρομέοντες ἄνακτα
ἅζοντ' ἠδ' Ἑλένην, κείνης ἕνεκ' ὀλλύμενοί περ.
Τὸν δὲ καὶ ἐσθλὸν ἐόντα Πάρις μέγα νείκεσεν ἄντην·
« Πουλυδάμα, σὺ μέν ἐσσι φυγοπτόλεμος καὶ ἄναλκις,
οὐδὲ σοὶ ἐν στέρνοισι πέλει μενεδήιον ἦτορ,
ἀλλὰ δέος καὶ φύζα· σὺ δ' εὔχεαι εἶναι ἄριστος
ἐν βουλῇ, πάντων δὲ χερείονα μήδεα οἶδας.
Ἀλλ' ἄγε ⟨δὴ⟩ σὺ μὲν αὐτὸς ἀπόσχεο δηιοτῆτος,
μίμνε δ' ἐνὶ μεγάροισι καθήμενος· αὐτὰρ οἱ ἄλλοι
ἀμφ' ἐμὲ θωρήξονται ἀνὰ πτόλιν, εἰς ὅ κε μῆχος
εὕρωμεν θυμῆρες ἀνηλεγέος πολέμοιο.
Οὐ γὰρ νόσφι πόνοιο καὶ ἀργαλέου πολέμοιο

51 μηδ' ἐνὶ πάτρῃ Rhodomann : μὴ δέ τι [μηδέτι M] πάτρην codd. || **54** κτήματα κείνης Zimmermann : κτήματ' ἐκ- codd. || **56** δισσάκι Scaliger : δηθάκι codd. || φέροντας Scaliger : -ντες codd. || πόλιός H : πτόλ- Y || **57** ἐκδόμεν add. Dausque || ἕως Rhodomann : ὡς codd. || δέδασται Y : -ασαι H || **59** ἐμεῖο nos : ἐμοῖο codd. ἐμοὶ Lasc.^{2} || πίθεσθε nos (de constructione, cf. K 57 ; Apoll. Rhod. III 308 ; QS v 152) : πείθεσθε H -εσθ' Y || **61** ὄφελον Lasc.^{2} : -λεν codd. || **64** εἰσαΐοντες Rhodomann : ἐσ- Y ἐπ- H || **65** ἔφαν L^{pr} : ἔφασαν Ω || **68** φυγοπτόλεμος P^{s1}H : -πόλ- Y || **71** πάντων Y : πάντα H || **72** δὴ add. Dausque || **76** om. U, NREAld.

grandes choses. Ce sont les petits enfants et les femmes qui se complaisent dans la couardise et toi, tu as l'âme d'une femme. Dans la lutte, je ne mets nulle confiance en toi : tu ne sais qu'abattre la force et l'audace de chacun ![1] »

C'est ainsi qu'il le prend à parti, rudement. Polydamas en courroux lui réplique : il ne se fait pas scrupule de le rabrouer ouvertement ; car il n'est qu'un être abject et scélérat, qu'une tête sans cervelle, celui qui, prodiguant en public les caresses d'amitié, roule au fond du cœur de tout autres pensers et calomnie l'absent sous le manteau[2]. Donc, en pleine assemblée, il prend à parti, rudement, le prince divin :

« O toi que j'exècre le plus de tous les hommes de la terre, c'est ton audace qui a causé notre malheur, ton génie qui a prolongé sans fin cette guerre, et qui la prolongera jusqu'à ce que la patrie et le peuple succombent sous tes yeux. Ah ! plutôt que de concevoir pareille audace, puissé-je garder toujours cette sûre et sage crainte pour faire le salut et la prospérité de ma maison[3] ! »

Il dit ; et Pâris ne répond rien à Polydamas : il pense qu'il a fait déjà fondre sur les Troyens bien des épreuves et que bien d'autres les attendent encore, parce que, dans sa brûlante passion, il aime mieux mourir que de renoncer à cette Hélène qui est pareille aux déesses[4] ; c'est pour elle que les fils des Troyens font le guet làhaut, sur le faîte de la citadelle, en épiant la venue des Argiens et d'Achille l'Éacide.

Bientôt Memnon le capitaine arrive sur leur terre, Memnon, le seigneur des Éthiopiens basanés[5], qui mène une immense armée[6]. Les Troyens qui l'entourent n'ont pas moins de joie à le voir dans leur ville que des marins qui, après une tempête meurtrière, presque à bout de forces, découvriraient dans l'azur les feux

1. Dans cette tirade, Quintus imite surtout la réplique de Pâris à Anténor en H 354-362 et celle d'Hector à Polydamas en M 230-250. Il y mêle d'ailleurs d'autres souvenirs homériques : v. 68-71 ∾ B 201 s. ; v. 72-75 ∾ A 173-181 ; v. 77 ∾ ξ 65 s.

2. Développement d'une sentence homérique : I 312 s.

ἀνθρώποις μέγα κῦδος ἀέξεται ἠδὲ καὶ ἔργον,
φύζα δὲ νηπιάχοισι μάλ' εὔαδεν ἠδὲ γυναιξί·
κείνῃς θυμὸν ἔοικας· ἐγὼ δέ τοι οὔ τι πέποιθα
μαρναμένῳ· πάντων γὰρ ἀμαλδύνεις θρασὺ κάρτος. »
Φῆ μέγα νεικείων· ὃ δὲ χωόμενος φάτο μῦθον
Πουλυδάμας· οὐ γάρ οἱ ἐναντίον ἅζετ' ἀῦσαι
κεῖνος, ἐπεὶ στυγερὸς καὶ ἀτάσθαλος ἠδ' ἀεσίφρων
ὃς φίλα μὲν σαίνῃσιν ἐνωπαδόν, ἄλλα δὲ θυμῷ
πορφύρῃ καὶ κρύβδα τὸν οὐ παρεόντα χαλέπτῃ.
Τῷ ῥα καὶ ἀμφαδίῃ μέγα νείκεσε δῖον ἄνακτα·
« Ὦ μοι ἐπιχθονίων πάντων ὀλοώτατε φωτῶν,
σὸν θράσος ἤγαγε νῶιν ὀιζύα, σὸς νόος ἔτλη
δῆριν ἀπειρεσίην καὶ τλήσεται, εἰς ὅ κε πάτρην
σὺν λαοῖς σφετέροισι δαϊζομένην ἐσίδηαι.
'Αλλ' ἐμὲ μὴ τοιόνδε λάβοι θράσος, ἀμφὶ δὲ τάρβος
ἀσφαλὲς αἰὲν ἔχοιμι, σόον δέ μοι οἶκον ὀφέλλοι. »
Ὣς ἄρ' ἔφη· ὃ δ' ἄρ' οὔ τι προσέννεπε Πουλυδάμαντα·
μνήσατο γὰρ Τρώεσσιν ὅσας ἐφέηκεν ἀνίας
ἠδ' ὁπόσας ἔτ' ἔμελλεν, ἐπεί ῥά οἱ αἰθόμενον κῆρ
μᾶλλον ἐφώρμαινεν θανέειν ἢ νόσφι γενέσθαι
ἀντιθέης 'Ελένης, ἧς εἵνεκα Τρώιοι υἷες
ὑψόθεν ἐσκοπίαζον ἀπ' ἄστεος αἰπεινοῖο
δέγμενοι 'Αργείους ἠδ' Αἰακίδην 'Αχιλῆα.
Τοῖσι δ' ἄρ' οὐ μετὰ δηρὸν ἀρήιος ἤλυθε Μέμνων,
Μέμνων κυανέοισι μετ' Αἰθιόπεσσιν ἀνάσσων,
ὃς κίε λαὸν ἄγων ἀπερείσιον. 'Αμφὶ δὲ Τρῶες
γηθόσυνοί μιν ἴδοντο κατὰ πτόλιν, ἠύτε ναῦται
χείματος ἐξ ὀλοοῖο δι' αἰθέρος ἀθρήσωσιν

77 ἔργον codd. (cf. ξ 65-66) : ἔργων M. West (per litt.) ‖ **80** μαρναμένῳ codd. : παρφαμ- Lehrs (cf. M 249) ‖ **81** φῆ Ω : ἢ LNAld. ‖ **83** ἠδ' E^pc Ald. : οὐδ' Ω ‖ **85** χαλέπτῃ Scaliger : -πτει codd. ‖ **86** ἀμφαδίῃ Y (cf. u. l. N 356 et Apoll. Rhod. II 1019) : -ίην H ‖ **90** σφετέροισι Y : -ρησι H ‖ **91** λάβοι H : λάβῃ Y ‖ θράσος H : θάρσος Y ‖ **92** ὀφέλλοι P²H : -έλοι Y ‖ **93** ὣς ἄρ' Y : ὣς ὅγ' H ‖ **96** ἐφώρμαινεν Y : -νε H.

tournants de l'Ourse[1]. La foule, pressée autour de lui, montre autant d'allégresse, et, par-dessus tous, le fils de Laomédon. Maintenant son cœur ne doute point que les guerriers Éthiopiens n'incendient la flotte, puisqu'ils ont pour roi un homme aussi formidable et qu'ils sont eux-mêmes une telle multitude, toute brûlante pour Arès. Aussi Priam fête-t-il magnifiquement le noble fils d'Érigénie : quels riches présents ! quelle chère plantureuse[2] ! Ils devisent tous deux à table, pendant le festin[3] : l'un énumère les chefs des Danaens et tous les malheurs qui l'ont accablé ; l'autre dit l'existence à jamais immortelle de son père[4] et de sa mère Éos, les ondes sans limites de Téthys[5], le cours profond de l'Océan sacré, les confins de la terre inébranlable, le pays du soleil levant ; il dit son long voyage depuis l'Océan[6] jusqu'à la ville de Priam et aux contreforts de l'Ida, et comment il a taillé en pièces, de son bras solide, la sainte armée des rudes Solymes : à vouloir lui barrer le passage, ils n'ont gagné que le malheur et un destin sans merci[7]. Tandis qu'il conte tant d'aventures et dénombre les mille races humaines qu'il a visitées, Priam l'écoute dans le ravissement de son cœur ; puis, avec déférence, il lui dit ces mots de bienvenue :

« O Memnon, ainsi les dieux m'ont donné de te voir, toi et tes soldats, dans ma demeure. Puissent-ils encore montrer à mes yeux les Argiens exterminés jusqu'au dernier par tes armes ! N'as-tu point d'ailleurs, avec les invincibles Bienheureux, plus parfaite et plus merveilleuse ressemblance que nul des héros de cette

1. Pour cette comparaison, cf. Σ 487 ss. ; Ψ 233 ss. (?) ; Aratos, *Phén.*, 37 ; QS, VII, 455. L'épithète περιηγής rappelle que les étoiles de l'Ourse tournent autour du pôle sans jamais disparaître à l'horizon.

2. Cf. λ 415 (et *Mélampodie*, fr. 163 Rzach).

3. Pour les v. 113-125, cf. Apoll. Rhod., I, 980 ss. ; II, 761-772.

4. Tithon, le père de Memnon (cf. Hésiode, *Théog.*, 984 s.), est comme Priam un fils de Laomédon. Éos l'enleva et obtint pour lui l'immortalité, mais elle oublia de demander aussi qu'il pût conserver une jeunesse éternelle ; elle dut finalement métamorphoser le vieillard en cigale.

ἤδη τειρόμενοι Ἑλίκης περιηγέος αἴγλην ·
ὣς λαοὶ κεχάροντο περισταδόν, ἔξοχα δ' ἄλλων
Λαομεδοντιάδης · μάλα γάρ νύ οἱ ἦτορ ἐώλπει
δηώσειν πυρὶ νῆας ὑπ' ἀνδράσιν Αἰθιόπεσσιν,
οὕνεκ' ἔχον βασιλῆα πελώριον ἠδὲ καὶ αὐτοὶ
πολλοὶ ἔσαν καὶ πάντες ἐς Ἄρεα μαιμώωντες.
Τῶ ῥ' ἄμοτον κύδαινεν ἐὺν γόνον Ἠριγενείης
δωτίνῃς ἀγαθῇσι καὶ εὐφροσύνῃ τεθαλυίῃ.
Ἀλλήλοις δ' ὀάριζον ἐπ' εἰλαπίνῃ καὶ ἐδωδῇ,
ὃς μὲν ἀριστῆας Δαναῶν καὶ ὅσ' ἄλγε' ἀνέτλη
ἐξενέπων, ὃ δὲ πατρὸς ἑοῦ καὶ μητέρος Ἠοῦς
ἀθάνατον βίον αἰὲν ἀπειρεσίης τε ῥέεθρα
Τηθύος Ὠκεανοῦ τε βαθυρρόου ἱερὸν οἶδμα
ἠδὲ καὶ ἀκαμάτου πέρατα χθονὸς ἀντολίας τε
ἠελίου καὶ πᾶσαν ἀπ' Ὠκεανοῖο κέλευθον
μέχρις ἐπὶ Πριάμοιο πόλιν καὶ πρώονας Ἴδης,
ἠδὲ καὶ ὡς ἐδάιξεν ὑπὸ στιβαρῇσι χέρεσσιν
ἀργαλέων Σολύμων ἱερὸν στρατόν, οἵ μιν ἰόντα
εἶργον, ὃ καί σφισι πῆμα καὶ ἄσχετον ὤπασε πότμον.
Καὶ τὰ μὲν ὣς ἀγόρευε καὶ ὡς ἴδεν ἔθνεα φωτῶν
μυρία · τοῦ δ' ἀίοντος ὑπὸ φρεσὶ τέρπετο θυμός,
καί ἑ καθαπτόμενος γεραρῷ προσεφώνεε μύθῳ ·
« Ὦ Μέμνον, τὸ μὲν ἄρ με θεοὶ ποίησαν ἰδέσθαι
σὸν στρατὸν ἠδὲ καὶ αὐτὸν ἐν ἡμετέροισι μελάθροις.
Ὣς μοι ἔτι κρήνειαν, ἵν' Ἀργείους ἐσίδωμαι
ὀλλυμένους ἅμα πάντας ὑπ' ἐγχείῃσι τεῇσι ·
καὶ γὰρ δὴ μακάρεσσιν ἀτειρέσι πάντα ἔοικας
ἐκπάγλως, ὡς οὔ τις ἐπιχθονίων ἡρώων ·

107 ἐώλπει H : ἐόλπει Y ‖ **110** ἐς om. H ‖ **111** κύδαινεν H : -νον Y ‖ **115** ἐξενέπων Y : ἔργ' ἐνέπων H ‖ μητέρος $B^{s1}R$: μητρὸς (in compendio) Ω ‖ **116** ἀθάνατον Rhodomann : ἀθανάτου Y αὖ ἀνὰ τὸν H ‖ **123** εἶργον Y : εἴργον D ἔργον H^{c} ‖ post πῆμα add. κακὸν H ‖ **127** μέμνον $YD^{s1}H^{c}$: -νων D ‖ **129** ὥς Y : ὥς κεν H ‖ **130** ἅμα πάντας Y : ἅπαντας H ‖ **131** ἀτειρέσι Rhodomann : ἀτειρέσια Y ἀπει- H.

terre ? Comment douter que tu ne fasses fondre sur les Danaens la tuerie et la désolation ? Allons ! goûte à ma table les joies du festin, pour aujourd'hui : demain, tu combattras comme il sied à un homme tel que toi[1]. »

A ces mots, il saisit un vaste hanap[2] et le lève pour porter à Memnon un toast affectueux avec cette coupe en or massif. L'habile Boiteux Héphaistos, quand il épousa la Dame de Chypre, avait donné ce chef-d'œuvre à Zeus tout-puissant[3] qui en fit présent à son fils, le divin Dardanos ; celui-ci le transmit à son enfant Érichtonios, puis Érichtonios à Trôs le magnanime ; celui-ci le légua avec le reste de ses biens à Ilos qui en fit présent à Laomédon. Laomédon à son tour le transmit à Priam qui se proposait de le donner à son fils ; mais la divinité n'a pas accompli son désir[4]. Devant ce magnifique hanap, Memnon s'émerveille en lui-même, quand il le prend dans ses mains ; à Priam, il fait cette réponse :

« Il ne faut pas à table se vanter à l'excès, ni faire des promesses : modération et réserve sont bienséantes dans les salles de festin. Aussi bien, ce que valent mon courage et ma force, tu en jugeras dans la bataille : c'est là qu'un guerrier montre sa valeur. Mais maintenant songeons au repos plutôt que de passer notre nuit à boire : qui se prépare au combat supporte mal l'excès de vin et la fatigue des veilles[5]. »

Il dit et le vieillard, charmé de ses paroles, lui répond :

« Mange selon ton désir et suis ta loi : je ne te contraindrai pas. Il sied aussi peu de retenir l'hôte qui quitte le festin que de chasser de la salle celui qui s'y attarde : entre hommes, tel est le bon usage[6]. »

1. Cf. ο 390 ss. ; *Mélampodie,* fr. 163 Rzach.

2. Quintus se souvient de la fameuse « coupe » de Nestor (Λ 632 ∾ v. 146) ; la forme du *depas* homérique est maintenant connue par les tablettes mycéniennes de Pylos : nous nous en autorisons pour traduire le mot par « hanap ».

3. Zeus est le père d'Aphrodite selon l'*Iliade* (E 370) ; c'est à ce titre qu'il reçoit au moment du mariage le cadeau traditionnel que le prétendant donne en échange de son épouse : cf. θ 318 s. Aphrodite est ici l'épouse d'Héphaistos ; en ι, 667, elle est l'épouse d'Arès.

τῷ σ' οἴω κείνοισι φόνον στονόεντα βαλέσθαι.
Νῦν δ' ἄγε τέρπεο θυμὸν ἐπ' εἰλαπίνῃσιν ἐμῇσι
σήμερον· αὐτὰρ ἔπειτα μαχήσεαι ὡς ἐπέοικεν. »
Ὣς εἰπὼν παλάμῃσι δέπας πολυχανδὲς ἀείρας
Μέμνονα προφρονέως στιβαρῷ δείδεκτο κυπέλλῳ
χρυσείῳ, τό ῥα δῶκε περίφρων Ἀμφιγυήεις
Ἥφαιστος κλυτὸν ἔργον, ὅτ' ἤγετο Κυπρογένειαν,
Ζηνὶ μεγασθενέι· ὃ δ' ἄρ' ὤπασεν υἱέι δῶρον
Δαρδάνῳ ἀντιθέῳ· ὃ δ' Ἐριχθονίῳ πόρε παιδί,
Τρωὶ δ' Ἐριχθόνιος μεγαλήτορι· αὐτὰρ ὃ Ἴλῳ
κάλλιπε σὺν κτεάτεσσιν· ὃ δ' ὤπασε Λαομέδοντι·
αὐτὰρ ὁ Λαομέδων Πριάμῳ πόρεν, ὅς μιν ἔμελλεν
υἱέι δωσέμεναι· τὸ δέ οἱ θεὸς οὐκ ἐτέλεσσε.
Κεῖνο δέπας περικαλλὲς ἐθάμβεεν ἐν φρεσὶ Μέμνων
ἀμφαφόων καὶ τοῖον ὑποβλήδην φάτο μῦθον·
« Οὐ μὲν χρὴ παρὰ δαιτὶ πελώριον εὐχετάασθαι
οὐδ' ἄρ' ὑποσχεσίην κατανευσέμεν, ἀλλὰ ἕκηλον
δαίνυσθ' ἐν μεγάροισι καὶ ἄρτια μηχανάασθαι·
εἴ τε γὰρ ἐσθλός τ' εἰμὶ καὶ ἄλκιμος εἴ τε καὶ οὐκί,
γνώσῃ ἐνὶ πτολέμῳ, ὁπότ' ἀνέρος εἴδεται ἀλκή.
Νῦν δ' ἄγε δὴ κοίτοιο μεδώμεθα μηδ' ἀνὰ νύκτα
πίνωμεν· χαλεπὸς γὰρ ἐπειγομένῳ μαχέ⟨σα⟩σθαι
οἶνος ἀπειρέσιος καὶ ἀυπνοσύνη ἀλεγεινή. »
Ὣς φάτο· τὸν δ' ὁ γεραιὸς ἀγασσάμενος προσέειπεν·
« Αὐτὸς ὅπως ἐθέλεις μεταδαίνυσο, πείθεο δ' αὐτῷ·
οὐ γὰρ ἐγώ σ' ἀέκοντα βιήσομαι. Οὐ γὰρ ἔοικεν
οὔτ' ἀπιόντ' ἀπὸ δαιτὸς ἐρυκέμεν οὔτε μένοντα
σεύειν ἐκ μεγάροιο· θέμις νύ τοι ἀνδράσιν αὔτως. »

134 ἐπ' om. H ‖ ἐμῇσι(ν) LRLasc.[1-2] : ἐμοῖσι(ν) Ω ‖ **137** μέμνονα H : -νων Y ‖ δείδεκτο MH : δέδ- P δὲ δέδεκτο P[2] ‖ **149** κατανευσέμεν H (de ao. mixto, cf. IV 66 ; XII 20, 393 ; XIV 99, 519) : -σαίμεν Y ‖ **150** ἐν Y : ἐνὶ H ‖ **154** μαχέσασθαι R[pc] et Scaliger : μάχεσθαι Ω ‖ **157** ἐθέλεις Y : θέλ- H ‖ μεταδαίνυσο Rhodomann : -νυο [-νιο M] Ω ‖ **158** σ' ἀέκοντα Rhodomann : σε ἄκοντα codd. ‖ **160** αὔτως PH : αὔ- M.

Il dit et Memnon se lève de table ; il s'en va gagner sa couche, pour la dernière fois. Les autres convives partent avec lui pour songer au repos et sur eux bientôt vient le doux sommeil.

Les Immortels cependant festoient dans le palais de Zeus, l'assembleur d'éclairs[1]. Le Père, né de Cronos, qui sait toutes choses, révèle parmi eux ce qui doit advenir dans la mêlée hurlante :

« Vous tous, dieux qui m'entourez, sachez que le malheur va s'abattre bien lourdement demain dans la bataille : par milliers, vous verrez dans les deux camps périr les chevaux fougueux près des chars et tomber aussi les hommes. Quelle que soit l'affection que vous portez à tel d'entre eux, que chacun de vous demeure en repos[2] ; qu'on ne vienne pas non plus embrasser mes genoux pour me supplier : nous ne saurions nous-mêmes fléchir les Trépas[3]. »

Aux dieux assemblés, il dicte cette loi que tous connaissent déjà : il veut que, malgré leurs angoisses, ils s'abstiennent de combattre et qu'ils ne tentent pas davantage de le supplier pour un fils ou un être cher[4] ; ce serait pour eux peine perdue d'entrer dans l'Olympe immuable[5]. Quand ils entendent les ordres du fils tonnant de Cronos, ils se résignent dans le secret de leur poitrine, sans souffler mot devant le roi, car il leur inspire une crainte immense. Chacun, le cœur désolé, retourne vers sa demeure et sa couche ; tout immortels qu'ils sont, le sommeil les enveloppe et étend sur leurs paupières son charme nonchalant.

Quand, par-delà les pics des rudes montagnes, la claire Étoile du Matin se hâte vers les espaces du ciel, éveillant à la tâche les moissonneurs qui dorment avec délice[6], alors, pour la dernière fois, le sommeil abandonne le fils belliqueux d'Érigénie, la pourvoyeuse du jour.

1. Dans cette courte « scène dans l'Olympe » (v. 164-182), le poète s'inspire surtout de Θ 1-37 ; il y mêle quelques souvenirs du chant I de l'*Iliade* : v. 171 s. ∽ A 500 ss., 512 ; v. 180 ss. ∽ A 605-611.

2. C'est-à-dire « qu'il s'abstienne d'intervenir dans la bataille » : cf. v. 174.

Ὣς φάθ᾽· ὃ δ᾽ ἐκ δόρποιο μεθίστατο, βῆ δὲ πρὸς εὐνὴν
ὑστατίην. Ἅμα δ᾽ ἄλλοι ἔβαν κοίτοιο μέδεσθαι
δαιτυμόνες· †τοῖς δέ σφιν† ἐπήλυθε νήδυμος ὕπνος.
Αὐτὰρ ἐνὶ μεγάροισι Διὸς στεροπηγερέταο
ἀθάνατοι δαίνυντο· πατὴρ δ᾽ ἐν τοῖσι Κρονίων
εὖ εἰδὼς ἀγόρευε δυσηχέος ἔργα μόθοιο·
« Ἴστε θεοὶ περὶ πάντες ἐπεσσύμενον βαρὺ πῆμα
αὔριον ἐν πολέμῳ· μάλα γὰρ πολέω⟨ν⟩ μένος ἵππων
ὄψεσθ᾽ ἀμφ᾽ ὀχέεσσι δαϊζομένων ἑκάτερθεν
ἄνδρας τ᾽ ὀλλυμένους. Τῶν καὶ περικηδόμενός τις
μιμνέτω ὑμείων μηδ᾽ ἀμφ᾽ ἐμὰ γούναθ᾽ ἱκάνων
λισσέσθω· Κῆρες γὰρ ἀμείλιχοί εἰσι καὶ ἡμῖν. »
Ὣς ἔφατ᾽ ἐν μέσσοισιν ἐπισταμένοισι καὶ αὐτοῖς,
ὄφρα καὶ ἀσχαλόων τις ἀπὸ πτολέμοιο τράπηται
μηδέ ἑ λισσόμενος περὶ υἱέος ἠὲ φίλοιο
μαψιδίως ἀφίκηται ἀτειρέος ἔνδον Ὀλύμπου.
Καὶ τὰ μὲν ὡς ἐσάκουσαν ἐριγδούπου Κρονίδαο,
τλῆσαν ἐνὶ στέρνοισι καὶ οὐ βασιλῆος ἔναντα
μῦθον ἔφαν· μάλα γάρ μιν ἀπειρέσιον τρομέεσκον.
Ἀχνύμενοι δ᾽ ἵκανον ὅπῃ δόμος ἦεν ἑκάστου
καὶ λέχος· ἀμφὶ δὲ τοῖσι καὶ ἀθανάτοις περ ἐοῦσιν
ὕπνου βληχρὸν ὄνειαρ ἐπὶ βλεφάροισι τανύσθη.
Ἦμος δ᾽ ἠλιβάτων ὀρέων ὑπερέσσυται ἄκρας
λαμπρὸς ἀν᾽ οὐρανὸν εὐρὺν Ἑωσφόρος, ὅς τ᾽ ἐπὶ ἔργον
ἡδὺ μάλα κνώσσοντας ἀμαλλοδετῆρας ἐγείρει,
τῆμος ἀρήιον υἷα φαεσφόρου Ἠριγενείης

163 τοῖς δέ σφιν codd. (quod seruari possit cl. Apoll. Rhod. iii 741, et fort. QS iv 445) : τάχα δέ σφιν Rhodomann τοῖσιν δ᾽ ἄρ᾽ (cf. ii 653 ; xi 313) Peppmüller ‖ **168** πολέων R et Rhodomann : πολέμῳ Ω πολλῶν Pauw ‖ **174** καὶ Bonitz : κεν codd. **175** μὴ δὲ Y : μηδὲν H ‖ ἑ λισσόμενος Pauw : ἐλισσ- codd. ἠὲ Rhodomann : ἠδὲ H ἤδε Y ‖ **180** ἑκάστου codd. : -τῳ Lasc.[2] **181** καὶ (ant. loco) Y : ἐς H ‖ **182** ἐπὶ Ω : ὑπὸ P ‖ τανύσθη H : -σθαι Y ‖ **183** ἄκρας Pauw : ἄκρης codd. ‖ **184** εὐρὺν om. Y ἑωσφόρος habuit Ω ‖ ὅς Ω : ὥς P ‖ ἔργον codd. : ἔργοις Lasc.[2] **185** ἀμαλλοδετῆρας Y : -δοτ- H.

Lui, le cœur débordant de force, brûle déjà de guerroyer contre l'ennemi ; mais Éos ne monte qu'à regret dans les espaces du ciel. Cependant les Troyens ont revêtu leurs armes de combat ; les Éthiopiens et tous les bataillons alliés qui se sont rassemblés autour de la Force de Priam font de même, vite et en masse. Sans tarder, ils accourent devant le rempart, pareils aux nuages noirs que le Cronide amoncelle dans l'air lourd, quand la tempête s'élève[1]. Bientôt ils couvrent la plaine entière : à voir se répandre leur flot, on dirait des sauterelles dévoreuses de blé qui passent, comme la nuée ou l'orage, au-dessus des vastes plaines de la terre et s'en vont, insatiables[2], apporter aux mortels la hideuse famine. L'armée s'avance, aussi nombreuse et puissante : partout la terre disparaît sous ses colonnes dont le piétinement fait lever la poussière. Les Argiens au loin demeurent un moment interdits, quand ils les voient accourir ; mais, bien vite, ils revêtent le bronze, en s'assurant sur la vaillance du Péléide. Au milieu d'eux marche le héros, doué d'une force de Titan, qui parade sur ses chevaux et sur son char : son armure brille de toutes parts en jetant des éclairs. Tel le Soleil, quand, des confins de l'Océan qui embrasse le monde, il s'élève dans le ciel pour donner la lumière aux mortels et qu'à sa rayonnante clarté, la terre nourricière et l'azur s'inondent d'un sourire[3] : tel le fils de Pélée s'élance alors dans les rangs argiens. Memnon le capitaine marche du même pas au milieu des Troyens : Arès ne

1. Pour la comparaison que Quintus reprendra en xi, 377, cf. T 357-358. Le souvenir du même chant se retrouve ailleurs dans notre passage : v. 204 ∾ T 364 ; v. 210 ∾ T 362.

2. Quoique ἄπληστος ne se lise pas ailleurs chez Quintus, il est préférable paléographiquement et fournit une utile explication de la suite du vers ; au contraire ἄπλητοι ferait double emploi avec le vers précédent.

3. Pour cette comparaison, cf. Z 513 ; T 362 ; X 135 ; κ 191 ; λ 13 ; Apoll. Rhod., iii, 1229 s. ; QS, viii, 28. Τραφερή désigne la « terre ferme » chez Homère (Ξ 308 ; υ 98), alors que les poètes hellénistiques le rapprochent de τρέφω et comprennent « nourricière ». Ce dernier sens est préférable en ii, 210, 562 ; v, 537 (comparer avec v, 517) ; mais l'acception homérique s'impose en xi, 369.

ὕστατος ὕπνος ἀνῆκεν· ὃ δ' ἐν φρεσὶ κάρτος ἀέξων
ἤδη δυσμενέεσσι λιλαίετο δηριάασθαι·
Ἠὼς δ' οὐρανὸν εὐρὺν ἀνήιεν οὐκ ἐθέλουσα.
Καὶ τότε Τρῶες ἕσαντο περὶ χροῒ δήια τεύχη,
τοῖσι δ' ἅμ' Αἰθίοπές τε καὶ ὁππόσα φῦλα πέλοντο
ἀμφὶ βίην Πριάμοιο συναγρομένων ἐπικούρων,
πανσυδίῃ· μάλα δ' ὦκα πρὸ τείχεος ἐσσεύοντο
κυανέοις νεφέεσσιν ἐοικότες, οἷα Κρονίων
χείματος ὀρνυμένοιο κατ' ἠέρα πουλὺν ἀγείρει.
Αἶψα δ' ἄρ' ἐπλήσθη πεδίον πᾶν· τοὶ δ' ἐπέχυντο
ἀκρίσι π⟨υ⟩ροβόροισιν ἀλίγκιον, αἵ τε φέρονται
ὡς νέφος ἢ πολὺς ὄμβρος ὑπὲρ χθονὸς εὐρυπέδοιο
ἄπληστοι μερόπεσσιν ἀεικέα λιμὸν ἄγουσαι·
ὣς οἳ ἴσαν πολλοί τε καὶ ὄβριμοι, ἀμφὶ δὲ γαῖα
στείνετ' ἐπεσσυμένων, ὑπὸ δ' ἔγρετο ποσσὶ κονίη.
Ἀργεῖοι δ' ἀπάνευθεν ἐθάμβεον, εὖτ' ἐσίδοντο
ἐσσυμένους· εἶθαρ δὲ περὶ χροῒ χαλκὸν ἕσαντο
κάρτεϊ Πηλείδαο πεποιθότες. Ὃς δ' ἐνὶ μέσσοις
ἤιε Τιτήνεσσι πολυσθενέεσσιν ἐοικώς,
κυδιόων ἵπποισι καὶ ἅρμασι· τοῦ δ' ἄρα τεύχη
πάντῃ μαρμαίρεσκον ἀλίγκιον ἀστεροπῇσιν.
Οἷος δ' ἐκ περάτων γαιηόχου Ὠκεανοῖο
ἔρχεται Ἠέλιος φαεσίμβροτος οὐρανὸν εἴσω
παμφανόων, τραφερὴ δὲ γελᾷ περὶ γαῖα καὶ αἰθήρ·
τοῖος ἐν Ἀργείοισι τότ' ἔσσυτο Πηλέος υἱός.
Ὣς δὲ καὶ ἐν Τρώεσσιν ἀρήιος ἤιε Μέμνων

187 ὕστατος Rhodomann : ὕστερος codd. ‖ **196** πᾶν Hermann : ἅπαν codd. ‖ **197** πυροβόροισιν Köchly (post -οις Pauw) : προβόλοισιν H -οις Y ‖ ἀλίγκιον Köchly : -ιοι R ἐναλίγκιον M -ιοι PH ‖ **199** ἄπληστοι Dausque (cf. λιμόν) : ἄπληκτοι codd. -ητοι Rhodomann ‖ λιμὸν Y : λοιμὸν H λοιγὸν UV ‖ **200** ἴσαν Spitzner : ἔσαν codd. ‖ ὄβριμοι MH : ὄμβρ- P ‖ δὲ γαῖα nos : δ' ἀγυιὰ H δ' ἀγυιαὶ Y ‖ **205** τιτήνεσσι Y : τιτάν- H ‖ **206** ἅρμασι Wernicke (cf. ix 254) : ὄχεσφι codd. ‖ **210** παμφανόων Y : -φαίνων H ‖ **211** πηλέος Y : -έως H.

vole pas avec moins d'ardeur au combat ; les bataillons escortent leur roi, allègrement, en se réglant sur son allure.

Bientôt les deux phalanges sont à l'ouvrage, sur tout leur front : les Troyens, les Danaens, et, avec plus de bravoure encore, les Éthiopiens. A grand fracas, ils se heurtent comme les flots de la mer, lorsque les vents de toute aire conjuguent leurs souffles durant la saison hivernale[1]. Ils s'entr'égorgent avec leurs lances bien fourbies ; les cris de douleur et les bruits d'armes froissées crépitent au feu de la mêlée. Les torrents à la voix grondante poussent de longues plaintes, lorsqu'ils roulent à la mer les eaux de ces pluies de déluge qui sont l'œuvre de Zeus ; dans le même temps, les nuages tonnent sans arrêt en s'aiguisant l'un contre l'autre et font jaillir de leur sein une haleine de feu[2]. C'est ainsi que la terre immense sonne avec force sous les pas des combattants et qu'une clameur affreuse jaillit dans l'air divin, la terrible clameur que jettent les deux camps.

Alors le Péléide tue Thalios et l'irréprochable Mentès, deux guerriers en renom. Il frappe bien d'autres têtes encore : quand un ouragan souterrain secoue des maisons avec violence, il suffit d'un instant pour que tous les murs croulent sur le sol, ruinés de fond en comble sous la brutale convulsion des entrailles de la terre[3] : une mort aussi soudaine abat les hommes dans la poussière, sous le dard du Péléide, tant la furie possède son cœur.

Sur une autre partie du front, le noble fils d'Érigénie montre autant d'ardeur à tailler en pièces les Argiens : on le prendrait pour le sinistre Destin apportant aux peuples les maudites horreurs de la peste[4]. D'abord il tue Phéron en lui perçant la poitrine de sa lance funeste ; puis, sur son corps, il étend le divin Éreuthos :

1. Le texte des manuscrits est correct : le poète s'inspire de l'homérique παντοίων ἀνέμων et imagine à la suite de ε 292 ss. que tous les vents s'assemblent pour déchaîner un tourbillon sur la mer. La fin du v. 218 est empruntée à Aratos, *Phén.*, 977. Thème analogue : Virgile, *Énéide*, I, 102 s. ; Ovide, *Métam.*, XI, 490 s. ; QS, I, 355 ; VIII, 59.

Ἄρεϊ μαιμώωντι πανείκελος, ἀμφὶ δὲ λαοὶ
προφρονέως ἐφέποντο παρεσσύμενοι βασιλῆι.
Αἶψα δ' ⟨ἄρ'⟩ ἀμφοτέρων δολιχαὶ πονέοντο φάλαγγες
Τρώων καὶ Δαναῶν, μετὰ δ' ἔπρεπον Αἰθιοπῆες.
Σὺν δ' ἔπεσον καναχηδὸν ὁμῶς, ἅτε κύματα πόντου
πάντοθεν ἀγρομένων ἀνέμων ὑπὸ χείματος ὥρῃ·
ἀλλήλους δ' ἐδάιζον ἐυξέστῃς μελίῃσι
βάλλοντες, μετὰ δέ σφι γόος καναχή τε δεδήει.
Ὡς δ' ὅτ' ἐρίγδουποι ποταμοὶ μεγάλα στενάχωσιν
εἰς ἅλα χευόμενοι, ὅτε λαβρότατος πέλει ὄμβρος
ἐκ Διός, εὖτ' ἀλίαστον ἐπὶ νέφεα κτυπέωσι
θηγόμεν' ἀλλήλοισι, πυρὸς δ' ἐξέσσυτ' ἀυτμή·
ὣς τῶν μαρναμένων μέγ' ὑπαὶ ποσὶ γαῖα πελώρη
ἔβραχε, θεσπεσίου δὲ δι' ἠέρος ἔσσυτ' ἀυτὴ
σμερδαλέη· δεινὸν γὰρ ἀύτεον ἀμφοτέρωθεν.
Ἔνθ' ἕλε Πηλείδης Θάλιον καὶ ἀμύμονα Μέντην,
ἄμφω ἀριγνώτω. Βάλε δ' ἄλλων πολλὰ κάρηνα·
εὖτ' αἰγὶς μελάθροισιν ὑποχθονίη ἐπορούσῃ
λάβρος, ἄφαρ δέ τε πάντα κατὰ χθονὸς ἀμφιχέηται
ἐκ θεμέθλων, μάλα γάρ ῥα περιτρομέει βαθὺ γαῖα·
ὣς οἵ γ' ἐν κονίῃσι κατήριπον ὠκέι πότμῳ
αἰχμῇ Πηλείωνος· ὃ γὰρ μέγα μαίνετο θυμῷ.
Ὡς δ' αὔτως ἑτέρωθεν ἐὺς πάις Ἠριγενείης
Ἀργείους ἐδάιζε κακῇ ἐναλίγκιος Αἴσῃ,
ἥ τε φέρει λαοῖσι κακὸν καὶ ἀεικέα λοιγόν.
Πρῶτον δ' εἷλε Φέρωνα διὰ στέρνοιο τυχήσας

215 ἄρ' add. Rhodomann ‖ **218** ἀγρομένων codd. (cf. 217 σὺν δ' ἔπεσον... ὁμῶς) : ἐγρ- Pauw ‖ **224** θηγόμεν' Y : γηθό- H ‖ πυρὸς Köchly : πάρος codd. ‖ **226** ἀυτὴ $P^{pc}MN^{r}$: ἀυτμὴ $P^{ac}H$ ‖ **228** Θαλίον Lehrs ‖ **229** βάλε $UQL^{pr}R$: βάλλε $U^{sl}Q^{sl}$ et cett. ‖ **230** εὖτ' αἰγὶς Zimmermann : εὖτε γαίης [γέης H] Ω ; post εὖτε lac. stat. Köchly ‖ μελάθροισιν codd. (cf. πάντα u. sq.) : βερέθρ- Zimmermann ‖ ὑποχθονίη Platt : -ίην Y -ίοις [ὑπὸ χθονίοις DQ] H ‖ **232** ῥα om. H ‖ βαθὺ Bonitz (cf. III 65) : βαρὺ codd. ‖ **237** κακὸν H : κακὴν Y.

c'étaient deux hommes épris de bataille et de hideuse mêlée, qui habitaient le pays de Thryon, près des eaux de l'Alphée[1] ; ils étaient venus sous les ordres de Nestor devant la ville sainte d'Ilion. Il ne les a pas plus tôt abattus que Memnon marche sur le fils de Nélée, brûlant de l'occire ; mais Antiloque, pareil aux dieux, couvre son père et darde sa grande pique. Le trait manque le guerrier qui a légèrement détourné le corps ; il lui tue pourtant l'un de ses bons compagnons, Aithops, fils de Pyrrhasos. Memnon, courroucé de sa mort, ne fait qu'un bond sur Antiloque. Le lion au cœur vaillant bondit ainsi sur le sanglier ; mais son adversaire sait lui aussi tenir tête aux bêtes comme aux hommes et rien n'arrête son élan[2]. Bien que Memnon ne soit pas moins prompt à l'attaque, c'est Antiloque qui le frappe le premier d'une large pierre. Il ne réussit pas pour autant à lui rompre le cœur, car son casque est assez robuste pour le préserver de la mort douloureuse. L'âme du héros s'émeut terriblement en sa poitrine à ce coup qui fait retentir son heaume ; sa fureur redouble contre Antiloque ; sa force puissante bouillonne. Alors le fils de Nestor a beau être un bon manieur de pique ; Memnon le touche au-dessus du sein et lui plante sa solide lance dans le cœur, à l'endroit où la mort est la plus soudaine pour l'homme[3].

Sa perte attriste tous les Danaens, et son père plus que quiconque : le deuil envahit Nestor jusqu'au fond des entrailles, quand il voit succomber son fils. Est-il pire douleur qui puisse assaillir un mortel qu'un fils expirant sous les yeux de son père ? Aussi, malgré l'inébranlable fermeté de son âme, pleure-t-il sur cet

1. Thryon ou Thryoesse, ville proche de l'Élide, commandait un gué de l'Alphée : cf. B 592, 601 ; Strabon, viii, 3, 24 (349).

2. Comparaison tirée de Π 823-826.

3. Sur la mort d'Antiloque dans l'*Éthiopide*, cf. *Notice*, p. 50-51. Pour amener la rencontre entre Memnon et Antiloque, Quintus, qui ne disposait que de résumés trop succincts, a recouru à trois thèmes conventionnels : le guerrier qui s'attaque à un chef après avoir tué un comparse (viii, 402 ss.), le trait qui frappe un guerrier à qui il n'est pas destiné (i, 271 ss. ; ii, 289 ss. ; viii, 117 ss., 315 ss. ; x, 210 ss. ; xi, 474 ss.) et le héros qui venge la

δούρατι λευγαλέῳ, ἐπὶ δ' ἔκτανε δῖον Ἔρευθον,
ἄμφω ἐελδομένω πόλεμον καὶ ἀεικέα χάρμην,
οἳ Θρύον ἀμφενέμοντο παρ' Ἀλφειοῖο ῥεέθροις
καί ῥ' ὑπὸ Νέστορι βῆσαν ἐς Ἰλίου ἱερὸν ἄστυ.
Τοὺς δ' ὁπότ' ἐξενάριξεν, ἐπῴχετο Νηλέος υἷα
κτεῖναί μιν μεμαώς· τοῦ δ' Ἀντίλοχος θεοειδὴς
πρόσθ' ἐλθὼν ἴθυνε μακρὸν δόρυ· καί οἱ ἅμαρτε
τυτθὸν ἀλευαμένοιο, φίλον δέ οἱ εἷλεν ἑταῖρον
Αἴθοπα Πυρρασίδην. Ὁ δὲ χωσάμενος κταμένοιο
Ἀντιλόχῳ ἐπιᾶλτο, λέων ὣς ὀβριμόθυμος
καπρίῳ, ὅς ῥα καὶ αὐτὸς ἐναντίον οἶδε μάχεσθαι
ἀνδράσι καὶ θήρεσσι, πέλει δέ οἱ ἄσχετος ὁρμή·
ὣς ὅ θοῶς ἐπόρουσεν, ὃ δ' εὐρέι μιν βάλε πέτρῳ
Ἀντίλοχος. Τοῦ δ' οὔ τι λύθη κέαρ, οὕνεκ' ἄρ' αὐτοῦ
ἀλγινόεντ' ἀπάλαλκε φόνον κρατερὴ τρυφάλεια·
σμερδαλέον δέ οἱ ἦτορ ἐνὶ στήθεσσιν ὀρίνθη
βλημένου· ἀμφὶ δέ οἱ κόρυς ἴαχε· καί ῥ' ἔτι μᾶλλον
μαίνετ' ἐπ' Ἀντιλόχῳ, κρατερὴ δέ οἱ ἔζεεν ἀλκή.
Τοὔνεκα Νέστορος υἷα καὶ αἰχμητήν περ ἐόντα
τύψεν ὑπὲρ μαζοῖο· διήλασε δ' ὄβριμον ἔγχος
ἐς κραδίην, θνητοῖσιν ὅπῃ πέλει ὠκὺς ὄλεθρος.
Τοῦ δ' ὑποδῃωθέντος ἄχος Δαναοῖσιν ἐτύχθη
πᾶσι, μάλιστα δὲ πατρὶ περὶ φρένας ἤλυθε πένθος
Νέστορι παιδὸς ἑοῖο παρ' ὀφθαλμοῖσι δαμέντος·
οὐ γὰρ δὴ μερόπεσσι κακώτερον ἄλγος ἔπεισιν
ἢ ὅτε παῖδες ὄλωνται ἑοῦ πατρὸς εἰσορόωντος.
Τοὔνεκα καὶ στερεῇσιν ἀρηρέμενος φρεσὶ θυμὸν

241 ἀλφειοῖο H : -φεῖο Y ‖ **243** υἷα Köchly[2] : υἱὸν NEAld. υἱὸς Ω ‖ **247** χωσάμενος : fort. χωόμενος legendum ‖ **249** ὅς Y : ὅ H ‖ **250** ἄσχετος Y : ἄσπε- H ‖ **251** θοῶς H : θόας Y ‖ μιν YC : μὲν D om. UQ ‖ **253** ἀλγινόεντ' Rhodomann : ἀλγεινόεντ' Y ἀλγειόεντ' [ἀργ- C] H ‖ **254** στήθεσσιν H : -εσιν M στέρνοισιν PMYP quod quidem frequentius est recepitque Köchly ‖ **258** ὄβριμον MH : ὄμρ- (sic) P ‖ **265** στερεῇσιν Y : -εοῖσιν H ‖ ἀρηρέμενος Zimmermann (cf. xiv 475) : -ράμ- codd.

enfant qu'a terrassé le maudit Trépas[1]. Il se hâte de lancer un appel à Thrasymède qui se trouve loin de lui :

« A moi, glorieux Thrasymède ! Repoussons le meurtrier de ton frère, de mon fils ; écartons-le de ce cadavre qui fait notre déshonneur[2], ou sinon, en tombant à notre tour près de lui, consommons notre déplorable malheur. Si la peur habite ta poitrine, tu n'es pas mon fils, tu n'es pas de la race de ce Périclymène qui osa tenir tête à Héraclès lui-même[3]. Allons ! à l'œuvre ! Souvent nécessité s'entend à donner à l'homme assez de force, fût-il au combat le dernier des vauriens ! »

Il dit. Thrasymède, en l'entendant, est bouleversé jusqu'au fond de l'âme par un atroce chagrin. Il est bientôt rejoint par Phérée[4] que la mort du prince n'a pas moins touché que lui. Pour affronter le puissant Memnon, ils fendent le tumulte sanglant. Parfois deux chasseurs, dans les replis boisés d'une rude montagne, entraînés par leur passion du gibier, s'élancent sur un sanglier ou sur un ours ; ils brûlent de l'abattre, mais la bête les charge tous deux à la fois avec tant d'impétuosité qu'elle force les gaillards à la retraite[5]. C'est le même spectacle qui s'offre alors : d'un côté[6], Memnon, plein de superbe ; de l'autre, les deux hommes, tout près de lui, qui ne parviennent pas à le tuer malgré leurs grandes piques de frêne. Les pointes de leurs traits ont dévié loin du corps : c'est Érigénie sans doute qui les en a détournées[7]. Les lances ne sont pourtant pas retombées inutiles sur le sol : dans sa hâte impatiente,

mort d'un compagnon (I, 230 ss. ; VIII, 112 ss., 310 ss. ; X, 97 ss., 207 ss. ; XI, 474 ss.).

1. Comparer avec Properce, II, 13, 46-50 ; Tryphiodore, 18.

2. Cf. Π 544-547.

3. Fils de Nélée et frère de Nestor, Périclymène est l'oncle de Thrasymède. Lors de l'expédition d'Héraclès contre Pylos, il affronta le héros en usant de son pouvoir de métamorphose ; il fut finalement tué ainsi que tous ses frères, à l'exception de Nestor : cf. Λ 687-693 ; λ 286 (avec les scholies et Eustathe, 1685) ; schol. A à B 336 ; [Hésiode], fr. 14 Rzach ; Apollod., *Bibl.*, I, 9, 9 ; II, 7, 3 ; Ovide, *Métam.*, XII, 549 ss.

ἄχνυτο παιδὸς ἑοῖο κακῇ περὶ Κηρὶ δαμέντος.
Κέκλετο δ' ἐσσυμένως Θρασυμήδεα νόσφιν ἐόντα·
«Ὄρσό μοι, ὦ Θρασύμηδες ἀγακλεές, ὄφρα φονῆα
σεῖο κασιγνήτοιο καὶ υἱέος ἡμετέροιο
νεκροῦ ἑκὰς σεύωμεν ἀεικέος ἠὲ καὶ αὐτοὶ
ἀμφ' αὐτῷ στονόεσσαν ἀναπλήσωμεν ὀιζύν.
Εἰ δὲ σοὶ ἐν στέρνοισι πέλει δέος, οὐ σύ γ' ἐμεῖο
υἱὸς ἔφυς οὐδ' ἐσσὶ Περικλυμένοιο γενέθλης,
ὅς τε καὶ Ἡρακλῆι καταντίον ἐλθέμεν ἔτλη.
Ἀλλ' ἄγε δὴ πονεώμεθ', ἐπεὶ μέγα κάρτος ἀνάγκη
πολλάκι μαρναμένοισι καὶ οὐτιδανοῖσιν ὀπάζει. »
Ὣς φάτο· τοῦ δ' ἀίοντος ὑπὸ φρεσὶ σύγχυτο θυμὸς
πένθεσι λευγαλέοισιν. Ἄφαρ δέ οἱ ἤλυθεν ἄγχι
Φηρεύς, ὅν ῥα καὶ αὐτὸν ἀποκταμένοιο ἄνακτος
εἷλεν ἄχος· κρατεροῖο δ' ἐναντία δηριάασθαι
Μέμνονος ὡρμήθησαν ἀν' αἱματόεντα κυδοιμόν.
Ὡς δ' ὅταν ἀγρευτῆρες ἀνὰ πτύχας ὑληέσσας
οὔρεος ἠλιβάτοιο λιλαιόμενοι μέγα θήρης
ἢ συὸς ἢ ἄρκτοιο καταντίον ἀίσσωσι
κτεινέμεναι μεμαῶτες, ὃ δ' ἀμφοτέροις ἐπορούσας
θυμῷ μαιμώωντι βίην ἀπαμύνεται ἀνδρῶν·
ὣς τότε ⟨μὲν⟩ Μέμνων φρόνεεν μέγα· τοὶ δέ οἱ ἄγχι
ἤλυθον, ἀλλά μιν οὔ τι ⟨κατα⟩κτανέειν ἐδύναντο
μακρῇσι⟨ν⟩ μελίῃσιν· ἀπέπλαγχθεν γάρ οἱ αἰχμαὶ
τῆλε χροός, μάλα γάρ που ἀπέτραπεν Ἠριγένεια.

266 κηρὶ Heyne : κῆρι codd. || **268** θρασύμηδες M[1] (uel M[2])H : -μηδ (sic) Y || **270** σεύωμεν H : σέβω- Y || **282** -τῆρες ἀνὰ codd. : -τῆρε κατὰ Köchly[2] (sed cf. IV 220 ; VIII 175) || **283** ἠλιβάτοιο Y : εὐρυβ- H || **284** ἀίσσωσι Zimmermann : -σσουσι codd. || **285** κτεινέμεναι Y : κειρέμ- H || ἀμφοτέροις H : -ρας Y || **286** θυμῷ Y : θράσει H || **287** τότε μὲν nos (cf. τότεμνων D qui archetypi haplographiam fortasse seruat) : τόιε codd. τότε καὶ Brodeau || φρόνεεν Rhodomann : -εε Y φώνεε H || **288** καταχτανέειν R[s1] : κτανέειν Ω || **289** μακρῇσιν H : -σι Y || μελίῃσιν H : -σι Y || ἀπέπλαγχθεν DVB : -αχθεν H[c] -αγχεν Y || γάρ codd. : δέ Hermann || αἰχμαὶ Rhodomann : -μὴ codd.

Phérée, cœur de vaillance, a tué Polymnios, fils de Mégès ; de son côté, le valeureux fils de Nestor immole Laomédon[1] au ressentiment que lui laisse la mort de son frère[2], abattu par Memnon dans la mêlée. Celui-ci cependant, de son bras indomptable, s'occupe à dépouiller le cadavre de ses armes en bronze. Que lui importe la Force de Thrasymède et Phérée le preux, puisqu'il les surpasse, et de si loin ! Ils sont là, pareils à des chacals en présence d'un grand lion qui rôde autour d'un cerf : tout apeurés, ils ne se sentent plus le cœur de faire un pas en avant[3]. Près d'eux, Nestor se lamente misérablement à leur vue ; il bat le rappel de tous ses compagnons pour les lancer contre l'ennemi[4] ; il est prêt à se mettre lui-même à l'ouvrage du haut de son char, car le regret de son fils mort l'entraîne dans une lutte qui dépasse ses forces. Près de cet enfant chéri, il va bientôt, succombant à son tour, grossir le nombre des cadavres, quand Memnon, cœur de vaillance, le voit approcher et s'écrie par pitié pour cet homme chargé d'autant d'années que son père[5] :

« Vieillard ! il serait malséant pour moi d'accepter le combat contre un homme de ton âge : maintenant je vois bien à qui j'ai affaire[6] ; tout à l'heure, certes, je t'avais pris pour un jeune capitaine marchant à l'ennemi et ma bravoure avait conçu l'espoir d'un exploit digne de mon bras et de ma lance. Retire-toi donc de la mêlée et de l'odieux carnage ; retire-toi, que je ne doive pas, malgré moi, te frapper par force ; ne va pas tomber

1. Il faut peut-être rapprocher de ce Laomédon celui qui fut tué au moment de la prise de Troie, d'après la Lesché de Polygnote (Pausanias, x, 27, 3).

2. Même formule en Π 320.

3. Pour cette comparaison, cf. Λ 474 ss. ; O 271 ss. ; QS, ix, 240 ss.

4. Idoménée appelle ainsi à lui ses compagnons en N 477 ss.

5. Cf. Tryphiodore, 637 s.

6. Le texte peut être gardé : « puisque *maintenant du moins* (γε μὲν) je suis capable de voir (qui tu es). » Les particules établissent une opposition entre le moment présent et la précédente rencontre de Memnon et de Nestor (v. 243) qui est rappelée au vers suivant. Mais ἦ γὰρ constitue une légère anacoluthe.

Δούρατα δ' οὐχ ἁλίως χαμάδις πέσεν· ἀλλ' ὃ μὲν ὦκα
ἐμμεμαὼς κατέπεφνε Πολύμνιον υἷα Μέγητος
Φηρεὺς ὀβριμόθυμος, ὃ δ' ἔκτανε Λαομέδοντα
Νέστορος ὄβριμος υἱὸς ἀδελφειοῖο χολωθείς,
ὃν Μέμνων ἐδάιξε κατὰ μόθον, ἀμφὶ δ' ἄρ' αὐτῷ
χερσὶν ὑπ' ἀκαμάτοισι λύεν παγχάλκεα τεύχη
οὔτε βίην ἀλέγων Θρασυμήδεος οὔτε μὲν ἐσθλοῦ
Φηρέος, οὕνεκα πολλὸν ὑπείροχος· οἳ δ' ἅτε θῶε
ἀμφ' ἔλαφον βεβαῶτα μέγαν φοβέοντο λέοντα
οὔ τι πρόσω μεμαῶτες ἔτ' ἐλθέμεν. Αἰνὰ δὲ Νέστωρ
ἐγγύθεν εἰσορόων ὀλοφύρετο, κέκλετο δ' ἄλλους
σφοὺς ἑτάρους δηίοισιν ἐπελθέμεν· ἂν δὲ καὶ αὐτὸς
ὥρμαινε⟨ν⟩ πονέεσθαι ἀφ' ἅρματος, οὕνεκ' ἄρ' αὐτὸν
παιδὸς ἀποφθιμένοιο ποθὴ ποτὶ μῶλον ἄγεσκε
πὰρ δύναμιν. Μέλλεν δὲ φίλῳ ⟨περὶ⟩ παιδὶ καὶ αὐτὸς
κεῖσθαι ὁμῶς κταμένοις ἐναρίθμιος, εἰ μὴ ἄρ' αὐτὸν
Μέμνων ὀβριμόθυμος ἐπεσσύμενον προσέειπεν
αἰδεσθεὶς ἀνὰ θυμὸν ὁμήλικα πατρὸς ἑοῖο·

« Ὦ γέρον, οὔ μοι ἔοικε καταντία σεῖο μάχεσθαι
πρεσβυτέροιο γεγῶτος, ἐπεί γε μὲν οἶδα νοῆσαι·
ἦ γὰρ ἔγωγ' ἐφάμην σε νέον καὶ ἀρήιον ἄνδρα
ἀντιάαν δηίοισι, θρασὺς δέ μοι ἔλπετο θυμὸς
χειρὸς ἐμῆς καὶ δουρὸς ἐπάξιον ἔμμεναι ἔργον.
Ἀλλ' ἀναχάζεο τῆλε μόθου στυγεροῦ τε φόνοιο,
χάζεο, μή σε βάλοιμι καὶ οὐκ ἐθέλων περ ἀνάγκῃ

292 κατέπεφνε Y : κάπεφνε H ‖ **295** ἐδάιξε Ω : -ιζε P ‖ **296** ἀκαμάτοισι Y : -τησι H ‖ **298** ὑπείροχος H : ὑπέρ- Y ὑπείρεχεν Zimmermann[3] ‖ θῶε H : -ες Y ‖ **299** βεβαῶτα P (post corr. ?) et Köchly : -τε Ω ‖ φοβέοντο Lpr : -νται Ω ‖ **300** μεμαῶτες Y : -ῶτ' H ‖ ἔτ' H (cf. ix 243) : ἔτι Y ‖ **302** ἂν δὲ UQLNLasc.[2] : ἀν δὲ Ω ἄνδρε M ἐν δὲ Köchly ‖ **303** ὥρμαινεν LRLasc.[2] : ὥρμαινε H -μηνε Y ‖ **305** περὶ add. Rhodomann ‖ **306** ἐναρίθμιος Hermann (-ιον J. C. Struve) : ἐναλίγκιον codd. (quod quis defendat cl. i 714, sed -οισιν ἀλίγκιον exspectares) ‖ **310** γέ μεν (sic) codd. : γ' εὖ Hermann θέμιν Platt ‖ **313** post ἔμμεναι add. καὶ Y, del. P[1] ‖ **314** μόθου R et Köchly : μόγου Ω et R[s1].

près de ton fils dans une lutte par trop inégale ; tu n'y gagnerais que de te faire traiter de fou, car c'est déraison de s'en prendre à plus fort que soi. »

Il dit et le vieillard lui réplique à son tour[1] : « Memnon, ce ne sont là que paroles en l'air ! Qui donc irait prétendre qu'on déraisonne, lorsque, guidé par l'amour paternel, on aborde l'ennemi pour écarter, de haute lutte, l'implacable meurtrier du corps de son enfant ? Ah ! si ma vigueur était encore solide, tu connaîtrais ma lance ! Maintenant tu braves à ton aise ; car le cœur des jeunes est téméraire et leur cervelle légère : aussi bien tu ne sais qu'arrogantes pensées et vains discours. Que ne m'as-tu rencontré au temps de ma jeunesse ! Tes amis n'auraient pas eu lieu de s'en réjouir pour toi, tout fort que tu es ! Mais, aujourd'hui, je suis pareil au lion que l'odieuse vieillesse accable : un simple chien s'enhardit à le chasser de l'étable des moutons ; et lui, malgré son envie, ne parvient même pas à se défendre : ses crocs ne sont plus solides, sa vigueur non plus ; l'âge a réduit à néant la force de son cœur. Moi de même, j'ai perdu la force qui gonflait jadis ma poitrine ; pourtant je vaux mieux encore que beaucoup et ils sont rares, ceux qui font céder ma vieillesse[2]. »

A ces mots, il recule de quelques pas[3], en abandonnant son fils qui gît dans la poussière : ses membres n'ont plus, tant s'en faut, leur agilité ni leur robustesse de jadis ; la vieillesse l'a ployé sous son fardeau de misères. Comme lui, Thrasymède à la bonne pique bat en

1. Quintus emprunte plusieurs expressions aux discours de Nestor et d'Idoménée dans l'*Iliade;* cf., notamment pour les v. 323 s., 328 s., 339 s. : Δ 318-325 ; H 132 s., 157 s. ; Λ 669 s. ; N 484 ss. Pour la comparaison des v. 330 ss., cf. P 109-112.

2. Le vigoureux raccourci final doit être conservé : le possessif « *ma* vieillesse » est à tirer de la proposition antérieure.

3. Nestor ne s'éloigne pas et vengera bientôt son fils en tuant l'un des lieutenants de Memnon (v. 368) : cf. *Notice*, p. 51.

μηδὲ τεῷ περὶ παιδὶ πέσῃς μέγ' ἀμείνονι φωτὶ
μαρνάμενος, μὴ δή σε καὶ ἄφρονα μυθήσονται
ἀνέρες · οὐ γὰρ ἔοικεν ὑπερτέρῳ ἀντιάασθαι. »
Ὣς φάτο · τὸν δ' ἑτέρωθε γέρων ἠμείβετο μύθῳ ·
« Ὦ Μέμνον, τὰ μὲν ἄρ που ἐτώσια πάντ' ἀγορεύεις ·
οὐ μὲν γὰρ δηίοισι πονεύμενον εἵνεκα παιδὸς
ἀφραίνειν ἐρέει τις ἀνηλέα παιδοφονῆα
νεκροῦ ἑκὰς σεύοντα κατὰ μόθον. Ὡς ὄφελόν μοι
ἀλκὴ ἔτ' ἔμπεδος ἦεν, ἵνα γνώῃς ἐμὸν ἔγχος.
Νῦν δὲ σὺ μὲν μάλα πάγχυ μέγ' εὔχεαι, οὕνεκα θυμὸς
θαρσαλέος νέου ἀνδρὸς ἐλαφρότερόν τε νόημα ·
τῶ ῥα καὶ ὑψηλὰ φρονέων ἀποφώλια βάζεις.
Εἰ δέ μοι ἡβώωντι καταντίον εἰληλούθεις,
οὐκ ἄν τοι κεχάροντο φίλοι κρατερῷ περ ἐόντι ·
νῦν δ' ὥς τίς τε λέων ὑπὸ γήραος ἄχθομαι αἰνοῦ,
ὅν τε κύων σταθμοῖο πολυρρήνοιο δίηται
θαρσαλέως, ὃ δ' ἄρ' οὔ τι λιλαιόμενός περ ἀμύνει
οἷ αὐτῷ, οὐ γάρ οἱ ἔτ' ἔμπεδοί εἰσιν ὀδόντες
οὐδὲ βίη, κρατερὸν δὲ χρόνῳ ἀμαθύνεται ἦτορ ·
ὣς ἐμοὶ οὐκέτι κάρτος ἐνὶ στήθεσσιν ὄρωρεν
οἷόν περ τὸ πάροιθεν · ὅμως δ' ἔτι φέρτερός εἰμι
πολλῶν ἀνθρώπων, παύροισι δὲ γῆρας ὑπείκει. »
Ὣς εἰπὼν ἀπὸ βαιὸν ἐχάσσατο · λεῖπε δ' ἄρ' υἷα
κείμενον ἐν κονίῃσιν, ἐπεί νύ οἱ οὐκέτι πάμπαν
γναμπτοῖς ἐν μελέεσσι πέλε σθένος ὡς τὸ πάροιθε ·
γήραϊ γὰρ καθύπερθε πολυτλήτῳ βεβάρητο.

317 δή QCR : δέ Ω ‖ μυθήσονται codd. (cf. ι 499-502) : -σωνται Lasc.[2] ‖ **319** ἑτέρωθε Platt : -θι codd. ‖ **320** μέμνον D^{sl}QC : -νων YDU ‖ **324** ἵνα M^{sl}H : om. M ἵν P ‖ **329** τοι P^{pc}H : τι Y (et NEAld.) ‖ **330** γήραος YH^{c} : -ρως D ‖ **331** δίηται YH^{c} : διήρηται D ‖ **336** δ' ἔτι plerique : δέ τι P^{sl}M δέ τοι PQ ‖ **337** γῆρας ὑπείκει codd. : χεῖρας ὑπείκω Zimmermann ‖ **338** λεῖπε Rhodomann : λίπε codd. ‖ **339** οἱ Spitzner : τοι codd. ‖ **340** γναμπτοῖς ἐν Y : γναμπτοῖσι C γναπτ- DUQ (= H) ‖ πέλε D : -εν YH^{c}.

retraite, ainsi que Phérée, cœur de vaillance, et tous leurs compagnons : ils ont peur, tant ils sont pressés par ce guerrier qui sème le désastre.

Le torrent dévale de la haute montagne avec de profonds remous et ses eaux bouillonnent dans un fracas sans fin, lorsque Zeus déploie son ciel de nuages sur les hommes et déchaîne un violent orage ; les tonnerres grondent alors de tout côté, parmi les éclairs, chaque fois que se heurtent les nuages divins ; les terres basses sont inondées sous le déluge de l'averse hurlante, tandis que, dans toutes les montagnes à la ronde, les profonds ravins rugissent terriblement[1]. Memnon pousse avec la même violence les Argiens vers les rivages de l'Hellespont, et, lancé sur leurs traces, il en fait un carnage. Combien, dans la poussière sanglante, rendent l'âme sous le bras des Éthiopiens ! La terre est toute maculée du sang des Danaens expirants. Avec quelle joie au cœur Memnon charge sans répit les rangs ennemis ; autour de lui, le sol de Troie disparaît sous les cadavres. Il ne s'arrête jamais de combattre : il se croit déjà la lumière des Troyens et le fléau des Danaens ; mais il n'est que le jouet du Destin, fécond en douleurs, qui se tient tout près de lui et l'excite à la bataille. A ses côtés, ses solides vassaux sont à l'œuvre, Alcyonée, Nychios, le magnanime Asiadès, Ménéclos le manieur de pique, Alexippos, Clydon et tous les autres, avides de combats : ils ne montrent pas moins de fermeté que lui dans la lutte, tant ils ont de confiance en leur roi. C'est alors que le Néléide abat Ménéclos qui chargeait les Danaens. Bouleversé par la perte de son compagnon, Memnon,

1. La comparaison est complexe. Le premier thème, celui des fleuves débordés, a de nombreux antécédents homériques : Δ 452 ss. ; E 87 ss., 597 ss. ; Λ 492 ss. ; Π 384 ss. ; P 263 ss. ; notre poète l'exploite à maintes reprises : II, 221, 471 ; VI, 378 ; VII, 115 ; X, 171 ; XIV, 5. Un second thème est emprunté à la physique ancienne : l'éclair est provoqué par un heurt entre deux nuages, comparés en II, 224, à deux fers qu'on aiguise l'un contre l'autre : cf. Aristote, *Météor.*, II, 9, 5 ; Von Arnim, *Stoic. vet. fragm.*, II, 203, nos 703 ss. ; et le commentaire à Lucrèce par A. Ernout-L. Robin, III, p. 202 ss. On retrouve des allusions à

Ὣς δ' αὔτως ἀπόρουσεν ἐυμμελίης Θρασυμήδης
Φηρεύς τ' ὀβριμόθυμος ἰδ' ἄλλοι πάντες ἑταῖροι
δειδιότες· μάλα γάρ σφιν ἐπῴχετο λοίγιος ἀνήρ.
Ὡς δ' ὅτ' ἀπὸ μεγάλων ὀρέων ποταμὸς βαθυδίνης
καχλάζων φορέηται ἀπειρεσίῳ ὀρυμαγδῷ,
ὁππότε συννεφὲς ἦμαρ ἐπ' ἀνθρώποισι τανύσσῃ
Ζεὺς κλονέων μέγα χεῖμα, περικτυπέουσι δὲ πάντῃ
βρονταὶ ὁμῶς στεροπῇσιν ἅδην νεφέων συνιόντων
θεσπεσίων, κοῖλαι δὲ περικλύζονται ἄρουραι
ὄμβρου ἐπεσσυμένοιο δυσηχέος, ἀμφὶ δὲ μακραὶ
σμερδαλέον βοόωσι κατ' οὔρεα πάντα χαράδραι·
ὣς Μέμνων σεύεσκεν ἐπ' ᾐόνας Ἑλλησπόντου
Ἀργείους, μετόπισθε δ' ἐπισπόμενος κεράιζε.
Πολλοὶ δ' ἐν κονίῃσι καὶ αἵματι θυμὸν ἔλειπον
Αἰθιόπων ὑπὸ χερσί, λύθρῳ δ' ἐφορύνετο γαῖα
ὀλλυμένων Δαναῶν· μέγα δ' ἐν φρεσὶ γήθεε Μέμνων
αἰὲν ἐπεσσύμενος δηίων στίχας, ἀμφὶ δὲ νεκρῶν
στείνετο Τρώιον οὖδας. Ὃ δ' οὐκ ἀπέληγε κυδοιμοῦ·
ἔλπετο γὰρ Τρώεσσι φάος, Δαναοῖσι δὲ πῆμα
ἔσσεσθ'· ἀλλά ἑ Μοῖρα πολύστονος ἠπερόπευεν
ἐγγύθεν ἱσταμένη καὶ ἐπὶ κλόνον ὀτρύνουσα.
Ἀμφὶ δέ οἱ θεράποντες ἐυσθενέες πονέοντο,
Ἀλκυονεὺς Νύχιός τε καὶ Ἀσιάδης ἐρίθυμος
αἰχμητής τε Μένεκλος Ἀλέξιππός τε Κλύδων τε
ἄλλοι τ' ἰωχμοῖο μεμαότες, οἵ ῥα καὶ αὐτοὶ
καρτύναντ' ἀνὰ δῆριν ἑῷ πίσυνοι βασιλῆι.
Καὶ τότε δή ῥα Μένεκλον ἐπεσσύμενον Δαναοῖσι
Νηλείδης κατέπεφνεν· ὃ δ' ἀσχαλόων ἑτάροιο

342 αὔτως plerique : αὔ- MUR ‖ **343** ἰδ' Lasc.[1-2] : ἠδ' MH οἱ δ' P ‖ **347** συννεφὲς YD : συνε- H[c] et recc. quidam ‖ **348** κλονέων H : κρονίων Y ‖ **349** στεροπῇσιν Y : -σι H ‖ **350** περικλύζονται P[pc]H : περκλ- Y ‖ **353** ᾐόνας Y : ἠιό- H ‖ ἑλλησπόντου H : -τοιο Y ‖ **364** Νυχίος Lehrs ‖ **365** κλύδων Y : κλάδων H ‖ **368** μένεκλον H : μένοκλον Y ‖ **369** Νηλείδης Pauw : πηλ- codd.

cœur de vaillance, égorge des hommes en masse. Quand un chasseur dans la montagne se jette sur des biches légères, après qu'il a réussi, grâce à la science de ses rabatteurs, à faire choir leur troupe dans les filets ténébreux, ultime piège de la vénerie[1], la meute triomphante redouble ses abois, tandis que l'homme, impatient, porte avec son épieu la tuerie et la désolation parmi les rapides faons[2]. C'est ainsi que Memnon taille en pièces une immense armée, en comblant de joie les compagnons qui le suivent. Les Argiens fuient devant le glorieux héros. Parfois un rocher gigantesque dévale de la montagne abrupte : Zeus l'invincible l'a fait basculer de la crête d'un escarpement en le frappant avec sa foudre lourde de sanglots ; il s'abîme alors dans les taillis épais des gorges profondes en faisant résonner les vallons, et l'on voit trembler dans la forêt, pendant qu'il roule sur elles, les brebis, les vaches et toutes les bêtes qui sont au pacage, chacune tâchant de se garer de sa course implacable et brutale[3]. Pris d'une semblable panique, les Achéens fuient devant la solide lance de Memnon qui leur donne la chasse.

Cependant Nestor aborde le puissant Éacide et lui dit le grand tourment que lui cause le sort de son fils : « Achille, sûr rempart des robustes Argiens, mon enfant chéri n'est plus ; Memnon lui a pris ses armes après l'avoir tué et je crains que son corps ne soit la proie des chiens. Vite ! viens à mon secours ! Un ami doit garder le souvenir du compagnon qui a péri et ressentir la douleur de sa mort[4]. »

Quand Achille entend ces mots, le deuil le touche au

la même théorie en II, 224 s. ; IV, 349 ; VIII, 69. Le v. 350 est tiré d'Aratos, *Phén.*, 902.

1. La première proposition de la protase ne possède pas de verbe à un mode personnel. Ce genre d'anacoluthe est fréquent (on le retrouve aux v. 379 ss.) : voir nos *Recherches*, p. 201-202. Il est inutile de corriger le texte ou de supposer une lacune.

2. Κεμμάς est ici synonyme d'ἔλαφος ; mais nous avons voulu introduire dans la traduction la même variété que dans le texte.

3. Pour cette comparaison, cf. p. 39, n. 2.

4. Pour ce discours, cf. Π 538-547 ; Ρ 254 s. ; Σ 18-21 ; Ψ 556 ; comparer avec Properce, II, 13, 51 s.

Μέμνων ὀϐριμόθυμος ἐνήρατο πουλὺν ὅμιλον.
Ὡς δ' ὅτε τις κραιπνῇσιν ἐπιϐρίσας ἐλάφοισι
θηρητὴρ ἐν ὄρεσσι λίνων ἔντοσθεν ἐρεμνῶν
ἰλαδὸν ἀγρομένῃσιν ἐς ὑστάτ⟨ι⟩ον δόλον ἄγρης
αἰζηῶν ἰότητι, κύνες δ' ἐπικαγχαλόωσι
πυκνὸν ὑλακτιόωντες, ὃ δ' ἐμμεμαὼς ὑπ' ἄκοντι
κεμμάσιν ὠκυτάτῃσι φόνον στονόεντα τίθησιν·
ὣς Μέμνων ἐδάιζε πολὺν στρατόν, ἀμφὶ δ' ἑταῖροι
γήθεον. Ἀργεῖοι δὲ περικλυτὸν ἄνδρ' ἐφέϐοντο·
ὡς δ' ὁπότ' ἐξεριπόντος ἀπ' οὔρεος ἠλιϐάτοιο
πέτρου ἀπειρεσίοιο, τὸν ὑψόθεν ἀκάματος Ζεὺς
ὤσῃ ἀπὸ κρημνοῖο βαλὼν στονόεντι κεραυνῷ,
τοῦ δ' ἄρ' ἀνὰ δρυμὰ πυκνὰ καὶ ἄγκεα μακρὰ ῥαγέντος
βῆσσαι ἐπικτυπέουσι, περιτρομέουσι δ' ἀν' ὕλην,
εἴ που μῆλ' ὑπένερθε κυλινδομένοιο νέμονται
ἢ βόες ἠέ τι ἄλλο, καὶ ἐξαλέονται ἰόντος
ῥιπὴν ἀργαλέην καὶ ἀμείλιχον· ὣς ἄρ' Ἀχαιοὶ
Μέμνονος ὄϐριμον ἔγχος ἐπεσσυμένοιο φέϐοντο.
Καὶ τότε δὴ κρατεροῖο μόλε σχεδὸν Αἰακίδαο
Νέστωρ, ἀμφὶ δὲ παιδὶ μέγ' ἀχνύμενος φάτο μῦθον·
« Ὦ Ἀχιλεῦ, μέγα ἕρκος ἐυσθενέων Ἀργείων,
ὤλετό μοι φίλος υἱός, ἔχει δέ οἱ ἔντεα Μέμνων
τεθναότος, δείδω δὲ κυνῶν μὴ κύρμα γένηται.
Ἀλλὰ θοῶς ἐπάμυνον, ἐπεὶ φίλος ὅς τις ἑταίρου
μέμνηται κταμένοιο καὶ ἄχνυται οὐκέτ' ἐόντος. »
Ὣς φάτο· τοῦ δ' ἀίοντος ὑπὸ φρένας ἔμπεσε πένθος.

371 ἐπιϐρίσας [-ϐρήσ- M] Y : ἐπιϐρίσησ' H || **373** ἰλαδὸν Y : ἰληδὸν H || ἀγρομένῃσιν MH : -νοισιν P || ὑστάτιον Rhodomann : ὕστατον codd. || **376** κεμμάσιν [με- D] H : κρεμμάσ' P (ρ del. P^{1}) κρεμμάσῃ M (ρ erasit M^{1}) || ὠκυτάτῃσι H : -τοισι P -τισι M || **377** post ὧς add. τότε H || **378** ἄνδρ' ἐφέϐοντο codd. : ἄνδρα φέ- Köchly^{2} || **382** ἄρ' om. H || **385** ἠέ τι Ald. : ἢ ἔτι codd. || ἐξαλέονται Rhodomann : -άλλονται codd. || **388** μόλε H : -εν Y || **389** παιδὶ H : παιδίον Y || **391** οἱ Lehrs : μοι codd. || **392** τεθναότος Y : -αῶτος H || κύρμα Y : κῦ- H.

plus profond des entrailles. Il aperçoit, dans le tumulte lourd de sanglots, Memnon en train d'exterminer de sa lance les Argiens par bataillons entiers. Il abandonne aussitôt les Troyens que son bras taillait en pièces ailleurs sur le front des phalanges. Assoiffé de combat, il se porte vers lui, plein de courroux pour la mort d'Antiloque et de tous les autres[1]. Memnon saisit alors dans ses mains une pierre — c'était une borne qu'on avait plantée au milieu des épis de la plaine — ; le guerrier divin la lance sur le bouclier de l'indomptable fils de Pélée[2]. Mais lui, sans reculer devant l'énorme bloc, l'aborde sur-le-champ, sa grande pique pointée en avant : il était à pied, car ses chevaux étaient restés à l'arrière de la mêlée[3]. Il lui porte un rude coup à l'épaule droite, au-dessus de l'écu. L'autre, malgré sa blessure, n'en poursuit pas moins le combat d'un cœur intrépide : il atteint le bras de l'Éacide avec sa bonne lance et fait couler son sang[4]. Le héros se félicite, bien en vain ! et lui adresse aussitôt cet arrogant discours[5] :

« Maintenant je compte bien que tu vas accomplir ton triste destin et mourir, terrassé par mon bras ! Tu ne sortiras plus vivant de la bataille. Misérable ! pourquoi donc égorgeais-tu sans pitié les Troyens ? Ah ! tu te flattais de valoir cent fois mieux que tous les hommes, d'avoir pour mère une Immortelle, une Néréide[6] ! Eh bien ! il est désormais venu pour toi le jour fatidique, car je suis de la race des dieux, moi, le fils vaillant d'Éos, que les Hespérides au teint de lys ont élevé, hors de ce monde, sur les rives de l'Océan[7]. Étant qui je suis, aurais-je lieu de me dérober devant

1. Cf. Χ 271 s.

2. Cf. Υ 285 ss. ; Φ 403 ss. ; Virgile, *Én.*, XII, 896 ss.

3. Sur ce détail, cf. *Notice*, p. 51, n. 2.

4. Imitation de Φ 166 s. Bien que μέλαν soit l'épithète habituelle de αἷμα, le possessif emphatique φίλον est ici à sa place : c'est un grand exploit pour Memnon que d'avoir réussi à faire couler le propre sang d'Achille. Chez Darès aussi (chap. XXXIII), Memnon parvient à blesser Achille.

5. Sur cette arrogance qui n'est pas conforme au caractère de Memnon, cf. *Notice*, p. 48.

6. Cf. Υ 206 s.

Μέμνονα δ' ὡς ἐνόησεν ἀνὰ στονόεντα κυδοιμὸν
Ἀργείους ἰληδὸν ὑπ' ἔγχεϊ δηιόωντα,
αὐτίκα κάλλιπε Τρῶας ὅσους ὑπὸ χερσὶ δάιζεν
ἀμφ' ἄλλῃσι φάλαγξι, καὶ ἰσχανόων πολέμοιο
ἤλυθέ οἱ κατέναντα χολούμενος Ἀντιλόχοιο
ἠδ' ἄλλων κταμένων. Ὁ δ' ἄρ' εἵλετο χείρεσι πέτρην,
τήν ῥα βροτοὶ θέσαν οὖρον ἐυστάχυος πεδίοιο,
καὶ βάλεν ἀκαμάτοιο κατ' ἀσπίδα Πηλείωνος
δῖος ἀνήρ. Ὁ δ' ἄρ' οὔ τι τρέσας περιμήκεα πέτρην
αὐτίκα οἱ σχεδὸν ἦλθε μακρὸν δόρυ πρόσθε τιταίνων,
πεζός, ἐπεί ῥά οἱ ἵπποι ἔσαν μετόπισθε κυδοιμοῦ,
καί οἱ δεξιὸν ὦμον ὑπὲρ σάκεος στυφέλιξεν.
Ὃς δὲ καὶ οὐτάμενός ⟨περ⟩ ἀταρβέι μάρνατο θυμῷ,
τύψε δ' ἄρ' Αἰακίδαο βραχίονα δουρὶ κραταιῷ·
τοῦ δ' ἐχύθη φίλον αἷμα. Χάρη δ' ἄρ' ἐτώσιον ἥρως
καί μιν ἄφαρ προσέειπεν ὑπερφιάλοις ἐπέεσσι·
« Νῦν σ' ὀίω μόρον αἰνὸν ἀναπλήσειν ὑπ' ὀλέθρῳ
χερσὶν ἐμῇσι δαμέντα καὶ οὐκέτι μῶλον ἀλύξαι.
Σχέτλιε, τίπτε σὺ Τρῶας ἀνηλεγέως ὀλέεσκες,
πάντων εὐχόμενος πολὺ φέρτατος ἔμμεναι ἀνδρῶν
μητρός τ' ἀθανάτης Νηρηίδος ; Ἀλλὰ σοὶ ἤδη
ἤλυθεν αἴσιμον ἦμαρ, ἐπεὶ θεόθεν γένος εἰμὶ
Ἠοῦς ὄβριμος υἱός, ὃν ἔκτοθι λειριόεσσαι
Ἑσπερίδες θρέψαντο παρὰ ῥόον Ὠκεανοῖο.
Τοὔνεκά σευ καὶ δῆριν ἀμείλιχον οὐκ ἀλεείνω,

396 δ' H : θ' PM^pc τ' M^ac(?) || **398** δάιζεν Lasc.[2] et Platt : δάιξεν H δαΐξων Y || **399** ἄλλῃσι Y : ὅλλ- H || **400** ἤλυθέ Köchly : -έν codd. || κατέναντα χολούμενος Y : κατέναντί γε χωόμενος H || **401** ἄρ' H : οὐρ Y οὐν M^pc (unde ἀνείλετο coni. Köchly) || **402** ἐυσταχύος Y : -χέος H || **406** μετόπισθε plerique : -σθεν PD^ac -σθ (sic) M || **407** σάκεος Y : σάκος H || **408** ὃς Y : ὃ H || περ add. BR et Rhodomann || μάρνατο Köchly : μαίνετο codd. || **410** φίλον codd. : μέλαν Zimmermann[4] || **412** ὑπ' ὀλέθρῳ Rhodomann (et hoc uoluit Ald.) : ὑπὸ λύθρω codd. || **413** ἀλύξαι codd. : -ξειν Zimmermann[3] || **415** φέρτατος Spitzner : -τερος codd. || **418** λειριόεσσαι Rhodomann : χει- codd. || **420** ἀλεείνω Y : ἀλεγείνω H.

toi, dussions-nous lutter jusqu'à la mort? Je sais combien ma mère divine l'emporte sur la Néréide dont tu prétends descendre toi-même. L'une procure la lumière aux Bienheureux comme aux mortels ; il est en son pouvoir de conduire à leur terme, sous la voûte de l'Olympe immuable, toutes les belles et nobles œuvres qui servent au bonheur des hommes[1]. L'autre reste blottie dans les abîmes inféconds de la mer ; elle vit avec des monstres, paradant au milieu de ses poissons, oisive et ignorée. Je ne me soucie point d'elle et ne la tiens point pour l'égale des Immortelles du ciel ! »

Il dit et le fils hardi de l'Éacide lui rétorque en colère[2] :

« Memnon, jusqu'où t'entraîne donc l'aberration de ton esprit? Quoi ! venir m'affronter ! te mesurer à moi au combat, quand je te surpasse en force, en naissance et en prestance, moi qui possède en partage le sang illustre du magnanime Zeus et celui du puissant Nérée qui est le père des vierges de la mer ! Ces Néréides, sache-le, les dieux les honorent dans l'Olympe, et, par-dessus toutes, Thétis aux pensers glorieux ! N'a-t-elle pas recueilli dans son palais Dionysos, quand il tremblait devant la Force du sinistre Lycurgue? N'a-t-elle pas ouvert aussi sa demeure à Héphaistos, l'habile forgeron, le jour qu'il tomba de l'Olympe? Il n'est pas jusqu'au Seigneur de la foudre blanche qu'elle n'ait délivré de ses liens[3] ! C'est en souvenir de tels bienfaits que les Ouranides qui voient tout honorent ma mère Thétis dans l'Olympe sacré ; et tu apprendras bientôt qu'elle est une déesse, quand ma pique de bronze te percera

1. Éos reprendra en termes analogues la même déclaration aux v. 616-617. Il convient de se souvenir qu'elle n'est plus seulement la déesse de l'Aurore, mais celle de la lumière du jour. Son action s'étend à l'Univers entier : en effet l'Olympe désigne ici la voûte céleste dans sa totalité et non la seule demeure des dieux comme au v. 176.

2. Pour le discours qui suit, cf. Υ 178 ss. D'une manière générale, la rencontre d'Achille et de Memnon offre plusieurs points de comparaison avec celle qui oppose Achille à Énée au chant XX de l'*Iliade* (voir les notes).

εἰδὼς μητέρα δῖαν, ὅσον προφερεστέρη ἐστὶ
Νηρεΐδος τῆς αὐτὸς ἐπεύχεαι ἔκγονος εἶναι.
Ἡ μὲν γὰρ μακάρεσσι καὶ ἀνθρώποισι φαείνει,
τῇ ἐπὶ πάντα τελεῖται ἀτειρέος ἔνδον Ὀλύμπου
ἐσθλά τε καὶ κλυτὰ ἔργα τά τ' ἀνδράσι γίνετ' ὄνειαρ·
ἣ δ' ἐν ἁλὸς κευθμῶσι καθημένη ἀτρυγέτοισι
ναίει ὁμῶς κήτεσσι μετ' ἰχθύσι κυδιόωσα
ἄπρηκτος καὶ ἄιστος. Ἐγὼ δέ μιν οὐκ ἀλεγίζω
οὐδέ μιν ἀθανάτῃσιν ἐπουρανίῃσιν ἐίσκω. »
Ὣς φάτο· τὸν δ' ἐνένιπε θρασὺς πάις Αἰακίδαο·
« Ὦ Μέμνον, πῇ νῦν σε κακαὶ φρένες ἐξορόθυναν
ἐλθέμεν ἀντί' ἐμεῖο καὶ ἐς μόθον ἰσοφαρίζειν;
Ὅς σέο φέρτερός εἰμι βίῃ γενεῇ τε φυῇ τε,
Ζηνὸς ὑπερθύμιοιο λαχὼν ἀριδείκετον αἷμα
καὶ σθεναροῦ Νηρῆος, ὃς εἰναλίας τέκε κούρας
Νηρεΐδας, τὰς δή ῥα θεοὶ τίουσ' ἐν Ὀλύμπῳ,
πασάων δὲ μάλιστα Θέτιν κλυτὰ μητιόωσαν,
οὕνεκά που Διόνυσον ἑοῖς ὑπέδεκτο μελάθροις,
ὁππότε δειμαίνεσκε βίην ὀλοοῖο Λυκούργου,
ἠδὲ καὶ ὡς Ἥφαιστον ἐύφρονα χαλκεοτέχνην
δέξατο οἷσι δόμοισιν ἀπ' Οὐλύμποιο πεσόντα,
αὐτόν τ' Ἀργικέραυνον ὅπως ὑπελύσατο δεσμῶν·
τῶν μιμνησκόμενοι πανδερκέες Οὐρανίωνες
μητέρ' ἐμὴν τίουσι Θέτιν ζαθέῳ ἐν Ὀλύμπῳ.
Γνώσῃ δ' ὡς θεός ἐστιν, ἐπὴν δόρυ χάλκεον εἴσω
ἐς τεὸν ἧπαρ ἵκηται ἐμῇ βεβλημένον ἀλκῇ·

422 νηρεΐδος R[pc] : -ρηΐδ- Ω ‖ **426** κευθμῶσι VLasc.[2] : κεθμ- Ω ‖ καθημένη V et Rhodomann : μεθ- Ω ‖ **427** μετ' codd. : μέγ' J. C. Struve ‖ **428** μιν codd. (cf. II 297 ; III 223) : οἱ Zimmermann (cf. XIV 243) ‖ **429** ἀθανάτῃσιν plerique : -τοισιν P[ac]L ‖ ἐπουρανίῃσιν Ω : -ίοισιν L ‖ **430** ἐνένιπε Ω : -ισπε UCR (cf. IV 302 ; V 237 ; X 26) ‖ **431** μέμνον H : -νων Y ‖ **432** ἐς H : εἰς Y ‖ **433** βίῃ H : φύῃ Y ‖ **435** τέκε H : τύκε Y ‖ **436** νηρεΐδας R : -ρηΐδ- Ω ‖ **439** δειμαίνεσκε YUQ : δὴ μαί- DC (= H) ‖ **441** δέξατο οἷσι codd. : δέξαθ' ἑοῖσι Köchly ‖ οὐλύμποιο Y : -που H ‖ **442** ὑπελύσατο Rhodomann : -ερύ- codd. ‖ **446** βεβλημένον Y : -νος H.

le foie, lancée par mon bras[1]. Comme j'ai vengé Patrocle sur Hector, mon courroux vengera sur toi le sang d'Antiloque : non, tu n'as pas tué le compagnon d'un lâche[2] ! Mais que restons-nous là, comme de jeunes écervelés, à conter les actions de nos parents et les nôtres ? C'est l'heure d'Arès ! c'est l'heure de la vaillance[3] ! »

A ces mots, il saisit sa longue épée ; Memnon en fait de même. Ils se ruent à l'instant l'un sur l'autre. Le cœur débordant de superbe[4], ils martèlent leurs écus qu'Héphaistos a forgés de son art immortel[5], chaque fois qu'ils se donnent l'assaut ; leurs deux cimiers se frôlent, le casque pressant le casque[6]. Zeus, qui les chérit également, leur a dispensé une vigueur immense ; il les a rendus indomptables et gigantesques : on ne dirait plus des hommes, mais des dieux[7]. La Discorde rit de les voir. Brûlant de pousser au plus tôt la pointe de leur glaive dans la chair, ils cherchent à maintes et maintes reprises le défaut entre le bouclier et le casque empanaché pour y diriger leurs coups ; d'autres fois, ils visent un peu au-dessus de la jambière, au bas de la cuirasse ouvragée qui s'ajuste sur leurs membres puissants. Comme ils sont impatients ! Leurs armes immortelles, autour d'eux, sonnent sur leurs épaules. Cependant vers l'éther divin monte la clameur des Troyens, des Éthiopiens et des Argiens magnanimes qui combattent, camp contre camp ; leurs pas soulèvent la poussière jusqu'aux espaces du ciel, car c'est une grande action qui s'accomplit. Tel le brouillard épandu sur la montagne, quand la pluie tombe à verse et que les gaves mugissants, gonflés d'une eau tumultueuse, font un bruit de tonnerre dans chaque ravin ; pas un pâtre

1. Le poète oublie que les deux héros n'ont plus leur pique qu'ils ont déjà lancée sans succès (v. 405-410) ; ils combattront dorénavant à l'épée (v. 452 s., 520, 543). Mais dans l'*Éthiopide*, Memnon tombait sans doute sous la pique d'Achille : Pindare, *Ném.*, VI, 53 ; cf. Philostrate, *Imag.*, I, 7, 1 ; et la plupart des peintures de vases du VIe et du Ve siècle.

2. Cf. X 331-336, 345-354 ; et, pour l'expression finale, ι 475.

3. Nouvelle imitation du chant XX de l'*Iliade* (v. 244-258 ; cf. aussi N 292 s.).

Ἕκτορα γὰρ Πατρόκλοιο, σὲ δ' Ἀντιλόχοιο χολωθεὶς
τίσομαι· οὐ γὰρ ὄλεσσας ἀνάλκιδος ἀνδρὸς ἑταῖρον.
Ἀλλὰ τί νηπιάχοισιν ἐοικότες ἀφραδέεσσιν
ἕσταμεν ἡμετέρων μυθεύμενοι ἔργα τοκήων
ἠδ' αὐτῶν; Ἐγγὺς γὰρ Ἄρης, ἐγγὺς ⟨δὲ⟩ καὶ ἀλκή. »
Ὣς εἰπὼν παλάμῃσι λάβεν πολυμήκετον ἆορ,
Μέμνων δ' αὖθ' ἑτέρωθε, καὶ ὀτραλέως συνόρουσαν.
Τύπτον δ' ἀλλήλων ἄμοτον φρεσὶ κυδιόωντες
ἀσπίδας ἃς Ἥφαιστος ὑπ' ἀμβροσίῃ κάμε τέχνῃ,
πυκνὰ συναΐσσοντες· ἐπέψαυον δὲ λόφοισιν
ἀλλήλαις ἑκάτερθεν ἐρειδόμεναι τρυφάλειαι.
Ζεὺς δὲ μέγ' ἀμφοτέροισι φίλα φρονέων βάλε κάρτος,
τεῦξε δ' ἄρ' ἀκαμάτους καὶ μείζονας, οὐδὲν ὁμοίους
ἀνδράσιν, ἀλλὰ θεοῖσιν· Ἔρις δ' ἐπεγήθεεν ἄμφω.
Οἳ δ' αἰχμὴν μεμαῶτες ἄφαρ χροὸς ἐντὸς ἐλάσσαι
μεσσηγὺς σάκεός τε καὶ ὑψιλόφου τρυφαλείης
πολλάκις ἰθύνεσκον ἑὸν μένος, ἄλλοτε δ' αὖτε
βαιὸν ὑπὲρ κνημῖδος, ἔνερθε δὲ δαιδαλέοιο
θώρηκος βριαροῖσιν ἀρηρότος ἀμφὶ μέλεσσιν,
ἄμφω ἐπειγόμενοι· περὶ δέ σφισιν ἄμβροτα τεύχη
ἀμφ' ὤμοις ἀράβησε. Βοὴ δ' ἵκετ' αἰθέρα δῖον
Τρώων Αἰθιόπων τε καὶ Ἀργείων ἐριθύμων
μαρναμένων ἑκάτερθε· κόνις δ' ὑπὸ ποσσὶν ὀρώρει
ἄχρις ἐς οὐρανὸν εὐρύν, ἐπεὶ μέγα ἤνυτο ἔργον.
Εὖτ' ὀμίχλη κατ' ὄρεσφιν ὀρινομένου ὑετοῖο,
ὁππότε δὴ κελάδοντες ἐνιπλήθονται ἔναυλοι
ὕδατος ἐσσυμένοιο, βρέμει δ' ἄρα πᾶσα χαράδρη

450 ἕσταμεν Tychsen : ἑστάμεν YC ἐστ- DUQ ‖ **451** γὰρ Zimmermann[2] (cf. v 232) : καὶ codd. ‖ ἄρης Ω : ἄρηος P ‖ δὲ add. Rhodomann ‖ **453** αὖθ' Ω : αὖ P ‖ ἑτέρωθε RLasc.[2] : -εν Ω ‖ συνόρουσαν codd. : -σε Lasc.[2] ‖ **454** κυδιόωντες codd. : μαιμώωντες Köchly ‖ **459** τεῦξε H : τεύξαι Y ‖ ἀκαμάτους codd. : ἀκμήτους Köchly[2] ‖ **464** δὲ om. H ‖ **465** ἀμφὶ om. H ‖ μέλεσσιν Y : μελέεσσιν H ‖ **467** δῖον codd. : δῖαν Lasc.[2] ‖ **470** ἤνυτο nos (cf. xiv 19, 104) : κίνυτο codd.

alors qui ne tremble devant les torrents et ce brouillard ami des loups meurtriers et de toutes les bêtes que nourrit l'immense forêt[1] : telle est la poussière exténuante que fait voler le piétinement des hommes ; elle cache même la sainte clarté du soleil, tant elle obscurcit l'azur. Une affreuse détresse accable les armées prises tout à la fois dans ce nuage et dans les cruelles traverses du combat. Un dieu, il est vrai, ne tarde pas à chasser la poussière loin de la bataille ; mais les Trépas de mort n'en excitent pas moins les phalanges fougueuses, dans chaque camp, à poursuivre sans relâche leur ouvrage dans la mêlée qui cause bien des larmes. Arès n'arrête jamais l'atroce carnage ; le sol, tout à l'entour, est maculé de ruisseaux de sang ; la noire Mort rayonne. Et, sous les cadavres, disparaît la vaste plaine nourricière de cavales que le Simoïs et le Xanthe enserrent de leurs eaux en descendant de l'Ida vers l'Hellespont sacré.

Tandis que la lutte se prolonge, immense et opiniâtre, et que chacun des partis déploie une égale ardeur, les Olympiens les contemplent de loin, les uns inclinant pour l'indomptable Péléide, les autres pour le fils divin de Tithon et d'Éos. Les espaces du ciel résonnent sur la tête des deux guerriers ; la mer gronde aux environs ; autour d'eux, la terre brune tremble sous leurs pas. La peur étreint toutes les filles du magnanime Nérée qui se pressent contre Thétis : nul ne saurait dire leur angoisse pour le vaillant Achille. Érigénie n'a pas moins d'inquiétude pour son enfant chéri, cependant qu'elle parcourt l'azur sur son char ; les filles du Soleil[2], ses compagnes, restent figées d'effroi sur l'orbite divin,

1. Il y a une anacoluthe après le v. 471 (cf. ci-dessus, p. 70, n. 1) ; nous avons essayé de la rendre sensible dans la traduction. La comparaison est tirée de Γ 10 ss. ; certains motifs se retrouvent en II, 221 ss. et IV, 519 ss.

2. Les Héliades occupent les douze stations du zodiaque que le Soleil visite tour à tour dans sa course annuelle : cf. Aratos, *Phén.*, 544-552, qui est la source principale de notre passage. On trouve des variations sur le même thème en II, 594-602 ; X, 336-341. Comparer avec Proclos, *Hymnes*, I, 11-12.

ἄσπετον, οἳ δ' ἄρα πάντες ἐπιτρομέουσι νομῆες
χειμάρρους ὀμίχλην τε φίλην ὀλοοῖσι λύκοισιν
ἠδ' ἄλλοις θήρεσσιν ὅσους τρέφει ἄσπετος ὕλη·
ὣς τῶν ἀμφὶ πόδεσσι κόνις πεπότητ' ἀλεγεινή,
ἥ ῥά τε καὶ φάος ἠὺ κατέκρυφεν ἠελίοιο
αἰθέρ' ἐπισκιάουσα· κακὴ δ' ὑπεδάμνατ' ὀιζὺς
λαοὺς ἐν κονίῃ τε καὶ αἰνομόρῳ ὑσμίνῃ.
Καὶ τὴν μὲν μακάρων τις ἀπώσατο δηιοτῆτος
ἐσσυμένως· ὀλοαὶ δὲ θοὰς ἑκάτερθε φάλαγγας
Κῆρες ἐποτρύνεσκον ἀπειρέσιον πονέεσθαι
δῆριν ἀνὰ στονόεσσαν· Ἄρης δ' οὐ λῆγε φόνοιο
λευγαλέου, πάντῃ δὲ πέριξ ἐφορύνετο γαῖα
αἵματος ἐκχυμένοιο· μέλας δ' ἐπετέρπετ' Ὄλεθρος.
Στείνετο δὲ κταμένων πεδίον μέγα ἱππόβοτόν τε,
ὁππόσον ἀμφὶ ῥοῇς Σιμόεις καὶ Ξάνθος ἐέργει
Ἴδηθεν κατιόντες ἐς ἱερὸν Ἑλλήσποντον.
Ἀλλ' ὅτε δὴ πολλὴ μὲν ἄδην μηκύνετο δῆρις
μαρναμένων, ἶσον δὲ μένος τέτατ' ἀμφοτέροισι,
δὴ τότε τούς γ' ἀπάνευθεν Ὀλύμπιοι εἰσορόωντες
οἳ μὲν θυμὸν ἔτερπον ἀτειρέι Πηλείωνι,
οἳ δ' ἄρα Τιθωνοῖο καὶ Ἠοῦς υἱέι δίῳ.
Ὑψόθε δ' οὐρανὸς εὐρὺς ἐπέβραχεν, ἀμφὶ δὲ πόντος
ἴαχε, κυανέη δὲ πέριξ ἐλελίζετο γαῖα
ἀμφοτέρων ὑπὸ ποσσί. Περιτρομέοντο δὲ πᾶσαι
ἀμφὶ Θέτιν Νηρῆος ὑπερθύμοιο θύγατρες
ὀβρίμου ἀμφ' Ἀχιλῆος ἴδ' ἄσπετα δειμαίνοντο.
Δείδιε δ' Ἠριγένεια φίλῳ περὶ παιδὶ καὶ αὐτὴ
ἵπποις ἐμβεβαυῖα δι' αἰθέρος· αἳ δέ οἱ ἄγχι

474 ἄρα codd. : ἅμα Pauw ‖ **475** χειμάρρους H : -ουν Y ‖ ὁμίχλην habuit Ω ‖ **479** ὑπεδάμνατ' NAld. : ὑποδ- Ω ‖ **481** τὴν H : τῶν Y ‖ **486** ἐπετέρπετ' Rhodomann : -τρεπ' MH -τρέπετ' P ‖ **488** ῥοῇς Köchly[2] : ῥοαῖς codd. ‖ **490** ἀλλ' ὅτε H : ἄλλοτε Y ‖ **491** τέτατ' DQC : τέτ' MU τε P ‖ **495** ὑψόθε NREAld.Lasc.[2] : -θεν Ω ‖ ἐπέβραχεν L et Spitzner : ὑπ- Ω.

carrière sacrée que Zeus assigne pour l'année au Soleil infatigable, cet universel moteur de la vie et de la mort qui règle, jour après jour, l'écoulement infini du temps et le retour du cycle des années[1]. Alors un implacable combat eût éclaté parmi les Bienheureux, si le vouloir de Zeus au tonnerre puissant n'eût bien vite placé leurs deux Destins auprès des champions : l'un, couleur de ténèbres, vient se ranger au côté de Memnon ; l'autre, tout éblouissant, près du belliqueux Achille[2]. A cette vue, les Immortels poussent un grand cri et, soudain, tels sont pris d'un affreux chagrin, tandis que d'autres rayonnent d'une joie sans mélange.

Les héros continuent, dans le tumulte sanglant, à combattre pied à pied : ils n'ont pas remarqué l'arrivée des Destins et déploient l'un contre l'autre tout leur cœur et toute leur force. A les voir lutter en ce jour dans la mêlée lourde de sanglots, on les prendrait pour des Géants indomptables ou de puissants Titans, si terrible est le duel qu'ils se livrent[3] : tantôt ils se ruent, l'épée à la main ; tantôt ils attaquent en lançant des blocs énormes. Aucun, malgré les coups, ne recule ni ne tremble[4] : pareils à des rocs, ils restent là, inébranlables, revêtus d'une force prodigieuse ; car tous deux se flattent de descendre du grand Zeus. C'est pourquoi Ényô tient longtemps entre eux la balance égale : elle prolonge en cette journée la rencontre des deux héros et de leurs compagnons intrépides qui œuvrent avec ardeur, près de leurs princes, sans s'accorder de répit jusqu'à ce qu'à bout de forces, ils aient rebroussé

1. Littéralement : « l'orbite (ou le Soleil) par lequel toutes choses au monde (περὶ) vivent et meurent, à mesure que les années accomplissent leur cycle, le temps s'écoulant jour après jour, inlassablement. » Le Soleil fait progresser le Temps jour après jour et détermine ainsi le rythme annuel des saisons qui règle la vie et la mort dans la nature.

2. Sur cette scène, cf. *Notice*, p. 51-52. Les deux Kères se placent à côté des combattants, comme le faisaient leurs mères dans l'art archaïque, par exemple, sur le coffre de Cypsélos (Pausanias, v, 19, 1) et sur de nombreuses peintures de vases.

3. Le même passage homérique (O 697 s.) a inspiré à la fois les v. 517-519 et les v. 522 s. ; cf. encore QS, viii, 167.

Ἠελίοιο θύγατρες ἐθάμβεον ἑστηυῖαι
θεσπέσιον περὶ κύκλον, ὃν Ἠελίῳ ἀκάμαντι
Ζεὺς πόρεν εἰς ἐνιαυτὸν ἐὺν δρόμον, ᾧ περὶ πάντα
ζώει τε φθινύθει τε περιπλομένοιο κατ' ἦμαρ
νωλεμέως αἰῶνος ἑλισσομένων ἐνιαυτῶν.
Καί νύ κε δὴ μακάρεσσιν ἀμείλιχος ἔμπεσε δῆρις,
εἰ μὴ ὑπ' ἐννεσίῃσι Διὸς μεγαλοβρεμέταο
δοιαὶ ἄρ' ἀμφοτέροισι θοῶς ἑκάτερθε παρέσταν
Κῆρες· ἐρεμναίη μὲν ἔβη ποτὶ Μέμνονος ἦτορ,
φαιδρὴ δ' ἀμφ' Ἀχιλῆα δαΐφρονα· τοὶ δ' ἐσιδόντες
ἀθάνατοι μέγ' ἄυσαν, ἄφαρ δ' ἕλε τοὺς μὲν ἀνίη
λευγαλέη, τοὺς δ' ἠὺ καὶ ἀγλαὸν ἔλλαβε χάρμα.
Ἥρωες δ' ἐμάχοντο καθ' αἱματόεντα κυδοιμὸν
ἔμπεδον, οὐδέ τι Κῆρας ἐποιχομένας ἐνόησαν
θυμὸν καὶ μέγα κάρτος ἐπ' ἀλλήλοισι φέροντες.
Φαίης κε στονόεντα κατὰ μόθον ἤματι κείνῳ
μάρνασθ' ὥς τε Γίγαντας ἀτειρέας ἠὲ κραταιοὺς
Τιτῆνας· σθεναρὴ γὰρ ἐπὶ σφίσι δῆρις ὀρώρει·
ἠμὲν ὁτὲ ξιφέεσσι συνέδραμον, ἠδ' ὁτὲ λᾶας
βάλλον ἐπεσσύμενοι περιμήκεας. Οὐδέ τις αὐτῶν
χάζετο βαλλομένων οὐδ' ἔτρεσαν, ἀλλ' ἅτε πρῶνες
ἕστασαν ἀκμῆτες καταειμένοι ἄσπετον ἀλκήν·
ἄμφω γὰρ μεγάλοιο Διὸς γένος εὐχετόωντο.
Τοὔνεκ' ἄρά σφισι δῆριν ἴσην ἐτάνυσσεν Ἐνυὼ
πολλὸν ἐρειδομένοισιν ἐπὶ χρόνον ἐν δαΐ κείνῃ,
αὐτοῖς ἠδ' ἑτάροισιν ἀταρβέσιν οἳ μετ' ἀνάκτων
νωλεμέως πονέοντο μεμαότες, ἄχρι καμόντων

504 post ἐνιαυτόν interpunxerunt codd. plerique ‖ ἐὺν YD : ἐὴν UQ ἑὴν C ‖ περὶ codd. : πέρι Ald. ‖ **509** ἄρ' R : δ' ἄρ' Ω ‖ **510** κῆρες· ἐρεμναίη Rhodomann : κῆρες ἐρεμναί· ἡ codd. ‖ **511** τοὶ YH[c] : τοῖς D ‖ ἐσιδόντες Y : ἐπι- H ‖ **517** κε Y : κεν H ‖ μόθον H : θυμόθον Y ‖ **519** γὰρ Rhodomann (uert.) Köchly : δ' ἄρ' codd. ‖ **520** ὁτὲ (bis) nos : ὅτε codd. ‖ **523** ἕστασαν Spitzner : ἔστασαν H ἑστάσαν Y ‖ ἀκμῆτες Köchly[2] : ἀδμ- codd. ‖ **525** σφισι Y : -ιν H ‖ **527** μετ' Pauw : μέγ' codd. ‖ **528** μεμαότες H : -ότων Y.

leurs armes sur les boucliers. A ferrailler ainsi, il n'en est aucun dans les deux camps qui soit indemne : pas un qui n'ait le sang et la sueur qui lui ruissellent des membres sur le sol à chaque rencontre. La terre est couverte d'autant de cadavres qu'il y a de nuages au ciel, quand le soleil entre dans le Capricorne en ces jours où la mer cause tant d'alarmes au marin[1]. Les chevaux hennissants, les bataillons qui chargent piétinent tous ces corps, innombrables comme les feuilles qui jonchent les bois à l'entrée de l'hiver, après l'opulent automne[2].

Là donc, parmi les morts et le sang, guerroient les glorieux fils des Bienheureux, sans pouvoir assouvir leur mutuelle rancœur, quand soudain la Discorde lève la balance douloureuse du combat[3]. L'équilibre des plateaux se rompt et voici que le Péléide touche le divin Memnon à la base de la poitrine[4] : son glaive noir lui ressort par le dos. La vie du héros se brise sur le coup, en pleine fleur. Il tombe dans un sang noir ; son armure sonne avec un indicible fracas ; la terre retentit sous lui et ses compagnons, pris de panique, se dispersent[5]. Tandis que les Myrmidons le dépouillent, les Troyens s'enfuient de toutes parts et Achille, sans perdre un instant, se lance à leur poursuite avec l'impétuosité de l'ouragan.

Éos pousse un cri de douleur et se voile dans les nuages. La terre s'embrume[6]. Mais déjà tous les Vents, à tire-d'aile, sur l'ordre de leur mère[7], accourent d'un seul train dans la plaine de Troie : vite, ils enveloppent le mort[8] ; puis, enlevant soudain le fils d'Éos, ils l'emportent dans une vapeur blafarde, le cœur désolé

1. Cf. QS, I, 355 s. (et la note 2 de la p. 26).
2. Cf. QS, I, 345 (et la note 6 de la p. 25).
3. Sur l'origine de ce détail, cf. *Notice*, p. 52.
4. Comparer Philostrate, *Imag.*, I, 7, 1.
5. Cf. Π 290.
6. Pour cette traduction, cf. *Notice*, p. 52, n. 3.
7. Selon Hésiode, *Théog.*, 378 ss., Zéphyr, Borée et Notos sont les fils d'Astraeos et d'Éos. L'enlèvement de Memnon par les Vents rappelle celui de Sarpédon par Sommeil et Trépas (Π 681-683) ; mais on ne relève aucune imitation littérale dans notre passage.

αἰχμαὶ ἀνεγνάμφθησαν ἐν ἀσπίσιν· οὐδέ τις ἦεν
θεινομένων ἑκάτερθεν ἀνούτατος, ἀλλ' ἄρα πάντων
ἐκ μελέων εἰς οὖδας ἀπέρρεεν αἷμα καὶ ἱδρὼς
αἰὲν ἐρειδομένων. Κεκάλυπτο δὲ γαῖα νέκυσσιν,
οὐρανὸς ὣς νεφέεσσιν ἐς Αἰγοκερῆα κιόντος
ἠελίου, ὅτε πόντον ὑποτρομέει μέγα ναύτης.
Τοὺς ⟨δ'⟩ ἵπποι χρεμέθοντες ἐπεσσυμένοις ἅμα λαοῖς
τεθναότας στείβεσκον, ἅτ' ἄσπετα φύλλα κατ' ἄλσος
χείματος ἀρχομένου μετὰ τηλεθόωσαν ὀπώρην.
Οἳ δέ που ἐν νεκύεσσι καὶ αἵματι δηριόωντο
υἱῆες μακάρων ἐρικυδέες οὐδ' ἀπέληγον
ἀλλήλοις κοτέοντες. Ἔρις δ' ἴθυνε τάλαντα
ὑσμίνης ἀλεγεινά. Τὰ δ' οὐκέτι ἶσα πέλοντο·
ἀλλ' ἄρα Μέμνονα δῖον ὑπὸ στέρνοιο θέμεθλα
Πηλείδης οὔτησε, τὸ δ' ἀντικρὺ μέλαν ἆορ
ἐξέθορε⟨ν⟩. Τοῦ δ' αἶψα λύθη πολυήρατος αἰών·
κάππεσε δ' ἐς μέλαν αἷμα, βράχεν δέ οἱ ἄσπετα τεύχη,
γαῖα δ' ὑπεσμαράγησε καὶ ἀμφεφόβηθεν ἑταῖροι.
Τὸν δ' ἄρα Μυρμιδόνες μὲν ἐσύλεον· ἀμφὶ δὲ Τρῶες
φεῦγον, ὃ δ' αἶψα δίωκε μένος μέγα λαίλαπι ἶσος.
Ἠὼς δὲ στονάχησε καλυψαμένη νεφέεσσιν,
ἠχλύνθη δ' ἄρα γαῖα. Θοοὶ δ' ἅμα πάντες Ἀῆται
μητρὸς ἐφημοσύνῃσι μιῇ φορέοντο κελεύθῳ
ἐς πεδίον Πριάμοιο καὶ ἀμφεχέαντο θανόντι·
οἳ καὶ ἀνηρείψαντο θοῶς Ἠώιον υἷα

529 ἀνεγνάμφθησαν Lasc.[2] : -άμφη- Y -άφθη- H ‖ **530** ἀνούτατος Y : ἀνούστ- H ‖ **535** δ' add. Rhodomann ‖ χρεμέθοντες Y : τρε- H ‖ **536** στείβεσκον Rhodomann : στίβ- codd. ‖ ἅτ' H : ἀπ' Y ἀτ' M[pc] ‖ ἄλσος Y : ἄλση H ‖ **537** σαν ὀπώρην om. Y ‖ **543** τὸ δ' uel τόδ' H : τὸν δ' Y ‖ **544** ἐξέθορεν C[s1]BR : -ρε Ω ‖ **545** ἐς Köchly : εἰς codd. ‖ βράχεν Y : -χε H ‖ **546** ὑπεσμαράγησε Spitzner : ἀπ- codd. ‖ ἀμφεφόβηθεν H : -βηθ (sic) Y ‖ **549** δὲ στον- nos (cf. VI 641 ; XI 1 ; XII 495 ; al.) : δ' ἐστον- codd. ‖ **551** ἐφημοσύνῃσι Y : -σιν H ‖ μιῇ Rhodomann : βιῇ Y βίῃ H ‖ **552** ἀμφεχέαντο Ω : -έοντο NREAld.Lasc.[2] ‖ **553** οἳ καὶ codd. (cf. Υ 234) : ἧκα δ' Köchly.

par la mort de leur frère péri au combat ; l'éther gémit à l'entour. Les gouttes de sang que ses membres laissent alors tomber sur la terre se sont changées en reliques qui garderont sa mémoire jusque dans les générations à venir : les dieux en effet ont rassemblé ces éclaboussures éparses pour en faire un fleuve bruissant, le Paphlagonéios, comme l'appellent tous les habitants qui vivent sous les derniers contreforts du massif idéen[1]. Son cours, sur la terre nourricière, charrie du sang chaque fois que revient le triste anniversaire de la mort de Memnon ; une odeur atroce, insupportable, s'exhale de ses eaux, comme si la blessure fatale épanchait encore les effluves nauséabonds d'une humeur corrompue[2] : telle a été la volonté des dieux. Cependant, à tire-d'aile, les Vents emportent, en rasant le sol, le fils vaillant d'Éos derrière un sombre voile de ténèbres.

Les Éthiopiens non plus ne restent pas à l'abandon, loin de leur souverain défunt[3]. Eux aussi, un dieu les emmène sur l'heure : répondant à leurs désirs, il leur octroie telle légèreté qu'ils peuvent, sitôt qu'ils ont reçu ce don, voler au sein des brumes[4]. Ils suivent alors les Vents en pleurant sur leur roi. Quand un chasseur, dans les sous-bois, a succombé sous la féroce mâchoire d'un sanglier ou d'un lion et que ses malheureux compagnons en larmes prennent son corps pour le ramener, les chiens, tout au regret de leur maître, escortent le convoi de leurs glapissements au retour de cette chasse tragique. C'est ainsi que, quittant la cruelle bataille, les Éthio-

1. Cette rivière ne doit pas être localisée en Paphlagonie ; il faut l'identifier à l'un des cours d'eau qu'on trouve sur le trajet à vol d'oiseau entre Troie et l'embouchure de l'Aesépos. L'expression « sous les derniers contreforts du massif idéen » désigne la région de Zéléia sur l'Aesépos : cf. B 824 ; Strabon, xiii, 1, 10. Pour les v. 556-557, cf. Hésiode, *Théog.*, 183-184.

2. Le phénomène doit être d'origine volcanique : on connaît dans la région des sources sulfureuses. La rivière de Byblos charriait pareillement du sang à chaque anniversaire de la mort d'Adonis : Lucien, *Déesse syrienne*, 8.

3. Cf. Apoll. Rhod., ii, 98.

4. Les Éthiopiens ne reçoivent d'abord que le don de voler dans les airs ; c'est au v. 645 qu'ils seront changés en véritables oiseaux : comparer ce que dit Ovide au sujet de Memnon : « *Et*

καί ἑ φέρον πολιοῖο δι' ἠέρος · ἄχνυτο δέ σφι
θυμὸς ἀδελφειοῖο δεδουπότος, ἀμφὶ δ' ἄρ' αἰθὴρ
ἔστενε. Τοῦ δ' ἐπὶ γαῖαν ὅσαι πέσον αἱματόεσσαι
ἐκ μελέων ῥαθάμιγγες, ἐν ἀνθρώποισι τέτυκται
σῆμα καὶ ἐσσομένοις · τὰς γὰρ θεοὶ ἄλλοθεν ἄλλην
εἰς ἓν ἀγειράμενοι ποταμὸν θέσαν ἠχήεντα,
τόν ῥά τε Παφλαγόνειον ἐπιχθόνιοι καλέουσι
πάντες ὅσοι ναίουσι μακρῆς ὑπὸ πείρασιν Ἴδης ·
ὅς τε καὶ αἱματόεις τραφερὴν ἐπινίσεται αἶαν,
ὁππότε Μέμνονος ἦμαρ ἔῃ λυγρὸν ᾧ ἔνι κεῖνος
κάτθανε · λευγαλέη δὲ καὶ ἄσχετος ἔσσυται ὀδμὴ
ἐξ ὕδατος · φαίης κεν ἔθ' ἕλκεος οὐλομένοιο
πυθομένους ἰχῶρας ἀποπνείειν ἀλεγεινόν.
Ἀλλὰ τὸ μὲν βουλῇσι θεῶν γένεθ' · οἳ δ' ἐπέτοντο
Ἠοῦς ὄβριμον υἷα θοοὶ φορ⟨έ⟩οντες Ἀῆται
τυτθὸν ὑπὲρ γαίης δνοφερῇ κεκαλυμμένον ὄρφνῃ.
Οὐδὲ μὲν Αἰθιοπῆες ἀποκταμένοιο ἄνακτος
νόσφιν ἀπεπλάγχθησαν, ἐπεὶ θεὸς αἶψα καὶ αὐτοὺς
ἦγε λιλαιομένοισι βαλὼν τάχος, οἷον ἔμελλον
οὐ μετὰ δηρὸν ἔχοντες ὑπηέριοι φορέεσθαι ·
τοὔνεχ' ἕποντ' Ἀνέμοισιν ὀδυρόμενοι βασιλῆα.
Ὡς δ' ὅτ⟨αν⟩ ἀγρευτῆρος ἐνὶ ξυλόχοισι δαμέντος
ἢ συὸς ἠὲ λέοντος ὑπὸ βλοσυρῇσι γένυσσι
σῶμ' ἀναειράμενοι μογεροὶ φορέωσιν ἑταῖροι
ἀχνύμενοι, μετὰ δέ σφι κύνες ποθέοντες ἄνακτα
κνυζηθμῷ ἐφέπονται ἀνιηρῆς ἕνεκ' ἄγρης ·
ὣς οἵ γε προλιπόντες ἀνηλέα δηιοτῆτα

554 ἑ φέρον Y : ἔφερον H ‖ **562** αἱματόεις R : -τώδης Ω ‖ ἐπινίσεται [-νήσ- P^ac] Y : -σσεται H ‖ **566** πυθομένους Y : τυπο- H ‖ **567** δ' ἐπέτοντο P^sl M H : δὲ πέτ- P ‖ **568** φορέοντες Rhodomann : φέροντες codd. ‖ **571** ἀπεπλάγχθησαν Y : -άχθ- H ‖ θεὸς P²M^pr H : σθεὸς Y ‖ **573** ὑπηέριοι Y : ὑπ' ἠερίοιο H ‖ φορέεσθαι Y : φέρεσθαι H ‖ **575** ὅταν R (cf. II 282) : ὅτ' Ω ‖ **577** ἀναειράμενοι Platt (cf. XIII 529) : ἀναειρόμενοι Y ἀναγει- H ‖ φορέωσιν J. C. Struve : -έουσιν codd.

piens escortent les Vents rapides avec de longues plaintes, cachés sous le voile d'une brume merveilleuse. Partout à la ronde, Troyens et Danaens sont subitement interdits en voyant cette armée s'évanouir à la suite de son roi : longtemps ils demeurent sans voix devant ce prodige qui étonne leur cœur. Enfin les Vents infatigables, avec de sourdes plaintes, déposent le cadavre de Memnon expert au corps à corps sur les rives de l'Aesépos, le fleuve au cours profond[1], là où s'élève aujourd'hui le bosquet des Nymphes aux jolies tresses : c'est un bois magnifique que les filles de l'Aesépos ont planté plus tard autour du vaste tombeau, une épaisse futaie où se mêlent les essences les plus diverses[2]. Pour lors les déesses entonnent en chœur, à maintes reprises, la lamentation funèbre à la gloire du fils d'Érigénie au beau trône.

Mais la clarté du soleil disparaît. Éos descend du ciel en pleurant son enfant chéri, entourée de ses compagnes, les douze vierges bouclées qui président à la route sublime qu'Hypérion suit dans ses révolutions, à la nuit et au jour, et à tout ce qui s'accomplit par le vouloir de Zeus ; ce sont elles qui, rangées autour des portes infrangibles de sa demeure, circulent en entraînant dans leur ronde l'année lourde de fruits et font se succéder tour à tour sur le cercle zodiacal les frimas de l'hiver, les fleurs du printemps, les délices de l'été et les raisins de l'automne[3]. Donc, lorsqu'elles sont descendues des cimes de l'éther en versant à flots des larmes sur Memnon, tandis que les Pléiades gémissent de concert, les vastes montagnes et les eaux de l'Aesépos leur font écho à l'entour : les sanglots ne connaissent pas de trêve. Au milieu de ses compagnes, la douloureuse

primo similis uolucri, mox uera uolucris | insonuit pennis » (*Métam.*, XIII, 607 s.).

1. Le tombeau est situé à quelques stades (le chiffre exact manque chez Strabon) des bouches de l'Aesépos, près d'un village nommé Memnon. Cette tradition paraît déjà connue d'[Hésiode] (*Catalogues*, fr. 252 Rzach) et doit remonter à l'*Éthiopide;* cf. en outre Strabon, XIII, 1, 11 (587) ; Pausanias, X, 31, 6 ; et surtout Dionysios, *Ixeutiques*, I, 8, qui doit être la source directe de

λαιψηροῖς ἐφέποντο μέγα στενάχοντες Ἀήται
ἀχλύι θεσπεσίῃ κεκαλυμμένοι. Ἀμφὶ δὲ Τρῶες
καὶ Δαναοὶ θάμβησαν ἅμα σφετέρῳ βασιλῆι
πάντας ἀιστωθέντας, ἀπειρεσίῃ δ' ἀνὰ θυμὸν
ἀμφασίῃ βεβόληντο. Νέκυν δ' ἀκάμαντες Ἀῆται
Μέμνονος ἀγχεμάχοιο θέσαν βαρέα στενάχοντες
πὰρ ποταμοῖο ῥέεθρα βαθυρρόου Αἰσήποιο,
ἧχί τε Νυμφάων καλλιπλοκάμων πέλει ἄλσος
καλόν, ὃ δὴ μετόπισθε μακρὸν περὶ σῆμ' ἐβάλοντο
Αἰσήποιο θύγατρες ἅδην πεπυκασμένον ὕλῃ
παντοίῃ· καὶ πολλὰ θεαὶ περικωκύσαντο
υἱέα κυδαίνουσαι ἐυθρόνου Ἠριγενείης.
Δύσετο δ' ἠελίοιο φάος· κατὰ δ' ἤλυθεν Ἠὼς
οὐρανόθεν κλαίουσα φίλον τέκος, ἀμφὶ δ' ἄρ' αὐτῇ
κοῦραι ἐυπλόκαμοι δυο<καί>δεκα, τῇσι μέμηλεν
αἰὲν ἑλισσομένου Ὑπερίονος αἰπὰ κέλευθα
νύξ τε καὶ ἠριγένεια καὶ ἐκ Διὸς ὁππόσα βουλῆς
γίνεται, οὗ περὶ δῶμα καὶ ἀρρήκτους πυλεῶνας
στρωφῶντ' ἔνθα καὶ ἔνθα πέριξ λυκάβαντα φέρουσαι
καρποῖσι βρίθοντα, κυλινδομένου περὶ κύκλον
χειμῶνος κρυεροῖο καὶ εἴαρος ἀνθεμόεντος
ἠδὲ θέρευς ἐρατοῖο πολυσταφύλοιό τ' ὀπώρης.
Αἳ δ' ὅτε δὴ κατέβησαν ἀπ' αἰθέρος ἠλιβάτοιο
ἄσπετ' ὀδυρόμεναι περὶ Μέμνονα, σὺν δ' ἄρα τῇσι
Πληιάδες μύροντο, περίαχε δ' οὔρεα μακρὰ
καὶ ῥόος Αἰσήποιο, γόος δ' ἄλληκτος ὀρώρει.
Ἡ δ' ἄρ' ἐνὶ μέσσῃσιν ἑῷ περὶ παιδὶ χυθεῖσα

589 σῆμ' ἐβάλοντο P[pc]M[pc]H : σῆμα βα- P[ac]M[ac] ‖ **590** θύγατρες H : -τέρες Y ‖ **591** πολλὰ Rhodomann : πολλαὶ codd. ‖ **594** αὐτῇ H : -ὴ Y ‖ **595** δυοκαίδεκα R : δοιώδεκα RYP δυώδεκα Ω ‖ **596** ὑπερήονος (sic) Y : τέρμονος H ‖ **600** καρποῖσι codd. (cf. VI 48) : -σιν Hilberg ‖ κύκλον Scaliger (cf. II 503 sqq.) : κύκλου codd. ‖ **603** δ' ὅτε codd. (et mox δὲ apodoticon 604 uel 605 : cf. Δ 210) : τότε Rhodomann ‖ ἠλιβάτοιο YH[c] : ἠρι- D ‖ **605** μύροντο Y : ἐμύρ- H ‖ **607** μέσσῃσιν Rhodomann : μέσ(σ)οισιν codd. ‖ περὶ om. D.

Érigénie tient son fils embrassé et pousse ce long cri de détresse[1] :

« Las sur moi ! tu n'es plus, mon enfant chéri ! Quel deuil cruel tu laisses à ta mère ! Non ! maintenant que tu as péri, je ne consentirai plus à éclairer les Immortels du ciel ; je descendrai dans les affreux abîmes des Enfers, là-bas où s'est envolée ton âme, loin de ton corps sans vie, et je laisserai s'épandre sur l'univers le chaos et la hideuse nuit[2], afin que le Cronide, au plus profond du cœur, connaisse aussi le tourment[3]. Mes titres ne valent-ils pas ceux de la Néréide[4], puisque je tiens, des mains mêmes de Zeus, le privilège de voir toutes choses et de tout mener à son terme ? Vains honneurs ! Sinon, Zeus n'aurait-il pas eu égard à ma clarté ? J'irai donc dans les ténèbres ; qu'il tire, s'il le veut, Thétis du sein des mers et la conduise dans l'Olympe pour qu'elle éclaire les dieux et les hommes ! Pour moi, renonçant au ciel, je n'aspire plus qu'à la nuit gémissante : comment saurais-je apporter à ton meurtrier la clarté du jour ? »

Tandis qu'elle parle, les pleurs coulent de son visage immortel, comme un fleuve intarissable[5] et, tout autour du cadavre, ruissellent sur la terre noire. La Nuit immortelle a grande compassion de sa fille[6] et le Ciel voile tous ses astres dans la brume et les nuages pour rendre hommage à Érigénie.

Cependant les Troyens, à l'intérieur de la ville[7], ont le cœur désolé par le sort de Memnon : combien ils regrettent ce prince et ses compagnons ! Les Argiens non plus ne goûtent guère l'allégresse : ils bivouaquent dans la plaine près de leurs camarades défunts, et, l'âme partagée, ils célèbrent Achille à la bonne pique,

Quintus. D'après Élien, *Hist. An.*, v, 1, le véritable tombeau était à Suse et celui de l'Aesépos serait un simple cénotaphe. On localisait encore la sépulture de Memnon en Syrie et en Phénicie ; Philostrate, *Imag.*, i, 7, prétend même qu'elle n'a jamais existé.

1. Le thème des lamentations d'Éos se retrouve dans Ovide, *Amours*, iii, 9, 1 ; *Métam.*, xiii, 586-594 ; Servius, à Virgile, *Én.*, i, 489. Quintus le traite en utilisant des souvenirs homériques, notamment μ 382-386.

μακρὸν ἀνεστονάχησε πολύστονος Ἠριγένεια·
« Ὤλεό μοι, φίλε τέκνον, ἐῇ δ' ἄρα μητέρι πένθος
ἀργαλέον περίθηκας. Ἐγὼ δ' οὐ σεῖο δαμέντος
τλήσομαι ἀθανάτοισιν ἐπουρανίοισι φαείνειν·
ἀλλὰ καταχθονίων ἐσδύσομαι αἰνὰ βέρεθρα,
ψυχὴ ὅπου σέο νόσφιν ἀποφθιμένου ⟨πε⟩πότηται,
πάντ' ἐπικιδναμένου χάεος καὶ ἀεικέος ὄρφνης,
ὄφρά τι καὶ Κρονίδαο περὶ φρένας ἄλγος ἵκηται.
Οὐ γὰρ ἀτιμοτέρη Νηρηίδος, ἐκ Διὸς αὐτοῦ
πάντ' ἐπιδερκομένη, πάντ' ἐς τέλος ἄχρις ἄγουσα,
μαψιδίως· ἦ γάρ κεν ἐμὸν φάος ὠπίσατο Ζεύς.
Τοὔνεχ' ὑπὸ ζόφον εἶμι· Θέτιν δ' ἐς Ὄλυμπον ἀγέσθω
ἐξ ἁλός, ὄφρα θεοῖσι καὶ ἀνθρώποισι φαείνῃ·
αὐτὰρ ἐμοὶ στονόεσσα μετ' οὐρανὸν εὔαδεν ὄρφνη,
μὴ δὴ σεῖο φονῆι φάος περὶ σῶμα βάλοιμι. »
Ὣς φαμένης ῥέε δάκρυ κατ' ἀμβροσίοιο προσώπου
ἀενάῳ ποταμῷ ἐναλίγκιον, ἀμφὶ δὲ νεκρῷ
δεύετο γαῖα μέλαινα· συνάχνυτο δ' ἀμβροσίη Νὺξ
παιδὶ φίλῃ καὶ πάντα κατέκρυφεν Οὐρανὸς ἄστρα
ἀχλύι καὶ νεφέεσσι φέρων χάριν Ἠριγενείῃ.
Τρῶες δ' ἄστεος ἔνδον ἔσαν περὶ Μέμνονι θυμὸν
ἀχνύμενοι· πόθεον γὰρ ὁμῶς ἑτάροισιν ἄνακτα.
Οὐδὲ μὲν Ἀργεῖοι μέγ' ἐγήθεον, ἀλλὰ καὶ αὐτοὶ
ἐν πεδίῳ κταμένοισι παρ' ἀνδράσιν αὖλιν ἔχοντες

609 φίλε Y : φίλον H ‖ **612** βέρεθρα YH[c] : βέλεθρα D (unde μέλαθρα Ald.) ‖ **613** ἀποφθιμένου YD : -νοιο H[c] ‖ πεπότηται L[pc]REAld. : πότηται D ποτήται Y ποτᾶται H[c] ‖ **616** post Νηρηίδος dist. Köchly, sed in uersus fine codd. ‖ ἐκ Hermann et Köchly : ἢ codd. ‖ **618** distinctionem in fine u. praec. a librariis collocatam post μαψιδίως transp. Lasc.[1-2] et Ald. ‖ ἦ γάρ κεν (cf. I 303 ; υ 306) uel δὴ γάρ κεν (cf. Apoll. Rhod. III 618) nos : οὔτ' ἄρ κεν codd. οὐδὲν γὰρ Zimmermann (cf. X 332) ‖ ὠπίσατο H : ὀπ- Y ‖ Ζεύς om. H ‖ **619** ἐς Y : ἐπ' H ‖ **622** δὴ Köchly : ἵνα codd. ‖ **626** κατέκρυφεν Rhodomann : -υψεν codd. ‖ οὐρανὸς Rhodomann : -ὸν codd. ‖ **627** φέρων Scaliger : φέρειν codd. ‖ **628** ἔσαν codd. : ἶσαν Platt ‖ θυμὸν Scaliger : θυμῷ codd. ‖ **629** πόθεον H : πείθ- Y.

tout en pleurant Antiloque : le deuil se mêle à leur joie.

Éos passe toute la nuit à se lamenter et à sangloter de douleur parmi le flot des ténèbres : son cœur ne se soucie point du jour à naître, tant elle a pris en haine le vaste Olympe. Près d'elle, ses rapides chevaux se plaignent bien souvent de fouler un sol étranger[1] et, les yeux tournés vers leur reine éplorée, brûlent de regagner le ciel. Soudain, Zeus en courroux tonne terriblement : la terre entière en est ébranlée ; l'effroi saisit l'immortelle Éos. Vite alors, les noirs Éthiopiens ensevelissent Memnon au milieu des gémissements[2] ; puis, comme ils ne tarissent pas leurs plaintes autour du tombeau de son puissant fils, Érigénie aux grands yeux les change en oiseaux[3] et leur accorde le don de voler dans les airs[4]. Les nations innombrables des hommes les appellent aujourd'hui les *memnons*[5]. On les voit encore se rassembler autour du tertre de leur roi et répandre en sanglotant de la poussière sur le monument funèbre[6] ; puis ils se livrent entre eux des combats pour rendre hommage à Memnon : lui, dans les demeures d'Hadès ou peut-être au pays des Bienheureux, sur le sol de la terre élyséenne[7], il exulte de joie, tandis que le cœur de l'immortelle Éos se réconforte à ce spectacle[8]. Ils restent à l'ouvrage jusqu'à ce qu'à bout de forces, l'un des partis extermine l'autre dans la mêlée ou que, tous deux à la fois, ils accomplissent leur destin au cours de ce tournoi qu'ils offrent à leur prince[9].

Telle est la tâche que le vouloir d'Érigénie, la pourvoyeuse du jour, assigne pour l'avenir à ces belliqueux

1. La leçon des manuscrits ἀνανθέα pourrait être défendue, puisque, selon Pausanias, x, 31, 6, il ne poussait ni herbe, ni arbre aux environs immédiats du tombeau ; mais Köchly a raison d'observer que l'allusion aurait été rendue plus explicite par l'auteur.

2. Cf. Moschos, *Chant funèbre en l'honneur de Bion*, 42 s. ; Philostrate, *Imag.*, I, 7, 1.

3. La légende présente des analogies avec celle des Méléagrides changées en oiseaux, parce qu'elles ne se consolaient pas de la mort de leur frère : Anton. Liber., *Métam.*, II ; Ovide, *Métam.*, VIII, 532 ss. Il faut rapprocher surtout la légende des compagnons de Diomède (C. Robert, *Griech. Heldensage*, III, 1490)

ἄμφω ἐυμμελίην μὲν Ἀχιλλέα κυδαίνεσκον,
Ἀντίλοχον δ' ἄρα κλαῖον· ἔχον δ' ἅμα χάρματι πένθος.
Παννυχίη δ' ἀλεγεινὸν ἀνεστενάχιζε γοῶσα
Ἠώς, ἀμφὶ δέ οἱ κέχυτο ζόφος· οὐδέ τι θυμῷ
ἀντολίης ἀλέγιζε, μέγαν δ' ἤχθηρεν Ὄλυμπον.
Ἄγχι δέ οἱ μάλα πολλὰ ποδώκεες ἔστενον ἵπποι,
γαῖαν ἐπιστείβοντες ἀήθεα καὶ βασίλειαν
ἀχνυμένην ὁρόωντες, ἐελδόμενοι μέγα νόστου.
Ζεὺς δ' ἄμοτον βρόντησε χολούμενος, ἀμφὶ δὲ γαῖα
κινήθη περὶ πᾶσα· τρόμος δ' ἕλεν ἄμβροτον Ἠῶ.
Τὸν δ' ἄρα καρπαλίμως μελανόχροες Αἰθιοπῆες
θάψαν ὀδυρόμενοι· τοὺς δ' Ἠριγένεια βοῶπις
πόλλ' ὀλοφυρομένους κρατεροῦ περὶ σήματι παιδὸς
οἰωνοὺς ποίησε καὶ ἠέρι δῶκε φέρεσθαι.
Τοὺς δὴ νῦν καλέουσι βροτῶν ἀπερείσια φῦλα
μέμνονας, οἵ ῥ' ἔτι τύμβον ἔπι σφετέρου βασιλῆος
ἐσσύμενοι γοόωσι κόνιν καθύπερθε χέοντες
σήματος, ἀλλήλοις δὲ περικλονέουσι κυδοιμὸν
Μέμνονι ἦρα φέροντες· ὃ δ' εἰν Ἀίδαο δόμοισιν
ἠέ που ἐν μακάρεσσι κατ' Ἠλύσιον πέδον αἴης
καγχαλάᾳ, καὶ θυμὸν ἰαίνεται ἄμβροτος Ἠὼς
δερκομένη· τοῖσι⟨ν⟩ δὲ πέλει πόνος, ἄχρι καμόντες
εἷς ἕνα δῃώσωνται ἀνὰ κλόνον ἠὲ καὶ ἄμφω
πότμον ἀναπλήσωσι πονεύμενοι ἀμφὶς ἄνακτι.
Καὶ τὰ μὲν ἐννεσίῃσι φαεσφόρου Ἠριγενείης
οἰωνοὶ τελέουσι θοοί. Τότε δ' ἄμβροτος Ἠὼς

632 μὲν om. H ‖ **634** ἀνεστενάχιζε Zimmermann : -στον- codd. ‖ **638** ἀήθεα Köchly (cf. vi 267) : ἀνανθέα [ἀν' ἀν- P] Ω ‖ **640** βρόντησε Y : ἐβρ- H ‖ **644** σήματι REAld. Lasc.[2] : -ατα Ω ‖ **646** δὴ codd. : καὶ Köchly ‖ **647** ἔτι ... ἔπι (ἔπι nos) Rhodomann : ἐπὶ ... ἐπὶ (ἐπι) codd. ἐπὶ ... ἔτι Köchly ‖ **648** καθύπερθε M^{pc}H : -θεν Y ‖ **651** ἠλύσιον codd. (quod sanum uidetur, cl. Nonni *Dion.* xxx 211) : Ἠλυσίης olim conieceramus ‖ **653** τοῖσιν $L^{pc}R^{sl}$: -σι Ω ‖ **654** εἷς Y : εἰς H ‖ δηώσωνται Rhodomann : -σονται codd. ‖ **655** ἄνακτι codd. : -τα Köchly[2] (cf. v 93 ; xiv 130) ‖ **656** τὰ H : τοὶ Y ‖ **657** τελέουσι Pauw : τελέθουσι codd.

oiseaux. Pour lors, l'immortelle Éos remonte dans le ciel au milieu des Heures fécondes : ses compagnes l'entraînent, malgré son désir, vers le parvis de Zeus en lui prodiguant les consolations qui peuvent fléchir le deuil le plus accablant. En dépit du chagrin qui la tourmente encore, elle n'a garde d'oublier sa course, tant elle redoute les constantes remontrances de Zeus dont procèdent toutes choses, aussi bien celles que les eaux de l'Océan enferment en leur sein que la terre et le trône des astres en feu[1]. Les Pléiades précèdent sa marche ; puis, s'avançant à son tour, elle ouvre les portes de l'éther et dissipe les ténèbres[2].

et celle des oiseaux servant le temple d'Achille à Leucé (Ph. Kakridis, Κόιντος Σμυρναῖος, 36, n. 2).

1. Cf. Cléanthe, *Hymne à Zeus*, 4 s., 15 s.

2. Cf. E 749 s. ; Θ 393 s. La correction de Zimmermann est garantie par un passage de Pamprepios (D. L. Page, *Literary papyri*, *Poetry*, 570, v. 52-56 = E. Heitsch, *Griech. Dichterfragm.*, 114, v. 74-78) : αἰθερίην δ' [ὤι]ξε[ν] ἀνήλυσιν · ἠελίου δὲ | [αὐγὴ πρῶτο]ν ἔλ[α]μψε ..., | ..., μόγις δ' ἐκέδασσεν ὀμίχλην.

οὐρανὸν εἰσανόρουσ⟨εν⟩ ὁμῶς πολυαλδέσιν Ὥραις,
αἵ ῥά μιν οὐκ ἐθέλουσαν ἀνήγαγον ἐς Διὸς οὖδας,
παρφάμεναι μύθοισιν ὅσοις βαρὺ πένθος ὑπείκει,
καί περ ἔτ' ἀχνυμένην. Ἡ δ' οὐ λάθεθ' οἷο δρόμοιο·
δείδιε γὰρ ⟨δὴ⟩ Ζηνὸς ἄδην ἄλληκτον ἐνιπήν,
ἐξ οὗ πάντα πέλονται ὅσ' Ὠκεανοῖο ῥέεθρα
ἐντὸς ἔχει καὶ γαῖα καὶ αἰθομένων ἕδος ἄστρων.
Τῆς ⟨δ'ἄ⟩ρα Πληιάδες πρότεραι ἴσαν· ἣ δὲ καὶ αὐτὴ
αἰθερίας ὤιξε πύλας, ἐκέδασσε δ' ἄρ' ἀχλύν.

658 εἰσανόρουσεν C^pc^B : -ουσ' Ω ‖ πολυαλδέσιν YH^c^ : -αιδέσιν D (unde -ειδέσιν EAld.Lasc.[2]) ‖ **660** παρφάμεναι B^s1^NR : -νοι cett. et N^s1^ ‖ **662** δὴ add. Pauw ‖ **664** ἔχει Y : ἐέργει H ‖ **665** δ' ἄρα Köchly[2] : ῥά codd. ‖ ἣ δὲ DLasc.[1-2] : ἠδὲ YH^c^ (et LNRE Ald.) ‖ **666** δ' ἄρ' Rhodomann : γὰρ YD δὲ H^c^ ‖ ἀχλύν Zimmermann (cf. Υ 341) : αἴγλην codd. (cf. Aesch. *Pers.* 502).

LIVRE III

LA MORT D'ACHILLE

NOTICE

Composition. Le livre III est occupé par la mort et les funérailles d'Achille. L'action se répartit entre deux journées principales que sépare un intervalle de durée indéterminée, rempli par les lamentations des Achéens[1]. La composition repose sur les mêmes principes de symétrie et d'antithèse que les livres I et II ; mais, alors que le poète opposait précédemment les deux phases d'une même bataille, ici l'immobile ordonnance des scènes funèbres sert de pendant à une bataille mouvementée et chargée d'événements.

Prologue : les funérailles d'Antiloque (v. 1-9) ;

I. — La bataille : v. 10-384 (soit 375 vers) :

a) La mort d'Achille : v. 10-185 (soit 176 vers) :

— Achille blessé (v. 10-85) ;

— Reproches d'Héré à Apollon (v. 86-138) ;

— Le dernier combat d'Achille (v. 138-185) ;

b) La bataille pour Achille : v. 186-384 (soit 199 vers) :

— Exhortation de Pâris (v. 186-216) ;

— Première aristie d'Ajax : mort de Glaucos, retraite d'Énée (v. 217-292) ;

— Aristies d'Ulysse et des autres Achéens (v. 293-331) ;

— Seconde aristie d'Ajax (Pâris hors de combat) et défaite troyenne (v. 332-384) ;

1. Cf. p. 121, n. 5.

II. — Les funérailles d'Achille : v. 385-742 (soit 358 vers) :

a) Première journée : les plaintes funèbres (v. 385-664) :

— Les compagnons d'Achille : Ajax, Phénix, Agamemnon (v. 385-513) ;

— La toilette du mort (v. 514-543) ;

— Les captives : Briséis (v. 544-581) ;

— Les déesses : Thétis et Calliope (v. 582-664) ;

b) Seconde journée : le bûcher et la sépulture (v. 665-742) ;

Épilogue :

a) Les chevaux d'Achille (v. 743-765) ;

b) Consolation de Poséidon à Thétis (v. 766-787)[1].

Les antécédents de Quintus. D'après le sommaire de Proclos, les événements du livre III étaient contés de la manière suivante dans l'*Éthiopide* d'Arctinos : « Achille (après la mort de Memnon) met en déroute les Troyens ; au moment où il pénètre à leur suite dans la ville, il est tué par Pâris et par Apollon ; après une violente bataille qui se livre sur son corps, Ajax le charge sur les épaules et le ramène aux vaisseaux, tandis qu'Ulysse couvre la retraite en combattant contre les Troyens. On ensevelit alors Antiloque et l'on expose le cadavre d'Achille. Thétis vient avec les Muses et ses sœurs entonner la lamentation funèbre sur son fils ; puis elle l'enlève du bûcher et le transporte dans l'île de Leucé ; les Achéens, après avoir élevé le tertre funéraire... » Le récit d'Apollodore (*Épit.*, v, 3-5) fournit d'autres précisions : « Achille (une fois qu'il a tué Memnon), poursuit aussi les Troyens ; devant les Portes Scées, il est frappé par Alexandre et par Apollon d'une flèche à la cheville ; pendant la

1. La seconde partie et l'épilogue sont composés de paragraphes qui ont à peu près même étendue : d'abord 30 à 38 vers (v. 385-421, 427-459, 460-490, 491-513 [ici 23 vers seulement], 514-543, 544-581) ; puis 25 vers en moyenne, une fois 29 vers (v. 582-605, 606-631, 632-655, 665-693, 694-718, 719-742, 743-765).

bataille qui se livre sur son corps, Ajax tue Glaucos, puis il fait ramener les armes (d'Achille) aux vaisseaux[1] ; lui-même, il charge le corps sur les épaules, malgré les coups qui pleuvent, et le transporte à travers les rangs ennemis, tandis qu'Ulysse combat contre les assaillants. La mort d'Achille remplit l'armée de consternation ; les Grecs ensevelissent le héros dans l'île de Leucé[2] avec Patrocle, après avoir réuni leurs ossements. On dit aussi qu'Achille, après sa mort, est allé habiter avec Médée dans les îles des Bienheureux[3]. »

Les ressemblances entre le récit cyclique et celui de Quintus sont assez superficielles. C'est que le poète n'avait guère de recherches à faire ici pour trouver sa matière. Le chant XXIV de l'*Odyssée* lui fournissait les grandes lignes de l'épisode et il lui suffisait de puiser dans la Patroclie pour développer les thèmes esquissés par la seconde Nékyia. Aussi n'est-il aucun livre des *Posthomériques* où l'imitation homérique soit plus sensible et plus constante[4].

L'invention personnelle : La place du livre a) dans l'œuvre.

Cependant l'auteur a su faire preuve aussi d'une certaine invention : il a innové ou modifié la légende traditionnelle en fonction de l'économie générale de son œuvre. En effet l'un des principaux écueils auxquels il se heurtait est la diversité des épisodes qui s'enchaînent les uns aux autres depuis

1. L'opposition avec τὸ σῶμα prouve qu'il ne s'agit pas des armes de Glaucos : sans doute les ennemis (Glaucos ?) avaient-ils réussi à dépouiller Achille de ses armes, comme Hector avait dépouillé Patrocle. Certains monuments figurés montrent en effet Ajax portant sur son dos le corps entièrement nu d'Achille, par exemple le Vase François (Florence 4209) ou une coupe à figures noires du Vatican (n° 317) : cf. J. D. Beazley, *Development of Att. black-fig.*, pl. 11, 2 et 22, 1.

2. Erreur évidente de l'épitomateur d'Apollodore qui a confondu dans une même phrase l'ensevelissement d'Achille et son transfert à Leucé par les soins de Thétis.

3. Cette variante, ignorée du Cycle, remonte à Ibycos et à Simonide : cf. schol. à Apoll. Rhod., IV, 815.

4. On trouvera les références dans les notes.

la mort d'Hector jusqu'à la prise de Troie sans former cependant un ensemble dramatiquement cohérent. L'histoire ne comporte à proprement parler ni unité d'intérêt ni protagoniste. En particulier, Achille, qui s'était trouvé longtemps au centre de l'action, disparaît, et, s'il continue à occuper encore la scène, même après sa mort, pendant deux chants, il cède définitivement la place à d'autres à partir du livre VI.

Quintus a essayé de remédier à ce manque d'unité. Il a pris le soin de placer, dès le livre III, plusieurs prophéties pour annoncer les principaux événements des neuf derniers livres. Ajax prédit la mort de Pâris (v. 345-346) ; Calliope, la prise de Troie (v. 652-654). Surtout Quintus évoque, avec insistance, la venue prochaine de Néoptolème : v. 119-122, 167-169, 753-765. Le fils d'Achille ne doit pas seulement continuer l'œuvre de son père ; il est sa vivante image, son « double », comme le rediront à maintes reprises les livres VI à IX. On voit quel rôle Quintus assigne à ce thème et pourquoi il a tenu à l'esquisser dès maintenant : le couple Achille-Néoptolème doit fournir à son œuvre le principe d'unité qui lui faisait défaut.

b) dans les cinq premiers livres. En outre la mort d'Achille constitue le moment culminant du drame qui se joue dans les cinq premiers livres : l'Amazonie et la Memnonie font figure de préliminaires ; les Jeux et le Jugement des Armes forment la suite naturelle du livre III. C'est à Arctinos que revient en définitive le mérite de cette composition harmonieuse. Quintus a su en respecter la savante architecture, tout en l'adaptant aux exigences d'une œuvre beaucoup plus longue. Dans l'*Éthiopide*, la Memnonie et la Mort d'Achille sont les épisodes successifs d'un seul et même drame. Le fils de Thétis est tué le même jour que le fils de l'Aurore et les deux héros connaissent un destin analogue après leur mort, puisque chacun est enlevé par sa mère et promu à l'immortalité. Deux scènes secondaires renforcent la cohésion de ce vaste ensemble et servent de traits d'union : au début de la bataille, Thétis prédit son destin à Achille, marquant ainsi que son sort est indissolublement lié à celui de son adversaire ; d'autre part c'est seulement après la bataille pour Achille que les Achéens ensevelissent Antiloque dont le dévouement filial fut la cause première de toute la tragédie[1].

Quintus modifie l'éclairage des événements. Il veut que le personnage d'Achille domine aussi nettement dans les cinq premiers chants que celui de Néoptolème dans la suite du récit. Aussi place-t-il sa mort au centre, tandis qu'il rejette la Memnonie sur le même plan que l'Amazonie. Les liens soigneusement noués par Arctinos sont rompus : la mort d'Achille n'appartient plus à la même journée que celle du fils d'Éos ; la prophétie de Thétis disparaît[2] ; les funérailles d'Antiloque précèdent désormais la bataille fatale. Ces innovations sont sans aucun doute l'œuvre de notre poète. On s'en convaincra en relisant les vers 10 à 31. Contrairement à son habitude, Quintus élimine presque complètement le thème des préliminaires de la bataille. Il est d'ailleurs gêné pour expliquer pourquoi les Troyens acceptent, après leur défaite de la veille, cette nouvelle rencontre, sans avoir un champion à opposer à Achille (v. 13-14). Le combat lui-même est à peine esquissé : les Troyens sont aussitôt pris de panique et tout se passe comme si leur retraite faisait suite aux événements rapportés en II, 548. Quintus s'est contenté de rompre la trame du récit cyclique. Il a manqué d'imagination pour rendre vraisemblable la nouvelle bataille ; mais son artifice a du moins l'avantage de donner une complète indépendance au livre III.

1. Cette chronologie, donnée par le sommaire de Proclos, est confirmée par ω 78 et par Apollod., *Épit.*, v, 3. Sur une amphore à figures noires d'Exékias, les combats pour Antiloque et pour Achille sont juxtaposés et même confondus : Philadelphie MS 3442 : cf. J. D. Beazley, *Development of Att. black-fig.*, 68-69, pl. 30. Au contraire, Achille est encore en vie au moment des funérailles d'Antiloque chez Philostrate (*Imag.*, II, 7).

2. La prophétie mentionnée aux v. 80 ss. est celle à laquelle Achille fait allusion dans l'*Iliade :* Φ 276 ss. (cf. I 410 ss.).

En contrepartie, les liens avec le Jugement des Armes sont renforcés. Ajax, qui avait reçu un rôle éphémère — et dramatiquement superflu — au livre I, passe désormais au premier plan : le livre IV soulignera encore qu'il est le plus brave des Achéens après Achille. Le Cycle lui avait déjà réservé une place éminente, comme le prouvent les monuments figurés archaïques qui illustrent le combat pour Achille. Néanmoins des critiques avaient été adressées à Arctinos, notamment par Aristarque. Certes le héros, fort de cette invulnérabilité que ne connaissait pas encore Homère[1], parvenait à ramener Achille sur ses épaules, malgré la pluie des traits ; mais c'était là, faisait-on observer, tâche bien subalterne, dont aurait pu s'acquitter n'importe quel portefaix[2] ! Ulysse avait au contraire la mission plus difficile et plus glorieuse de couvrir la retraite en combattant. Quintus épargne à Ajax ce rôle indigne de lui : ce sont des βασιλῆες anonymes qui rapportent le mort (v. 385). Cette variante est empruntée à l'*Odyssée* (ω 43 ; cf. aussi pour Patrocle Σ 231) ; mais Quintus est sans doute le seul à lui avoir donné sa justification. Dès lors Ajax, face aux Troyens, se trouve dans la même situation que son futur rival et sa supériorité est éclatante. Il est le premier à organiser la résistance ; successivement, il tue ou met hors de combat tous les chefs troyens, Glaucos, Énée, Pâris, alors qu'Ulysse n'a pour adversaires que des comparses. Chez Arctinos, la menace troyenne pesait jusqu'au bout sur les défenseurs d'Achille ; dans l'*Odyssée* (ω 42), et peut-être aussi dans l'*Éthiopide*, il fallait une tempête providentielle pour faire reculer les assaillants. En revanche, dans les *Posthomériques*, c'est Ajax seul, sans l'aide des dieux et faiblement secondé par ses compagnons, qui met les Troyens en déroute et leur donne la chasse jusqu'aux remparts. Quintus a constamment songé à établir les pièces du procès pour le Jugement des Armes. Aussi ne s'attache-t-il dans son récit qu'aux

1. Cf. p. 34, n. 3.
2. A. Severyns, *Cycle épique*, 320-322.

prouesses des deux protagonistes[1] : la bataille n'est plus une véritable mêlée, comme celles qu'on livre pour Sarpédon ou pour Patrocle dans l'*Iliade;* elle se réduit à une succession d'aristies individuelles, ce qui nuit à son pathétique et ne va pas d'ailleurs sans quelques incohérences[2].

Le sublime et le merveilleux dans le livre III.

Le livre III devient ainsi la clef de voûte qui supporte l'édifice des cinq premiers livres. On n'est pas surpris qu'il soit le plus long du poème, après le livre I, artificiellement gonflé par des digressions. C'est aussi l'un de ceux où Quintus a recherché avec le plus d'application le sublime ; l'entreprise excédait malheureusement son talent : il se contente le plus souvent d'amplifications, d'exagérations ou d'un merveilleux factice. Chez ses prédécesseurs, le vainqueur d'Achille est tantôt Pâris, secondé ou non par Apollon, tantôt le dieu lui-même : Homère connaissait les deux variantes[3]. Quintus adopte la plus glorieuse, celle qui s'accorde le mieux avec la vaillance surhumaine de son héros[4]. Il peut ainsi prolonger la gradation déjà sensible entre le premier et le second livre : Achille s'est d'abord mesuré à deux enfants de dieux ; et, si Penthésilée semble délaissée par le Ciel, Memnon bénéficie largement de la faveur divine ; c'est maintenant un Immortel qui se dresse

1. Au cours de la bataille, l'auteur fait une seule allusion aux combattants anonymes : v. 321-329.

2. La rencontre de Glaucos et d'Ajax est d'abord conforme au schéma traditionnel du combat singulier ; mais, après l'échange des défis, la narration tourne court : Ajax fait face à tous ses ennemis, sans se soucier particulièrement de Glaucos, et c'est seulement quelques vers après que Quintus mentionne, presque incidemment, la mort de Glaucos (v. 278 ss.).

3. Apollon est mentionné seul en Φ 277 s. ; c'est la tradition la plus répandue : Eschyle, fr. 350 Nauck[2] ; Soph., *Philoct.*, 334 s. ; Pindare, *Pyth.*, III, 101 ; Horace, *Odes*, IV, 6, 3-8. Pâris assiste le dieu en T 416 s. ; X 358 ss. ; c'est la version de l'*Éthiopide:* cf. Proclos ; Apollod., *Épit.*, v, 3 ; Hygin, *Fables*, 107.

4. Cf. les déclarations contenues dans les vers 67-82, 124, 429-430, 435-445.

devant lui. Les trois batailles se développent selon le même *crescendo:* le rôle de l'armée grecque, déjà réduit dans la Memnonie, devient inexistant, aussi bien dans la première phase du combat que dans la seconde[1]. Le protagoniste, Achille ou Ajax, accapare toute l'attention et se présente pareil à un géant aux prises avec une armée de Lilliputiens : notamment, le thème de la taille colossale d'Achille, déjà esquissé au livre précédent, revient désormais avec l'insistance d'un leit-motiv[2]. Le récit perd ainsi de plus en plus contact avec le réel. C'est sans doute le poète qui a imaginé de toutes pièces le dernier combat que livre Achille mortellement blessé : l'invraisemblance de cette ultime prouesse nous laisse indifférents, alors que la *furia* que déployait le héros avant l'arrivée de Phoibos restait encore dans les limites de la tradition épique.

Les mêmes tendances se manifestent dans la seconde partie. On y fait des débauches d'ambroisie[3]. Le bûcher est d'une somptuosité qui passe de très loin celle du bûcher de Patrocle : les Achéens accumulent les offrandes les plus diverses, et parfois les plus rebelles au feu[4] ; le coffre d'argent fait double emploi avec l'amphore d'or offerte par Thétis[5]. L'auteur ne vise qu'au luxe de l'énumération, sans se soucier de la réalité.

Les sources mythographiques. Si l'on tient compte des emprunts faits à Homère et de l'invention personnelle, le rôle des autres sources paraît très réduit. Un court récit mythographique suffisait. C'est lui qui doit avoir fourni le nom de Glaucos, peut-être celui des autres champions troyens, Pâris, Énée et Agénor, dont certains appa-

1. Cf. p. 91, n. 1.

2. C'est le développement du fameux κεῖσο μέγας μεγαλωστί, λελασμένος ἱπποσυνάων (ω 40) ; cf. 63, 177, 280, 386, 392-399, 410, 419-421, 672, 712-713, 719-729 ; et déjà au livre II, v. 459-460, 518-519.

3. Cf. v. 534 s., 697 s., 733.

4. Cf. p. 122, n. 2.

5. Cf. p. 124, n. 1.

raissent sur les monuments figurés archaïques[1]. Cependant la présence des deux premiers s'imposait d'elle-même et Agénor, qui n'est mentionné qu'en passant (v. 214), reparaît ailleurs en pareille compagnie[2], comme déjà chez Homère (N 489 s.). La longue théorie des lamentants peut aussi avoir été consignée dans quelque manuel. Mais là encore le choix s'imposait ; d'ailleurs le contenu même des discours est dans l'ensemble clairement homérique. Les éléments étrangers sont rares : on relèvera les développements mythologiques sur les métamorphoses de Thétis, sur Orphée et sur les chevaux d'Achille[3], le discours d'Ajax (v. 435 ss.) qui amplifie celui qu'Achille faisait aux vers 68 ss., les consolations de Calliope aux accents stoïciens (v. 633 ss.), enfin une pointe de préciosité « alexandrine » au sujet de Briséis (v. 554-558). Seule la rencontre de Poséidon et de Thétis peut remonter à un récit mythographique de la mort d'Achille[4].

Jugement d'ensemble. Ce livre, que Quintus semble avoir particulièrement soigné, déçoit, surtout dans sa première partie. On retiendra du moins quelques passages où l'expression est juste ou saisissante : par exemple, les derniers instants d'Achille (v. 164-179), l'évocation ironique de Pâris gisant au milieu de ses flèches (v. 335-342) et la grandiose description du champ de bataille jonché de morts (v. 369-381). D'une manière générale, le souffle court du

1. Sur une amphore « chalcidienne » (A. Rumpf, *Chalkid. Vas.*, 9, pl. 12 ; E. Pfuhl-J. Beazley, *Masterpieces*, pl. 8, 13), on voit Glaucos, Pâris et Énée, mais aussi des combattants ignorés de Quintus : Léodocos, Échippos et, en outre, dans le camp grec, Sthénélos pansant Diomède. L'amphore de Philadelphie déjà citée figure Pâris et Énée, ainsi qu'une amphore de Munich : *CVA*, fasc. 1, pl. 45, 2 ; 47, 3.

2. QS, VI, 622-643.

3. L'épisode lui-même est sans doute inventé par Quintus (cf. ci-dessus p. 88), mais il met aussi en œuvre de nombreuses données mythologiques.

4. Cf. p. 125, n. 6.

poète est plus à son aise dans un tableau que dans une grande narration épique.

C'est pour cette raison que la seconde partie, constituée par une succession de tableaux et de discours, est plus réussie. Le défilé monotone des lamentants a de la grandeur. Les innombrables répétitions de termes tels que « sanglots, plaintes » passent bien dans le texte grec, si elles font le désespoir du traducteur, et donnent l'impression d'un thrène lugubre sans cesse recommencé. La phrase est souvent périodique ; l'ampleur de certains mots, la majesté des vers composés de quatre vocables, l'emploi fréquent d'hémistiches-clausules tels que δαϊκταμένου 'Αχιλῆος[1], la répétition de certains leit-motive (le corps gigantesque d'Achille) sont ici bien en situation. Les discours eux-mêmes sont conformes aux caractères et, si les idées ne sont guère originales, le poète a su les mettre en œuvre et parvient à émouvoir. On a cru parfois reconnaître dans ce troisième livre le souvenir d'une tragédie perdue d'Eschyle[2] : si l'hypothèse repose sur des indices trop fragiles pour pouvoir être retenue, elle a du moins l'utilité d'attirer l'attention sur la valeur littéraire des Funérailles d'Achille.

1. QS, III, 432, 503, 532, 671, 672, 677, 696, 709, 745.
2. A. Baumstark, *Philol.*, LV, 1896, 277-306.

LIVRE III

Quand paraît la clarté d'Érigénie au beau trône, les Pyliens manieurs de piques rapportent aux nefs le corps d'Antiloque, en escortant le prince de leurs longues plaintes ; puis ils l'ensevelissent près des rivages de l'Hellespont[1] : ils ont bien grande douleur. Tout autour d'eux, gémissent les fils vaillants des Argiens : il n'en est aucun que n'étreigne un deuil inconsolable, quand il vient rendre hommage à Nestor. Mais lui ne laisse pas son cœur s'abattre à l'excès ; car c'est sagesse que de supporter en son âme la souffrance avec courage au lieu de courber le front et de s'abandonner au tourment.

Cependant le Péléide, que courrouce la perte de son compagnon Antiloque, s'arme de son terrible arroi pour se déchaîner sur les Troyens[2]. Eux-mêmes ont beau appréhender la bonne pique d'Achille ; ils sortent à flots des remparts, pleins d'entrain. Ce sont les Trépas qui leur ont mis cette audace en la poitrine[3] : combien d'entre eux sont destinés à descendre, pour n'en plus revenir[4], chez Aidoneus, frappés par le bras du belliqueux Éacide ; mais, à lui aussi, son destin est de périr bientôt, comme eux, devant la ville de Priam.

Aussitôt les deux armées entrent en contact sur le champ de bataille : d'un côté, c'est la gent innombrable des Troyens ; de l'autre, les Argiens qui ne savent pas

1. D'après l'*Odyssée* (ω 78) et Strabon, xiii, 1, 32, le tombeau d'Antiloque se dresse sur le cap Sigée, à proximité de celui d'Achille : c'est la version suivie ici par Quintus. D'autres ont imaginé que les restes d'Achille, de Patrocle et d'Antiloque étaient réunis dans un tombeau commun : Tzetzès, *Posthom.*, 464 ss. ; schol. à Lycophron, *Alex.*, 273.

ΛΟΓΟΣ Γ'

Αὐτὰρ ἐπεὶ φάος ἦλθεν ἐυθρόνου Ἠριγενείης,
δὴ τότ' ἄρ' Ἀντιλόχοιο νέκυν ποτὶ νῆας ἔνεικαν
αἰχμηταὶ Πύλιοι μεγά⟨λα⟩ στενάχοντες ἄνακτα
καί μιν ταρχύσαντο παρ' ἠόσιν Ἑλλησπόντου
πολλὰ μάλ' ἀχνύμενοι. Περὶ δ' ἔστενον ὄβριμοι υἷες
Ἀργείων · πάντας γὰρ ἀμείλιχον ἄμπεχε πένθος
Νέστορι ἦρα φέροντας. Ὁ δ' οὐ μέγα δάμνατο θυμῷ ·
ἀνδρὸς γὰρ πινυτοῖο περὶ φρεσὶ τλήμεναι ἄλγος
θαρσαλέως καὶ μή τι κατηφιόωντ' ἀκάχησθαι.
Πηλείδης δ' ἑτάροιο χολούμενος Ἀντιλόχοιο
σμερδνὸν ἐπὶ Τρώεσσι κορύσσετο · τοὶ δὲ καὶ αὐτοὶ
καί περ ὑποτρομέοντες ἐυμμελίην Ἀχιλῆα
τείχεος ἐξεχέοντο μεμαότες, οὕνεκ' ἄρά σφι
Κῆρες ἐνὶ στέρνοισι θράσος βάλον · ἦ γὰρ ἔμελλον
πολλοὶ ἀνοστήτοιο κατελθέμεν Ἀιδονῆος
χερσὶν ὑπ' Αἰακίδαο δαΐφρονος, ὅς ῥα καὶ αὐτὸς
φθεῖσθαι ὁμῶς ἤμελλε παρὰ Πριάμοιο πόληι.
Αἶψα δ' ἄρ' ἀμφοτέρωθε συνήλυθον εἰς ἕνα χῶρον
Τρώων ἔθνεα πολλὰ μενεπτολέμων τ' Ἀργείων

1 ἐπεὶ Y : ἐπειδὴ H ‖ **3** μεγάλα Dausque : μέγα codd. ‖ στενάχοντες H (sed ε post corr. D ?) : στον- Y ‖ **6-7** πάντας ... πένθος parenthesin existimat et mox φέροντες corr. Wifstrand ‖ ἄμπεχε nos : ἄμφεχε codd. ‖ **9** ἀκάχησθαι Zimmermann : -αχῆσθαι codd. ‖ **10** πηλείδης H : -λήδ- Y ‖ **14** ἐνὶ J. Th. Struve : ἐπὶ codd. ‖ **15** ἀιδονῆος codd. : Ἄιδος εἴσω Zimmermann², fort. recte ‖ **17** φθεῖσθαι codd. (cf. xii 351 ; xiii 330) : φθίσθαι Lasc.² ‖ **18** ἀμφοτέρωθε NREAld. : -θεν Ω ‖ **19** μενεπτολέμων P²H : -μω Y ‖ post Ἀργείων add. τε H.

fuir : chacun brûle pour Arès, lorsque s'éveille le combat. Le Péléide fait un immense massacre à travers les rangs ennemis : partout, le sang ruisselle sur la terre féconde ; les cadavres encombrent çà et là les eaux du Xanthe et du Simoïs. Puis, lancé sur la trace des Troyens, Achille porte le carnage jusqu'aux abords de la ville à la faveur de la déroute qui règne dans leur camp. Il les eût alors exterminés jusqu'au dernier, il eût jeté les portes à terre en les arrachant de leurs gonds ou fait sauter les verrous à coups d'épaule, il eût frayé la route aux Danaens dans la ville de Priam et ruiné l'opulente cité, si Phoibos, en son cœur sans pitié, n'avait conçu contre lui une immense colère, en voyant tomber dans la lutte tant de bataillons de héros[1]. Sur l'heure, il descend de l'Olympe, tel un fauve, avec son carquois sur l'épaule et ses flèches dont on ne guérit pas. Il s'arrête face à l'Éacide : l'arc en son étui sonne avec force sur lui ; ses yeux lancent des flammes ardentes ; ses pas font trembler le sol[2]. Le dieu puissant pousse un cri terrible : il veut éloigner Achille de la bataille en l'effrayant par les accents divins de sa voix prodigieuse et sauver ainsi les Troyens de leur perte : « Arrière, Péléide ! Laisse les Troyens ! Le Destin te refuse le droit désormais de faire fondre sur l'ennemi les Trépas maudits ; ou crains qu'à ton tour quelque Immortel ne vienne de l'Olympe te mettre à mal[3] ! »

Il dit ; mais Achille ne tremble point à la voix surnaturelle du dieu ; car déjà les Trépas inexorables planent sur lui. Il n'a pas d'égards pour la divinité et, de toute sa force, il lui crie bien en face[4] :

« Phoibos ! pourquoi donc m'inciter, contre mon désir, à combattre les dieux, en accordant ton aide aux

1. Pour les v. 26-31, cf. Π 698-701 ; Φ 515-517, 544 s. ; QS, III, 366 ss.

2. Cf. A 44-49 (arrivée d'Apollon près des nefs achéennes).

3. Diomède et Patrocle reçoivent des avertissements analogues dans l'*Iliade :* E 440-442 ; Π 706-709.

4. Malgré ἄντην et le v. 60, il ne semble pas qu'Achille voie Apollon : il le reconnaît seulement à sa voix (v. 43). D'une manière générale, chez Quintus, les dieux se montrent rarement aux hommes ; cf. *Introduction*, p. XIV-XV.

μαιμώωντ' ἐς Ἄρηα διεγρομένου πολέμοιο.
Πηλείδης δ' ἐν τοῖσι πολὺν περιδάμνατο λαὸν
δυσμενέων · πάντῃ δὲ φερέσβιος αἵματι γαῖα
δεύετο καὶ νεκύεσσι περιστείνοντο ῥέεθρα
Ξάνθου καὶ Σιμόεντος. Ὁ δ' ἑσπόμενος κεράιζε
μέχρι⟨ς⟩ ἐπὶ πτολίεθρον, ἐπεὶ φόβος ἄμπεχε λαούς.
Καί νύ κε πάντας ὄλεσσε, πύλας δ' εἰς οὖδας ἔρεισε
θαιρῶν ἐξερύσας, ἢ καὶ συνέαξεν ὀχῆας
δόχμιος ἐγχριμφθείς, Δαναοῖσι δ' ἔθηκε κέλευθον
ἐς Πριάμοιο πόληα, διέπραθε δ' ὄλβιον ἄστυ,
εἰ μή οἱ μέγα Φοῖβος ἀνηλέι χώσατο θυμῷ,
ὡς ἴδεν ἄσπετα φῦλα δαϊκταμένων ἡρώων.
Αἶψα δ' ἀπ' Οὐλύμποιο κατήλυθε θηρὶ ἐοικὼς
ἰοδόκην ὤμοισιν ἔχων καὶ ἀναλθέας ἰούς ·
ἔστη δ' Αἰακίδαο καταντίον · ἀμφὶ δ' ἄρ' αὐτῷ
γωρυτὸς καὶ τόξα μέγ' ἴαχεν, ἐκ δέ οἱ ὄσσων
πῦρ ἄμοτον μάρμαιρε, ποσὶν δ' ὑπὸ κίνυτο γαῖα.
Σμερδαλέον δ' ἤυσε μέγας θεός, ὄφρ' Ἀχιλῆα
τρέψῃ ἀπὸ πτολέμοιο θεοῦ ὄπα ταρβήσαντα
θεσπεσίην καὶ Τρῶας ὑπ' ἐκ θανάτοιο σαώσῃ ·
« Χάζεο, Πηλείδη, Τρώων ἑκάς, οὐ γὰρ ἔοικεν
οὔ σ' ἔτι δυσμενέεσσι κακὰς ἐπὶ Κῆρας ἰάλλειν,
μή σε καὶ ἀθανάτων τις ἀπ' Οὐλύμποιο χαλέψῃ. »
Ὣς ἄρ' ἔφη · ὃ δ' ἄρ' οὔ τι θεοῦ τρέσεν ἄμβροτον αὐδήν ·
ἤδη γάρ οἱ Κῆρες ἀμείλιχοι ἀμφεποτῶντο.
Τοὔνεκ' ἄρ' οὐκ ἀλέγιζε θεοῦ, μέγα δ' ἴαχεν ἄντην ·
« Φοῖβε, τί ἤ με θεοῖσι καὶ οὐ μεμαῶτα μάχεσθαι
ὀτρύνεις Τρώεσσιν ὑπερφιάλοισιν ἀμύνων ;

20 μαιμώωντ' ἐς Köchly : -ώοντ' ἐς H -ώοντες Y ‖ **25** μέχρις BL^{pc}R : μέχρι Ω ‖ ἄμπεχε nos : ἄμφεχε codd. ‖ **26** εἰς YH^{c} : ἐς D ‖ **28** ἐγχριμφθείς Ω : -ιφθ- REAld. ‖ δ' ἔθηκε codd. (cf. 469) : δὲ θῆκε Hermann ‖ **34** αὐτῷ Köchly^{2} : αὐτοῦ codd. ‖ **35** ἴαχεν codd. : ἴαχον Zimmermann^{3} ‖ **36** ποσὶν H : ποσσὶ Y ‖ ὑπὸ κίνυτο nos : ὑποκίνυτο P ὑπεκίνυτο MH ‖ **41** κῆρας Köchly : χεῖρας codd. ‖ **44** ἤδη H : ἦδε uel ἡδε Y ‖ **45** ἄντην H : ἀυτήν Y.

arrogants Troyens. Naguère déjà, tu m'as écarté de la mêlée, tu t'es joué de moi, le jour où tu sauvas de la mort, une première fois, cet Hector dont les Troyens chantaient si haut la louange en leur ville. Arrière donc, va-t'en loin d'ici rejoindre les Bienheureux dans leur demeure, ou crains que je ne te frappe, tout immortel que tu es[1] ! »

A ces mots, il s'éloigne du dieu et marche sur les Troyens qui continuaient à fuir pêle-mêle[2] aux abords de la ville. Mais, tandis qu'il leur donne la chasse, Phoibos, la rage au cœur, se dit à lui-même :

« Le malheureux ! comme le délire gagne son âme ! Eh bien, soit ! Désormais personne, pas même le Cronide, ne souffrira qu'avec une pareille démence il se rebelle contre les dieux[3] ! »

Il dit et disparaît parmi les nuages ; dans son manteau de brume, il décoche une flèche amère qui va d'un seul trait blesser Achille à la cheville[4]. La douleur pénètre le héros jusqu'au fond du cœur ; il tombe à la renverse, comme un bastion que le violent tourbillon d'un cyclone souterrain fait crouler sur ses fondements, quand il ébranle les entrailles de la terre[5] : le beau corps de l'Éacide s'abat aussi brutalement sur le sol. Alors, jetant un regard autour de lui, il profère ces mortelles imprécations[6] :

« Qui donc m'a lancé cette flèche maudite, à la dérobée ? Qu'il ose m'affronter en face, à visage découvert, afin qu'il répande son sang noir et toutes ses entrailles sous ma pique et qu'il s'en aille vers le triste Hadès ! Car, je le sais, il n'est personne qui puisse, au corps à corps, me vaincre de sa lance, parmi les héros de cette terre, eût-il en la poitrine le cœur le

1. Quintus fait allusion à Υ 441-454 ; mais, pour la forme, il s'inspire surtout de Φ 600-611 et de X 1-21 ; cf. aussi E 348-351.

2. Ἄμα peut être conservé avec le sens de μίγδα, comme l'a vu Rhodomann : « tous ensemble çà et là (που) », « pêle-mêle ».

3. Cf. E 455-459 et surtout E 882. Apollon était venu seulement arrêter Achille et l'obliger à respecter l'ordre du destin (v. 40). Mais le héros, tout en se gardant de s'attaquer directement à lui (v. 46, 53), refuse d'obéir (v. 45) et même lui adresse des menaces (v. 51 s.). Il se met ainsi en état de révolte, il commet

Ἤδη γὰρ καὶ πρόσθε μ' ἀποστρέψας ὀρυμαγδοῦ
ἤπαφες, ὁππότε πρῶτον ὑπεξεσάωσας ὀλέθρου
Ἕκτορα τῷ μέγα Τρῶες ἀνὰ πτόλιν εὐχετόωντο.
Ἀλλ' ἀναχάζεο τῆλε καὶ ἐς μακάρων ἕδος ἄλλων
ἔρχεο, μή σε βάλοιμι καὶ ἀθάνατόν περ ἐόντα. »
Ὣς εἰπὼν ἀπάτερθε θεὸν λίπε, βῆ δ' ἐπὶ Τρῶας
οἵ ῥ' ἔτι που φεύγεσκον ἅμα προπάροιθε πόληος,
καὶ τοὺς μὲν σεύεσκεν · ὃ δ' ἀσχαλόων ἐνὶ θυμῷ
Φοῖβος ἑὸν κατὰ θυμὸν ἔπος ποτὶ τοῖον ἔειπεν ·
« Ὢ πόποι, ὡς ὅ γε μαίνετ' ἀνὰ φρένας · ἀλλά μιν οὔ τι
οὐδ' αὐτὸς Κρονίδης ἔτ' ἀνέξεται οὔτέ τις ἄλλος
οὕτω μαργαίνοντα καὶ ἀντιόωντα θεοῖσιν. »
Ὣς ἄρ' ἔφη καὶ ἄιστος ὁμοῦ νεφέεσσιν ἐτύχθη ·
ἠέρα δ' ἑσσάμενος στυγερὸν προέηκε βέλεμνον
καί ἑ θοῶς οὔτησε κατὰ σφυρόν. Αἶψα δ' ἀνῖαι
δῦσαν ὑπὸ κραδίην · ὃ δ' ἀνετράπετ' ἠύτε πύργος,
ὅν τε βίη τυφῶνος ὑποχθονίῃ στροφάλιγγι
ῥήξῃ ὑπὲρ δαπέδοιο κραδαινομένης βαθὺ γαίης ·
ὣς ἐκλίθη δέμας ἠὺ κατ' οὔδεος Αἰακίδαο.
Ἀμφὶ δὲ παπτήνας ὀλοὸν καὶ †ἄκρατον† ὁμόκλα ·
« Τίς νύ μοι αἰνὸν ὀιστὸν ἐπιπροέηκε κρυφηδόν ;
Τλήτω μευ κατέναντα καὶ εἰς ἀναφανδὸν ἱκέσθαι,
ὄφρά κέ οἱ μέλαν αἷμα καὶ ἔγκατα πάντα χυθείη
ἡμετέρῳ περὶ δουρὶ καὶ Ἄιδα λυγρὸν ἵκηται.
Οἶδα γὰρ ὡς οὔ τίς με δυνήσεται ἐγγύθεν ἐλθὼν

49 ἤπαφες Spitzner : ἤκαχες codd. ‖ **51** τῆλε Rhodomann : τῆδε codd. ‖ **52** περ om. D ‖ **53** θεὸν Y : θεῶν H ‖ **54** ἅμα codd.: ἑξῆς (cf. VII 170) uel ἅδην Spitzner, ἀεὶ (cf. XIV 583) Köchly, ὁμοῦ Zimmermann[4] ‖ **57** ὢ DC : ὦ YUQ ‖ ὅ γε codd. : ὅδε Platt ‖ μαίνετ' H : -εται Y ‖ ἀνὰ Spitzner : ἀεὶ codd. ‖ μιν Zimmermann[2] (cf. 59) : ἑ Pauw οἱ codd. ‖ **64** βίη ... ὑποχθονίῃ habuit Ω ‖ **67** ἄκρατον corruptum, at nondum sanatum : παπτήνας ἔπος ἀκράαντον coni. Hermann ; quem secutus, π. ὀλοὸν καὶ ... (lacuna) ... | ... ἔπος ἀκράαντον scripsit Köchly ; alii alia ; fort. ἀρητὸν (de ᾰ, uide XI 120) legendum ‖ **69** ἱκέσθαι Rhodomann (uert.) Pauw : -σθω codd. ‖ **70** οἱ Rhodomann : τοι codd. ‖ **72** με Y : μοι H.

plus intrépide, eût-il, avec ce cœur intrépide, un corps fait de bronze[1] ! Ce sont toujours les lâches qui tendent des traquenards aux braves, en se cachant[2]. Allons ! qu'il vienne en face de moi, même s'il se flatte d'être un dieu courroucé contre les Danaens : car je présume que c'est bien Apollon que dissimule le sinistre manteau des ténèbres. Ah ! ma mère chérie m'avait jadis clairement prédit que ses flèches me feraient périr misérablement près des Portes Scées : ce n'était pas là propos en l'air[3] ! »

Il dit et arrache sans ménagement le dard funeste de la blessure que nul ne peut guérir. Le sang qui en gicle épuise ses forces ; la mort mine lentement[4] son âme. Rageur, il jette la flèche ; les Souffles de l'air viennent aussitôt l'enlever[5] pour la rendre à Apollon qui s'en retourne vers le parvis sacré de Zeus : il ne sied pas que se perde le trait immortel qu'un Immortel a lancé. Le dieu la reçoit et, d'un prompt essor, gagne le vaste Olympe où siège l'assemblée plénière des Immortels. C'est là qu'ils se sont tous réunis en masse pour contempler la bataille des hommes : les uns désirent accorder la victoire aux Troyens ; les autres, aux Danaens ; et, absorbés dans leurs pensers contraires, ils regardent la mêlée où l'on tue et où l'on meurt[6].

Dès que la sage compagne de Zeus l'aperçoit, elle le prend à parti en lui adressant d'amers reproches[7] :

« Phoibos, pourquoi as-tu commis aujourd'hui ce meurtre scélérat ? As-tu donc oublié le haut mariage que nous, les Immortels, avions conclu pour Pélée, cet émule des dieux[8] ? Tu savais si bien chanter, au milieu

un acte d'*hybris* qui légitime le châtiment divin (v. 57 ss.). Quintus innocente donc Apollon dans une certaine mesure. Cependant on peut dire aussi que le dieu fait office de tentateur pour mieux perdre son adversaire : c'est ce qui lui vaudra les réprimandes d'Héré, qu'il acceptera sans mot dire.

1. Cf. B 490 ; Υ 371 s. ; Χ 357 ; Ω 205 ; Apoll. Rhod., iv, 1655 ; QS, vi, 621 ; viii, 216.

2. Les archers sont souvent méprisés par les Grecs qui apprécient davantage les vertus militaires de l'hoplite. On retrouve, ici et plus loin encore (v. 439-443), un écho de cette querelle entre les deux armes.

ἐγχείῃ δαμάσασθαι ἐπιχθονίων ἡρώων,
οὐδ' εἴ περ στέρνοισι μάλ' ἄτρομον ἦτορ ἔχῃσιν,
ἄτρομον ἦτορ ἔχῃσι λίην καὶ χάλκεος εἴη.
Κρύϐδα δ' ἀνάλκιδες αἰὲν ἀγαυοτέρους λοχόωσι·
τῷ μευ ἴτω κατέναντα, καὶ εἰ θεὸς εὔχεται εἶναι
χωόμενος Δαναοῖς, ἐπεὶ ἦ νύ μοι ἦτορ ἔολπεν
ἔμμεναι Ἀπόλλωνα λυγρῇ κεκαλυμμένον ὄρφνῃ.
Ὣς γάρ μοι τὸ πάροιθε φίλη διεπέφραδε μήτηρ
κείνου ὑπαὶ βελέεσσιν ὀιζυρῶς ἀπολέσθαι
Σκαιῇς ἀμφὶ πύλῃσι· τὸ δ' οὐκ ἀνεμώλιον ἦεν. »
Ἦ καὶ λυγρὸν ὀιστὸν ἀμειλίκτοισι χέρεσσιν
ἕλκεος ἐξείρυσσεν ἀναλθέος· ἐκ δέ οἱ αἷμα
ἔσσυτο τειρομένοιο, πότμος δέ οἱ ἦτορ ἐδάμνα.
Ἀσχαλόων δ' ἔρριψε βέλος· τὸ δ' ἄρ' αἶψα κιοῦσαι
Πνοιαὶ ἀνηρείψαντο, δόσαν δέ μιν Ἀπόλλωνι
ἐς Διὸς οἰχομένῳ ζάθεον πέδον· οὐ γὰρ ἐῴκει
ἄμϐροτον ἰὸν ὀλέσθαι ἀπ' ἀθανάτοιο μολόντα.
Δεξάμενος δ' ὅ γε κραιπνὸς ἀφίκετο μακρὸν Ὄλυμπον
ἄλλων ἀθανάτων ἐς ὁμήγυριν, ἧχι μάλιστα
πανσυδίῃ ἀγέροντο μάχην ἐσορώμενοι ἀνδρῶν·
οἳ μὲν γὰρ Τρώεσσι μενοίνεον εὖχος ὀρέξαι,
οἳ δ' ἄρα καὶ Δαναοῖς, δι⟨ὰ δ'⟩ ἄνδιχα μητιόωντες
δέρκοντο κτείνοντας ἀνὰ μόθον ὀλλυμένους τε.
Τὸν δ' ὑπότ' εἰσενόησε Διὸς πινυτὴ παράκοιτις,
αὐτίκα μιν νείκεσσεν ἀνιηροῖς ἐπέεσσι·
« Φοῖϐε, τί ἦ τόδ' ἔρεξας ἀτάσθαλον ἤματι τῷδε,
λησάμενος κείνοιο, τὸν ἀθάνατοι γάμον αὐτοὶ

76 ἀγαυοτέρους H : ἀγανοτέρως Y || **81** ὀιζυρῶς Dausque : -ροῖσιν [-ροῖς B] codd. || ἀπολέσθαι Ω : ὀλέσθαι L^pr^ || **82** σκαιῇς H : -ῇσι Y || **83** λυγρὸν LΥPR : λοιγὸν LRΥP et cett. (quod seruari possit, cl. Nicandri *Ther.* 6 ; *Anth. Pal.* VII 368, 2 ; QS XII 462) || **84** ἀναλθέος H : -λκέος Y || **89** ἰὸν Y : ὃν H δν U^pc^C || **90** κραιπνὸς Rhodomann : -νῶς codd. || **94** ἄρα καὶ Δαναοῖς Köchly[2] : ἄρ' ἀχαιοῖς [-οῖσι Y -οῖσιν L^sl^] codd. || διὰ δ' ἄνδιχα L^sl^ et Gerhard : διάνδιχα Ω || **95** κτείνοντας L^pr^ N^sl^REAld. : κτείναντας [κτινν- M] YDQ κτείναντες UC.

des convives, comment Pélée avait pris pour épouse Thétis aux pieds d'argent, après qu'elle eut quitté le grand abîme de la mer ! Les accents de ta lyre faisaient accourir en foule les peuples, les bêtes et les oiseaux ; les monts hérissés de rochers accouraient, ainsi que les fleuves et toutes les forêts aux profonds ombrages[1]. Tout cela, tu l'as oublié pour commettre un irréparable forfait : tu as tué le guerrier divin, le fils né de Thétis, que tu avais solennellement promis à Pélée, quand tu versais la libation de nectar avec tous les Immortels. Tu as oublié ta promesse et tu portes assistance aux peuples du puissant Laomédon chez qui tu fis longtemps le vacher : simple mortel, il te maltraitait, toi, un Immortel[2] ! Et pourtant ton cœur est assez fou pour porter assistance aux Troyens, oublieux des offenses passées ! Malheureux, ton âme perverse ne sait-elle pas discerner le misérable qui ne mérite que disgrâces de celui que les Immortels tiennent en honneur ? Car enfin Achille nous révérait ; il tenait de notre lignage. Au surplus, je ne pense pas que le fardeau de la guerre pèse moins lourd sur les Troyens après la mort de l'Éacide : son fils arrivera bientôt de Scyros[3] ; dans la rude bataille, il viendra secourir les Argiens et ne montrera pas moins de vaillance que son père. Combien d'ennemis verront alors approcher le désastre ! Mais tu n'as cure des Troyens, n'est-il pas vrai ? C'est Achille qui te portait ombrage par sa valeur, parce que nul au monde n'était plus brave que lui[4]. Fol enfant ! de quels yeux désormais regarderas-tu la Néréide dans l'assemblée des Immortels, quand elle montera vers la demeure

1. Le poète applique à Apollon ce qu'il dira plus loin d'Orphée (v. 638-641).

2. D'après Homère (Φ 441-460), Apollon avait gardé pendant un an les troupeaux de Laomédon dans l'Ida ; mais, à la fin de son temps de service, le roi avait refusé de le payer et l'avait même menacé de le vendre comme esclave. Selon une autre tradition (cf. H 452 ss.), Apollon aurait bâti les remparts de Troie en compagnie de Poséidon (et, a-t-on ajouté, d'Éaque).

3. Néoptolème : son arrivée sera contée aux livres VI et VII. Cf. T 326 s. ; λ 509.

4. Souvenir de l'ancienne conception de la jalousie des dieux.

ἀντιθέῳ Πηλῆι συνήρσαμεν ; Εὖ δ' ἐνὶ μέσσοις
δαινυμένοις ἤειδες, ὅπως Θέτιν ἀργυρόπεζαν
Πηλεὺς ἤγετ' ἄκοιτιν ἁλὸς μέγα λαῖτμα λιποῦσαν·
καί σευ φορμίζοντος ἐπήιεν ἀθρόα φῦλα
θῆρές τ' οἰωνοί τε βαθυσκόπελοί τε κολῶναι
καὶ ποταμοὶ καὶ πᾶσα βαθύσκιος ἤιεν ὕλη.
Ἀλλὰ τά γ' ἐξελάθου καὶ ἀμείλιχον ἔργον ἔρεξας
κτείνας ἀνέρα δῖον ὃν ἀθανάτοισι σὺν ἄλλοις
νέκταρ ἀποσπένδων ἠρήσαο παῖδα γενέσθαι
ἐκ Θέτιδος Πηλῆι. Τεῆς δ' ἐπελήσαο ἀρῆς
ἦρα φέρων λαοῖσι κραταιοῦ Λαομέδοντος
ᾧ πάρα βουκολέεσκε⟨ς⟩· ὃ δ' ἀθάνατόν περ ἐόντα
θνητὸς ἐὼν ἀκάχιζε· σὺ δ' ἀφρονέων ἐνὶ θυμῷ
ἦρα φέρεις Τρώεσσι λελασμένος ὅσσ' ἐμόγησας.
Σχέτλιε, οὔ νύ τι οἶδας ἐνὶ φρεσὶ λευγαλέῃσιν
οὔθ' ὅ τις ἀργαλέος καὶ ἐπάξιος ἄλγεα πάσχειν,
οὔθ' ὅ τις ἀθανάτοισι τετιμένος· ἦ γὰρ Ἀχιλλεὺς
ἤπιος ἄμμι τέτυκτο καὶ ἐξ ἡμέων γένος ἦεν.
Ἀλλ' οὐ μὰν Τρώεσσιν ἐλαφρότερον πόνον οἴω
ἔσσεσθ' Αἰακίδαο δεδουπότος, οὕνεκ' ἄρ' αὐτοῦ
υἱὸς ἀπὸ Σκύροιο θοῶς ἐς ἀπηνέα δῆριν
Ἀργείοις ἐπαρωγὸς ἐλεύσεται εἴκελος ἀλκὴν
πατρὶ ἑῷ, πολέσιν δὲ κακὸν δηίοισι πελάσσει.
Ἦ νυ σοὶ οὐ Τρώων ἐπιμέμβλεται, ἀλλ' Ἀχιλῆι
ἀμφ' ἀρετῆς ⟨ἐ⟩μέγηρας, ἐπεὶ πέλε φέρτατος ἀνδρῶν.
Νήπιε, πῶς ἔτι σοῖσιν ἐν ὄμμασι Νηρηίνην
ὄψει ἐν ἀθανάτοισι Διὸς ποτὶ δώματ' ἰοῦσαν,

100 συνήρσαμεν Spitzner : συνάρ- codd. ‖ εὖ δ' Maas (per litteras) : σὺ δ' codd. οὐδ' ... ; nos olim ‖ **101** δαινυμένοις Y : -ύμενος H ‖ **105** ἤιεν om. H ‖ **107** ἄλλοις Y : -οισι H ‖ **109** · τεῆς H : τε · ἧς Y ‖ ἀρῆς DUQC^{pc}B : ἄρης YC^{ac}V ‖ **110** κραταιοῦ R : -τεροῦ Y -τεροῖο H ‖ **111** βουκολέεσκες C^{pc}BR Lasc.$^{1-2}$: -σκε Ω ‖ **114** τι Spitzner : τοι codd. ‖ **118** οἴω Pauw : ὀίω codd. ‖ **123** οὐ om. H ‖ ἐπιμέμβλεται Y : -ετ' H ‖ **124** ἐμέγηρας R : μέγ- Ω ‖ **125** ἐν om. H.

de Zeus, elle qui te comblait jadis d'honneurs et te considérait comme son propre fils[1] ? »

C'est en ces termes qu'Héré, toute à sa douleur, prend à parti, rudement, le fils de Zeus tout-puissant. Lui ne répond mot, par respect pour la compagne de son père invincible. Sans oser affronter son regard, il reste assis à l'écart des dieux éternellement vivants, la tête basse. Contre lui gronde à travers l'Olympe l'âpre réprobation des Immortels qui protègent les Danaens ; tous ceux au contraire qui désirent accorder la victoire aux Troyens l'applaudissent et triomphent en leur cœur, mais en se cachant d'Héré : car il n'est aucun Ouranide qui ne témoigne en sa présence du respect pour son courroux.

Cependant le Péléide n'a point encore perdu le souvenir de sa fougue : dans ses membres impétueux, le sang noir continue de bouillonner et l'appelle au combat. Aucun Troyen alors n'ose s'approcher du blessé ; tous se tiennent à distance, aussi glacés d'effroi que des paysans apeurés dans les sous-bois par un lion qu'un chasseur a blessé : le fauve, malgré le javelot qui lui traverse le cœur, garde le souvenir de sa vaillance ; il roule un œil sauvage et, de ses féroces mâchoires, pousse un rugissement terrible[2]. La rage que lui cause sa blessure mortelle n'exaspère pas moins la fougue du Péléide. Bien que le trait du dieu le mine lentement[3], il se relève d'un bond et charge l'ennemi en brandissant sa solide lance. Il tue le divin Orythaon, valeureux compagnon d'Hector, d'un coup au bas de la tempe[4]. La grande pique n'a pas été retenue par le casque, comme l'homme l'eût souhaité ; elle passe promptement au travers, elle pénètre dans le crâne jusqu'aux nerfs

1. Cf. I 481 ; Moschos, *Europe*, 26.

2. Cette comparaison, tirée de Φ 573-578, emprunte certains traits à E 136 ss. ; Π 752 ; Υ 164 ss. On trouve des images analogues en v, 371 ; vi, 396 ; vii, 464 ; xii, 530. Dans ses comparaisons, Quintus a tendance à accuser les ressemblances entre les deux termes et il prête volontiers des traits humains à ses animaux : c'est ainsi qu'il parle ici de l'ἠνορέη du lion.

3. Le contexte donne à l'imparfait ἐδάμνα une valeur durative très claire que l'on retrouve au v. 85. En v, 582, ἐδάμνα marque l'effort.

ἤ σε πάρος κύδαινε καὶ ὡς φίλον ἔδρακεν υἷα ; »
Ἦ μέγα νεικείουσα πολυσθενέος Διὸς υἷα
Ἥρη ἀκηχεμένη. Ὁ δ' ἄρ' οὐκ ἀπαμείϐετο μύθῳ ·
ἅζετο γὰρ παράκοιτιν ἑοῦ πατρὸς ἀκαμάτοιο,
οὐδέ οἱ ὀφθαλμοῖσι καταντίον εἰσοράασθαι
ἔσθενεν, ἀλλ' ἀπάνευθε θεῶν ἄλληκτον ἐόντων
ἧστο κατωπιόων. Ἄμοτον δέ οἱ ἐσκύζοντο
ἀθάνατοι κατ' Ὄλυμπον ὅσοι Δαναοῖσιν ἄμυνον ·
ὅσσοι δ' αὖ Τρώεσσι μενοίνεον εὖχος ὀρέξαι,
κεῖνοί μιν κύδαινον ἐνὶ φρεσὶ καγχαλόωντες
κρύϐδ' Ἥρης · πάντες γὰρ ἐναντίον Οὐρανίωνες
ἅζοντ' ἀσχαλόωσαν. Ὁ δ' οὔ πω λήθετο θυμοῦ
Πηλείδης · ἔτι γάρ οἱ ἀμαιμακέτοις ἐνὶ γυίοις
ἔζεεν αἷμα κελαινὸν ἐελδομένοιο μάχεσθαι.
Οὐδ' ἄρά οἱ Τρώων τις ἐτόλμα⟨εν⟩ ἐγγὺς ἱκέσθαι
βλημένου, ἀλλ' ἀπάνευθεν ἀφέστασαν, εὖτε λέοντος
ἀγρόται ἐν ξυλόχοισι τεθηπότες, ὅν τε βάλῃσι
θηρητήρ, ὃ δ' ἄρ' οὔ τι πεπαρμένος ἦτορ ἄκοντι
λήθεται ἠνορέης, ἀλλὰ στρέφετ' ἄγριον ὄμμα
σμερδαλέον βλοσυρῇσιν ὑπαὶ γενύεσσι βεϐρυχώς ·
ὣς ἄρα Πηλείδαο χόλος καὶ λοίγιον ἕλκος
θυμὸν ἄδην ὀρόθυνε. Θεοῦ δέ μιν ἰὸς ἐδάμνα ·
ἀλλὰ καὶ ὣς ἀνόρουσε καὶ ἔνθορε δυσμενέεσσι
πάλλων ὄϐριμον ἔγχος. Ἕλεν δ' Ὀρυθάονα δῖον,
Ἕκτορος ἐσθλὸν ἑταῖρον, ὑπὸ κροτάφοιο τυχήσας ·
οὐ γάρ οἱ κόρυς ἔσχε μακρὸν δόρυ καὶ μεμαῶτος,
ἀλλὰ δι' αὐτῆς αἶψα καὶ ὀστέου ἔνδον ἵκανεν

129 ἀπαμείϐετο Y : ἀμείϐ- H ‖ **137** ἥρης H : ἧρις Y ἥρης P[2] ‖ **138** λήθετο Y : λήγετο H ‖ **141** ἐτόλμαεν Zimmermann[2] (cf. IV 326) : -μα codd. ‖ **142** ἀφέστασαν EAld. : ἐφ- Ω ‖ **143** τεθηπότες MH : -ότος PL[s1] ‖ **147** ἕλκος Heyne : ἔγχος codd. ‖ **151** ὑπὸ nos : ἀνὰ codd. ἄνω Nauck ἄκρου Zimmermann[2] ἅμα (cf. Liddell-Scott s. v. ἅμα A. I. 3 c) West (per litt.) ‖ **153** ἀλλὰ καὶ δι' habuit Ω : καὶ del. CLR, om. BAld. ; δι' om. UQV ‖ ὀστέου YH[c] : -έον D (unde -έων recc.).

du cerveau et détruit cette vie en pleine fleur[1]. Puis il abat Hipponoos en lui enfonçant sa pique au-dessous du sourcil, dans les racines de l'œil : le globe, arraché des paupières, tombe sur le sol[2] et l'âme s'envole vers l'Hadès. C'est maintenant au tour d'Alcithoos : il lui transperce la mâchoire et lui tranche toute la langue : l'homme s'écroule sur le terrain en expirant, tandis que la pointe lui ressort par l'oreille. Ce sont là les premiers que tue le divin guerrier, comme ils tentaient de lui tenir tête. Il rompt le souffle à bien d'autres encore qui fuyaient, aussi longtemps que son sang continue de bouillonner dans ses entrailles.

Mais quand il sent ses membres se glacer et défaillir son cœur, il s'arrête, s'appuie sur la hampe de frêne et, tandis que la panique donne des ailes à toute la masse des ennemis, il profère contre eux ces menaces :

« Ah ! lâches ! Troyens et Dardaniens[3] ! Même quand j'aurai péri, vous n'échapperez pas à ma lance : elle ne vous fera pas de quartier et, jusqu'au dernier, vous paierez d'une mort cruelle votre dette aux Érinyes de mon âme. »

Il dit et chacun frissonne de l'entendre. Quand éclate dans la montagne le rugissement du lion, les faons frémissent timidement à sa voix, tout apeurés par le fauve[4] : l'armée des Troyens éleveurs de chevaux et leurs alliés étrangers ne frémissent pas moins à l'ultime menace d'Achille, car ils le croient encore indemne. Cependant le Destin appesantit le cœur du preux et ses membres robustes ; il s'abat au milieu des morts, pareil à une énorme montagne. La terre retentit sous lui ; son armure sonne avec un indicible fracas, quand tombe le Péléide sans reproche. Tous les yeux se tournent vers le héros ennemi, mais une crainte immense fait toujours frémir les âmes. Quand des gars ont tué

1. Κῆρ a perdu ici son sens propre et désigne le souffle vital en dehors de toute localisation physiologique.

2. Cf. Ξ 493 s.

3. Comme chez Homère (H 414, *al.*), les Dardaniens sont distincts des Troyens ici et en VIII, 96 ss. ; dans la fin du poème, la Dardanie se confond avec la Troade : XII, 98 ; XIV, 407, 650.

ἶνας ⟨ἐς⟩ ἐγκεφάλοιο, κέ⟨δ⟩ασσε δέ οἱ θαλερὸν κῆρ.
Ἱππόνοον δ' ἐδάμασσεν ὑπ' ὀφρύος ἔγχος ἐρείσας
ἐς θέμεθλ' ὀφθαλμοῖο · χαμαὶ δέ οἱ ἔκπεσε γλήνη
ἐκ βλεφάρων, ψυχὴ δὲ κατ' Ἄιδος ἐξεποτήθη.
Ἀλκιθόου δ' ἄρ' ἔπειτα διὰ γναθμοῖο περήσας
γλῶσσαν ὅλην ἀπέκερσεν · ὃ δ' ἐς πέδον ἤριπε γαίης
ἐκπνείων, αἰχμὴ δὲ δι' οὔατος ἐξεφαάνθη.
Καὶ τοὺς μὲν κατέπεφνε καταντίον ἀίσσοντας
δῖος ἀνήρ, πολλῶν δὲ καὶ ἄλλων θυμὸν ἔλυσε
φευγόντων · ἔτι γάρ οἱ ἐνὶ φρεσὶν ἔζεεν αἷμα.
Ἀλλ' ὅτε οἱ ψύχοντο μέλη καὶ ἀπήιε θυμός,
ἔστη ἐρεισάμενος μελίῃ ἔπι · τοὶ δ' ἐπέτοντο
πανσυδίῃ τρομέοντες, ὃ δέ σφισι τοῖον ὁμόκλα ·
« Ἆ δειλοὶ Τρῶες καὶ Δάρδανοι, οὐδὲ θανόντος
ἔγχος ἐμὸν φεύξεσθε ἀμείλιχον, ἀλλ' ἅμα πάντες
τίσετε αἰνὸν ὄλεθρον Ἐριννύσιν ἡμετέρῃσιν. »
Ὣς φάτο · τοὶ δ' ἀίοντες ὑπέτρεσαν, εὖτ' ἐν ὄρεσσι
φθόγγον ἐριβρύχμοιο νεβροὶ τρομέωσι λέοντος
δείλαιοι μέγα θῆρα πεφυζότες · ὣς ἄρα λαοὶ
Τρώων ἱπποπόλων ἠδ' ἀλλοδαπῶν ἐπικούρων
ὑστατίην Ἀχιλῆος ὑποτρομέεσκον ὁμοκλὴν
ἐλπόμενοί μιν ἔτ' ἔμμεν ἀνούτατον. Ὃς δ' ὑπὸ πότμῳ
θυμὸν τολμήεντα καὶ ὄβριμα γυῖα βαρυνθεὶς
ἤριπεν ἀμφὶ νέκυσσιν ἀλίγκιος οὔρεϊ μακρῷ ·
γαῖα δ' ὑπεπλατάγησε καὶ ἄσπετον ἔβραχε τεύχη
Πηλείδαο πεσόντος ἀμύμονος. Οἳ δ' ἔτι θυμῷ
δήιον εἰσορόωντες ἀπειρέσιον τρομέεσκον ·

154 ἐς add. Rhodomann ‖ κέδασσε Zimmermann (cf. x 124) : κέασε [-σσε L[s1]RLasc.[2]] codd. ‖ **155** ἐδάμασσεν ὑπ' nos (cf. Ξ 493) : -ασσε κατ' codd. ‖ ἔγχος Köchly (cf. vi 645) : ἔνδον codd. (ex 153) ‖ ἐρείσας B et Rhodomann : ἐρύσας H -σσας Y ‖ **158** ἀλκιθόου codd. : Ἀλκαθόου Köchly[2] (cf. M 93) ‖ **160** ἐκπνείων Pauw : ἀμπν- codd. ‖ **166** om. H ‖ **171** ἐριβρύχμοιο codd. (cf. iv 241) : -ύχοιο Rhodomann ‖ **174** ὑποτρομέεσκον Rhodomann (uert.) Pauw : -έοντες YH[c] -έοντος D ‖ **180** δήιον codd. : δήιοι Köchly.

un fauve sanguinaire, les brebis frissonnent rien qu'à voir son cadavre non loin de l'étable ; elles n'osent approcher : mort, il les épouvante autant que lorsqu'il était en vie. Les Troyens éprouvent la même terreur devant Achille qui n'est plus.

Néanmoins Pâris harangue ses hommes pour leur rendre confiance[1] ; son cœur est plein de joie à l'espoir que les Argiens vont arrêter ce combat toujours recommencé, maintenant qu'est tombé le Péléide : n'était-il pas la force des Danaens ?

« Amis, voulez-vous me seconder en loyaux compagnons ? C'est le jour de mourir sous les coups des Argiens ou, si nous en réchappons, de tirer vers Ilion le corps du Péléide péri au combat, à l'aide des chevaux d'Hector[2] qui, depuis la mort de mon frère, me conduisent à la bataille, tout en pleurant de regret sur leur maître. S'ils peuvent nous servir à tirer la dépouille d'Achille, nous vaudrons une belle victoire à ces chevaux et à Hector lui-même, pour peu que dans l'Hadès, la raison ou la justice conservent leurs droits[3] : Achille voulait tant de mal aux Troyens[4] ! Alors les Troyennes, le cœur triomphant de joie, feront cercle autour de lui, par la ville, pareilles à ces cruelles panthères — ou à ces lionnes —, que la perte de leurs petits emplit de courroux contre un gars dur à la peine qui s'entend aux travaux de la chasse[5]. Les Troyennes accourront ainsi en foule autour du corps inanimé d'Achille, débordantes de haine, vengeresses courroucées d'un père ou d'un époux, d'un fils ou d'un proche bien-aimé[6]. Quel bonheur ce sera surtout pour mon père et pour

1. Pâris joue un rôle important dans la bataille : il donne le signal de l'attaque et c'est lui qui résistera le plus longtemps. Le poète se souvient que, dans certaines versions, il tuait lui-même Achille de ses flèches : cf. *Notice*, p. 91, n. 3.

2. Achille subirait ainsi le sort qu'il a infligé à Hector.

3. Ces réticences concernant le destin de l'homme après la mort sont banales : voir par exemple Soph., *Électre*, 356 ; Isocrate, xix, 42 ; Dém., *C. Lept.*, 87 (et les remarques d'O. Navarre, *ad loc.*) ; Kaibel, *Epigr. gr.*, 722, 5 ; *Épigramme* citée par J. et L. Robert, *Rev. Ét. Gr.*, 1954, 128, n° 109. Θέμιστες manque de clarté : Pâris ne veut pas dire qu'Hector éprouvera de la joie aux Enfers, si

ὡς δ' ὅτε θῆρα δαφοινὸν ὑπ' αἰζηοῖσι δαμέντα
μῆλα περιτρομέουσι παρὰ σταθμὸν ἀθρήσαντα
βλήμενον, οὐδέ οἱ ἄγχι παρελθέμεναι μεμάασιν,
ἀλλά ἑ ὡς ζώοντα νέκυν περιπεφρίκασιν·
ὣς Τρῶες φοβέοντο καὶ οὐκέτ' ἐόντ' Ἀχιλῆα.
Ἀλλὰ καὶ ὣς ἐπέεσσι Πάρις μέγα θαρσύνεσκε
λαόν, ἐπεὶ φρεσὶν ᾗσιν ἐγήθεεν· ἦ γὰρ ἐώλπει
Ἀργείους παύσασθαι ἀμαιμακέτοιο κυδοιμοῦ
Πηλείδαο πεσόντος· ὃ γὰρ Δαναοῖς πέλεν ἀλκή·
« Ὦ φίλοι, εἰ ἐτεόν μοι ἀρήγετε εὐμενέοντες,
σήμερον ἠὲ θάνωμεν ὑπ' Ἀργείοισι δαμέντες,
ἠὲ σαωθέντες ποτὶ Ἴλιον εἰρύσσωμεν
ἵπποις Ἑκτορέοισι δεδουπότα Πηλείωνα,
οἵ μ' ἐς δηιοτῆτα κασιγνήτοιο θανόντος
ἀχνύμενοι φορέουσιν ἑὸν ποθέοντες ἄνακτα.
Τοῖς εἴ πως ἐρύσαιμεν Ἀχιλλέα δῃωθέντα,
ἵπποις μὲν μέγα κῦδος ὀρέξομεν ἠδὲ καὶ αὐτῷ
Ἕκτορι, εἴ γέ τίς ἐστι κατ' Ἄιδος ἀνθρώποισιν
ἢ νόος ἠὲ θέμιστες· ὃ γὰρ κακὰ μήσατο Τρῶας.
Καί μιν Τρωιάδες μεγάλα φρεσὶ καγχαλόωσαι
ἀμφιπεριστήσονται ἀνὰ πτόλιν, ἠύτε λυγραὶ
πορδάλιες τεκέων κεχολωμέναι ἠὲ λέαιναι
ἀνδρὶ πολυκμήτῳ μογερῆς ἐπιίστορι θήρης·
ὣς Τρῳαὶ περὶ νεκρὸν ἀποκταμένου Ἀχιλῆος
ἀθρόαι ἀίξουσιν ἀπειρέσιον κοτέουσαι,
αἳ μὲν ὑπὲρ τοκέων κεχολωμέναι, αἳ δὲ καὶ ἀνδρῶν,
αἳ δ' ἄρ' ὑπὲρ παίδων, αἳ δὲ γνωτῶν ἐριτίμων.
Γηθήσει δὲ μάλιστα πατὴρ ἐμὸς ἠδὲ γέροντες

182 παρὰ Pauw : περὶ codd. ‖ **184** ἑ codd. : μιν Köchly, fort. recte ‖ **185** φοβέοντο H : -νται Y ‖ **189** δαναοῖς Y : -οῖσι H ‖ **190** ἀρήγετε H : -ται Y ‖ **193** ἑκτορέοισι H (cf. 339) : -έῃσι Y ‖ **196** ἐρύσαιμεν Y : -σαμεν H ‖ **199** τρῶας codd. : τρωσί Platt ‖ **201** ἀμφιπεριστήσονται R et Rhodomann : ἄμφω περι- Ω ‖ **202** πορδάλιες Y : παρδ- H ‖ ἠὲ Pauw : ἠδὲ codd. ‖ **203** ἐπιίστορι H : ἐπὶ ἴστ- Y ‖ **206** καὶ om. H.

tous ces vieillards que l'âge retient à regret dans nos murs, si nous parvenons à tirer celui-ci vers la ville pour le donner en pâture aux oiseaux qui rôdent dans le ciel ! »

A ces mots, tous s'élancent pour encercler la dépouille de l'Éacide à l'âme violente, tous ceux qu'il épouvantait naguère, Glaucos, Énée, Agénor, cœur de vaillance, et les autres capitaines rompus au métier de la guerre meurtrière : ils brûlent de la tirer vers la ville sainte d'Ilion[1]. Mais Ajax pareil aux dieux n'abandonne pas son compagnon : d'un bond, il s'interpose et sa grande pique les tient tous en respect loin du corps[2]. Sans renoncer néanmoins à la lutte[3], les combattants l'enveloppent et l'assaillent de toutes parts en un essaim de plus en plus compact. On croirait voir des abeilles, le dard éployé, voltiger par centaines autour de leur ruche afin d'en écarter l'homme qui, sans se soucier de leurs attaques, détache les rayons de miel ; bien qu'elles soient gênées par les bouffées de fumée qu'il leur envoie, elles lui tiennent tête et lancent leurs assauts ; mais lui n'y prête pas la moindre attention[4]. Ajax ne se soucie pas davantage des plus violentes charges. D'abord il tue, d'un coup au-dessus du sein, Agélaos, le fils de Méon, puis le divin Thestor ; maintenant il abat Ocythoos, Agestratos, Aganippos, Zôros, Nissos et cet illustre Érymas qui vint de Lycie sous les ordres du magnanime Glaucos. Il habitait Mélanippion, le haut-lieu d'Athéné, en face du Massicytos, non loin du cap

tant est qu'un mort soit encore accessible à un tel sentiment ; il pense plutôt que la réputation du héros en sera accrue parmi les ombres (ἀνθρώποισιν), à supposer que celles-ci soient encore capables de juger sainement (νόος) ou d'avoir égard aux privilèges (θέμιστες) que confère la victoire.

1. Pour raconter le combat autour d'Achille, Quintus avait à sa disposition le rapide résumé qu'en donne l'*Odyssée* (ω 36-41) ainsi que deux épisodes fameux de l'*Iliade*, les combats pour Sarpédon et pour Patrocle (Π 532-683 ; Ρ 213-423). La liste des guerriers qui secondent Pâris est tirée de Π 532-536 ; Agénor, fils d'Anténor et de Théanô, ne sera plus mentionné dans la suite du livre III.

2. Cf. Θ 330 s. ; Ν 419 s.

ὅσσους οὐκ ἐθέλοντας ἐν ἄστεϊ γῆρας ἐρύκει,
τόνδ' ἡμεῖς εἴ πέρ γε ποτὶ πτόλιν εἰρύσσαντες
θήσομεν οἰωνοῖσιν ἀερσιπέτῃσιν ἐδωδήν. »
Ὣς φάτο· τοὶ δὲ νέκυν κρατερόφρονος Αἰακίδαο
ἀμφέβαν ἐσσυμένως, οἵ μιν φοβέοντο πάροιθε,
Γλαῦκός τ' Αἰνείας τε καὶ ὀβριμόθυμος Ἀγήνωρ
ἄλλοι τ' οὐλομένοιο δαήμονες ἰωχμοῖο,
εἰρύσσαι μεμαῶτες ἐς Ἰλίου ἱερὸν ἄστυ.
Ἀλλά οἱ οὐκ ἀμέλησε θεοῖς ἐναλίγκιος Αἴας,
ἀλλὰ θοῶς περίβη· πάντας δ' ὑπὸ δούρατι μακρῷ
ὦθει ἀπὸ νέκυος. Τοὶ δ' οὐκ ἀπέληγον ὁμοκλῆς,
ἀλλά οἱ ἀμφεμάχοντο περισταδὸν ἀίσσοντες
αἰὲν ἐπασσύτεροι, τανυχειλέες εὖτε μέλισσαι,
αἵ ⟨ῥά⟩ θ' ἑὸν περὶ σίμβλον ἀπειρέσιαι ποτέωνται
ἄνδρ' ἀπαμυνόμεναι, ὃ δ' ἄρ' οὐκ ἀλέγων ἐπιούσας
κηροὺς ἐκτάμνῃσι μελίχροας, αἳ δ' ἀκάχονται
καπνοῦ ὑπὸ ῥιπῆς ἠδ' ἀνέρος, ἀλλ' ἄρα καὶ ὧς
ἀντίαι ἀίσσουσιν, ὃ δ' οὐκ ὄθετ' οὐδ' ἄρα βαιόν.
Ὣς Αἴας τῶν οὔ τι μάλ' ἐσσυμένων ἀλέγιζεν,
ἀλλ' ἄρα πρῶτον ἐνήραθ' ὑπὲρ μαζοῖο τυχήσας
Μαιονίδην Ἀγέλαον, ἔπειτα δὲ Θέστορα δῖον·
εἷλε δ' ἄρ' Ὠκύθοον καὶ Ἀγέστρατον ἠδ' Ἀγάνιππον
Ζῶρόν τε Νίσσον τε περικλειτόν τ' Ἐρύμαντα
ὃς Λυκίηθεν ἵκανεν ὑπὸ μεγαλήτορι Γλαύκῳ·
ναῖε δ' ὅ γ' αἰπεινὸν Μελανίππιον ἱρὸν Ἀθήνης

210 γε Rhodomann : τε Y om. H ‖ πτόλιν Y : πόλιν H ‖ **211** ἀερσιπέτῃσιν codd. (cf. VI 49) : -πότῃσιν Lasc.[2] ‖ **213** ἀμφέβαν LR : -έβασαν Ω ‖ **218** ὑπὸ Lasc.[2] et Pauw : ἀπὸ codd. ‖ **222** ῥά θ' Hermann : τε Y τ' H ‖ σίμβλον P²H : σίλβον Y ‖ ποτέωνται H : -έονται Y ‖ **223** ὃ δ' ἄρ' codd. : ὅς ῥ' uel ὅ περ propter coniunctiuum ἐκτάμνῃσι Zimmermann[3] (sed cf. K 360 sqq.) ‖ **225** ὑπὸ Y : ὑπαὶ H ‖ **226** ἄρα βαιόν codd. : ἠβαιόν Lasc.[2] ‖ **230** ὠκύθοον Y (cf. Nonni *Dion.* XIII 144, al.) : ἀρκύ-H ‖ **231** ζῶρόν (non ζωρόν) codd. ‖ νίσσον codd. : Νῖσόν Dindorf ‖ **232** ὑπὸ Köchly : ὑπαὶ codd. ‖ **233** ἱρὸν C^{pc}BLR : ἱερὸν Ω.

de l'Aronde, terreur si redoutée des marins en mer, lorsqu'ils doublent ses âpres écueils[1]. Sa mort serre le cœur de l'illustre fils d'Hippoloque, dont il était le compagnon. Celui-ci court frapper Ajax à son bouclier couvert de plusieurs cuirs de bœufs[2] ; mais le coup ne porte pas jusqu'à la peau délicate : les cuirs de bœufs le protègent, et, par-dessous le bouclier, la cuirasse qui s'ajuste sur ses membres indomptables. Glaucos ne renonce pas néanmoins à l'inexorable combat, tant il désire vaincre Ajax l'Éacide ! Dans sa présomption, il lui lance un grand défi — cœur insensé ! — :

« Ajax, à ce qu'on prétend, tu surpasses, et de loin, tous les Argiens ; en toute occasion, on te porte aux nues[3], comme le belliqueux Achille. Il est mort, celui-là, et je compte bien que tu vas aussi mourir en ce jour près de lui. »

Il dit : vaines paroles jetées au vent ! Il ignore combien il vaut mieux que lui, l'homme qu'affronte sa lance. Ajax qui ne sait pas fuir le toise du regard et lui répond :

« Chétif ! Ignores-tu donc combien Hector l'emportait sur toi dans la bataille[4] ? Il évitait pourtant mon ardeur et ma pique, car il n'avait pas moins de sens que de force[5]. Ta raison a dû sombrer dans les ténèbres[6], pour que tu viennes en téméraire m'attaquer, alors que je vaux cent fois mieux que toi. Tu ne peux te flatter d'être un hôte de famille et tes présents ne me

1. Χελιδονίης σχεδὸν ἄκρης est un emprunt à Apoll. Rhod., *Fondation de Caunos*, fr. 5, 3 Powell. Le cap Chélidonien (Selidân Burû) ou *Hiera Akra* sert de frontière à la Lycie et à la Pamphylie (Strabon, xiv, 2, 1 ; 3, 8), ce qui explique qu'on situe Mélanippion tour à tour dans l'une ou l'autre de ces régions : cf. Étienne de Byz., *s. v.* Μελανίππιον (citant Hécatée de Milet, fr. 259 Jacoby). Le cap est entouré d'une ceinture d'écueils, les îles Chélidoniennes, dont l'une se nomme Mélanippé ; ces parages sont bien connus des Anciens pour leurs tempêtes. Quintus est le seul à mentionner le sanctuaire d'Athéné. Le Massicytos paraît être le massif montagneux qui occupe l'arrière-pays au N.-O. et dont le contrefort oriental est constitué par les Monts Solymes.

2. Le fameux bouclier d'Ajax, « pareil à une tour », était fait de sept peaux de bœufs recouvertes d'une plaque de bronze :

ἀντία Μασσικύτοιο Χελιδονίης σχεδὸν ἄκρης,
τὴν μέγ' ὑποτρομέουσι τεθηπότες εἰν ἁλὶ ναῦται,
εὖτε περιγνάμπτωσι μάλα στυφελὰς περὶ πέτρας.
Τοῦ δ' ἄρ' ἀποφθιμένοιο κλυτὸς πάις Ἱππολόχοιο
παχνώθη κατὰ θυμόν, ἐπεί ῥά οἱ ἔσκεν ἑταῖρος·
καί ῥα θοῶς Αἴαντα κατ' ἀσπίδα πουλυβόειον
οὔτασεν, ἀλλά οἱ οὔ τι διήλασεν ἐς χρόα καλόν·
ῥινοὶ γάρ μιν ἔρυντο βοῶν καὶ ὑπ' ἀσπίδι θώρηξ
ὅς ῥά οἱ ἀκαμάτοισι περὶ μελέεσσιν ἀρήρει.
Γλαῦκος δ' οὐκ ἀπέληγεν ἀταρτηροῖο κυδοιμοῦ
Αἰακίδην Αἴαντα δαμασσέμεναι μενεαίνων,
καί οἱ ἐπευχόμενος μέγ' ἀπείλεεν ἄφρονι θυμῷ·
« Αἶαν, ἐπεί νύ σέ φασι μέγ' ἔξοχον ἔμμεναι ἄλλων
Ἀργείων, σοὶ δ' αἰὲν ἐπιφρονέουσι μάλιστα
ἄσπετον, ὡς Ἀχιλῆι δαΐφρονι, τῷ σε θανόντι
οἴω συνθανέεσθαι ἐπ' ἤματι τῷδε καὶ αὐτόν. »
Ὣς ἔφατ' ἀκράαντον ἱεὶς ἔπος, οὐδέ τι ᾔδη
ὅσσον ἀμείνονος ἀνδρὸς ἐναντίον ἔγχος ἐνώμα.
Τὸν δ' ὑποδερκόμενος προσέφη μενεδήιος Αἴας·
« Ἆ δειλ', οὔ ⟨νύ⟩ τι οἶδας ὅσον σέο φέρτερος Ἕκτωρ
ἔπλετ' ἐνὶ πτολέμοισι ; Μένος δ' ἀλέεινε καὶ ἔγχος
ἡμέτερον· πινυτὸν γὰρ ὁμῶς ἔχε κάρτεϊ θυμόν.
Σοὶ δ' ἤτοι νόος ἐστὶ ποτὶ ζόφον, ὅς ῥά μοι ἔτλης
ἐς μόθον ἐλθέμεναι μέγ' ἀμείνονί περ γεγαῶτι·
οὐ γάρ μευ ξεῖνος πατρώιος εὔχεαι εἶναι,

234 ἀντία μασσικύτοιο [μασι- MH^{c}] MH^{c}R : ἀντι ἀμασικύτοιο [αἰμ- D] PD ‖ χελιδονίης YH^{c} : -όνης D ‖ **236** περιγνάμπτωσι M : -άπτ- PH ‖ ἀγκύρας supra στυφελὰς scripsit M ‖ πέτρας H : πάτρας Y ‖ **239** πουλυβόειον Rhodomann : -βόειαν BL -βοείην R πολυβόειαν Ω ‖ **241** ἔρυντο Y : εἴρηντο [-υντο UB] H ‖ **247** ἐπι- codd. : ἔπι Pauw ‖ **249** οἴω Rhodomann : ποιῶ M ποϊῶ P πηῶ [cum glossa συγγενεῖ U^{s1}Q^{s1}] H ‖ **250** ἤδη H : ἤδει Y ‖ **253** ἆ P^{s1}H : ὢ Y ‖ νύ add. Rhodomann ‖ **256** δ' ἤτοι Ω : δή τοι Lasc.[2] ‖ ῥά μοι codd. : ῥ' ἐμοὶ Zimmermann[4] ‖ **258** μευ codd. : ἐμεῦ Platt[2] ‖ ξεῖνος Y : ξένος H.

convaincront pas de quitter le combat comme l'a fait le vaillant fils de Tydée[1]. Si tu as trouvé grâce devant son ardeur, il ne sera pas dit que je te laisse aujourd'hui revenir vivant de cette bataille. Ou compterais-tu dans la mêlée sur tes compagnons, ces vauriens, ces mouches[2] qui accourent autour du cadavre d'Achille sans reproche ? Qu'ils viennent donc ! que je leur fasse aussi cadeau de la mort et des ténébreux Trépas ! »

A ces mots, il fait front au cercle des Troyens, tel un lion que des chiens de chasse cernent dans un large vallon boisé. Il en abat aussitôt plusieurs, tant Troyens que Lyciens, qui rêvaient de remporter la victoire. Tous les bataillons prennent peur, comme les poissons dans la mer, quand ils voient fondre sur eux une baleine redoutable ou l'un de ces énormes dauphins que nourrissent les flots[3]. Les Troyens ressentent pareil effroi devant la Force du fils de Télamon qui charge sans relâche dans la mêlée. Néanmoins ils poursuivent le combat : autour de la dépouille d'Achille, tels des sangliers auprès d'un lion[4], ils sont des milliers à périr, épars dans la poussière. Un combat meurtrier se livre sur leurs corps. C'est alors que succombe dans leur nombre le fils belliqueux d'Hippoloque, terrassé par Ajax, cœur de vaillance. Il tombe à la renverse, non loin d'Achille, tel un arbrisseau couché dans la montagne à côté d'un chêne robuste[5]. Il fait pareille figure, quand, touché par la lance d'Ajax, il tombe terrassé près du Péléide. Le puissant fils d'Anchise et ses compagnons chéris d'Arès doivent peiner longtemps autour de sa dépouille avant de la tirer dans les lignes troyennes ; Énée la confie alors à ses gens pour qu'ils la portent, le cœur désolé, dans la ville sainte d'Ilion. Il reste

H 219-223. Quintus, selon son habitude (cf. v. 396 et 668), substitue une indication vague à la description précise d'Homère.

1. Allusion à Z 119-236.

2. Cf. Π 641 ; QS, VIII, 331.

3. Cf. Φ 22 ; μ 96.

4. Le lion symbolise Achille ; les Troyens sont comparés à des sangliers tués, comme le lion, au cours d'une grande battue. Une correction de σύες en κύνες (D. S. Robertson, *Class. Rev.*,

οὐδέ με δωτίνῃσι παραιφάμενος πολέμοιο
νόσφιν ἀποστρέψεις ὡς Τυδέος ὄϐριμον υἷα·
ἀλλὰ καὶ εἰ κείνοιο φύγες μένος, οὔ σ' ἔτ' ἔγωγε
ζωὸν ἀπὸ πτολέμοιο μεθήσομαι ἀπονέεσθαι.
Ἦ ἄλλοισι πέποιθας ἀνὰ κλόνον, οἳ μετὰ σεῖο
μυίαις οὐτιδανῇσιν ἐοικότες ἀίσσουσιν
ἀμφὶ νέκυν Ἀχιλῆος ἀμύμονος; Ἀλλ' ἄρα καὶ τοῖς
δώσω ἐπεσσυμένοις θάνατον καὶ Κῆρας ἐρεμνάς.»
Ὣς εἰπὼν Τρώεσσιν ἐπεστρωφᾶτο, λέων ὣς
ἐν κυσὶν ἀγρευτῇσι κατ' ἄγκεα μακρὰ καὶ ὕλην.
Πολλοὺς δ' αἶψ' ἐδάμασσε μεμαότας εὖχος ἀρέσθαι
Τρῶας ὁμῶς Λυκίοισι. Περιτρομέοντο δὲ λαοί,
ἰχθύες ὣς ἀνὰ πόντον ἐπερχομένου ἀλεγεινοῦ
κήτεος ἢ δελφῖνος ἁλιτρεφέος μεγάλοιο·
ὣς Τρῶες φοϐέοντο βίην Τελαμωνιάδαο
αἰὲν ἐπεσσυμένοιο κατὰ κλόνον. Ἀλλ' ἄρα καὶ ὧς
μάρναντ', ἀμφὶ δὲ νεκρὸν Ἀχιλλέος ἄλλοθεν ἄλλοι
μυρίοι ἐν κονίῃσιν, ὅπως σύες ἀμφὶ λέοντα,
κτείνοντ'· οὐλομένη δὲ περὶ σφίσι δῆρις ὀρώρει.
Ἔνθα καὶ Ἱππολόχοιο δαΐφρονα δάμνατο παῖδα
Αἴας ὀϐριμόθυμος. Ὁ δ' ὕπτιος ἀμφ' Ἀχιλῆα
κάππεσεν, εὖτ' ἐν ὄρεσσι περὶ στερεὴν δρύα θάμνος·
ὣς ὅ γε δουρὶ δαμεὶς περικάππεσε Πηλείωνι
βλήμενος. Ἀμφὶ δέ οἱ κρατερὸς πάις Ἀγχίσαο
πολλὰ πονησάμενος σὺν ἀρηιφίλοις ἑτάροισιν
εἴρυσεν ἐς Τρῶας καὶ ἐς Ἰλίου ἱερὸν ἄστυ
δῶκε φέρειν ἑτάροισι μέγ' ἀχνυμένοις περὶ θυμῷ.
Αὐτὸς δ' ἀμφ' Ἀχιλῆι μαχέσκετο· τὸν δ' ἄρα δουρὶ

259 οὐδέ με codd. : οὐδ' ἐμὲ Platt^{2} || παραιφάμενος Rhodomann : παραφ- codd. || **261** σ' ἔτ' Y : σέ τ' H || **264** μυίαις codd. : an μυίης ? || οὐτιδανῆσιν MDH^{c} : -νοῖσιν P (et NEAld.), rectius fortasse, si μυίαις seruas || **266** ἐρεμνάς P : ἐρυμνάς MH || **269** αἶψ' [αἶψα P] Y : ἔτ' H || **275** ἀχιλλέος Y : ἀχιλῆος H || **284** ἐς (ant. loco) LR : εἰς Ω || ἐς (post. loco) R : εἰς Ω || **285** ἑτάροισι Y : -σιν H.

lui-même à combattre pour Achille ; mais, dès que la pique d'Ajax le capitaine l'a blessé au bras droit, en haut du biceps[1], il se hâte de quitter la bataille meurtrière et rentre au plus tôt dans la ville. Autour de lui sont à l'ouvrage les plus habiles médecins : ils étanchent le sang de sa plaie et lui prodiguent tous les soins qui peuvent calmer les cruelles souffrances des blessés.

Ajax guerroie sans répit, fulgurant comme l'éclair, portant partout le carnage : il n'écoute que le tourment de son cœur et le chagrin que lui laisse pour longtemps la mort de son cousin[2]. Non loin de lui, le fils sans reproche du belliqueux Laerte guerroie de son côté et jette la panique dans les bataillons ennemis. Il tue le fougueux Pisandre ; puis Aréios, le fils de Ménale, qui habitait la terre fameuse d'Abydos. Sur son corps[3], il égorge le divin Atymnios, cet enfant que Pégasis, la Nymphe à la belle chevelure, avait donné jadis au puissant Émathion près des eaux du Granique[4]. Il abat près de lui le fils de Protée, Oresbios, qui demeurait dans les basses vallées de la chaîne idéenne : sa mère, la noble Panacéia, ne l'a pas accueilli à son retour ; il a péri par le bras d'Ulysse. Celui-ci rompt le souffle à bien d'autres encore de sa pique avide ; il massacre tous ceux qu'il rencontre près du cadavre. Alors, Alcon, le fils de Mégaclès prompt au combat, le touche de sa lance au genou droit ; il fait couler à gros bouillons le sang noir sur sa jambière étincelante. Mais lui, sans se soucier de sa blessure, cause aussitôt le malheur de celui qui

LVII, 1943, 6 s.) n'est pas satisfaisante : le texte ainsi amendé impliquerait que les chiens, c'est-à-dire les Troyens, auraient été tués par le lion (Achille), ce qui n'est pas le cas.

1. Ce sens de μυών se tire de ι, 239.

2. Cf. O 554.

3. Bien que deux guerriers soient mentionnés auparavant, il n'est pas nécessaire de corriger τῷ en τοῖς ; le démonstratif renvoie au dernier nommé, le seul qui ait l'honneur d'une notice biographique : cf. III, 230-237.

4. Le nom de Pégasis convient bien à une Nymphe de source. Pégase est représenté à l'époque impériale sur les monnaies de Troade, notamment sur celles de Scepsis et de Lampsaque ; on relève en outre dans cette région des noms d'hommes et de

μυῶνος καθύπερθεν ἀρήιος οὔτασεν Αἴας
χειρὸς δεξιτερῆς· ὃ δ' ἄρ' ἐσσυμένως ἀπόρουσεν
ἐξ ὀλοοῦ πολέμοιο, κίεν δ' ἄφαρ ἄστεος εἴσω·
ἀμφὶ δέ οἱ πονέοντο περίφρονες ἰητῆρες,
οἵ ῥά οἱ αἷμα κάθηραν ἀφ' ἕλκεος ἄλλά τε πάντα
τεῦχον ὅσ' οὐταμένων ὀλοὰς ἀκέονται ἀνίας.
Αἴας δ' αἰὲν ἐμάρνατ' ἀλίγκιος ἀστεροπῇσι,
κτείνων ἄλλοθεν ἄλλον, ἐπεὶ μέγα τείρετο θυμῷ
ἀχνύμενος δηναιὸν ἀνεψιοῖο δαμέντος.
Ἄγχι δὲ Λαέρταο δαΐφρονος υἱὸς ἀμύμων
μάρνατο δυσμενέεσσι, φέβοντο δέ μιν μέγα λαοί.
Κτεῖνε δὲ Πείσανδρόν τε θοὸν καὶ Ἀρήιον υἷα
Μαινάλου, ὃς ναίεσκε περικλυτὸν οὖδας Ἀβύδου.
Τῷ δ' ἐπὶ δῖον ἔπεφνεν Ἀτύμνιον, ὅν ποτε Νύμφη
Πηγασὶς ἠύκομος σθεναρῷ τέκεν Ἠμαθίωνι
Γρηνίκου ποταμοῖο παρὰ ῥόον. Ἀμφὶ δ' ἄρ' αὐτῷ
Πρωτέος υἷα δάιξεν Ὀρέσβιον, ὅς τε μακεδνῆς
Ἴδης ναιετάεσκεν ὑπὸ πτύχας, οὐδέ ἑ μήτηρ
δέξατο νοστήσαντα περικλειτὴ Πανάκεια,
ἀλλ' ἐδάμη παλάμῃσιν Ὀδυσσέος, ὅς τε καὶ ἄλλων
πολλῶν θυμὸν ἔλυσεν ὑπ' ἔγχεϊ μαιμώωντι
κτείνων ὅν κε κίχῃσι περὶ νέκυν. Ἀλλά μιν Ἄλκων
υἱὸς ἀρηιθόοιο Μεγακλέος ἔγχεϊ τύψε
πὰρ γόνυ δεξιτερόν, περὶ δὲ κνημῖδα φαεινὴν
ἔβλυσεν αἷμα κελαινόν. Ὃ δ' ἕλκεος οὐκ ἀλέγιζεν,

289 ἄστεος Rhodomann : -εως P² ὀστέου Y -έον H ‖ **293** ἀλίγκιος BL^pr R : ἐναλ- Ω ‖ **295** δηναιὸν Weinberger (cf. Apoll. Rhod. III 590 ; Maneth. III 143) : δὴν [δὴ NREAld.] αἰὲν codd. ‖ **297** φέβοντο L et Pauw : φοβέοντο Ω ‖ **298** δὲ om. D ‖ πείσανδρόν τε codd. : Πεισάνδροιο Köchly ‖ Ἀρήιον Rhodomann (cf. Apoll. Rhod. I 118) : ἀρ- codd. ‖ **299** μαινάλου Y : μαίναλον H ‖ **301** Ἠμαθίωνι Pauw : -αλίωνι codd. ‖ **302** ποταμοῖο LR : -μοῦ P^pr H -μῶ P^ar(?)M (= Y ?) ‖ **303** πρωτέος H^c Lasc.² : -έως YD ‖ **304** ναιετάεσκεν Ald. : -άασκεν codd. ‖ **307** ὑπ' Rhodomann : ἐπ' codd. ‖ **309** Ἀρηιθόοιο μεγακλέος maluerunt MUQDL et Pauw.

l'a frappé : tandis que l'homme se laisse enivrer par la bataille, Ulysse le frappe à son tour de sa lance au travers du bouclier ; son bras le pousse avec tant de force et de violence qu'il le renverse sur le sol. Ses armes font grand fracas autour de lui, quand il s'abat dans la poussière ; sa cuirasse sur son corps s'empourpre du sang qui ruisselle. De sa chair et de son bouclier, le héros arrache la pique meurtrière ; à la suite du dard, le souffle s'échappe de ses membres et la vie immortelle l'abandonne[1]. Puis Ulysse charge ses compagnons, malgré sa blessure : il s'en faut qu'il renonce à la mêlée hurlante ! Tous les autres Danaens, en masse compacte, luttent avec autant de cœur autour du grand Achille : quelle armée ils taillent en pièces de leur bras, tant ils ont d'ardeur à manier les lances bien fourbies ! Ainsi les vents font pleuvoir les feuilles légères sur le sol, quand ils se déchaînent dans les arbres des bocages avec la venue de l'année nouvelle, au déclin de l'automne[2] : ainsi les Danaens, fermes au combat, pourfendent les Troyens de leurs piques. Chacun ne songe qu'à Achille mort, le belliqueux Ajax, plus que tous les autres ; aussi n'est-il personne comme lui pour tailler en pièces les Troyens : on le prendrait pour le sinistre Destin[3].

Contre lui, Pâris bande son arc ; mais, d'un coup d'œil, le héros l'aperçoit et lui lance un caillou à la tête ; la pierre meurtrière brise son casque à double cimier[4] et la nuit prend Pâris dans son étreinte. Il s'abat dans la poussière : ses flèches ne lui ont pas apporté le secours qu'il en attendait ! Elles jonchent çà et là la poussière et le carquois, vide, gît à côté ; l'arc lui glisse des

femmes tels que Pégasos, Pégasios et Pégasis : cf. L. Robert, *Hellenica*, XI-XII, 1960, 220-226.

1. L'*Odyssée* (ε 309 s.) mentionne le rôle joué par Ulysse dans la bataille pour Achille. La fin de cet épisode (v. 308-319) emprunte plusieurs traits au combat d'Ulysse contre Sôcos (Λ 434-457). Pour ἄμβροτος αἰών (v. 319), cf. l'*Introduction*, p. XVIII.

2. Cf. p. 25, n. 6. L'année commence par l'hiver comme en II, 601 ; au contraire, en X, 340, l'hiver semble être nommé le dernier. Pour φθινύθουσιν ὀπῶραι, cf. Pamprépios, 3, 53 (E. Heitsch, *Griech. Dichter-fragm.*, 113).

ἀλλ' ἄφαρ οὐτήσαντι κακὸν γένεθ', οὕνεκ' ἄρ' αὐτὸν
ἱέμενον πολέμοιο δι' ἀσπίδος οὔτασε δουρί,
ὦσε δέ μιν μεγάλῃ τε βίῃ καὶ κάρτεϊ χειρὸς
ὕπτιον ἐς γαῖαν. Κανάχησε δέ οἱ πέρι τεύχη
βλημένου ἐν κονίῃσι, περὶ μελέεσσι δὲ θώρηξ
δεύετο φοινήεντι λύθρῳ. Ὃ δὲ λοίγιον ἔγχος
ἐκ χροὸς ἐξείρυσσε καὶ ἀσπίδος, ἕσπετο δ' αἰχμῇ
θυμὸς ἀπὸ μελέων, ⟨ἔ⟩λιπεν δέ μιν ἄμβροτος αἰών.
Τοῦ δ' ἑτάροις ἐπόρουσε καὶ οὐτάμενός περ 'Οδυσσεύς,
οὐδ' ἀπέληγε μόθοιο δυσηχέος. Ὣς δὲ καὶ ἄλλοι
πάντες ὁμῶς ἐπιμὶξ Δαναοὶ μέγαν ἀμφ' Ἀχιλῆα
προφρονέως ἐμάχοντο, πολὺν δ' ὑπὸ χείρεσι λαὸν
ἐσσυμένως ἐδάιζον ἐυξέστῃς μελίῃσιν.
Εὖτ' ἄνεμοι θοὰ φύλλα κατὰ χθονὸς ἀμφιχέωνται
λάβρον ἐπιβρίσαντες ἐπ' ἄλσεα ὑλήεντα
ἀρχομένου λυκάβαντος, ὅτε φθινύθουσιν ὀπῶραι·
ὣς τοὺς ἐγχείῃσι βάλον Δαναοὶ μενεχάρμαι.
Μέμβλετο γὰρ πάντεσσιν Ἀχιλλέος ἀμφὶ θανόντος,
ἐκπάγλως δ' Αἴαντι δαΐφρονι· τοὔνεκ' ἄρ' ἔμπης
Τρῶας ἄδην ἐδάιζε κακῇ ἐναλίγκιος Αἴσῃ.
Τῷ δ' ἐπὶ τόξ' ἐτίταινε Πάρις· τὸν δ' αἶψα νοήσας
κάββαλε χερμαδίῳ κατὰ κρά⟨α⟩τος· ἐν δ' ἄρ' ἔθλασσεν
ἀμφίφαλον κυνέην ὀλοὸς λίθος, ἀμφὶ δέ μιν νὺξ
μάρψεν. Ὃ δ' ἐν κονίῃσι κατήριπεν, οὐδέ οἱ ἰοὶ
ἤρκεσαν ἱεμένῳ· ἐκέχυντο γὰρ ἄλλυδις ἄλλοι
ἐν κονίῃ, κενεὴ δὲ παρεκτετάνυστο φαρέτρη·

315 πέρι Köchly : περὶ codd. ‖ τεύχη YH[c] : -ηϊ D ‖ **318** ἐκ χροὸς H : [ε] χροὸς M θυμός· ἐχροὸν (θυμός ex 319 ortum) P ‖ **319** ἀπὸ YD : ἀπαὶ D[sl]H[c] ὑπαὶ V ‖ ἔλιπεν Rhodomann : λίπεν YEAld. λεῖπεν cett. ‖ **320** οὐτάμενός P[pc]M : -μένου Ω ‖ 'Οδυσσεύς Rhodomann : -σσέος codd. ‖ **325** θοὰ ... χθονὸς YU[pc]QC : κατὰ χθ. ante θοὰ U[ac] κατὰ ante θοὰ D ‖ **327** ἀρχομένου codd. : ἀνομ- Zimmermann[2] ‖ **333** κράατος L[sl]R : κρατός Ω ‖ ἄρ' ἔθλασσεν Köchly : ἄρα θλ- codd. ‖ **335** μάρψεν H : -ψε [uel μάρψ M] Y ‖ ἰοὶ om. Y ‖ **336** γὰρ codd. : δ' ἄρ' Köchly ‖ ἄλλοι Y : ἄλλῃ H.

mains[1]. Ses amis l'enlèvent et, avec les chevaux d'Hector, le ramènent vers la ville de Trôs, presque mort et geignant douloureusement[2]. Ils n'ont garde d'oublier les armes du prince : ils les rapportent de la plaine, elles aussi, pour les rendre à leur seigneur. Alors, de sa grande voix, Ajax lui crie, la rage au cœur :

« Chien ! Tu échappes aujourd'hui de justesse à la lourde main de la Mort ! Mais ta dernière heure approche : le bras de quelque Argien te l'apportera, si ce n'est le mien. Maintenant j'ai d'autres soucis au cœur : il faut tirer Achille de l'horrible carnage et, pour les Danaens, mettre son corps en lieu sûr[3]. »

Tout en parlant, il fait fondre les Trépas maudits sur les ennemis qui restaient à combattre près du corps du Péléide.

Mais, lorsqu'ils voient tant des leurs expirer sous son bras robuste, la panique les prend et ils lâchent pied, tels des vauriens de vautours qu'un aigle, roi des oiseaux, vient troubler, tandis qu'ils déchirent dans la forêt des brebis tuées par des loups[4]. La débandade est aussi générale devant l'audacieux Ajax qui les disperse sous les grêles de pierres, par son glaive et par sa fureur. Saisis d'épouvante, ils s'enfuient du combat, tous, en masse ! On croirait voir des étourneaux qu'un faucon prend en chasse pour les massacrer : les uns sur les autres, en bande serrée, ils volent à tire-d'aile pour tenter d'échapper au grand désastre[5]. Une fuite aussi lamentable emporte les Troyens loin de la bataille vers la cité de Priam, cependant que, sous le manteau de l'infâme déroute[6], ils frémissent d'épouvante aux menaces du grand Ajax qui les poursuit avec ses bras

1. On attendrait χειρός (cf., par ex., Θ 329 ; Ξ 407), qui est impossible pour le mètre.

2. Tout le passage est ironique : le trop présomptueux Pâris avait espéré ramener la dépouille d'Achille avec les chevaux d'Hector (v. 193) ; mais c'est lui-même qui revient à Troie en cet équipage, à demi mort.

3. L'épisode de Pâris est riche en souvenirs homériques : v. 332-337 ∾ E 302-310 ; Θ 322-329 ; Ξ 409-432 ; — v. 338-340 ∾ N 533-539 ; — v. 343-348 ∾ Υ 448-454. Le passage sera imité par Nonnos, *Dion.*, v, 299 s.

τόξον δ' ἔκφυγε χεῖρε. Φίλοι δέ μιν ἁρπάξαντες
ἵπποις Ἑκτορέοισι φέρον ποτὶ Τρώιον ἄστυ
βαιὸν ἔτ' ἐμπνείοντα καὶ ἀργαλέον στενάχοντα·
οὐδὲ μὲν ἔντε' ἄνακτος ἑκὰς λίπον, ἀλλὰ καὶ αὐτὰ
ἐκ πεδίοιο κόμισσαν ἑῷ βασιλῆι φέροντες.
Τῷ δ' Αἴας ἐπὶ μακρὸν ἀύτεεν ἀσχαλόων κῆρ·
« Ὦ κύον, ὡς θανάτοιο βαρὺ σθένος ἐξυπάλυξας
σήμερον· ἀλλά σοὶ εἶθαρ ἐλεύσεται ὕστατον ἦμαρ
ἤ τινος Ἀργείων ὑπὸ χείρεσιν ἢ ἐμεῦ αὐτοῦ.
Νῦν δ' ἐμοὶ ἄλλα μέμηλε περὶ φρεσίν, ὡς Ἀχιλῆος
ἐκ φόνου ἀργαλέοιο νέκυν Δαναοῖσι σαώσω. »
Ὣς εἰπὼν δηίοισι κακὰς ἐπὶ Κῆρας ἴαλλεν,
οἵ ῥ' ἔτι δηριόωντο νέκυν πέρι Πηλείωνος.
Οἳ δέ οἱ ὡς ἄθρησαν ὑπὸ σθεναρῇσι χέρεσσι
πολλοὺς ἐκπνείοντας, ὑπέτρεσαν οὐδ' ἔτ' ἔμιμνον,
οὐτιδανοῖς γύπεσσιν ἐοικότες, οὕς τε φοβήσῃ
αἰετὸς οἰωνῶν προφερέστατος, εὖτ' ἐν ὄρεσσι
πώεα δαρδάπτουσι λύκοις ὑποδηωθέντα·
ὣς τοὺς ἄλλυδις ἄλλον ἀπεσκέδασε θρασὺς Αἴας
χερμαδίοισι θοοῖσι καὶ ἄορι καὶ μένεϊ ᾧ.
Οἳ δὲ μέγα τρομέοντες ἀπὸ πτολέμοιο φέβοντο
πανσυδίῃ, ψήρεσσιν ἐοικότες, οὕς τε δαΐζων
κίρκος ἐπισσεύει, τοὶ δ' ἰλαδὸν ἄλλος ἐπ' ἄλλῳ
ταρφέες ἀίσσουσιν ἀλευόμενοι μέγα πῆμα·
ὣς οἵ γ' ἐκ πολέμοιο ποτὶ Πριάμοιο πόληα
φεῦγον ὀιζυρῶς ἐπιειμένοι ἀκλέα φύζαν,
Αἴαντος μεγάλοιο περιτρομέοντες ὁμοκλήν,

343 ἀσχαλόων κῆρ Köchly : ἀσχαλόωντι (uel -όων τι) codd. ‖ **349** κῆρας Y : χεῖρας H ‖ **350** πέρι Köchly : περὶ codd. ‖ **351** ἄθρησαν codd. : ἐσάθρ- Ludwich ‖ **352** οὐδ' ἔτ' ἔμιμνον Köchly (post οὐδ' ἔτι μίμνον Rhodomann) : οὐδέ τι μίμνον codd. ‖ **353** οὐτιδανοῖς P²MprH : οὔτι δαναοῖς Y ‖ φοβήσῃ Rhodomann : -σει codd. ‖ **355** δαρδάπτουσι codd. : -τωσι Rhodomann ‖ ὑπο- codd. : ὕπο Spitzner ‖ **361** ταρφέες Rhodomann : -έα codd. ‖ ἀλευόμενοι Y : -ευάμ- H ‖ **363** ἀκλέα Rhodomann : -εᾶ YU -εὰ DQC.

éclaboussés de sang humain. Et il les aurait sûrement exterminés jusqu'au dernier bataillon, si, par les portes ouvertes, ils ne s'étaient engouffrés à flots dans la ville, respirant à peine, tant l'effroi envahissait leur cœur[1]. Quand il les a parqués dans l'enceinte, comme le berger ses vagues de moutons, il revient dans la plaine : ses pieds ne touchent pas le sol ; ils ne foulent que des armes, du sang et des morts. Car c'est une immense multitude qui jonche la terre à l'infini, depuis la vaste ville jusqu'à l'Hellespont : que de gars ont péri, dont la Fatalité du Ciel a fait son lot ! Quand les moissonneurs viennent de faucher des blés mûrs et bien drus, on voit, couchées encore sur place par milliers, les gerbes de lourds épis, et le spectacle du travail accompli réjouit le cœur du maître qui possède ce champ magnifique[2]. Ils sont en tel nombre, les hommes des deux camps qu'a terrassés la male Mort, couchés, à jamais oublieux du combat et de ses larmes, la face contre terre. L'élite de la jeunesse achéenne s'abstient de dépouiller les Troyens abattus dans le sang et la poussière : elle veut d'abord livrer au bûcher le fils de Pélée. N'était-il pas son recours dans la guerre, quand sa force se déchaînait ?

Les princes[3] alors le tirent du champ de bataille et, rangés autour de lui, rapportent son cadavre gigantesque[4]. Lorsque les porteurs l'ont déposé près des baraques, devant les nefs légères, l'armée entière s'assemble à l'entour pour se lamenter, le cœur désolé, sur celui qui fut la force des Achéens, cependant que lui, gisant près des baraques, à jamais oublieux des lances, repose non loin des rivages de l'Hellespont dont les

1. C'est donc la seule bravoure d'Ajax qui met les Troyens en déroute : cf. *Notice*, p. 90. Pour les v. 366-368, cf. Φ 531-538, et QS, iii, 26-30.

2. Cf. Λ 67-69 ; QS, xi, 156 ss. ; xiii, 242 s.

3. Les deux Atrides ou les princes achéens ? L'auteur laisse à dessein ce détail dans le vague : cf. *Notice*, p. 90. Dans l'*Éthiopide* (Proclos) et dans la *Petite Iliade* (fr. 2 Allen), Ajax portait le corps sur les épaules, protégé par Ulysse ; d'autres inversaient les rôles : schol. A à P 719 ; schol. BTQ à ε 310. Quintus fait lui-même allusion à cette version en vii, 208-211.

ὅς ῥ' ἕπετ' ἀνδρομέῳ πεπαλαγμένος αἵματι χεῖρας.
Καί νύ κε δὴ μάλα πάντας ἐπασσυτέρους ἀπόλεσσεν,
εἰ μὴ πεπταμένῃσι πύλῃς ἐσέχυντο πόληα
βαιὸν ἀναπνείοντες, ἐπεὶ φόβος ἦτορ ἵκανε.
Τοὺς δ' ἔλσας ἀνὰ ἄστυ, νομεὺς ὣς αἰόλα μῆλα,
ᾔιεν ἐς πεδίον, χθόνα δ' οὐ ποσὶ μάρπτεν ἑοῖσιν
ἐμβαίνων τεύχεσσι καὶ αἵματι καὶ κταμένοισι·
κεῖτο γὰρ εὐρὺς ὅμιλος ἀπειρεσίῃ ἐπὶ γαίῃ
ἄχρις ἐφ' Ἑλλήσποντον ἀπ' εὐρυχόροιο πόληος
αἰζηῶν κταμένων ὁπόσους λάχε Δαίμονος Αἶσα.
Ὡς δ' ὅτε λήιον αὖον ὑπ' ἀμητῆρσι πέσῃσι
πυκνὸν ἐόν, τὰ δὲ πολλὰ κατ' αὐτόθι δράγματα κεῖται
βριθόμενα σταχύεσσι, γέγηθε δὲ θυμὸς ἐπ' ἔργῳ
ἀνέρος εἰσορόωντος, ὅ τις κλυτὸν οὖδας ἔχῃσιν·
ὣς οἵ ⟨γ'⟩ ἀμφοτέρωθε κακῷ δμηθέντες ὀλέθρῳ
κεῖντο πολυκλαύτοιο λελασμένοι ἰωχμοῖο
πρηνέες. Οὐδέ τι Τρῶας Ἀχαιῶν φέρτατοι υἷες
σύλεον ἐν κονίῃσι καὶ αἵματι δῃωθέντας,
πρὶν Πηλήιον υἷα πυρῇ δόμεν, ὅ σφιν ὄνειαρ
ἔπλετ' ἐνὶ πτολέμοισιν ἑῷ μέγα κάρτεϊ θύων.
Τοὔνεκά μιν βασιλῆες ἀπὸ πτολέμου ἐρύσαντες
ἀμφὶ νέκυν φορέεσκον ἀπείριτον. Εὖτε φέροντες
κάτθεσαν ἐν κλισίῃσι νεῶν προπάροιθε θοάων,
ἀμφὶ δέ μιν μάλα πάντες ἀγειρόμενοι στενάχοντο
ἀχνύμενοι κατὰ θυμόν, — ὃ γὰρ πέλε κάρτος Ἀχαιῶν —,
δὴ τότ' ἐνὶ κλισίῃσι λελασμένος ἐγχειάων

365 ἀνδρομέῳ Y : -έων H ‖ **366** ἀπόλεσσεν EAld.Lasc.[2] : -σσαν Ω ‖ **367** ἐσέχυντο Y : ἐπέ- H ‖ **368** φόβος Y : ζόφος H ‖ **369** ἔλσας Rhodomann : ἔρσας codd. ‖ **373** ἐφ' Y : ἐπ' H (et ἐλήσποντον D) ‖ **376** καταυτόθι H : -όφι Y ‖ **378** ὅ H : ὅς Y ‖ **379** γ' add. Spitzner ‖ δμηθέντες H : τμη- Y ‖ **383** πυρῇ Rhodomann : -ρὶ codd. ‖ ὅ σφιν Y : ὅς σφιν [ὅς φιν UQ] H ‖ **385** τοὔνεκά P[1] (uel P[2] ?) H : οὕ- Y ‖ **386** φορέεσκον nos : φορέοντο codd. πονέοντο Rhodomann ‖ **388** ἀγειρόμενοι LR Lasc.[2] : -ράμ- Ω ‖ στενάχοντο Rhodomann : στον- codd. ‖ **389** κάρτος H : κράτος Y.

flots mugissent sourdement[1]. Tel était tombé l'arrogant Tityos, le jour où il voulut porter la main sur Létô qui se rendait à Pythô : Apollon en courroux eut vite fait de le terrasser, ce héros invincible, avec ses flèches rapides ; il gisait dans une atroce flaque de sang, couvrant plusieurs arpents sur les vastes plaines de la Terre qui l'avait engendré[2] ; sa mère avait gémi de douleur, quand son fils était tombé sous la haine des Bienheureux[3], tandis que la vénérable Létô éclatait de rire. Tel l'Éacide est tombé sur la terre ennemie, apportant la joie aux Troyens et des sanglots sans trêve aux Achéens. ... Aux plaintes du peuple désolé répond le grondement des abîmes marins[4]. Aussitôt ils sentent tous leur cœur se briser en eux, à la pensée qu'ils vont périr dans la bataille sous les coups des Troyens. Alors, là, près des nefs, chacun se ressouvient des parents chéris laissés à la maison, des jeunes épousées qui doivent se consumer de chagrin sur la couche vide, avec leurs enfants encore petits, à force d'attendre un époux bien-aimé[5]. Les lamentations redoublent ; le besoin de pleurer envahit les cœurs[6], et, à nouveau, ils donnent libre cours à leurs larmes sur la grève profonde où ils gisent, face contre terre, auprès du grand Péléide. Ils ravagent leurs cheveux et se les arrachent de la tête[7] ; étendus sur le sol, ils souillent sans répit leur chef dans le sable. Des hommes que la défaite a parqués dans leur citadelle[8] ne gémissent pas plus misérablement, quand ils voient l'ennemi furieux incendier leur vaste cité[9], massacrer ses habitants en masse et mettre

1. La source principale des v. 385-391 est ω 39-46 ; cf. aussi le retour de la dépouille de Patrocle (Σ 231-234).

2. Pour Tityos, Quintus est tributaire de λ 576-581 ; il a remplacé le chiffre de neuf arpents par une expression plus vague : cf. ci-dessus, p. 105, n. 2.

3. Comme l'observe justement J. Martin, c'est le bruit que fait la terre sous le choc du corps qui est interprété comme un cri de douleur poussé par la mère de Tityos ; pour l'expression, cf. [Hésiode], *Bouclier*, 344.

4. Le v. 401 ne se rattache pas à ce qui précède. On a supposé qu'il n'était pas à sa place, mais on ne voit pas où il faudrait l'insérer. Une lacune est d'autant plus probable que αὐτίκα

κεῖτο βαρυγδούποιο παρ' ἠόσιν Ἑλλησπόντου·
οἷος ὑπερφίαλος Τιτυὸς πέσεν, ὁππότε Λητὼ
ἐρχομένην Πυθὼ δὲ βιάζετο, καί ἑ χολωθεὶς
ἀκάματόν περ ἐόντα θοῶς ὑπεδάμνατ' Ἀπόλλων
λαιψηροῖς βελέεσσιν, ὃ δ' ἀργαλέῳ ἐνὶ λύθρῳ
πουλυπέλεθρος ἔκειτο κατὰ χθονὸς εὐρυπέδοιο
μητρὸς ἑῆς, ἣ δ' υἷα περιστονάχησε πεσόντα
ἐχθόμενον μακάρεσσι, γέλασσε δὲ πότνια Λητώ·
τοῖος ἄρ' Αἰακίδης δηίων ἐπικάππεσε γαίῃ,
χάρμα φέρων Τρώεσσι, γόον δ' ἀλίαστον Ἀχαιοῖς.
....
λαῶν μυρομένων, περὶ δ' ἔβρεμε βένθεα πόντου.
Θυμὸς δ' αὐτίκα πᾶσι κατεκλάσθη φίλος ἔνδον
ἐλπομένων κατὰ δῆριν ὑπὸ Τρώεσσιν ὀλέσθαι.
Μνησάμενοι δ' ἄρα τοί γε φίλων παρὰ νηυσὶ τοκήων,
τοὺς λίπον ἐν μεγάροισι, νεοδμήτων τε γυναικῶν,
αἵ που ὀδυρόμεναι μίνυθον κενεοῖς λεχέεσσι
νηπιάχοις σὺν παισὶ φίλους ποτιδέγμεναι ἄνδρας,
μᾶλλον ἀνεστενάχοντο· γόου δ' ἔρος ἔμπεσε θυμῷ
κλαῖόν τ' αὖτ' ἀλίαστον ἐπὶ ψαμάθοισι βαθείαις,
πρηνέες ἐκχύμενοι μεγάλῳ παρὰ Πηλείωνι,
χαίτας ἐκ κεφαλῆς προθελύμνους δηιόωντες·
χευάμενοι δ' ἤσχυναν ἅδην ψαμάθοισι κάρηνα.
Οἵη δ' ἐκ πολέμοιο βροτῶν ἐς τεῖχος ἀλέντων
οἰμωγὴ πέλεται, ὅτε δήιοι ἐμμεμαῶτες
καίωσιν μέγα ἄστυ, κατακτείνωσι δὲ λαοὺς

392 λητὼ YU : -ῶ DQC ‖ **393** πυθῶ δε (uel δὲ) habuit Ω ‖ **398** ἐχθόμενον Y : ἀχθ- H ‖ γέλασ(σ)ε YH[c] : γελάσσεται D ‖ **401** ante uersum lac. unius uersus stat. Köchly ; 401 post 507 transp. Platt[2] ‖ ἔβρεμε MH : -εχε P ‖ **408** ἀνεστενάχοντο Y : -στον- H ‖ ἔρος Tychsen : ἔρως codd. ‖ **409** τ' codd. : δ' Köchly ‖ αὖτ' Lehrs : αὖθ' Y (ἀλίαστον uoluit, sed in P de accentu non liquet et ἀλίαστον scripsit M) αὖ H ‖ **410** παρὰ codd. : περὶ Köchly ‖ **411** προθελύμνους Scaliger : -ελύμνως [-λίμ- P] YE -έλυμνας H -ελύμνας NRAld. ‖ **413** ἀλέντων H : ἀλ- Y ‖ **415** καίωσιν H : -ωσι Y ‖ κατακτείνωσι Y : -νουσι H.

partout ses biens au pillage. Les Achéens près des nefs poussent de pareils cris de détresse, maintenant que le défenseur des Danaens, le petit-fils d'Éaque, a été couché près des vaisseaux par les flèches qu'un dieu a forgées, étendu de toute sa taille, comme Arès, le jour où la terrible déesse fille du Tout-Puissant l'a frappé d'une pierre cruelle dans la plaine de Troie[1].

Les Myrmidons ne cessent de se lamenter bien haut sur Achille. Ils forment un cercle autour du corps de leur prince sans reproche, leur seigneur débonnaire qui jadis les regardait tous comme ses pairs : il savait envers ses hommes ne montrer ni arrogance, ni dureté, et il brillait sur tous par la modestie non moins que par la vaillance.

C'est d'abord Ajax qui fait retentir sa longue lamentation. N'est-il pas aussi le fils de son oncle paternel, celui qu'il pleure, ce héros qu'un dieu a tué? Ah ! certes ! le tuer, nul mortel n'en eût été capable, nul de tous ceux qui habitent les vastes plaines de la terre ! Lors donc, d'un cœur meurtri, l'illustre Ajax lui adresse son regret funèbre, tantôt errant vers les baraques du Péléide défunt, tantôt étendu de tout son long sur la grève de la mer. Entendez le regret qu'il entonne :

« Achille, sûr rempart des robustes Argiens, tu es mort à Troie, loin des vastes plaines de Phthie, tué par une flèche maudite, surgie on ne sait d'où, comme en lancent les lâches au cœur de la mêlée. Car celui qui possède assez d'assurance pour manier le large bouclier, celui qui sait planter solidement le casque sur ses tempes pour le combat d'Arès, brandir une lance dans son poing et briser la cotte de bronze sur la poitrine d'un ennemi, celui-là ne va pas attaquer à distance[2] ni

(v. 402) s'explique mal : pourquoi cette précision, alors que la mort d'Achille est connue depuis longtemps et que la détresse des Grecs a été déjà mentionnée (v. 388 s.) ? Sans doute un Grec anonyme exprimait-il avant le v. 401 son désarroi, ce qui provoquait une nouvelle et générale explosion de douleur.

1. Allusion à Φ 403-408.

2. L'oxymoron ἀπάνευθεν ἐπεσσύμενος est ironique : l'archer prend ses distances pour « marcher à l'ennemi ».

πανσυδίῃ, πάντῃ δὲ διὰ κτῆσιν φορέωνται·
τοίη καὶ παρὰ νηυσὶν Ἀχαιῶν ἔπλετ' ἀυτή,
οὕνεκ' ἀοσσητὴρ Δαναῶν, πάις Αἰακίδαο,
κεῖτο μέγας παρὰ νηυσὶ θεοκμήτοισι βελέμνοις,
οἷος Ἄρης, ὅτε μιν δεινὴ θεὸς ὀβριμοπάτρη
Τρώων ἐν πεδίῳ πολυαχθέι κάββαλε πέτρῃ.
Μυρμιδόνες δ' ἄλληκτον ἀνεστενάχοντ' Ἀχιλῆα
εἰλόμενοι περὶ νεκρὸν ἀμύμονος οἷο ἄνακτος,
ἠπίου, ὃς πάντεσσιν ἴσος πάρος ἦεν ἑταῖρος·
οὐ γὰρ ὑπερφίαλος πέλεν ἀνδράσιν οὐδ' ὀλοόφρων,
ἀλλὰ σαοφροσύνῃ καὶ κάρτεϊ πάντ' ἐκέκαστο.
Αἴας δ' ἐν πρώτοισι μέγα στενάχων ἐγεγώνει,
πατροκασιγνήτοιο φίλον ποθέων ἅμα παῖδα,
βλήμενον ἐκ θεόφιν· θνητῶν γε μὲν οὔ τινι βλητὸς
ἦεν, ὅσοι ναίουσιν ἐπὶ χθονὸς εὐρυπέδοιο.
Τὸν τότε κῆρ ἀχέων ὀλοφύρετο φαίδιμος Αἴας,
ἄλλοτε μὲν κλισίας Πηληιάδαο δαμέντος
ἐσφοιτῶν, ὁτὲ δ' αὖτε παρὰ ψαμάθοισι θαλάσσης
ἐκχύμενος μάλα πουλύς, ἔπος δ' ὀλοφύρατο τοῖον·
« Ὦ Ἀχιλεῦ, μέγα ἕρκος ἐυσθενέων Ἀργείων,
κάτθανες ἐν Τροίῃ Φθίης ἑκὰς εὐρυπέδοιο
ἔκποθεν ἀπροφάτοιο λυγρῷ βεβλημένος ἰῷ,
τόν ῥα ποτὶ κλόνον ἄνδρες ἀνάλκιδες ἰθύνουσιν·
οὐ γάρ τις, πίσυνός γε σάκος μέγα νωμήσασθαι
ἠδὲ περὶ κροτάφοισιν ἐπισταμένως ἐς Ἄρηα
εὖ θέσθαι πήληκα καὶ ἐν παλάμῃ δόρυ πῆλαι
καὶ χαλκὸν δηίοισι περὶ στέρνοισι δαΐξαι,

416 φορέωνται Ald. : -έονται codd. ‖ **417** καὶ Köchly (1838) : τοι codd. τις Hermann ‖ **419** θεοκμήτοισι Y : θεοτεύκτοισι H^c -τησι D ‖ **421** πολυαχθέι YH^c : -αχέι D ‖ **423** οἷο om. D ‖ **428** φίλον Y : φίλων D φιλῶν H^c ‖ ποθέων om. H ‖ **429** θεόφιν P^2LR : θεόσφιν [θόσ- Y] Ω ‖ **431** τότε κῆρ ἀχέων Scaliger : τότε κῆρ' ἀχέων Y τότ' ἀχαίων D τότε δακρυχέων H^c ‖ ὀλοφύρετο H : -ται Y ‖ **432** ἄλλοτε YH^c : ἀλλ' ὅτε D ‖ **433** ὅτε habuit Ω ‖ **435** ἕρκος Y : κάρτος H ‖ **436** ἐν τροίῃ Y : ἐς τροίην H ‖ **437** ἔκποθεν Y : ἔκτοθεν M^{pr} ἔκπροθεν H^c ἔκπροσθεν D.

guerroyer avec des flèches. Ah ! s'il était alors venu t'affronter en face, celui qui t'a frappé, il n'aurait certes pas échappé sans blessure au choc de ta pique. Mais tout cela, c'est Zeus sans doute qui méditait de l'accomplir ; il veut rendre inutile cette entreprise qui nous coûte tant de peine et bientôt sans doute il accordera aux Troyens la victoire sur les Argiens, puisqu'il a privé les Achéens d'un si puissant rempart. Hélas ! quel deuil immense accablera le vieux Pélée dans sa demeure[1], lui qui a déjà pour lot la vieillesse inclémente[2] ! La nouvelle suffira peut-être à lui arracher l'âme ; c'est là d'ailleurs ce qui vaudrait le mieux pour lui : il oublierait aussitôt son malheur[3] ! Mais si le fatal message de mort ne l'achève pas, ah ! l'infortuné ! dans quel affreux chagrin ne va-t-il pas abîmer sa vieillesse, assis auprès de l'âtre à ronger sans fin ses jours dans la tristesse[4], ce Pélée qui fut chéri des Immortels plus que nul au monde ! Non ! les dieux n'accomplissent jamais tous les vœux des pauvres humains ! »

Tel est le regret qu'il adresse au Péléide, le cœur bouleversé. Le vieux Phénix de son côté fait entendre d'indicibles plaintes, en tenant embrassé le beau corps du fier Éacide. Le prud'homme alors crie le regret de son cœur douloureux :

« Las sur moi ! tu n'es plus, mon enfant chéri ! Tu me laisses un chagrin qui ne me quittera plus ! Comme il eût mieux valu que je fusse couché sous un tertre de terre avant de voir ton inexorable destin ! Jamais pire malheur n'a fondu sur moi, pas même lorsque

1. Κύρω se construit régulièrement avec le datif dans l'épopée ; πένθος est donc sans doute un accusatif de relation dépendant d'ὀχθήσει.

2. Pélée sera doublement accablé, par la vieillesse et par son deuil : cf. T 335 s. J. Martin pense que le participe n'a pas de valeur temporelle et qu'il prolonge seulement l'idée principale ; on pourrait alors traduire : « Hélas ! quel deuil immense accablera le vieux Pélée dans sa demeure ! Il n'aura pour lot qu'une vieillesse sans joie. »

3. On relève dans ce passage divers souvenirs homériques : pour les v. 450-456, cf. T 322-324, 334-337 ; X 425 ; pour les v. 457 s., cf. Ω 534-542 (et, pour l'expression, [Hésiode], fr. 93,

ἰοῖσίν γ' ἀπάνευθεν ἐπεσσύμενος πολεμίζει·
εἰ γάρ σευ κατέναντα τότ' ἤλυθεν ὅς σ' ἔβαλέν περ,
οὐκ ἂν ἀνουτητί γε τεοῦ φύγεν ἔγχεος ὁρμήν.
Ἀλλὰ Ζεὺς τάχα που τάδε μήδετο πάντα τελέσσαι,
ἡμέων δ' ἐν καμάτοισιν ἐτώσια ἔργα τίθησιν·
ἤδη γὰρ Τρώεσσι κατ' Ἀργείων τάχα νίκην
νεύσει, ἐπεὶ τόσσον περ Ἀχαιῶν ἕρκος ἀπηύρα.
Ὢ πόποι, ὡς ἄρα πάγχυ γέρων ἐν δώμασι Πηλεὺς
ὀχθήσει μέγα πένθος ἀτερπέι γήραϊ κύρσας.
Αὐτή κεν φήμη μιν ἀπορραίσει τάχα θυμόν·
ὧδε δέ οἱ καὶ ἄμεινον ὀιζύος αἶψα λαθέσθαι.
Εἰ δέ κεν οὐ φθίσει ἑ κακὴ περὶ υἱέος ὄσσα,
ἆ δειλός, χαλεποῖς ἐνὶ πένθεσι γῆρας ἰάψει
αἰὲν ἐπ' ἐσχαρόφιν βίοτον κατέδων ὀδύνῃσι,
Πηλεύς, ὃς μακάρεσσι φίλος περιώσιον ἦεν·
ἀλλ' οὐ πάντα τελοῦσι θεοὶ μογεροῖσι βροτοῖσιν. »
Ὣς ὃ μὲν ἀσχαλόων ὀλοφύρετο Πηλείωνα.
Φοῖνιξ δ' αὖθ' ὁ γεραιὸς ⟨ἀ⟩άσπετα κωκύεσκεν
ἀμφιχυθεὶς δέμας ἠὺ θρασύφρονος Αἰακίδαο,
καί ῥ' ὀλοφυδνὸν ἄυσε μέγ' ἀχνύμενος πινυτὸν κῆρ·
« Ὦλεό μοι, φίλε τέκνον, ἐμοὶ δ' ἄχος αἰὲν ἄφυκτον
κάλλιπες. Ὡς ὄφελόν με χυτὴ κατὰ γαῖα κεκεύθει
πρὶν σέο πότμον ἰδέσθαι ἀμείλιχον. Οὐ γὰρ ἔμοιγε
ἄλλο χερειότερόν ⟨πο⟩τ' ἐσήλυθεν ἐς φρένα πῆμα,

443 γ' om. H ‖ ἐπεσσύμενος codd. : ἀπ- Zimmermann (cf. Eurip. *Herc.* 198) ‖ πολεμίζει PUC : -ίζειν MDQ (et Ω ?) ‖ **446** τάδε om. H ‖ πάντα τελέσσαι nos : πάντ' ἀπολέσσαι Y -έσθαι H ‖ **450** ὢ VLLasc.[2] : ὦ Ω ‖ δώμασι Pauw : -ατι codd. ‖ **452** αὐτή κεν (μὲν Zimmermann) φήμη Bonitz : αὐτῇ σὺν φήμῃ codd. αὐτῇ μὲν φήμῃ Rhodomann ‖ τάχα Bonitz : μέγα codd. ‖ **454** φθίσει codd. : -σῃ Spitzner ‖ ὄσσα Hermann : ὅσσα Y αἶσα H ‖ **455** χαλεποῖς R : -οῖσιν Ω ‖ **457** περιώσιον Spitzner : -ιος codd. ‖ **458** τελοῦσι codd. : τελεῦσι Zimmermann[4] ‖ **460** ἀάσπετα Pauw : ἄσπ- codd. ‖ **461** θρασύφρονος Y : θρασὺ σθένος H ‖ **464** ὄφελόν Hermann : -λέν codd. ‖ χυτὴ om. P ‖ **466** ποτ' Rhodomann : τ' codd. ‖ ἐσήλυθεν Y : ἐπή- H.

j'abandonnai ma patrie et mes parents bien-aimés. Je fuyais alors à travers l'Hellade jusque chez Pélée qui me recueillit, me combla de présents et fit de moi le roi des Dolopes. Puis, le jour où il te porta dans ses bras autour de sa demeure[1], il te mit dans mon giron et me chargeait d'élever le bambin que tu étais avec toute la tendresse que j'aurais eue pour mon propre fils. J'acceptai ; et toi, quand tu te pressais tout joyeux contre ma poitrine, que de fois tu m'appelais « papa » dans le babil encore confus de tes lèvres ; que de fois, cédant à des caprices d'enfant, tu as mouillé de larmes mon sein et ma tunique ! Je te tenais dans mes bras, d'un air triomphant, car j'avais au cœur le ferme espoir de nourrir le protecteur de mes jours et le soutien de ma vieillesse. Toutes ces espérances, tu les as tenues, mais pour bien peu de temps. Te voilà maintenant parti, loin de nos regards, au fond des ténèbres. Mon cœur ne sait plus que pleurer lamentablement sur toi, tant je suis tourmenté par l'atroce chagrin. Ah ! si du moins je pouvais en mourir, à force de sanglots, avant que l'irréprochable Pélée n'apprenne tout ! Ses plaintes, je le sens, ne connaîtront plus de trêve, dès le jour que la nouvelle lui parviendra. Oui, c'est à nous deux, à ton père et à moi, que tu causeras la peine la plus pitoyable : nous aurons telle douleur de ta perte que nous ne tarderons pas sans doute à descendre sous terre, en devançant l'inéluctable Fatalité de Zeus. Encore serait-ce bien mieux ainsi, plutôt que de continuer à vivre privés de notre défenseur[2]. »

Ainsi parle le vieillard en donnant libre cours au deuil de son âme. Près de lui, l'Atride en larmes clame son regret funèbre, avec des sanglots dans la voix, tant la tristesse lui consume le cœur :

4 Rzach). Les mêmes idées seront reprises dans les v. 483-489. Le texte comporte des incertitudes ; mais on notera qu'Ajax parle avec emportement : certaines anomalies, comme l'asyndète du v. 452, peuvent s'expliquer pour des raisons de style.

1. Allusion au rite des Amphidromies qui a lieu le cinquième jour après la naissance de l'enfant.

2. Principales réminiscences homériques : v. 464 $\sim$ Z 464 ;

οὐδ' ὅτε πατρίδ' ἐμὴν λιπόμην ἀγανούς τε τοκῆας
φεύγων ἐς Πηλῆα δι' Ἑλλάδος, ὅς μ' ὑπέδεκτο
καί μοι δῶρα πόρεν, Δολόπεσσι δ' ἔθηκεν ἀνάσσειν,
καὶ σέ γ' ἐν ἀγκοίνῃσι φορεύμενος ἀμφὶ μέλαθρον
κόλπῳ ἐμῷ κατέθηκε καὶ ἐνδυκέως ἐπέτελλε
νηπίαχον κομέειν, ὡς εἰ φίλον υἷα γεγῶτα·
τῷ πιθόμην· σὺ δ' ἐμοῖ⟨σι⟩ περὶ στέρνοισι γεγηθὼς
πολλάκι παππάζεσκες ἔτ' ἄκριτα χείλεσι βάζων,
καί μευ νηπιέῃσιν ὑπ' ἐννεσίῃσι δίηνας
στήθεά τ' ἠδὲ χιτῶνας· ἔχον δέ σε χερσὶν ἐμῇσι
πολλὸν καγχαλόων, ἐπεὶ ἦ νύ μοι ἦτορ ἐώλπει
θρέψειν κηδεμονῆα βίου καὶ γήραος ἄλκαρ.
Καὶ τὰ μὲν ἐλπομένῳ βαιὸν χρόνον ἔπλετο πάντα·
νῦν ⟨δὲ⟩ δὴ οἴχῃ ἄιστος ὑπὸ ζόφον· ἀμφὶ δ' ἐμὸν κῆρ
ἄχνυτ' ὀιζυρῶς, ἐπεὶ ἦ νύ με ⟨πέν⟩θος ἰάπτει
λευγαλέον· τό ⟨νύ⟩ μ' εἴθε καταφθίσειε γοῶντα
πρὶν Πηλῆα πυθέσθαι ἀμύμονα, τόν περ ὀίω
κωκύσειν ἀλίαστον, ὅτ' ἀμφί ἑ φῆμις ἵκηται.
Οἴκτιστον γὰρ νῶιν ὑπὲρ σέθεν ἔσσεται ἄλγος,
πατρί τε σῷ καὶ ἐμοί, τοί περ μέγα σεῖο θανόντος
ἀχνύμενοι τάχα γαῖαν ὑπὲρ Διὸς ἄσχετον Αἶσαν
δυσόμεθ' ἐσσυμένως· καί κεν πολὺ λώιον εἴη
ἢ ζώειν ἀπάνευθεν ἀοσσητῆρος ἑοῖο. »
Ἦ ῥ' ὁ γέρων ἀλίαστον ἐνὶ φρεσὶ πένθος ἀέξων.
Πὰρ δέ οἱ Ἀτρείδης ὀλοφύρετο δάκρυα χεύων·
ᾤμωξεν δ' ὀδύνῃσι μέγ' αἰθόμενος κέαρ ἔνδον·

467 ἀγανούς YDUQ : ἀγαυούς C et recc. quidam ‖ **468** φεύγων Ω : φεῦγον P ‖ **469** δὲ θῆκεν uoluit Hermann, sed uide 28 ‖ **473** δ' ἐμοῖσι L^{pc} et Rhodomann : δέ μοι Ω ‖ **474** χείλεσι [-εσσι P] YH^{c} : χείρεσι D ‖ **475** ὑπ' Dausque : ἀπ- codd. ‖ **480** δὲ δὴ Zimmermann[3] : δὴ Ω om. D ‖ **481** πένθος Rhodomann : θυμὸς codd. ; *καὶ πῆμά με θυμὸν ἰάπτει* coni. Zimmermann[4] ‖ **482** νύ μ' Zimmermann[4] : με codd. *καὶ* Köchly ‖ **485** οἴκτιστον P^{pc}H : ἄκτ- Y ‖ **487** ὑπὲρ Brodeau : ὑπαὶ codd. ‖ ἄσχετον Spitzner (cf. III 650 ; XIII 473) : ἄσπετον codd. ‖ **492** ᾤμωξεν H : -ξε Y.

« Tu n'es plus, Péléide ! toi qui fus, et de loin, le premier des Danaens ; tu n'es plus et tu laisses sans rempart la vaste armée des Argiens : comme nous allons offrir une proie plus facile à l'ennemi, maintenant que tu as péri ! Quelle joie tu donnes par ta mort aux Troyens que tu épouvantais naguère comme un lion des vagues de moutons ! Ils vont désormais porter à leur gré le combat jusqu'aux nefs légères. O Zeus, notre père ! Il est donc vrai que tu séduises toi aussi les hommes par des paroles trompeuses ? D'un signe de ta tête, tu m'avais accordé de ruiner la cité du roi Priam ; mais aujourd'hui, reniant tes promesses, tu as outrageusement leurré mon esprit ; car je n'imagine plus que nous menions à bonne fin cette guerre, maintenant qu'Achille a péri[1]. »

Il laisse ainsi parler le chagrin qui lui désole le cœur. L'armée à l'entour pleure du fond de l'âme le fils hardi de Pélée et les nefs voisines répondent à leurs plaintes par de sourds grondements. D'indicibles clameurs montent dans l'éther incorruptible. Quand un fort vent de tempête soulève au large de hautes lames et les jette au rivage avec un fracas terrible, de toutes parts, sous le flot qui déferle sans relâche, les falaises et les brisants hurlent infiniment[2]. Telle, autour du cadavre, monte la lamentation désolée des Danaens qui pleurent sans fin sur l'intrépide fils de Pélée.

Et la nuit brune les eût sans doute surpris au milieu des larmes, si le fils de Nélée, Nestor, n'eût adressé la parole à l'Atride, malgré l'infinie douleur qu'entretenait en son âme la pensée de son fils Antiloque qui s'était dévoué pour lui :

« Porte-sceptre des Argiens, tout-puissant Agamemnon, il est grand temps d'arrêter ce funèbre concert de sanglots, du moins pour aujourd'hui : demain, personne

v. 465 s. ∾ T 321 s. ; v. 467-478 ∾ I 447 s., 478-495 ; v. 482 s. ∾ Z 464 s. Pour les v. 483-489, cf. p. 113, n. 3.

1. Pour les v. 495 s., cf. Ω 243 s. ; pour les v. 499-503, cf. B 1-84 ; Θ 236-244 ; I 17-25.

2. Pour cette comparaison, cf. Ξ 394 s. ; et les références citées ci-dessus p. 25, n. 1.

« Ὤλεο, Πηλείδη, Δαναῶν μέγα φέρτατε πάντων,
ὤλεο καὶ στρατὸν εὐρὺν ἀνερκέα θῆκας Ἀχαιῶν ·
ῥηίτεροι δ' ἄρα σεῖο καταφθιμένου πελόμεσθα
δυσμενέσιν. Σὺ δὲ χάρμα πεσὼν μέγα Τρωσὶν ἔθηκας,
οἵ σε πάρος φοβέοντο, λέονθ' ὣς αἰόλα μῆλα ·
νῦν δ' ἐπὶ νηυσὶ θοῇσι λιλαιόμενοι μαχέονται.
Ζεῦ πάτερ, ἦ ῥά τι καὶ σὺ βροτοὺς ψευδέσσι λόγοισι
θέλγεις, ὅς κατένευσας ἐμοὶ Πριάμοιο ἄνακτος
ἄστυ διαπραθέειν, νῦν δ' οὐ τελέεις ὅσ' ὑπέστης,
ἀλλὰ λίην ἀπάφησας ἐμὰς φρένας · οὐ γὰρ ὀίω
εὑρέμεναι πολέμοιο τέκμωρ φθιμένου Ἀχιλῆος. »
Ὣς ἔφατ' ἀχνύμενος κέαρ ἔνδοθεν · ἀμφὶ δὲ λαοὶ
κώκυον ἐκ θυμοῖο θρασὺν περὶ Πηλείωνα ·
τοῖς δ' ἄρ' ἐπεβρόμεον νῆες παρὰ μυρομένοισιν,
ἠχὴ δ' ἄσπετος ὦρτο δι' αἰθέρος ἀκαμάτοιο.
Ὡς δ' ὅτε κύματα μακρὰ βίῃ μεγάλου ἀνέμοιο
ὀρνύμεν' ἐκ πόντοιο πρὸς ἠιόνας φορέονται
σμερδαλέον, πάντῃ δὲ προσαγνυμένης ἁλὸς αἰεὶ
ἀκταὶ ὁμῶς ῥηγμῖσιν ἀπειρέσιον βοόωσι ·
τοῖος ἄρ' ἀμφὶ νέκυν Δαναῶν στόνος αἰνὸς ὀρώρει
μυρομένων ἄλληκτον ἀταρβέα Πηλείωνα.
Καί σφιν ὀδυρομένοισι τάχ' ἤλυθε κυανέη νύξ,
εἰ μὴ ἄρ' Ἀτρείδην προσεφώνεε Νηλέος υἱὸς
Νέστωρ, ὅς ῥά τ' ἔχεσκεν ἐνὶ φρεσὶ μυρίον ἄλγος
μνησάμενος σφοῦ παιδὸς ἐύφρονος Ἀντιλόχοιο ·
« Ἀργείων σκηπτοῦχε, μέγα κρατέων Ἀγάμεμνον,
νῦν μὲν ἀποσχώμεσθα δυσηχέος αἶψα γόοιο
σήμερον · οὐ γὰρ ἔτ' αὖτις ἐρωήσει τις Ἀχαιοὺς

495 καταφθιμένου R : -νοιο Ω ‖ **496** δυσμενέσιν YH^c : -νέεσιν D (unde -νέεσσιν recc.) ‖ μέγα om. H ‖ Τρωσὶν Köchly : τρώεσσιν codd. ‖ **499** τι L^pr et Köchly : τοι Y om. H ‖ σὺ om. H, sed add. L^sl ‖ λόγοισι YC : -οις DUQ ‖ **501** ὅσ' Y : ὡς H ‖ **502** λίην Y : λίαν H ‖ ἀπάφησας Bonitz : ἀκάχη- codd. ‖ **506** παρὰ Y : παρα- H περι- Spitzner ‖ **511** ἀπειρέσιον Köchly (1841) Castiglioni : -σιαι codd. ‖ **519** γόοιο YH^c : γόνοιο D ‖ **520** αὖτις nos : αὖθις codd.

n'interdira plus aux Achéens de pleurer tout leur saoûl et de passer de longs jours à sangloter. Mais à présent, c'est l'heure de laver l'intrépide Éacide du sang qui le souille et de le placer sur son lit. Il est malséant de déshonorer les morts en différant si longtemps les soins qu'on leur doit. »

Tel est le conseil du sage fils de Nélée. Agamemnon[1] donne aussitôt des ordres à ses compagnons : il les presse d'installer sans retard sur le feu des chaudrons d'eau froide pour les mettre à chauffer, de laver le défunt et de le vêtir du splendide manteau de pourpre dont Thétis fit présent à son fils, quand il s'embarqua pour Troie. Vite, on obéit au maître : chacun s'applique à exécuter la besogne point par point ; puis, au milieu des baraques, on expose le Péléide péri au combat[2]. A sa vue, la sage Tritogénie se prend de pitié : elle distille sur sa tête l'ambroisie, qui conserve longtemps, dit-on, l'éclat de la jeunesse au corps des trépassés[3] ; elle donne à son teint une telle fraîcheur de rosée qu'il semble respirer encore ; elle lui prête dans la mort ce sourcil formidable qui barrait son terrible visage, quand il était courroucé par la perte de son compagnon Patrocle tombé dans la bataille[4] ; elle rend sa stature plus massive encore et plus vigoureuse à voir[5]. L'émerveillement saisit la foule des Argiens, lorsque le Péléide se découvre à ses yeux sous les traits de la vie, étendu de tout son long sur sa couche et donnant si bien l'illusion du sommeil.

A son chevet, prennent place les tristes captives, les vierges dont le héros avait jadis fait son butin, quand il prit la sainte Lesbos et la haute citadelle des Ciliciens,

1. Ὁ désigne Agamemnon plutôt que Nestor (cf. Ψ 161) ; sinon le sujet n'aurait pas été exprimé.

2. Dans les v. 514-532, Quintus développe le sommaire de la seconde *Nekyia* (ω 44 s., 59, 67) en utilisant les Funérailles de Patrocle (v. 514-520 ∾ Ψ 154-157) ; cf. en outre δ 187 pour le v. 517.

3. Dans l'*Odyssée* (ω 45), le corps, une fois baigné, est seulement oint d'ἄλειφαρ (huile ou onguent) ; les dieux n'interviennent pas. Le détail de l'ambroisie distillée par Athéna est pris à l'*Iliade* : Π 670, 680 ; Τ 38 s. ; Ψ 186 s.

κλαυθμοῦ ἄδην κορέσασθαι ἐπ' ἤματα πολλὰ γοῶντας.
Ἀλλ' ἄγε δὴ βρότον αἰνὸν ἀταρβέος Αἰακίδαο
λούσαντες λεχέεσσ' ἐνιθείομεν · οὐ γὰρ ἔοικεν
αἰσχύνειν ἐπὶ δηρὸν ἀκηδείῃσι θανόντας. »
Καὶ τὰ μὲν ὣς ἐπέτελλε περίφρων Νηλέος υἱός.
Αὐτὰρ ὅ οἷς ἑτάροισιν ἐπισπέρχων ἐκέλευεν
ὕδατος ἐν πυρὶ θέντας ἄφαρ κρυεροῖο λέβητας
θερμῆναι λοῦσαί τε νέκυν περί θ' εἵματα ἕσσαι
καλά, τά οἱ πόρε παιδὶ φίλῳ ἁλιπόρφυρα μήτηρ
ἐς Τροίην ἀνιόντι. Θοῶς δ' ἐπίθησαν ἄνακτι ·
ἐνδυκέως δ' ἄρα πάντα πονησάμενοι κατὰ κόσμον
κάτθεσαν ἐν κλισίῃσι δεδουπότα Πηλείωνα.
Τὸν δ' ἐσιδοῦσ' ἐλέησε περίφρων Τριτογένεια ·
στάζε δ' ἄρ' ἀμβροσίην κατὰ κρ⟨ά⟩ατος, ἥν ῥά τέ φασι
δηρὸν ἐρυκακέειν νεαρὸν χρόα κηρὶ δαμέντων ·
θῆκε δ' ἄρ' ἑρσήεντα καὶ εἴκελον ἀμπνείοντι ·
σμερδαλέον δ' ἄρα τεῦξεν ἐπισκύνιον περὶ νεκρῷ,
οἷόν τ' ἀμφ' ἑτάροιο δαϊκταμένου Πατρόκλοιο
χωομένῳ ἐπέκειτο κατὰ βλοσυροῖο προσώπου ·
βριθύτερον δ' ἄρα θῆκε δέμας καὶ ἄρειον ἰδέσθαι.
Ἀργείους δ' ἕλε θάμβος ὁμιλαδὸν ἀθρήσαντας
Πηλείδην ζώοντι πανείκελον, ὅς ῥ' ἐπὶ λέκτροις
ἐκχύμενος μάλα πουλὺς ἄδην εὕδοντι ἐῴκει.
Ἀμφὶ δέ μιν μογεραὶ ληΐτιδες, ἅς ῥά ποτ' αὐτὸς
Λέσβον τε ζαθέην Κιλίκων τ' αἰπὺ πτολίεθρον
Θήβην Ἠετίωνος ἑλὼν ληίσσατο κούρας,

522 βρότον YC : βροτὸν DUQ ‖ **523** λεχέεσσ' Rhodomann : -έεσσιν codd. ‖ **526** post ὅ add. γ' Spitzner ‖ **527** θέντας Y : -τες H ‖ λέβητας Y : -τα B -τος R λέοντος H ‖ **531** πάντα Y : -τες H ‖ **534** κράατος Rhodomann : κρατὸς codd. ‖ ῥά τε Ω : ὁρᾶτε D ‖ **536** ἑρσήεντα Y : ἐρ- H ‖ ἀμπνείοντι Y : -είοισι H ‖ **538** τ' Bonitz : ὅτ' codd. ‖ **539** χωομένῳ Pauw : χωομένου [χυνο- Y] Ω ‖ **541** ἀθρήσαντας H : ἀθροίσαντες P^{ac}M -ντας P^{pc} M^{sl} ‖ **542** λέκτροις Rhodomann : -οιο codd. ‖ **545** Λέσβον nos (cf. ιv 277) : λῆμνον codd. ‖ **546** post θήβην add. τ' Y.

la Thèbe d'Éétion[1]. Debout, elles sanglotent et déchirent leur peau délicate ; elles se frappent la poitrine à pleines mains et se lamentent du fond de l'âme sur le généreux Péléide, car il leur avait toujours montré des égards, quoiqu'il les eût conquises sur l'ennemi[2]. Mais entre toutes, celle qui porte la plus douloureuse blessure au cœur, c'est Briséis, la compagne d'Achille le bon guerrier. Elle tourne sans cesse autour de son corps ; à pleines mains, elle meurtrit sa peau délicate en jetant des cris. Sur sa tendre gorge, la chair tuméfiée et sanglante se gonfle sous les coups : on croirait voir une nappe de lait s'empourprer de sang vermeil[3]. Pourtant, malgré le chagrin qui la torture, sa beauté fait briller ses appas et la grâce empreint toute sa personne. Alors elle laisse échapper ces paroles au milieu de pitoyables sanglots :

« Las sur moi ! Ma cruelle souffrance passe toutes les bornes ! Aucun autre malheur, ni la perte de mes frères, ni la ruine de ma vaste patrie, ne m'a touchée aussi durement que ta mort ! Car tu étais pour moi le jour sacré, la lumière du soleil, la douceur de la vie, la promesse du bonheur et l'infini réconfort des heures de tristesse ; tu m'étais bien plus cher que toutes les splendeurs[4], plus que mes parents mêmes. Oui ! toi seul étais tout pour moi, bien que je fusse ta captive : ne m'avais-tu pas prise pour épouse et délivrée des travaux de la servitude ? Maintenant un autre Achéen va m'emmener sur ses nefs vers la fertile terre de Sparte ou dans Argos que désole la soif : je ne serai plus alors qu'une servante, ployant sous la douleur et l'adversité,

1. Cf. A 366 ; B 691 ; Z 397, 415 s. ; I 129, 271. Chez Homère et dans l'ensemble des traditions qui nous sont parvenues, Achille n'a jamais conquis Lemnos ; c'est de Lesbos qu'il s'est emparé, comme le poète le rappelle lui-même en IV, 277. Cf. nos *Recherches*, p. 112.

2. La même scène se retrouve en Σ 28-31.

3. Image d'inspiration hellénistique. Dans le *Chant Funèbre en l'honneur d'Adonis*, Bion a recours à de semblables antithèses : cf. v. 9-10, 26-27.

4. Le sens d'ἀγλαΐη, assez indéterminé ici, est précisé par IX, 91.

ἱστάμεναι γοάασκον ἀμύσσουσαι χρόα καλόν,
στήθεά τ' ἀμφοτέρῃσι πεπληγυῖαι παλάμῃσιν
ἐκ θυμοῦ στενάχεσκον ἐΰφρονα Πηλείωνα·
τὰς γὰρ δὴ τίεσκε καὶ ἐκ δηίων περ ἐούσας.
Πασάων δ' ἔκπαγλον ἀκηχεμένη κέαρ ἔνδον
Βρισηὶς παράκοιτις ἐυπτολέμου Ἀχιλῆος
ἀμφὶ νέκυν στρωφᾶτο καὶ ἀμφοτέρῃς παλάμῃσι
δρυπτομένη χρόα καλὸν ἀύτεεν· ἐκ δ' ἁπαλοῖο
στήθεος αἱματόεσσαι ἀνὰ σμώδιγγες ἄερθεν
θεινομένης· φαίης κεν ἐπὶ γλάγος αἷμα χέεσθαι
φοίνιον. Ἀγλαΐη δὲ καὶ ἀχνυμένης ἀλεγεινῶς
ἱμερόεν μάρμαιρε, χάρις δέ οἱ ἄμπεχεν εἶδος.
Τοῖον δ' ἔκφατο μῦθον ὀιζυρὸν γοόωσα·
« Ὤ μοι ἐγὼ πάντων περιώσιον αἰνὰ παθοῦσα·
οὐ γάρ μοι τόσσον περ ἐπήλυθεν ἄλλό τι πῆμα,
οὔτε κασιγνήτων οὔτ' εὐρυχόρου περὶ πάτρης,
ὅσσον σεῖο θανόντος· ἐπεὶ σύ μοι ἱερὸν ἦμαρ
καὶ φάος ἠελίοιο πέλες καὶ μείλιχος αἰὼν
ἐλπωρή τ' ἀγαθοῖο καὶ ἄσπετον ἄλκαρ ἀνίης
πάσης τ' ἀγλαΐης πολὺ φέρτερος ἠδὲ τοκήων
ἔπλεο· πάντα γὰρ οἶος ἔης δμωῇ περ ἐούσῃ,
καί ῥά με θῆκας ἄκοιτιν ἑλὼν ἄπο δούλια ἔργα.
Νῦν δέ τις ἐν νήεσσιν Ἀχαιῶν ἄξεται ἄλλος
Σπάρτην εἰς ἐρίβωλον ἢ ἐς πολυδίψιον Ἄργος·
καί νύ κεν ἀμφιπολεῦσα κακὰς ὑποτλήσομ' ἀνίας

550 τίεσκε H : -κεν Y ‖ **551** ἀκηχεμένη Y : -χέμεν H ‖ **553** στρωφᾶτο REAld. Lasc.$^{1-2}$: στροφ- Ω ‖ **554** δρυπτομένη YH^{c} : -ην D ‖ **556 sq.** φαίης ... φοίνιον om. H ‖ γλάγος P^{2}M : γλάος PN^{r} ‖ **557** ἀγλαΐη H : -ην Y ‖ **558** ἱμερόεν DC : ἱμειρόεν YUQ ἱμερόεις NREAld. ‖ μάρμαιρε REAld. : -μαρε Ω ‖ ἄμπεχεν nos : ἄμφεχεν H ἀμφέχεν Y ‖ **559** ὀιζυρὸν Ω : -ρῶς U ‖ **561** ἄλλό τι Köchly : ἄλλοτε codd. ‖ **567** οἶος MH^{c} : οἷος PD ‖ **568** με θῆκας nos : μ' ἔθ- codd. ‖ ἄπο M : ἀπο- PH ‖ **570** σπάρτην εἰς MH : ἐς σπάρτην P (quod praefert Zimmermann[3]).

puisque tu m'as été ravi, infortunée que je suis ! Ah ! qu'il eût mieux valu pour moi que je fusse mise sous un tertre de terre avant de voir ton destin[1] ! »

Tel est le regret qu'elle adresse au Péléide défunt ; les tristes captives, les Achéens en deuil lui répondent. Elle pleure celui qui fut son seigneur et son époux. Ses larmes amères ne sèchent jamais et coulent de ses paupières sur le sol, aussi abondantes que l'eau noire sourd du rocher que domine un âpre plateau couvert d'une épaisse couche de neige gelée, lorsque les glaces fondent au souffle de l'Euros et aux rayons du soleil[2].

Le concert des sanglots vient alors frapper les oreilles des filles de Nérée, souveraines du grand abîme ; chacune sent l'amère douleur plonger au tréfonds de son cœur : elles poussent une plainte pitoyable que répercute l'Hellespont. Puis, drapant leur corps de voiles noirs, elles s'envolent à tire-d'aile vers les lieux où s'abrite la flotte des Achéens. Toutes, en masse, elles fendent le flot blanchissant et la mer s'entr'ouvre sur leur passage ; elles vont en jetant les mêmes cris que les grues rapides, quand elles pressentent la tempête[3] ; les tristes soupirs des monstres marins accompagnent leur cortège désolé. Un instant leur suffit pour parvenir au but et les voici qui, sur le fils à l'âme violente de leur sœur, font entendre la plainte la plus déchirante. Les Muses cependant se hâtent de quitter l'Hélicon : elles arrivent, le cœur lourd d'un chagrin à jamais inoubliable, pour faire honneur à la Néréide dont les yeux ont un galbe si pur[4]. Zeus prévient l'effroi des Argiens et leur donne assez d'assurance pour qu'ils puissent sans

1. Pour l'épisode de Briséis, cf. Properce, II, 9, 9-14 ; Tzetzès, *Posthom.*, 447 ss. Quintus utilise en particulier les Adieux d'Hector et d'Andromaque et les plaintes de Briséis sur Patrocle : v. 551-559 ∾ T 282-286 ; Ψ' 716 s. ; — v. 561 s. ∾ Z 450 ss. ; T 291-294, 321 s. ; — v. 563-567 ∾ Z 429 s. ; — v. 567 s. ∾ I 336, 341 ss. ; T 298 s. ; — v. 569-572 ∾ Z 454-458 ; — v. 572 s. ∾ Z 410 s., 464 s.

2. Pour cette comparaison, cf. I 14 s. ; τ 205-208 ; Apoll. Rhod., IV, 1456 ; QS, VII, 229 s. ; X, 415 ss. ; XII, 409 s.

3. Comparaison tirée de Γ 3 ss. ; cf. Oppien, *Halieut.*, I, 620 ss. ; Nonnos, *Dion.*, XIV, 331 ss.

σεῦ ἀπονοσφισθεῖσα δυσάμμορος. Ὡς ὄφελόν με
γαῖα χυτὴ ἐκάλυψε πάρος σέο πότμον ἰδέσθαι. »
Ὣς ἣ μὲν δμηθέντ' ὀλοφύρετο Πηλείωνα
δμωῇς σὺν μογερῇσι καὶ ἀχνυμένοισιν Ἀχαιοῖς
μυρομένη καὶ ἄνακτα καὶ ἀνέρα· τῆς ⟨δ'⟩ ἀλεγεινὸν
οὔ ποτε τέρσετο δάκρυ, κατείβετο δ' ἄχρις ἐπ' οὖδας
ἐκ βλεφάρων, ὡς εἴ τε μέλαν κατὰ πίδακος ὕδωρ
πετραίης, ἧς πουλὺς ὑπὲρ παγετός τε χιών τε
ἐκκέχυται στυφελοῖο κατ' οὔδεος, ἀμφὶ δὲ πάχνη
τήκεθ' ὁμῶς Εὔρῳ τε καὶ ἠελίοιο βολῇσι.
Καὶ τότε δή ῥ' ἐσάκουσαν ὀρινομένοιο γόοιο
θυγατέρες Νηρῆος ὅσαι μέγα βένθος ἔχουσι·
πάσῃσιν δ' ἀλεγεινὸν ὑπὸ κραδίην πέσεν ἄλγος·
οἰκτρὸν δὲ στονάχησαν, ἐπίαχε δ' Ἑλλήσποντος.
Ἀμφὶ δὲ κυανέοισι καλυψάμεναι χρόα πέπλοις
ἐσσυμένως οἴμησαν, ὅπῃ στόλος ἔπλετ' Ἀχαιῶν,
πανσυδίῃ πολιοῖο δι' οἴδματος, ἀμφὶ δ' ἄρά σφι
νισομένῃσι θάλασσα διίστατο· ταὶ δ' ἐφέροντο
κλαγγηδόν, κραιπνῇσιν ἐειδόμεναι γεράνοισιν
ὀσσομένῃς μέγα χεῖμα· περιστενάχοντο δὲ λυγρὸν
κήτεα μυρομένῃσιν. Ἔσαν δ' ἄφαρ ἧχι νέοντο
παῖδα κασιγνήτης κρατερόφρονα κωκύουσαι
ἐκπάγλως. Μοῦσαι δὲ θοῶς Ἑλικῶνα λιποῦσαι
ἤλυθον ἄλγος ἄλαστον ἐνὶ στέρνοισιν ἔχουσαι,
ἀρνύμεναι τιμὴν ἑλικώπιδι Νηρηίνῃ.
Ζεὺς δὲ μέγ' Ἀργείοισι καὶ ἄτρομον ἔμβαλε θάρσος,
ὄφρα μὴ ἐσθλὸν ὅμιλον ὑποδδείσωσι θεάων

574 δμηθέντ' H : τμη- Y ‖ **576** δ' add. Pauw ‖ **577** ποτε τέρσ- nos : ποτ' ἐτέρσ- codd. ‖ **581** βολῇσι Y : βουλ- H ‖ **582** γόοιο om. D (sed habet R) ‖ **584** πάσῃσιν H : -σι Y ‖ **585** δὲ στον- nos : δ' ἐστον- codd. ‖ **588** ἄρα PH : ἅμα M ‖ **589** νισομένῃσι nos : νισσομένῃσι Y -νοισι H ‖ **591** ὀσσομένῃς Tychsen (post -ναις Rhodomann) : -όμεναι codd. ‖ **592** ἔσαν Pauw : ἔβαν codd. ‖ **593** κασιγνήτης YH[c] : -ίγνητος D ‖ **594** λιποῦσαι DUQC : -σαν Y -σα U[sl].

trembler soutenir la vue de ces nobles déesses assemblées en leur camp[1]. Près du corps d'Achille, elles se lamentent, ces Immortelles, toutes à l'unisson : les rives voisines de l'Hellespont répercutent leur voix ; la terre est toute baignée de leurs pleurs près du corps de l'Éacide. Le peuple à son tour redouble sa plainte[2] et, partout à la ronde, les pleurs de ce peuple désolé souillent les armes, les baraques et les nefs, tant son deuil est immense[3].

La mère du Péléide tient son fils embrassé ; elle lui baise la bouche ; puis, tout en larmes, elle prononce ces mots :

« Elle peut se réjouir au ciel, Érigénie aux voiles de rose ! Il peut se réjouir, l'Axios au large cours et oublier le ressentiment que la mort d'Astéropée a mis en son cœur[4] ! Elle peut se réjouir aussi, la race de Priam ! Mais moi, j'irai dans l'Olympe, je me prosternerai aux pieds de Zeus l'Immortel, je me plaindrai longuement qu'il m'ait, contre mon gré, donnée à un homme, un homme que l'inexorable vieillesse eut tôt fait de prendre dans son étreinte et que les Trépas guettent maintenant pour lui apporter le terme de la mort. Mais celui-là m'importe bien moins qu'Achille. D'un signe de sa tête, Zeus m'avait promis de me donner pour fils un brave, si j'entrais dans la maison de l'Éacide. Il savait que cette couche m'était odieuse : je me changeais tour à tour en un vent de tempête, puis en eau, d'autres fois en oiseau ou en flamme jaillissante[5] ; et mon époux mortel ne pouvait me soumettre à son lit, aussi longtemps que

1. L'intervention de Zeus se substitue à celle qui est attribuée à Nestor dans l'*Odyssée* (ω 51-56) et dans Tzetzès (*Posthom.*, 454-458).

2. Le texte transmis est certainement fautif, car ἀνέστενον n'a pas de sujet. Où est la faute ? La répétition de μέγα πένθος (v. 603, 605) ne choque pas en elle-même ; mais la construction πένθος ἀναστένειν, quoique grammaticalement tolérable, est isolée dans la *Suite d'Homère*. C'est donc μέγα πένθος qu'il convient de corriger : nous proposons μέγα λαοὶ (ou, si l'on préfère, μέγ' Ἀχαιοὶ ou βασιλῆες) qui a l'avantage de rétablir l'équilibre entre les deux groupes de lamentants, celui des déesses et celui des hommes.

ἀμφαδὸν ἀθρήσαντες ἀνὰ στρατόν. Αἳ δ' Ἀχιλῆος
ἀμφὶ νέκυν στενάχοντο καὶ ἀθάνατοί περ ἐοῦσαι
πᾶσαι ὁμῶς· ἀκταὶ δὲ περίαχον Ἑλλησπόντου,
δεύετο δὲ χθὼν πᾶσα περὶ νέκυν Αἰακίδαο
δάκρυσι· καὶ μέγα ⟨λαοὶ⟩ ἀνέστενον, ἀμφὶ δὲ λαῶν
μυρομένων δακρύοισι φορύνετο τεύχεα πάντα
καὶ κλισίαι καὶ νῆες, ἐπεὶ μέγα πένθος ὀρώρει.
Μήτηρ δ' ἀμφιχυθεῖσα κύσε στόμα Πηλείωνος
παιδὸς ἑοῦ καὶ τοῖον ἔπος φάτο δάκρυ χέουσα·
« Γηθείτω ῥοδόπεπλος ἀν' οὐρανὸν Ἠριγένεια,
γηθείτω φρεσὶν ᾗσι μεθεὶς χόλον Ἀστεροπαίου
Ἀξιὸς εὐ⟨ρυ⟩ρέεθρος ἰδὲ Πριάμοιο γενέθλη.
Αὐτὰρ ἐγὼ πρὸς Ὄλυμπον ἀφίξομαι, ἀμφὶ δὲ ποσσὶ
κείσομαι ἀθανάτοιο Διὸς μεγάλα στενάχουσα,
οὕνεκά μ' οὐκ ἐθέλουσαν ὑπ' ἀνέρι δῶκε δαμῆναι,
ἀνέρι ὃν τάχα γῆρας ἀμείλιχον ἀμφιμέμαρφε
Κῆρές τ' ἐγγὺς ἔασι τέλος θανάτοιο φέρουσαι.
Ἀλλά μοι οὐ κείνοιο μέλει τόσον ὡς Ἀχιλῆος,
ὅν μοι Ζεὺς κατένευσεν ἐν Αἰακίδαο δόμοισιν
ἴφθιμον θήσειν, ἐπεὶ οὔ τί μοι ἥνδανεν εὐνή,
ἀλλ' ὁτὲ μὲν ζαὴς ἄνεμος πέλον, ἄλλοτε δ' ὕδωρ,
ἄλλοτε δ' οἰωνῷ ἐναλίγκιος ἢ πυρὸς ὁρμῇ·
οὐδέ με θνητὸς ἀνὴρ δύνατο λεχέεσσι ⟨δαμάσσαι⟩

603 δάκρυσι· καὶ codd. : δάκρυσ', ἐπεὶ Zimmermann ‖ λαοὶ tentauimus : πένθος codd. (ex 605 ?) βένθος Rhodomann ‖ ἀνέστενον YH[c] : ἐνέστενον D -νεν Ald. ; δάκρυσ', ἐπεὶ μέγα πένθος ἀνέστενον tentauit Zimmermann, alii alia ‖ **604** δακρύοισι Köchly : δάκρυσίσι M (et Ω ?) δάκρυσι PH (cf. u. l. σ 173) -υσσι NR[s1] ‖ **610** ἀξιὸς CRLasc.[2] : ἄξιος Ω ‖ εὐρυρέεθρος PR : εὐρέεθρος Ω ‖ **614** ἀμφιμέμαρφε DQC : ἀμφὶ μ- YU ἀμφιμέμαρπε Rhodomann (sed cf. xii 276) ‖ **617** μοι Ω : σοι P ‖ **619** ἀλλ' ὁτὲ Bonitz : ἀλλ' ὅτε YU ἄλλοτε DC uersum om. Q ‖ **620** ὁρμῇ Y : -ή H ‖ **621** με R et Rhodomann : μοι Ω ‖ δύνατο Y : δύνατ' ἐν H ‖ δαμάσσαι Köchly : om. Y μιγῆναι H (e coniectura, ut uid., si quidem Ω in uersus fine mutilus erat ; sed forsitan Rhodomanni alteram emendationem accipias : οὔ μοι θν. ἀ. δ. λ. μιγῆναι | γινομένῃ).

je pris toutes les formes des êtres que renferment le ciel et la terre ; il fallut enfin que l'Olympien, d'un signe de sa tête, me promît un fils divin qui serait un capitaine sans égal. Sa promesse, j'en conviens, il l'a tenue sans faillir : nul au monde ne fut plus brave qu'Achille. Mais il ne lui donna que peu de jours à vivre[1] : là fut sa tromperie. J'irai donc au ciel, j'irai dans le palais de Zeus pleurer sur mon fils chéri ; tout ce que j'ai risqué jadis pour l'Olympien lui-même et pour ses enfants à leurs heures de disgrâce, ma douleur saura le lui rappeler pour lui toucher le cœur[2] ! »

Ainsi parle Thétis la marine, avec d'affreux sanglots dans la voix. C'est Calliope[3] qui lui répond, d'un ton calme et ferme :

« Cesse tes plaintes, divine Thétis ; ne laisse pas ta raison s'égarer par amour maternel, au point d'accuser le régent des dieux et des hommes. Zeus, le seigneur au tonnerre souverain, a perdu, comme toi, des enfants qu'a terrassés le maudit Trépas. Et moi, qui suis aussi une Immortelle, n'ai-je pas vu mourir mon fils, cet Orphée dont les chants attiraient tous les arbres, tous les âpres rochers, les eaux des fleuves, les souffles sonores des vents toujours inapaisés et les oiseaux qui fendent l'espace de leur aile légère[4] ? J'ai su pourtant dominer mon immense chagrin ; car il ne sied pas que le cœur d'un dieu s'abandonne à l'atroce tourment des peines et des douleurs. A ton tour, malgré ton deuil, cesse de sangloter sur un fils aussi brave : les poètes célébreront éternellement pour les hommes de la terre sa gloire et sa vaillance, en des chants que nous leur inspirerons, moi et les autres Piérides[5]. N'abîme donc plus ton cœur dans le noir chagrin, en

1. Cf. Σ 95 ; Ω 540.

2. Cette complainte offre beaucoup d'analogies avec celle d'Éos en II, 609-622 ; elle emprunte aussi plusieurs traits à la prière que Thétis adresse à Héphaistos au chant XVIII de l'*Iliade* (cf. surtout Σ 432-441). Sur les services rendus par Thétis à Zeus et à ses enfants, cf. QS, II, 438-442 (et la note) ; pour l'expression, on note dans les v. 628 ss. des réminiscences de Θ 362-363 (récriminations d'Athéné) et de Ω 467.

γινομένην ὅσα γαῖα καὶ οὐρανὸς ἐντὸς ἐέργει,
μέσφ' ὅτε μοι κατένευσεν 'Ολύμπιος υἱέα δῖον
ἔκπαγλον θήσειν καὶ ἀρήιον. 'Αλλὰ τὸ μέν που
ἀτρεκέως ἐτέλεσσεν · ὃ γὰρ πέλε φέρτατος ἀνδρῶν ·
ἀλλά μιν ὠκύμορον ποιήσατο καί μ' ἀπάφησε.
Τοὔνεκ' ἐς οὐρανὸν εἶμι · Διὸς δ' ἐς δώματ' ἰοῦσα
κωκύσω φίλον υἷα, καὶ ὁππόσα πρόσθ' ἐμόγησα
ἀμφ' αὐτῷ καὶ παισὶν ἀεικέα τειρομένοισι,
μνήσω ἀκηχεμένη, ἵνα οἱ σὺν θυμὸν ὀρίνω. »
"Ως ἔφατ' αἰνὰ γοῶσ' ἁλίη Θέτις · ἣ δέ οἱ αὐτὴ
Καλλιόπη φάτο μῦθον ἀρηρεμένη φρεσὶ θυμόν ·
« Ἴσχεο κωκυτοῖο, θεὰ Θέτι, μηδ' ἀλύουσα
εἵνεκα παιδὸς ἑοῖο θεῶν μεδέοντι καὶ ἀνδρῶν
σκύζεο. Καὶ γὰρ Ζηνὸς ἐριβρεμέταο ἄνακτος
υἷες ὁμῶς ἀπόλοντο κακῇ περὶ Κηρὶ δαμέντες.
Κάτθανε δ' υἱὸς ἐμεῖο καὶ αὐτῆς ἀθανάτοιο
'Ορφεύς, οὗ μολπῇσιν ἐφέσπετο πᾶσα μὲν ὕλη,
πᾶσα δ' ἄρ' ὀκριόεσσα πέτρη ποταμῶν τε ῥέεθρα
πνοιαί τε λιγέων ἀνέμων ἀμέγαρτον ἀέντων
οἰωνοί τε θοῇσι διεσσύμενοι πτερύγεσσιν ·
ἀλλ' ἔτλην μέγα πένθος, ἐπεὶ θεὸν οὔ τι ἔοικε
πένθεσι λευγαλέοισι καὶ ἄλγεσι θυμὸν ἀχεύειν.
Τῶ σε καὶ ἀχνυμένην μεθέτω γόος υἱέος ἐσθλοῦ ·
καὶ γάρ οἱ κλέος αἰὲν ἐπιχθονίοισιν ἀοιδοὶ
καὶ μένος ἀείσουσιν ἐμῇ ἰότητι καὶ ἄλλων
Πιερίδων. Σὺ δὲ μή τι κελαινῷ πένθεϊ θυμὸν

622 γινομένην P (cf. δ 417, 458) : φερομένην (sed φερ altera manu ?) M γινομένη (i. e. -νῃ : cf. u. praec.) H ‖ post ὅσα add. γὰρ M, sed del. M¹ ‖ γαῖα Rhodomann : γῆ codd. ‖ **624** τὸ Köchly² : τὰ codd. ‖ **626** ἀπάφησε Platt : ἀκάχησε(ν) codd. ‖ **627** εἶμι H : εἰμί [-μι M] Y ‖ **631** αὐτὴ codd. : αὖτε Platt ‖ **632** ἀρηρεμένη Zimmermann (post -ραμ- Rhodomann) : ἀνηραμένη codd. ‖ **637** ἐμεῖο MCLasc.² : ἐμοῖο Ω ‖ **640** ἀμέγαρ ἀέτων (ἀέντων s. l.) habet P ‖ **642** τι Köchly : τιν' codd. ‖ **643** ἄλγεσι nos : -γεϊ codd. ‖ **644** γόος [γόγος Nʳ] Y : χόλος H ‖ **646** ἀείσουσιν Ald. : ἀίσσουσιν (-σι Y) Ω ‖ post ἐμῇ add. τ' Köchly.

sanglotant comme une femme mortelle. Ou bien ignorerais-tu que le funeste, l'inéluctable Destin plane sur tous les hommes qui peuplent le monde et qu'il ne se soucie même pas des dieux, si grande est la puissance qu'à lui seul il détient en partage[1] ? C'est lui qui, maintenant encore, va ruiner la cité de Priam riche en or, après avoir tué tous les Troyens et tous les Argiens qu'il lui plaira : il n'est aucun dieu qui puisse l'en empêcher[2]. »

Calliope lui adresse ces paroles de raison que lui dicte sa sagesse. Cependant le Soleil plonge dans les eaux de l'Océan et la Nuit étend sur l'immensité de l'air ses ténèbres, secourables même pour les mortels en deuil. Les fils des Argiens, demeurés sur la grève, se couchent tous autour du défunt, accablés sous le poids de l'adversité. Mais l'esprit trop agité de Thétis ne se laisse pas gagner par le sommeil[3] : elle reste assise près de son enfant avec les immortelles Néréides. Les Muses l'entourent et, l'une après l'autre, prodiguent des consolations à son cœur blessé pour la convaincre de renoncer aux sanglots.

Tandis qu'Éos monte dans l'azur, triomphante[4], et vient alors apporter sa plus belle lumière aux Troyens et à Priam, les Danaens, accablés de chagrin, recommencent à pleurer Achille, pour de longues journées[5]. Les vastes rivages de la mer voisine leur répondent par des plaintes ; le puissant Nérée clame son regret funèbre pour rendre hommage à sa jeune enfant et, de concert avec lui, les autres dieux marins se désolent sur Achille qui a péri. Mais voici que les Argiens livrent à la flamme le corps du grand Péléide[6]. Ils dressent un énorme monceau de troncs d'arbres ; pour les apporter des monts de l'Ida, ils se sont tous mis à la tâche, dès que les Atrides leur ont donné l'ordre d'aller chercher du bois

1. Comparer avec Philétas, fr. 8 Powell.

2. Calliope adresse à Thétis une véritable *consolatio* à la manière stoïcienne ; sur ce genre, cf. R. Kassel, *Untersuchungen zur griech. u. röm. Konsolationsliteratur* (1958) ; on peut comparer l'épigramme funéraire publiée par R. Cagnat, *Rev. archéol.*, 1880, II, 166 ss. (cf. J. et L. Robert, *Rev. Ét. Gr.*, 1949, 157). Notre

δάμνασο θηλυτέρῃσιν ἶσον γοόωσα γυναιξίν.
Ἠ οὐκ ἀίεις ὅτι πάντας ὅσοι χθονὶ ναιετάουσιν
ἀνθρώπους ὀλοὴ περιπέπταται ἄσχετος Αἶσα
οὐδὲ θεῶν ἀλέγουσα, τόσον σθένος ἔλλαχε μούνη ;
Ἦ καὶ νῦν Πριάμοιο πολυχρύσοιο πόληα
ἐκπέρσει Τρώων τε καὶ Ἀργείων ὀλέσασα
ἀνέρας, ὅν κ' ἐθέλῃσι · θεῶν δ' οὔ τίς μιν ἐρύξει. »
Ὣς φάτο Καλλιόπη πινυτὰ φρεσὶ μητιόωσα.
Ἠέλιος δ' ἀπόρουσεν ἐς Ὠκεανοῖο ῥέεθρα,
ὦρτο δὲ Νὺξ μεγάλοιο κατ' ἠέρος ὀρφνήεσσα,
ἥ τε καὶ ἀχνυμένοισι πέλει θνητοῖσιν ὄνειαρ.
Αὐτοῦ δ' ἐν ψαμάθοισιν Ἀχαιῶν ἕδραθον υἷες
ἰλαδὸν ἀμφὶ νέκυν μεγάλῃ βεβαρηότες ἄτῃ.
Ἀλλ' οὐχ ὕπνος ἔμαρπτε θοὴν Θέτιν · ἄγχι δὲ παιδὸς
ἧστο σὺν ἀθανάτῃς Νηρηίσιν · ἀμφὶ δὲ Μοῦσαι
ἀχνυμένην ἀνὰ θυμὸν ἀμοιβαδὶς ἄλλοθεν ἄλλη
πολλὰ παρηγορέεσκον, ὅπως λελάθοιτο γόοιο.
Ἀλλ' ὅτε καγχαλόωσα δι' αἰθέρος ἤλυθεν Ἠὼς
λαμπρότατον ⟨τό⟩τε πᾶσι φάος Τρώεσσι φέρουσα
καὶ Πριάμῳ, Δαναοὶ δὲ μέγ' ἀχνύμενοι Ἀχιλῆα
κλαῖον ἐπ' ἤματα πολλά · περιστενάχοντο δὲ μακραὶ
ἠιόνες πόντοιο, μέγας δ' ὀλοφύρετο Νηρεὺς
ἦρα φέρων κούρῃ Νηρηίδι, σὺν δέ οἱ ἄλλοι
εἰνάλιοι μύροντο θεοὶ φθιμένου Ἀχιλῆος.
Καὶ τότε δὴ μεγάλοιο νέκυν Πηληιάδαο
Ἀργεῖοι πυρὶ δῶκαν ἀάσπετα νηήσαντες
δοῦρα τά οἱ φορέοντες ἀπ' οὔρεος Ἰδαίοιο
πάντες ὁμῶς ἐμόγησαν, ἐπεί σφεας ὀτρύνοντες

648 γοόωσα H : γώωσα Y ‖ **649** ἦ Spitzner : ἢ codd. ‖ **652** ἢ H : ἦ Y ‖ **653** τε om. H ‖ **654** ὅν κ' ἐθέλῃσι Gerhard : ὅττε θέλῃσι codd. ‖ **661** θοὴν codd. (cf. x 259) : θεὴν Bonitz ‖ **662** ἧστο Rhodomann : ἦστο Y ἔστη H ‖ ἀθανάτῃς R[pc] : -τῃσι [-τοισι P[ac]] Ω ‖ **666** τότε Platt : τε codd. ‖ **669** ἠιόνες H : ιόνες [ἰό- P] Y ‖ **675** ἐμόγησαν Y : ἐμίγ- H.

à profusion pour brûler sans retard le corps d'Achille qui n'est plus[1]. Sur le pourtour du bûcher[2], ils amoncellent quantité d'armes prises à des ennemis tués ; ils égorgent ensuite pour les placer par-dessus, en quantité, des fils de Troyens, choisis parmi les plus beaux, et, avec eux, des chevaux hennissants et de robustes taureaux ; ils placent aussi des moutons et des porcs lourds de graisse[3]. Des coffres, les captives gémissantes tirent une profusion d'étoffes qu'elles vont déposer toutes sur le bûcher ; puis elles apportent de l'or et de l'ambre[4], par monceaux. Les Myrmidons à la ronde coupent leurs cheveux et en couvrent le corps de leur seigneur ; Briséis, elle aussi abîmée de désespoir au chevet du mort, fait à son seigneur l'ultime offrande de ses tresses coupées[5]. On répand maintes amphores d'huile ; on en dispose d'autres sur le pourtour du bûcher, pleines de miel et d'un vin si délicieux que son bouquet, lorsqu'il est pur, a la douceur du nectar ; on place encore maintes essences qui font l'émerveillement des hommes, les plus rares que produisent la terre et la mer divine.

Puis, une fois achevée toute cette ordonnance, fantassins et cavaliers en armes défilent au pas de charge autour du bûcher qui fait couler tant de pleurs[6]. Des hauteurs mystérieuses de l'Olympe, Zeus distille sur le corps de l'Éacide des gouttes d'ambroisie[7] ; et, par égard pour la divine Néréide, il dépêche Hermès chez Éole afin de convoquer la sainte fureur des Vents rapides, car l'heure est venue de brûler le corps de l'Éacide. Le messager est bientôt arrivé. Éole n'a garde

passage inspirera une éthopée du IVe siècle : cf. l'*Introduction*, p. XXI, n. 1. Dans l'*Odyssée* (ω 60-62) et chez Pindare (*Isthm.*, VIII, 57-60), les Muses entonnent un thrène en chants amébées ; ce détail se retrouve chez Quintus au v. 663 et dans un hymne funèbre en l'honneur d'un professeur de Bérytos (cf. D. L. Page, *Lit. papyri, Poetry*, n° 138, v. 70-72).

1. Pour les v. 673-677, cf. Ψ 110-127, 163 ss., 197.

2. Dans les v. 678-693, Quintus se souvient des offrandes déposées sur le bûcher de Patrocle (Ψ 166-176) ; mais il en augmente le nombre : armes, porcs, étoffes, or, « électron », amphores de vin, essences parfumées. Il ne réfléchit d'ailleurs

Ἀτρεῖδαι προέηκαν ἀπείριτον οἰσέμεν ὕλην,
ὄφρα θοῶς καίοιτο νέκυς κταμένου Ἀχιλῆος.
Ἀμφὶ δὲ τεύχεα πολλὰ πυρῇ περινηήσαντο
αἰζηῶν κταμένων, πολλοὺς δ' ἐφύπερθε βάλοντο
Τρώων δῃώσαντες ὁμῶς περικαλλέας υἷας
ἵππους τε χρεμέθοντας ἐυσθενέας θ' ἅμα ταύρους,
σὺν δ' ὄιάς τε σύας τ' ἔβαλον βρίθοντας ἀλοιφῇ·
φάρεα δ' ἐκ χηλῶν φέρον ἄσπετα κωκύουσαι
δμω⟨ι⟩άδες καὶ πάντα πυρῆς καθύπερθε βάλοντο,
χρυσόν τ' ἤλεκτρόν τ' ἐπενήνεον. Ἀμφὶ δὲ χαίτας
Μυρμιδόνες κείραντο, νέκυν δ' ἐκάλυψαν ἄνακτος·
καὶ δ' αὐτὴ Βρισηὶς ἀκηχεμένη περὶ νεκρῷ
κειραμένη πλοκάμους πύματον πόρε δῶρον ἄνακτι.
Πολλοὺς δ' ἀμφιφορῆας ἀλείφατος ἀμφεχέοντο,
ἄλλους δ' ἀμφὶ πυρῇ μέλιτος θέσαν ἠδὲ καὶ οἴνου
ἡδέος οὗ μέθυ λαρὸν ὀδώδει νέκταρι ἶσον·
ἄλλα δὲ πολλὰ βάλοντο θυώδεα θαῦμα βροτοῖσιν
ὅσσα χθὼν φέρει ἐσθλὰ καὶ ὁππόσα δῖα θάλασσα.
Ἀλλ' ὅτε δὴ περὶ πάγχυ πυρὴν διεκοσμήσαντο,
πεζοὶ ἅμ' ἱππήεσσι σὺν ἔντεσιν ἐρρώσαντο
ἀμφὶ πυρὴν πολύδακρυν. Ὁ δ' ἔκποθεν Οὐλύμποιο
Ζεὺς ψεκάδας κατέχευεν ὑπὲρ νέκυν Αἰακίδαο
ἀμβροσίης, δίῃ τε φέρων Νηρηίδι τιμὴν
Ἑρμείην προέηκεν ἐς Αἴολον, ὄφρα καλέσσῃ
λαιψηρῶν Ἀνέμων ἱερὸν μένος· ἦ γὰρ ἔμελλε
καίεσθ' Αἰακίδαο νέκυς. Τοῦ δ' αἶψα μολόντος

676 Ἀτρεῖδαι Rhodomann (uert.) Tychsen : ἀργεῖοι codd. ‖ **678** πυρῇ Rhodomann : πυρὶ codd. ‖ **680** ὁμῶς H : ὁμῶν Y ‖ **681** om. H ‖ **682** ὄιας Hc : ὀίας Y οἴας D ‖ τε om. H ‖ **684** δμωιάδες R : δμωά- Ω ‖ **685** ἐπενήνεον H (cf. IV 135 ; IX 114 ; X 462) : -νήεον Y ‖ **689** ἀμφεχέοντο [ἀμφιχ- H] Ω : an ἀμφεχέαντο, cl. II 552 ? ‖ **691** ὀδώδει nos (post -δεε Rhodomann) : -δε [-δεν UR] codd. ‖ **692** θυώδεα Köchly : εὐώ- codd. ‖ **696** πολύδακρυν [πουλύ- Y] Ω : πολὺ δακρὺ NREAld. ‖ ἔκποθεν Rhodomann : ἔκτοθεν Y -οσθεν H ‖ **698** ἀμβροσίης P : -ίας Ps1MH (= Ω) ‖ τε codd. : δὲ Köchly ‖ **699** αἴολον BNRAld. : αἰό- Ω.

de désobéir : vite, il convoque le redoutable Borée et Zéphyr aux violentes rafales, et les dépêche à Troie pour y déchaîner leur ouragan. Les Vents prennent un prompt essor au-dessus des flots, en une folle ruée : leur course fait retentir à la ronde la terre et la mer ; tous les nuages du ciel, bousculés, sillonnent l'immensité de l'air. Par le vouloir de Zeus, ils fondent bientôt dans un même élan sur le bûcher d'Achille tombé dans la bataille. La flamme ardente d'Héphaistos jaillit soudain, tandis que les Myrmidons donnent libre cours à leurs sanglots. Mais les Vents ont beau lâcher leurs ouragans, il leur faut s'acharner tout un jour et toute une nuit pour brûler le cadavre, quoiqu'ils aient le souffle robuste ! Une épaisse fumée s'élève dans l'air divin ; l'énorme bûcher gémit sous le feu qui l'embrase tout entier ; il tombe peu à peu en cendre noire. Dès que les Vents infatigables ont achevé leur rude tâche, chacun regagne son antre avec son cortège de nuées[1].

Quand les Myrmidons voient que le corps formidable de leur roi s'est enfin consumé dans la flamme dévorante, le dernier, longtemps après les chevaux et les hommes égorgés autour de la dépouille, après toutes les offrandes que les Achéens en larmes ont déposées près du cadavre colossal, alors ils éteignent le bûcher avec du vin et ses ossements se découvrent aux regards, faciles à reconnaître : ils ne ressemblent pas aux autres, mais à ceux d'un Géant indomptable[2] ; ils ne sont d'ailleurs pas confondus avec le reste : les bœufs, les chevaux, les fils des Troyens, toutes les victimes, pêle-mêle, gisent un peu à l'écart autour de sa dépouille ; tandis que le héros, au milieu du cercle, anéanti sous l'assaut

pas que plusieurs de ces offrandes ne sont pas combustibles.

1. L'épisode des Vents (v. 698-718) est en partie tiré de Ψ 194-230 : v. 699 s. ∾ Ψ 198 s. (et Apoll. Rhod., IV, 764 s.) ; — v. 703 ∾ Ψ 195, 208 ; — v. 705-713 ∾ Ψ 212-218 ; — v. 715 ∾ Ψ 127 ; — v. 716 ∾ Ψ 251 ; — v. 718 ∾ Ψ 229 s. — La même source est à l'origine de QS, XIV, 466-491 ; le messager des dieux est Iris au livre XIV, comme chez Homère ; ici, c'est Hermès. Dans les deux passages, Quintus fait intervenir Éole qui n'apparaît comme dieu des Vents qu'à partir de l'*Odyssée;* mais il ne lui prête pas exactement le même rôle : ici, le dieu convoque les

Αἴολος οὐκ ἀπίθησε· καλεσσάμενος δ' ἀλεγεινὸν
καρπαλίμως Βορέην Ζεφύροιό τε λάβρον ἀήτην
ἐς Τροίην προέηκε θοῇ θύοντας ἀέλλῃ.
Οἳ δὲ θοῶς οἴμησαν ὑπὲρ πόντοιο φέρεσθαι
ῥιπῇ ἀπειρεσίῃ· περὶ δ' ἴαχεν ἐσσυμένοισι
πόντος ὁμοῦ καὶ γαῖα, περικλονέοντο δ' ὕπερθε
πάντα νέφη μεγάλοιο δι' ἠέρος ἀίσσοντα.
Οἳ δὲ Διὸς βουλῇσι δαϊκταμένου Ἀχιλῆος
αἶψα πυρῇ ἐνόρουσαν ἀολλέες· ὦρτο δ' ἀυτμὴ
Ἡφαίστου μαλεροῖο, γόος δ' ἀλίαστος ὀρώρει
Μυρμιδόνων. Ἄνεμοι δὲ καὶ ἐσσύμενοί περ ἀέλλῃ
πᾶν ἦμαρ καὶ νύκτα νέκυν περιποιπνύοντες
καῖον ἐυπνείοντες ὁμῶς· ἀνὰ δ' ἔγρετο πουλὺς
καπνὸς ἐς ἠέρα δῖαν, ἐπέστενε δ' ἄσπετος ὕλη
δαμναμένη πυρὶ πᾶσα, μέλαινα δὲ γίνετο τέφρη.
Οἳ δὲ μέγ' ἐκτελέσαντες ἀτειρέες ἔργον Ἀῆται
εἰς ἑὸν ἄντρον ἕκαστος ὁμοῦ νεφέεσσι φέροντο.
Μυρμιδόνες δ', ὅτ' ἄνακτα πελώριον ὕστατον ἄλλων
ἤνυσε πῦρ ἀίδηλον ἀποκταμένων περὶ νεκρῷ
ἵππων τ' αἰζηῶν τε καὶ ἄλλ' ὅσα δάκρυ χέοντες
ὄβριμον ἀμφὶ νέκυν κειμήλια θῆκαν Ἀχαιοί,
δὴ τότε πυρκαϊὴν οἴνῳ σβέσαν· ὀστέα δ' αὐτοῦ
φαίνετ' ἀριφραδέως, ἐπεὶ οὐχ ἑτέροισιν ὁμοῖα
ἦν, ἀλλ' οἷα Γίγαντος ἀτειρέος, οὐδὲ μὲν ἄλλα
σὺν κείνοις ἐμέμικτ', ἐπεὶ ἢ βόες ἠδὲ καὶ ἵπποι
καὶ παῖδες Τρώων μίγδα κταμένοισι καὶ ἄλλοις
βαιὸν ἄπωθε κέοντο περὶ νέκυν, ὃς δ' ἐνὶ μέσσοις

702 αἴολος EAld.Lasc.[2] : αἰό- Ω ‖ **708** μεγάλοιο Y : -λοι H ‖ ἠέρος H : αἰθέρος Y (quod praefert Keydell) ‖ **709** οἳ δὲ Ω : οὐδὲ P ‖ **710** πυρῇ Y : πυρὶ H ‖ **711** μαλεροῖο Rhodomann : μελάθροιο codd. ‖ **714** ἐυπνείοντες codd. : ἐπιπν- Platt ‖ ὁμῶς om. H ‖ **715** δῖαν PM[ar] (= Y) : δῖον M[pr]H ‖ **716** πυρὶ Ω : περὶ P ‖ δὲ γίν- Y : δ' ἐγίν- H ‖ **717** ἀτειρέες NREAld.Lasc.[2] : -έος Ω ‖ **726** κείνοις Y : ἐκ- H ‖ ἐμέμικτ' Y : -κτο H ‖ **728** ἄπωθε κέοντο [sed καίοντο B[ac]] H : ἄπωθ' ἐκαίοντο Y ἄπωθεν ἔκειντο Zimmermann ‖ μέσ(σ)οις P[sl]MH : μέσσω P.

d'Héphaistos, repose, solitaire. Ses compagnons en gémissant recueillent tous ses os dans une vaste châsse en argent massif, tout étincelante d'or incrusté[1]. Les filles de Nérée les enduisent d'ambroisie et d'huiles diverses, afin d'honorer dignement Achille ; puis, pour les ensevelir, elles les rassemblent et les mettent dans de la graisse de bœuf mêlée de miel attiédi[2]. Thétis donne pour son fils l'amphore dont Dionysos lui fit jadis présent, un chef-d'œuvre de l'habile Héphaistos : c'est là qu'on dépose les os du magnanime Achille[3]. Ensuite les Argiens élèvent à l'entour un tertre, monument colossal dressé à l'extrême pointe du rivage, près des abîmes de l'Hellespont ; longtemps ils reprennent en chœur leur plainte funèbre sur le vaillant prince des Myrmidons[4].

Les chevaux immortels de l'intrépide Éacide ne demeurent pas non plus insensibles près des nefs ; ils pleurent aussi leur roi tombé dans la bataille. Ils refusent de se mêler aux guerriers attristés, aux chevaux des Argiens, tant le chagrin les ravage[5] ; ils veulent fuir, par-delà le cours de l'Océan et les antres de Téthys, loin des misères humaines, vers les lieux où jadis la divine Podarge les enfanta tous deux, ces coursiers au galop de tempête, dans le lit du Zéphyr mugissant[6]. Et ils eussent bientôt accompli le désir de leur cœur, si la sagesse des dieux ne les eût contraints d'attendre le fils fougueux d'Achille qui viendra de Scyros : il leur fallait être là pour l'accueillir[7] à son arrivée au

Vents ; au livre XIV, il frappe leur antre de son trident (cf. Virgile, *Én.*, I, 52-64). L'une et l'autre de ces variantes sont indépendantes de l'*Odyssée* et doivent être empruntées à la poésie hellénistique : cf. Callim., *Hymnes*, IV, 65 (pour l'antre de Borée) ; Apoll. Rhod., *loc. cit.*

1. Le coffre (χηλός) joue en général le rôle d'urne funéraire : QS, I, 797 ; V, 655. Il sert ici seulement à entreposer les os, avant que les Néréides ne procèdent à leur embaumement et à leur déposition dans l'amphore d'or célèbre depuis Homère.

2. Dans les v. 723-736, Quintus suit pour l'essentiel Ψ 237-244, 250-253 ; ω 72 s. ; mais il surcharge et obscurcit (cf. déjà la note précédente). Les os de Patrocle sont simplement placés dans une double couche de graisse ; ceux d'Achille, dans

ῥιπῇ ὑφ' ʽΗφαίστου δεδμημένος οἷος ἔκειτο.
Τοῦ δὲ καὶ ὀστέα πάντα περιστενάχοντες ἑταῖροι
ἄλλεγον ἐς χηλὸν πολυχανδέα τε βριαρήν τε,
ἀργυρέην, χρυσῷ δὲ διαυγέι πᾶσ' ἐκέκαστο.
Καὶ τὰ μὲν ἀμβροσίῃ καὶ ἀλείφασι πάγχυ δίηναν
κοῦραι Νηρῆος μέγ' Ἀχιλλέα κυδαίνουσαι,
ἐς δὲ βοῶν δημὸν θέσαν ἀθρόα ταρχύσασθαι
σὺν μέλιτι λιαρῷ· μήτηρ δέ οἱ ἀμφιφορῆα
ὤπασε, τόν ῥα πάροιθε Διώνυσος πόρε δῶρον,
ʽΗφαίστου κλυτὸν ἔργον ἐύφρονος, ᾧ ἔνι θῆκαν
ὀστέ' Ἀχιλλῆος μεγαλήτορος. Ἀμφὶ δὲ τύμβον
Ἀργεῖοι καὶ σῆμα πελώριον ἀμφεβάλοντο
ἀκτῇ ἐπ' ἀκροτάτῃ παρὰ βένθεσιν ʽΕλλησπόντου
Μυρμιδόνων βασιλῆα θρασὺν περικωκύοντες.
Οὐδὲ μὲν ἄμβροτοι ἵπποι ἀταρβέος Αἰακίδαο
μίμνον ἀδάκρυτοι παρὰ νήεσιν, ἀλλὰ καὶ αὐτοὶ
μύροντο σφετέροιο δαϊκταμένου βασιλῆος·
οὐδ' ἔθελον μογεροῖσιν ἔτ' ἀνδράσιν οὐδὲ μὲν ἵπποις
μίσγεσθ' Ἀργείων ὀλοὸν περὶ πένθος ἔχοντες,
ἀλλ' ὑπὲρ Ὠκεανοῖο ῥοὰς καὶ Τηθύος ἄντρα
ἀνθρώπων ἀπάτερθεν ὀιζυρῶν φορέεσθαι,
ἦχί σφεας τὸ πάροιθεν ἐγείνατο δῖα Ποδάργη
ἄμφω ἀελλόποδας Ζεφύρῳ κελάδοντι μιγεῖσα.
Καί νύ κεν αἶψ' ἐτέλεσσαν ὅσά σφισι μήδετο θυμός,
εἰ μή σφεας κατέρυξε θεῶν νόος, ὄφρ' Ἀχιλῆος
ἔλθοι ἀπὸ Σκύροιο θοὸς πάις, ὅν ῥα καὶ αὐτοὶ
δεχνῦνθ', ὁππόθ' ἵκοιτο ποτὶ στρατόν, οὕνεκ' ἄρά σφι

729 ʽΗφαίστου Ludwich : -τοιο codd. ‖ οἷος MDUC : οἶος PQ ‖ **730** καὶ Rhodomann : κε Y κεν H ‖ **733** ἀλείφασι Y : -ατι H ‖ **735** ταρχύσασθαι P : -σασαι P[sl]MH (= Ω) ‖ **738** ἔργον Ω : om. M (sed add. M[sl]) δῶρον NEAld. (sed ἔργον R) ‖ ἔνι Y : ἐνὶ H ‖ **740** ἀμφεβάλοντο MH : ἀμφιβ- P ‖ **746** μογεροῖσιν H : -οῖς Y ‖ **747** μίσγεσθ' LNREAld. : μίγεσθ' [-εθ' M] Ω μέγεσθ' DU ‖ **754** ἔλθοι codd. (cf. VI 87) : ἔλθῃ Köchly[2] ‖ **755** δεχνῦνθ' nos (ut fiat optatiuus) : δέχνυνθ' codd.

camp. Tel était le sort qu'avaient filé pour eux à leur naissance les filles du Chaos sacré, les Destinées[1] : ils devaient, quoique immortels, être soumis d'abord à Poséidon, puis au fier Pélée et à l'indomptable Achille, une quatrième fois enfin au magnanime Néoptolème qu'il leur faudrait emporter un jour — par le vouloir de Zeus — dans la plaine élyséenne, sur la Terre des Bienheureux[2]. Aussi, quoique leur âme soit en proie à une atroce douleur, demeurent-ils près des nefs ; et leur cœur tour à tour regrette le maître d'hier[3] et brûle de connaître celui de demain.

Quittant alors les flots puissants de la mer tonnante, l'Ébranleur de la terre vient sur le rivage ; sans se montrer aux hommes, il s'approche des déesses filles de Nérée et adresse la parole à Thétis qui pleure encore Achille :

« Cesse donc de sangloter sans fin sur ton enfant. Sache que son destin n'est pas de demeurer chez les morts, mais de vivre parmi les dieux, comme Sire Dionysos et Héraclès le preux[4]. Non ! la triste mort ni l'Hadès ne le retiendront pas à jamais dans les ténèbres[5]. Il va revoir bientôt, lui aussi[6], la lumière de Zeus et c'est moi qui lui donnerai pour fief une île divine dans le Pont-Euxin[7], dont éternellement ton fils sera le dieu ; les peuples d'alentour célébreront hautement sa gloire par des sacrifices qui le réjouiront ; ils le vénéreront à l'égal de moi-même[8]. Va ! cesse bien vite tes plaintes ; n'abîme plus ton cœur dans le chagrin. »

Il dit et s'éloigne vers le large, léger comme une brise. Quand Thétis entend ces paroles de consolation, son cœur se ressaisit un peu dans son sein : le dieu tint

l'*Odyssée,* sont lavés dans du vin et baignés dans un onguent. Quintus ajoute l'ambroisie et le miel auquel il donne une épithète embarrassante (λιαρός) : s'agit-il de miel attiédi (cf. ω 45 ὕδατι λιαρῷ) pour ramollir la graisse ? ou, tout simplement, de miel doux (on aurait alors une transposition de la formule de ω 68 μέλιτι γλυκερῷ) ?

1. Généalogie propre à Quintus ; cf. l'*Introduction*, p. XVI.

θέσφατα γεινομένοισι Χάους ἱεροῖο θύγατρες
Μοῖραι ἐπεκλώσαντο καὶ ἀθανάτοις περ ἐοῦσι
πρῶτα Ποσειδάωνι δαμήμεναι, αὐτὰρ ἔπειτα
θαρσαλέῳ Πηλῆι καὶ ἀκαμάτῳ Ἀχιλῆι,
τέτρατον αὖτ' ἐπὶ τοῖσι Νεοπτολέμῳ μεγαθύμῳ,
τὸν καὶ ἐς Ἠλύσιον πεδίον μετόπισθεν ἔμελλον
Ζηνὸς ὑπ' ἐννεσίῃσι φέρειν μακάρων ἐπὶ γαῖαν.
Τοὔνεκα καὶ στυγερῇ βεβολημένοι ἦτορ ἀνίῃ
μίμνον πὰρ νήεσσιν ἑὸν κατὰ θυμὸν ἄνακτα
τὸν μὲν ἀκηχέμενοι, τὸν δ' αὖ ποθέοντες ἰδέσθαι.
Καὶ τότ' ἐριγδούποιο λιπὼν ἁλὸς ὄβριμον οἶδμα
ἤλυθεν Ἐννοσίγαιος ἐπ' ᾐόνας · οὐδέ μιν ἄνδρες
ἔδρακον, ἀλλὰ θεῇσι παρίστατο Νηρηίνῃς ·
καί ῥα Θέτιν προσέειπεν ἔτ' ἀχνυμένην Ἀχιλῆος ·
« Ἴσχεο νῦν περὶ παιδὸς ἀπειρέσιον γοόωσα.
Οὐ γὰρ ὅ γε φθιμένοισι μετέσσεται, ἀλλὰ θεοῖσιν,
ὡς ἠὺς Διόνυσος ἰδὲ σθένος Ἡρακλῆος ·
οὐ γάρ μιν μόρος αἰνὸς ὑπὸ ζόφον αἰὲν ἐρύξει
οὐδ' Ἀίδης, ἀλλ' αἶψα καὶ ἐς Διὸς ἵξεται αὐγάς ·
καί οἱ δῶρον ἔγωγε θεουδέα νῆσον ὀπάσσω
Εὔξεινον κατὰ πόντον, ὅπῃ θεὸς ἔσσεται αἰεὶ
σὸς πάις · ἀμφὶ δὲ φῦλα περικτιόνων μέγα λαῶν
κεῖνον κυδαίνοντα θυηπολίῃς ἐρατεινῆς
ἶσον ἐμοὶ τίσουσι. Σὺ δ' ἴσχεο κωκύουσα
ἐσσυμένως καὶ μή τι χαλέπτεο πένθεϊ θυμόν. »
Ὣς εἰπὼν ἐπὶ πόντον ἀπήιεν εἴκελος αὔρῃ
παρφάμενος μύθοισι Θέτιν · τῆς δ' ἐν φρεσὶ θυμὸς
βαιὸν ἀνέπνευσε⟨ν⟩ · τὰ ⟨δέ⟩ οἱ θεὸς ἐξετέλεσσεν.

756 γεινομένοισι B : γιν- Ω ‖ **761** ἐς R : εἰς Ω ‖ **762** ἐννεσίῃσι Y : αἰνεσίῃσι H^c ἔννεσι D ‖ **768** θεῇσι H : θεοῖσι Y ‖ Νηρηίνῃς Tychsen : -ίνῃσι codd. ‖ **769** ἀχνυμένην PH : -νη M ‖ **774** ἵξεται H : ἵζε- Y ‖ **776** εὔξεινον P^pcU : εὔζεινον Y ἄξεινον H ‖ αἰεὶ Köchly : αἰὲν codd. ‖ **777** μέγα λαῶν BLasc.[1] : μεγαλάων Ω ‖ **778** θυηπολίῃς Y : θύη πολιῆς H ‖ **781** ἐπὶ codd. : ὑπὸ Platt ‖ **783** ἀνέπνευσεν RAld. : -σε Ω ‖ δὲ add. R et Rhodomann.

fidèlement sa promesse. Cependant les Argiens en sanglots regagnent chacun la place où stationnent les nefs qu'ils amenèrent d'Hellade. Les Piérides s'en retournent vers l'Hélicon et les Néréides plongent dans la mer, sans cesser de gémir sur le généreux Péléide.

Ἀργεῖοι δὲ γοῶντες ἀπήιον, ἧχι ἑκάστῳ
νῆες ἔσαν, τὰς ἦγον ἀφ' Ἑλλάδος· αἳ δ' Ἑλικῶνα
Πιερίδες νίσοντο, καὶ εἰς ἅλα Νηρηῖναι
δῦσαν ἀναστενάχουσαι ἐύφρονα Πηλείωνα.

784 γοῶντες $P^{sl}M^{pc}H$: γοόωντες PM^{ac} (= Y) || **786** νίσοντο nos (post -σσ- Rhodomann) : νίσαντο PM^{pc}(?)H νίσσ- M^{ac}(?)R || **787** ἀνα- Spitzner : ἐὸν codd.

LIVRE IV

LES JEUX
EN L'HONNEUR D'ACHILLE

NOTICE

Le livre IV marque une pause dans le récit après les trois batailles précédentes. Le thème des Jeux Funèbres, qui figurait déjà à la même place dans les poèmes du Cycle, est d'abord un hors-d'œuvre, un de ces motifs conventionnels dont la présence est presque indispensable dans une épopée. Le livre IV n'est cependant pas étranger à l'action : il prépare directement le Jugement des Armes (livre V) et le poète met cet arrêt à profit pour jeter une vue rétrospective sur les exploits qui ont marqué le début de la guerre et pour laisser entrevoir le dénouement.

Le préambule. Le livre s'ouvre sur une introduction qui s'arrête formellement au v. 73. Ces premiers vers sont liés aux Funérailles d'Achille ; ils appartiennent à la même « journée » et leur objet est de conter les événements qui se sont passés en dehors du camp grec : la mise au bûcher et l'enlèvement de Glaucos, l'état d'esprit des Troyens après la mort d'Achille et les réactions des dieux. Le débat des v. 74-109 commence une nouvelle journée et sert à amener les Jeux ; néanmoins il prolonge les scènes antérieures et constitue avec elles un triptyque riche en contrastes. Le panneau central est formé par la scène sur l'Olympe (v. 43-61), bâtie sur l'opposition entre les récriminations d'Héré et le silence de Zeus. C'est l'occasion d'une rapide prophétie qui annonce la prise de Troie et les malheurs dont les Grecs devront payer leur victoire : les échecs qu'ils subiront avant de s'emparer de la ville (livres VI-XI) et la tempête qui les assaillira pendant le retour (livre XIV). Avant cette prophétie, Quintus dépeint les sentiments des Troyens (v. 13-43) : les folles espérances de certains, le pessimisme des autres. Rien de neuf d'ailleurs dans ce tableau où s'opposent les « jusqu'au-boutistes » et les pacifistes (qui sont parfois près d'être des défaitistes) : le thème a été déjà traité au livre I (v. 357-375, 403-476) et au livre II (v. 1-99) ; il reparaîtra aux livres IX et X et sera repris encore au livre XIII, quand un Troyen ivre lancera trop prématurément son cri de victoire (v. 1-20). En face des divisions troyennes, les v. 74-109 montrent la détermination des Grecs : le Tydéide et Ajax sont fondamentalement d'accord, bien qu'Ajax combatte l'avis de Diomède ; tous deux et toute l'armée avec eux (v. 76-81, 91) sont décidés à poursuivre la lutte, malgré la mort d'Achille ; ainsi se trouvent tout de suite confirmées les appréhensions de l'un des Troyens (v. 36-39). Tout cet ensemble doit son unité au jeu, parfois très visible, des rappels et des antithèses.

Les Jeux : les intentions du poète.

La matière des Jeux est prise pour l'essentiel au chant XXIII de l'*Iliade;* mais la conception d'ensemble diffère considérablement. Le programme des épreuves est rajeuni : Quintus introduit le concours d'éloquence, le pancrace, le saut et la course de chevaux montés, qui sont en général des innovations postérieures aux temps homériques[1] ; en revanche il passe sous silence l'archaïque hoplomachie. L'importance et l'ordre des épreuves sont modifiés : alors que chez Homère la course de chars a la priorité et une telle prépondérance qu'elle occupe près des deux tiers des jeux, Quintus rejette à la fin les deux épreuves hippiques et les ramène à des proportions plus modestes. Il n'y a pas lieu de chercher dans l'ordre

1. Le saut a sa place dans les jeux chez les Phéaciens (θ 103, 128) et plusieurs comparaisons homériques connaissent le cheval de course non attelé (O 679 ; ε 371).

adopté le souvenir précis de tels ou tels jeux panhelléniques. Quintus a obéi à des raisons purement littéraires. Il s'est ingénié à établir un système compliqué de symétries, d'oppositions et de gradations, comme on peut en juger par le tableau suivant :

1.	Éloquence (63 vers)	: victoire sans combat d'un ancien (Nestor).
2.	Course (35 vers)	: Ajax, fils d'Oïlée, triomphe de Teucros.
3.	Lutte (69 vers)	: le grand Ajax et Diomède ne peuvent se départager.
4.	Pugilat (39 vers)	: victoire sans combat d'un ancien (Idoménée).
4'.	Pugilat (82 vers)	: Épéios et Acamas ne peuvent se départager.
5.	Arc (31 vers)	: Teucros triomphe d'Ajax, fils d'Oïlée.
6.	Disque (29 vers)	: le grand Ajax triomphe sans concurrent.
7.	Saut (7 vers)	: victoire d'Agapénor sur des concurrents anonymes.
8.	Javelot (7 vers)	: victoire d'Euryale sur des concurrents anonymes.
9.	Pancrace (21 vers)	: le grand Ajax triomphe sans concurrent.
10.	Chars (93 vers)	: l'Atride Ménélas est vainqueur.
11.	Chevaux (44 vers)	: l'Atride Agamemnon est vainqueur.

Le tableau montre que l'introduction des cinq concours non homériques répond aux exigences de la composition, loin d'être due à quelque désir de modernisation. La rigueur, à dire vrai, passablement factice, de la composition ne s'explique pas seulement par le goût de la symétrie et de l'antithèse. Les Jeux en effet ne sont pas, comme chez Homère, un simple « divertissement » sans répercussion sur le reste du poème. Au cours du préambule, Troyens et Grecs ont cité les noms des Achéens les plus braves, Diomède, Ajax et les deux Atrides (v. 38, 98 s.) ; les Jeux illustrent et justifient ce palmarès[1]. Plus encore, ils fournissent la preuve de l'incontestable supériorité d'Ajax sur tous les Grecs. L'Ajax homérique ne remporte aucune victoire : il finit *ex aequo* avec son rival à la lutte et au combat[2] ; il n'obtient que le second prix au disque. Chez Quintus au contraire, si Diomède et Ajax ne parviennent pas non plus à se départager à la lutte, le fils de Télamon décourage tous ses adversaires pour le lancer du disque et pour le pancrace, et Thétis ne peut s'empêcher de songer à son fils, quand elle assiste au triomphe d'Ajax (v. 498 s.). La liste des preux ne fait pas de place à Ulysse : c'est que celui-ci brille par l'éloquence (v. 125) plus que par la force physique. Il s'efface volontairement devant Nestor et sa blessure lui interdit de participer aux autres concours (v. 591-595). Ces circonstances aigrissent secrètement son âme et l'on comprend qu'il veuille prendre sa revanche, dès qu'une occasion lui sera offerte. Les Jeux servent donc de préparation psychologique au Jugement des Armes, comme le poète le souligne lui-même en termes explicites (v. 100 ss.).

Quintus a poursuivi en même temps un autre but : rappeler les principaux épisodes qui ont marqué la guerre depuis le début jusqu'à la mort d'Achille. Ce retour en arrière se justifie parce que les *Posthomériques* ont commencé sans préambule ; il s'imposait d'autant plus au poète que celui-ci avait probablement conçu son œuvre dans un but pédagogique. Nestor improvise un long récit épique en l'honneur d'Achille (v. 128-170) : d'abord il chante les noces du Pélion, sujet déjà traité au livre III et repris encore au livre V ; puis il énumère, dans un ordre à peu près chronologique[3], les hauts faits d'Achille depuis la traversée de

1. L'intention du poète apparaît clairement dans les v. 266-268.

2. Ajax a même le dessous au combat : Ψ 822 s.

3. La chronologie n'est cependant pas toujours respectée d'une façon rigoureuse : cf. p. 141, n. 6 ; 142, n. 4.

l'Égée jusqu'à la mort de Memnon ; il termine sur un *enkomion* d'Achille[1]. Un second sommaire des *Trôika* sera donné au livre XIV (v. 125-142) : la forme et les expressions seront analogues ; mais ce résumé, quoique plus rapide, sera plus complet, car il débordera la geste d'Achille et embrassera toute la guerre, depuis le rassemblement à Aulis jusqu'à la ruine de Troie. Les épisodes brièvement recensés dans ces deux morceaux sont rappelés avec plus de détails à l'occasion des prix. Quintus rompt à cet égard avec l'usage homérique. Dans l'*Iliade*, les prix sont mentionnés avant le commencement de l'épreuve et le poète néglige en général d'indiquer leur origine. Au contraire Quintus ne nomme les prix qu'après l'épreuve[2] et en fonction, de l'épreuve : cette précaution était nécessaire, puisque six fois sur douze, il n'y a pas de véritable compétition, soit que le vainqueur n'ait pas eu de concurrent, soit que les deux rivaux n'aient pu se départager[3]. En outre treize prix sur quatorze ont leur histoire[4] qui concerne presque toujours la guerre de Troie[5]. Le procédé est trop systématique pour être considéré comme un simple enjolivement : Quintus, qui n'avait pas à traiter la matière des *Chants Cypriens*, a pris prétexte des Jeux pour en évoquer les épisodes principaux. Il est remarquable que ses « notices » les plus sommaires sont celles qui concernent les événements de l'*Iliade*[6], évidemment parce que ceux-ci étaient familiers au lecteur[7].

1. Les v. 169 s. annoncent l'arrivée de Néoptolème.
2. Sauf pour la course (v. 180-184).
3. Homère marque quelque embarras dans la distribution des prix, quand les deux concurrents sont à égalité : dans la monomachie (Ψ 798 ss., 805-809, 822-825) et surtout dans la lutte (Ψ 700-705, 735-739).
4. Font exception les deux talents d'argent donnés à Ajax aux v. 496 ss.
5. Le disque d'Antée est étranger au cycle troyen, mais permet d'évoquer la première Ilioupersis (v. 445 ss.) ; le rachat de Lycaon est l'occasion d'une grande digression mythologique (v. 382 ss.).
6. Sarpédon : v. 288 s. ; Astéropée : v. 587 s. ; le rachat de Lycaon fait aussi l'objet d'une simple mention : v. 384 s., 393.
7. Ce fait confirme, s'il en étaitbesoin, qu'on ne lisait plus les poèmes du Cycle épique au temps de Quintus de Smyrne.

Les Jeux : sources utilisées. Nous ignorons si les Jeux étaient contés dans la *Petite Iliade ;* en tout cas, ils avaient leur place dans l'*Éthiopide*. Si le sommaire de Proclos est trop concis, Apollodore conserve quelques précisions qui remontent apparemment à la même source : « Les Grecs instituent des jeux en l'honneur d'Achille : Eumélos triomphe dans la course de chars (ἵπποις), Diomède dans la course à pied, Ajax au disque et Teucros à l'arc » (*Épit.*, v, 5). Dans l'ensemble, Quintus est indépendant de cette tradition cyclique : les Jeux sont institués chez lui par Thétis comme dans la seconde *Nékyia* (ω 85-92), et non par les Grecs[1] ; l'ordre des épreuves diffère, ainsi que les noms de deux premiers vainqueurs. Il est possible cependant que le poète ait utilisé librement des catalogues mythographiques : il s'accorde avec Apollodore pour les épreuves du disque et de l'arc et avec Dictys pour la course et le pancrace[2].

Dans le détail, l'imitation homérique prévaut largement, sauf en ce qui concerne le pugilat où l'auteur a préféré recourir à Apollonios de Rhodes (II, 19 ss.) et à Théocrite (XXII, 80 ss.)[3]. Bien que l'invention personnelle soit des plus réduite, quelques touches sont propres à l'auteur. Il fait souvent intervenir les médecins[4]. Il aime moraliser, soit qu'il insiste, non sans lourdeur, sur la décence des concurrents (v. 188-192), soit qu'il répète que ces compétitions doivent rester amicales et ne pas susciter des rancœurs dans l'âme des adversaires[5]. Il réussit, parfois avec bonheur, à camper ses personnages : la lutte oppose le Tydéide, petit, mais plus habile, au colossal Ajax ; le concours de boxe met aux

1. Sur ce point, Apollodore s'accorde avec Proclos, jusque dans les termes qu'il emploie.

2. Dictys, III, 17-19 ; il s'agit là des jeux en l'honneur de Patrocle.

3. Virgile (*Én.*, v, 426 ss.) s'inspire des mêmes modèles ; il est peu probable que Quintus l'ait imité : cf. nos *Recherches sur les Posthomerica*, p. 39, 97.

4. QS, IV, 211-214, 396-404, 538-540.

5. QS, IV, 195, 271, 304, 375-381.

prises aussi la science et la force brutale[1]. La dérobade d'Euryale est amusante. D'une manière générale, ces courtes scènes[2], indépendantes les unes des autres, sont traitées avec vigueur et réalisme ; il est fâcheux qu'elles soient souvent gâtées par le goût de l'hyperbole.

1. Dans la course de chevaux également, la vitesse doit céder le pas à l'expérience : v. 580 s.

2. La plus longue scène était celle de la course de chars (93 vers) ; mais une lacune (cf. ci-dessus p. XLVIII) en a fait perdre 48 vers.

LIVRE IV

Les Troyens ne délaissent pas non plus le fils vaillant du belliqueux Hippoloque ; ils ne lui ménagent pas les larmes dans leur affliction et s'en vont à leur tour, devant la Porte Dardanienne, déposer sur le bûcher le héros glorieux. Mais Apollon, accouru promptement, le ravit de ses propres mains aux flammes du brasier ; puis il le confie aux Vents fougueux, pour qu'ils le conduisent vers les confins de la terre lycienne. Eux, aussitôt, l'emportent au creux des vallées de Télandre, en une aimable contrée ; ils placent sur son corps un roc infrangible et les Nymphes font jaillir au voisinage l'onde sacrée d'un fleuve intarissable : les nations humaines donnent encore à son beau cours le nom de Glaucos[1]. Tels sont les privilèges que les Immortels ont octroyés au prince des Lyciens[2].

Cependant les Argiens continuent de se lamenter bien haut sur le magnanime Achille, près des nefs rapides. Un chagrin, un deuil affreux les accable tous, car ils ont de lui même regret que d'un fils : pas un qui ne pleure dans la vaste armée. Les Troyens en revanche donnent libre cours à leur joie devant le spectacle de ces gens en détresse et de cet autre que la flamme a consumé. L'un d'eux, dans sa présomption, leur tient ces propos[3] :

« En ce jour, contre tout espoir, le Cronide, du haut de son Olympe, nous accorde à chacun le bonheur tant souhaité de voir Achille périr au combat sur la terre

1. Apollon est l'un des grands dieux de la Lycie et certaines légendes l'y faisaient naître : cf. QS, XI, 21-26. Il est donc le protecteur des chefs lyciens : il a déjà enlevé dans l'*Iliade* (Π

ΛΟΓΟΣ Δ'

Οὐδὲ μὲν Ἱππολόχοιο δαΐφρονος ὄβριμον υἷα
Τρῶες ἀδάκρυτον δειλοὶ λίπον, ἀλλὰ καὶ αὐτοὶ
Δαρδανίης προπάροιθε πύλης ἐρικυδέα φῶτα
πυρκαϊῆς καθύπερθε βάλον. Τὸν δ' αὐτὸς Ἀπόλλων
ἐκ πυρὸς αἰθομένοιο μάλ' ἐσσυμένως ἀναείρας
δῶκε θοοῖς Ἀνέμοισι φέρειν Λυκίης σχεδὸν αἴης·
οἵ δέ μιν αἶψ' ἀπένεικαν ὑπ' ἄγκεα Τηλάνδροιο
χῶρον ἐς ἱμερόεντα, πέτρην δ' ἐφύπερθε βάλοντο
ἄρρηκτον· Νύμφαι δὲ περίβλυσαν ἱερὸν ὕδωρ
ἀενάου ποταμοῖο τὸν εἰσέτι φῦλ' ἀνθρώπων
Γλαῦκον ἐπικλείουσιν ἐύρροον· ἀλλὰ τὰ μέν που
ἀθάνατοι τεύξαντο γέρας Λυκίων βασιλῆι.
Ἀργεῖοι δ' ἐρίθυμον ἀνεστενάχοντ' Ἀχιλῆα
νηυσὶ παρ' ὠκυπόροισιν· ἔτειρε δὲ πάντας ἀνίη
λευγαλέη καὶ πένθος, ἐπεί ῥά μιν ὡς ἑὸν υἷα
δίζοντ', οὐδέ τις ἦεν ἀνὰ στρατὸν εὐρὺν ἄδακρυς.
Τρῶες δ' αὖ⟨τ'⟩ ἀλίαστον ἐγήθεον εἰσορόωντες
τοὺς μὲν ἀκηχεμένους, τὸν δ' ἐν πυρὶ δῃωθέντα·
καί τις ἐπευχόμενος τοῖον ποτὶ μῦθον ἔειπε·
« Νῦν πάντεσσιν ἄελπτον ἀπ' Οὐλύμποιο Κρονίων
ἡμῖν ὤπασε χάρμα λιλαιομένοισιν ἰδέσθαι

1 υἷα LR : υἱὸν Ω ‖ **3** προπάροιθε Y : -εν H ‖ **7** Τηλάνδροιο Pauw : τ' ἠδ' [τῇδ' DQ] ἄντροιο codd. ‖ **10** post hunc uersum usque ad libri xi finem deficit M ‖ **13** ἀνεστενάχοντ' PH[c] : ἀναστ- D ‖ **16** εὐρὺν H : εὑρεῖν P ‖ **17** αὖτ' Lehrs : αὖ codd. ‖ **18** ἐν P : ἐνὶ H ‖ **19** τοῖον ποτὶ μῦθον P : μῦθον ποτὶ τοῖον H.

troyenne. Ah ! sûrement, sa mort va donner le répit aux peuples glorieux de Troie : finis le carnage maudit, la bataille homicide ! Car toujours, à son poing, elle faisait rage, sa pique meurtrière, couverte d'affreuses éclaboussures de sang ; qu'un de nous vînt l'affronter, et il avait cessé de voir la lumière du jour ! Mais à présent, ils vont sûrement fuir, les vaillants fils des Achéens, sur leurs nefs aux bonnes proues, puisqu'Achille est tombé dans la bataille[1]. Ah ! si Hector était encore là, avec sa fougue ! Jusqu'au dernier, il eût massacré les Argiens dans leurs baraques ! »

Ainsi parle le Troyen, l'âme toute joyeuse[2] ; mais un autre lui réplique avec sagesse :

« Que dis-tu ? L'armée exécrée des Danaens gagnerait son bord ? dans la panique, elle fuirait bientôt sur les brumes de la mer ? Non ! la peur ne les atteindra pas : ils aiment bien trop la bataille ! Ne leur reste-t-il pas de solides et vaillants guerriers, le Tydéide, Ajax et les vaillants fils d'Atrée ? Ceux-là, je les redoute encore, même après la mort d'Achille ! Ah ! si Apollon pouvait les tuer de son arc d'argent ! Ce serait alors la fin de la guerre et de ses hideux malheurs ; oui ! ce jour-là, il viendrait, le répit que nous appelons de nos vœux[3] ! »

Il dit. Au ciel, se lamentent les Immortels qui soutiennent les robustes Danaens ; la tête cachée derrière un immense voile de nuages[4], ils ont l'âme toute navrée, tandis que la joie règne parmi ceux qui prétendent

667-683) le corps de Sarpédon sur l'ordre de Zeus. Quintus se souvient évidemment de l'épisode homérique. Le fleuve Glaucos (sans doute le Kargy Chai) se jette dans le golfe Glaucos, vers les confins occidentaux de la Lycie, ce qui explique l'expression employée au v. 6 ; il est parfois même situé en Carie. La localisation précise de la ville de Télandre n'est pas assurée ; on connaît en tout cas sur le littoral le cap et l'île Télandria. Cf. Strabon, xiv, 2, 2 : Pline l'A., *Hist. nat.*, v, 101, 103, 131 ; Étienne de Byz., *s. v.* Τήλανδρος ; et nos *Recherches*, p. 136-137.

1. Pour les v. 28 s. (et 34 s.), cf. B 140, 149 ss.

2. Cf. QS, i, 373.

3. Le second Troyen reprend à dessein l'expression dont s'est servi le premier au v. 23.

4. Cf. Hésiode, *Travaux*, 223.

ἐν Τροίῃ Ἀχιλῆα δεδουπότα. Ἦ γὰρ ὀίω
βλημένου ἀμπνεύσειν Τρώων ἐρικυδέα φῦλα
αἵματος ἐξ ὀλοοῖο καὶ ἀνδροφόνου ὑσμίνης.
Αἰεὶ γάρ οἱ χερσὶν ἐμαίνετο λοίγιον ἔγχος
λύθρῳ ὑπ' ἀργαλέῳ πεπαλαγμένον· οὐδέ τις ἡμέων
κείνῳ ἐσάντα μολὼν ἔτ' ἐσέδρακεν ἠριγένειαν.
Νῦν δ' ὀίω φεύξεσθαι Ἀχαιῶν ὄβριμα τέκνα
νηυσὶν ἐυπρώροισι δαϊκταμένου Ἀχιλῆος.
Ὡς ὄφελον μένος ἦεν ἔθ' Ἕκτορος, ὄφρ' ἅμα πάντας
Ἀργείους σφετέρῃσιν ἐνὶ κλισίῃσιν ὄλεσσεν. »
Ὣς ἄρ' ἔφη Τρώων τις ἐνὶ φρεσὶ πάγχυ γεγηθώς·
ἄλλος δ' αὖθ' ἑτέρωθε πύκα φρονέων φάτο μῦθον·
« Φῆσθα σὺ μὲν Δαναῶν ὀλοὸν στρατὸν ἔνδοθι νηῶν
πόντον ἐπ' ἠερόεντα πεφυζότας αἶψα νέεσθαι·
ἀλλ' οὐ μὰν δείσουσι λιλαιόμενοι μέγα χάρμης.
Εἰσὶ⟨ν⟩ γὰρ κρατεροί τε καὶ ὄβριμοι ἀνέρες ἄλλοι,
Τυδείδης Αἴας τε καὶ Ἀτρέος ὄβριμοι υἷες,
τοὺς ἔτ' ἐγὼ δείδοικα κατακταμένου Ἀχιλῆος·
τοὺς εἴθ' ἀργυρότοξος ἀναιρήσειεν Ἀπόλλων,
καί κεν ἀνάπνευσις πολέμου καὶ ἀεικέος οἴτου
ἡμῖν εὐχομένοισιν ἐλεύσεται ἤματι κείνῳ. »
Ὣς ἔφατ'. Ἀθάνατοι δὲ κατ' οὐρανὸν ἐστενάχοντο
ὅσσοι ἔσαν Δαναοῖσιν ἐυσθενέεσσιν ἀρωγοί,
ἀμφὶ δὲ κρᾶτ' ἐκάλυψαν ἀπειρεσίοις νεφέεσσι
θυμὸν ἀκηχέμενοι· ἑτέρω⟨θε⟩ δὲ γήθεον ἄλλοι

22 ἦ codd. : τοῦ Jacobs ‖ **25** χερσὶν Jacobs et Tychsen : φρεσὶν ἧσιν codd. ‖ **27** ἔσαντα P (sic) : ἐς ἄντα H ἔναντα Rhodomann ‖ μολὼν nos (cf. VIII 216) : ἰδὼν codd. κιὼν Tychsen ‖ ἐσέδρακεν P : ἐπέ- H ‖ **28** φεύξεσθαι Rhodomann : -εσθ' B φεύξασθαι R[sl] -ασθ' Ω ‖ **33** αὖθ' P : αὖ H ‖ ἑτέρωθε R : -θεν Ω ‖ **37** εἰσὶν L[pc]R (cf. K 170) : εἰσὶ Ω εἰσέτι Köchly[2] ‖ **38** ἀτρέος P : -έως H ‖ **39** ἔτ' ἐγὼ P : ἐγὼ ἔτι H ‖ **40** εἴθ' Ω : αἴθ' R ‖ ἀναιρήσειεν NREAld. : ἐν- Ω ‖ **44** ἐυσθενέεσσιν H : -νέσιν P ‖ **45** ἀπειρεσίοις H : -ίῃς P ‖ **46** ἑτέρωθε Pauw : ἑτάροι codd. ‖ δὲ γήθεον Hermann : δ' ἐγ- codd.

accorder aux Troyens le terme qui agrée à leur cœur. Alors l'illustre Héré apostrophe le Cronide[1] :

« Zeus, père à la foudre blanche, pourquoi soutiens-tu les Troyens ? As-tu donc oublié la vierge à la belle chevelure, dont tu fis jadis l'épouse bien-aimée de Pélée, cet émule des dieux, dans les vallées du Pélion[2] ? C'est toi qui avais conclu pour le héros cette divine alliance ; et nous, les Immortels, nous étions tous présents au festin, ce jour-là : que de superbes cadeaux nous avions apportés ! Mais tout cela, tu l'as oublié : tu as conçu un grand malheur pour l'Hellade[3] ! »

Elle dit ; Zeus l'invincible ne lui répond rien : il reste assis, le cœur douloureux, absorbé dans ses pensées. Bientôt les Argiens doivent détruire la ville de Priam ; mais il veut leur réserver un sort cruel dans la bataille lourde de sanglots et sur la mer qui gronde[4]. Tels sont les desseins qu'il médite, et que l'avenir accomplira.

Éos regagne le cours profond de l'Océan ; sur la terre obscurcie, l'ombre ineffable descend : c'est l'heure où les mortels trouvent quelque répit à leurs peines. Les Argiens soupent près des nefs, malgré leur deuil : quand le ventre réclame, rien ne peut en chasser la faim cruelle, dès l'instant qu'elle a envahi la poitrine[5] ; elle a tôt fait d'engourdir l'agilité des membres et il n'est d'autre remède que de satisfaire ce ventre importun[6]. Aussi prennent-ils leur repas, malgré le deuil où les a plongés Achille : pas un qui ne cède à la dure nécessité. Le souper fini, le doux sommeil vient sur eux détendre leur corps douloureux et refaire leurs forces.

1. Le thème des récriminations d'Héré est homérique ; il se justifie moins ici, puisque Apollon a agi de son propre chef ; mais Zeus, en tant que dépositaire des Destinées, lui a donné un assentiment tacite : QS, III, 38.

2. Au v. 133, la localisation sera légèrement différente : « près des cimes du Pélion ».

3. Héré reprend les idées et, en partie, les termes de la réprimande qu'elle a adressée à Apollon en III, 98-127 (voir les notes). Sur les cadeaux faits par les dieux à Thétis et à Pélée, cf. schol. à Pind., *Pyth.*, III, 167 *a* ; Tzetzès, à Lycophron, *Alex.*, 178 ; Eustathe, à Π 862 (1090, 43).

4. Sur le sens de cette prophétie, cf. *Notice*, p. 129-130.

εὐχόμενοι Τρώεσσι πέρας θυμηδὲς ὀρέξαι.
Καὶ τότε δὴ Κρονίωνα κλυτὴ προσεφώνεεν Ἥρη·
« Ζεῦ πάτερ ἀργικέραυνε, τί ἢ Τρώεσσιν ἀρήγεις
κούρης ἠυκόμοιο λελασμένος, ἥν ῥα πάροιθεν
ἀντιθέῳ Πηλῆι πόρες θυμήρε' ἄκοιτιν
Πηλίου ἐν βήσσῃσι ; Γάμον δέ οἱ αὐτὸς ἔτευξας
ἄμβροτον, οἳ δέ νυ πάντες ἐδαινύμεθ' ἤματι κείνῳ
ἀθάνατοι καὶ πολλὰ δόμεν περικαλλέα δῶρα·
ἀλλὰ τά γ' ἐξελάθου, μέγα δ' Ἑλλάδι μήσαο πένθος. »
Ὣς ἄρ' ἔφη· τὴν δ' οὔ τι προσέννεπεν ἀκάματος Ζεύς.
Ἧστο γὰρ ἀχνύμενος κραδίην καὶ πολλὰ μενοινῶν,
οὕνεκεν ἤμελλον Πριάμου πόλιν ἐξαλαπάξειν
Ἀργεῖοι, τοῖς αἰνὸν ἐμήδετο λοιγὸν ὀπάσσαι
ἐν πολέμῳ στονόεντι καὶ ἐν βαρυηχέι πόντῳ·
καὶ τὰ μὲν ὣς ὥρμαινε τὰ δὴ μετόπισθε τέλεσσεν.
Ἠὼς δ' Ὠκεανοῖο βαθὺν ῥόον εἰσαφίκανε,
κυανέην δ' ἄρα γαῖαν ἐπήιεν ἄσπετος ὄρφνη,
ἦμος ἀναπνείουσι βροτοὶ βαιὸν καμάτοιο.
Ἀργεῖοι δ' ἐπὶ νηυσὶν ἐδόρπεον ἀχνύμενοί περ·
οὐ γὰρ νηδύος ἔστιν ἀπωσέμεναι μεμαυίης
λιμὸν ἀταρτηρήν, ὁπόταν στέρνοισιν ἵκηται·
ἀλλ' εἶθαρ θοὰ γυῖα βαρύνεται, οὐδέ τι μῆχος
γίνεται, ἢν μή τις κορέσῃ θυμαλγέα νηδύν.
Τοὔνεκα δαῖτ' ἐπάσαντο καὶ ἀχνύμενοι Ἀχιλῆος·
αἰνὴ γὰρ μάλα πάντας ἐποτρύνεσκεν ἀνάγκη.
Τοῖσι δὲ πασσαμένοισιν ἐπήλυθε νήδυμος ὕπνος,
λῦσε δ' ἀπὸ μελέων ὀδύνας, ἐπὶ δὲ σθένος ὦρσεν.

49 ζεῦ PQ : ζεῦς DUC ‖ **52** αὐτὸς om. H ‖ ἔτευξας PH : -ξεν P[sl] ‖ **56** τὴν P²H : τὸν P ‖ ἀκάματος [-αντος D] H : ἀκάμυτα P ‖ **58** οὕνεκεν (sic) H : οὐδέ κεν P ‖ **59** ἐμήδετο Rhodomann : ἐκή- codd. ‖ **61** δὴ H : δὲ P ‖ **65** νηυσὶν P : -σι H ‖ ἐδόρπεον P : δόρ- H ‖ **66** ἔστιν Zimmermann : ἐστὶν codd. ‖ **67** ἀταρτηρήν P : -ρόν H ‖ **68** γυῖα H : αἶα P ‖ **70** δαῖτ' Rhodomann (uert.) Spitzner : δῆτ' H : δή τ' P ‖ **73** ὦρσε(ν) P²H : ὦρτο P.

Mais tandis que les Ourses tournent la tête vers l'Orient[1] pour guetter la lumière du Soleil qui surgit, dès que s'éveille l'Aurore, s'éveille aussi l'armée des robustes Argiens. Elle bout du désir d'infliger aux Troyens massacre et trépas pour les anéantir. Elle ondoie comme les flots sans bornes de la mer d'Icare[2] ou comme les blés mûrs d'une haute moisson, quand survient, dans sa folle ruée, le Zéphyr assembleur de nuages. Leur armée ondoie tout pareillement sur les rivages de l'Hellespont, quand soudain le fils de Tydée dit ces mots que chacun attendait :

« Amis, s'il est vrai que nous sommes gens à ne pas fuir la bataille, c'est le jour de lutter de plus belle contre l'ennemi que nous abhorrons : qu'il n'aille pas s'enhardir, maintenant qu'Achille n'est plus, à braver, hors des murs, jusqu'au fils de Télamon et sa force de preux[3] ! Allons ! prenons nos armes, nos chars et nos chevaux ! En avant ! cernons la ville ! L'ouvrage nous vaudra bien la gloire ! »

Tel est le discours qu'il adresse aux Danaens ; mais le vaillant Ajax lui répond :

« Fils de Tydée, c'est bien parler : tu ne tiens pas des propos en l'air, quand tu appelles les Danaens experts au corps à corps à lutter contre les belliqueux Troyens : déjà ils en brûlent d'envie eux-mêmes. Pourtant il nous faut rester aux vaisseaux et attendre que la divine Thétis sorte des flots : le plus cher désir de son cœur est d'instituer des jeux splendides autour du tombeau de son fils[4]. Elle me l'a confié hier, au moment de plonger dans l'abîme de la mer, en me prenant à l'écart des autres Danaens[5]. Je pense qu'elle ne tardera pas, car elle doit se hâter. Quant aux Troyens, même après

1. Cf. Aratos, *Phén.*, 28.

2. Quintus transpose la description de B 144-149 : les Grecs alors couraient aux vaisseaux pour rentrer dans leur patrie ; ici au contraire, ils se préparent à la bataille. Quintus a entendu Ἰκαρίοιο comme un substantif, alors qu'il est adjectif en B 145 ; la même confusion est faite par Tzetzès, *Exeg. in Iliad.*, p. 750 et 828 Bachmann. La mer d'Icare, où se noya le fils de Dédale, est le golfe situé au Nord des îles de Samos et d'Icaros.

Ἀλλ' ὅτε δὴ κεφαλὰς μὲν ἐπ' ἀντολίην ἔχον ἄρκτοι
δέγμεναι ἠελίοιο θοὸν φάος, ἔγρετο δ' Ἠώς,
δὴ τότ' ἀνέγρετο λαὸς ἐυσθενέων Ἀργείων
πορφύρων Τρώεσσι φόνον καὶ κῆρ' ἀίδηλον.
Κίνυτο δ' ἠύτε πόντος ἀπείριτος Ἰκαρίοιο
ἠὲ καὶ αὐαλέον βαθὺ λήιον, ὁππόθ' ἵκηται
ῥιπὴ ἀπειρεσίη νεφεληγερέος Ζεφύροιο·
ὣς ἄρα κίνυτο λαὸς ἐπ' ἠόσιν Ἑλλησπόντου.
Καὶ τότε Τυδέος υἱὸς ἐελδομένοισιν ἔειπεν·
« Ὦ φίλοι, εἰ ἐτεόν γε μενεπτόλεμοι πελόμεσθα,
νῦν μᾶλλον στυγεροῖσι μαχώμεθα δυσμενέεσσι,
μή πως θαρσήσωσιν, Ἀχιλλέος οὐκέτ' ἐόντος,
99a καὶ Τελαμωνιάδαο μέγα σθένος ἔκτοθι μίμνειν.
Ἀλλ' ἄγε, σὺν τεύχεσσι καὶ ἅρμασιν ἠδὲ καὶ ἵπποις
ἴομεν ἀμφὶ πόληα· πόνος δ' ἄρα κῦδος ὀρέξει. »
Ὣς ἔφατ' ἐν Δαναοῖσιν· ἀμείβετο δ' ὄβριμος Αἴας·
« Τυδείδη, σὺ μὲν ἐσθλὰ καὶ οὐκ ἀνεμώλια βάζεις
ὀτρύνων Τρώεσσιν ἐυπτολέμοισι μάχεσθαι
ἀγχεμάχους Δαναούς, οἵ περ μεμάασι καὶ αὐτοί.
Ἀλλὰ χρὴ ἐν νήεσσι μένειν, ἄχρις ἐξ ἁλὸς ἔλθῃ
δῖα Θέτις· μάλα γάρ ⟨οἱ⟩ ἐνὶ φρεσὶ μήδεται ἦτορ
υἱέος ἀμφὶ τάφῳ περικαλλέα θεῖναι ἄεθλα·
ὣς χθιζή μοι ἔειπεν, ὅτ' εἰς ἁλὸς ἤιε βένθος,
νόσφ' ἄλλων Δαναῶν· καί μιν σχεδὸν ἔλπομαι εἶναι
ἐσσυμένην. Τρῶες δέ, καὶ εἰ θάνε Πηλέος υἱός,

75 δέγμεναι H : -νοι P ‖ **77** πορφύρων Rhodomann : -υρέων codd. ‖ **78** ἰκαρίοιο P : ἰκ- H ἰκάροιο (scil. ἰκᾰροιο) U ‖ **79** ἠὲ Rhodomann (uert.) Spitzner : ἠδὲ codd. ‖ **80** ῥιπὴ Ald. : -ῇ codd. ‖ **85** ἀχιλλέος LN^{pc}REAld.Lasc.[2] : -ιλλέως P -ιλέος DUQ -ιλέως C ‖ **99 a** uersum, quem del. N et om. RAld. atque edd. plerique, post 85 transposuimus ; ibidem uersum spurium a librario confectum habet R (ἀντίον ἐλθέμεναι πολεμίζειν μαιμώοντες) ‖ καὶ Zimmermann[4] : ἠδὲ codd. ‖ ἔκτοθι P : -οσθι H ‖ **87** ὀρέξει codd. : ὄρεξεν Platt ‖ **93** οἱ add. Sylburg ‖ φρεσὶ μήδεται Jacobs J. C. Struve : φρεσὶν ἤδ- codd. ‖ **96** μιν Zimmermann[3] (cf. ii 37) : ἑ codd.

la mort du fils de Pélée, ils ne s'enhardiront guère, tant que je vivrai et que tu seras là, ainsi que notre sire, l'Atride sans reproche[1]. »

Ainsi parle le noble fils de Télamon : il ne sait pas qu'un dieu lui réserve après les jeux une male et dure mort. A son tour, le fils de Tydée lui répond :

« Ami, s'il est vrai que Thétis vient en ce jour instituer des jeux splendides autour du tombeau de son fils, demeurons aux vaisseaux et, ensemble, retenons aussi les autres[2]. Oui, certes ! il sied d'obéir aux Dieux bienheureux ; au surplus, même sans l'ordre des Immortels, il nous incombe de rendre à Achille un hommage qui agrée à son âme. »

Ainsi parle le belliqueux Tydéide, cœur de vaillance. Et voici que l'épouse de Pélée arrive du large, aussi légère que la brise du matin[3]. Elle gagne aussitôt la place où les Argiens se pressent pour l'attendre, impatients, les uns, de prendre part aux concours innombrables, les autres, de se délecter le cœur au spectacle des athlètes. Devant leur assemblée plénière, Thétis, voilée de noir, apporte les prix ; sitôt qu'elle les a déposés, elle invite les Achéens à commencer les jeux sans retard. Ils obéissent à l'Immortelle.

Le premier, le fils de Nélée, se lève dans l'assistance, non qu'il prétende se mesurer à la boxe ou à la lutte : ces tournois sont trop rudes, depuis que le fardeau de la triste vieillesse accable ses membres et ses jointures[4]. Mais sa poitrine garde encore un cœur et une raison solides ; il n'est aucun Achéen pour rivaliser avec lui,

1. La liste des preux, qui confirme celle que donnait le Troyen au v. 38, passe intentionnellement Ulysse sous silence : cf. *Notice*, p. 131-132.

2. Cf. Ψ 258.

3. Cf. QS, III, 781. Thétis est accompagnée par les Néréides (v. 191 s.). Dans l'*Éthiopide*, les jeux étaient donnés par les Achéens et Thétis semble avoir été absente ; Quintus suit la version homérique : cf. *Notice*, p. 134.

4. Pour la forme, les v. 118-121 rappellent Ψ 621-623. Les concours musicaux sont un anachronisme pour l'époque héroïque, bien que certains aient voulu les introduire dans les Jeux en l'honneur de Patrocle, en lisant ῥήμονες en Ψ 886 (Plu-

οὐ μάλα θαρσήσουσιν ἔτι ζώοντος ἐμεῖο
καὶ σέθεν ἠδὲ καὶ αὐτοῦ ἀμύμονος Ἀτρείδαο. »
Ὣς ἄρ᾽ ἔφη Τελαμῶνος ἐὺς πάις, οὐδέ τι ᾔδη
ὅττι ῥά οἱ μετ᾽ ἄεθλα κακὸν μόρον ἔντυε δαίμων
ἀργαλέον · τὸν δ᾽ αὖτις ἀμείβετο Τυδέος υἱός ·
« Ὦ φίλος, εἰ ἐτεὸν Θέτις ἔρχεται ἤματι τῷδε
υἱέος ἀμφὶ τάφῳ περικαλλέα θεῖναι ἄεθλα,
πὰρ νήεσσι μένωμεν ἐρυκανόωντε καὶ ἄλλους.
Καὶ γὰρ δὴ μακάρεσσι θεοῖς πείθεσθαι ἔοικε ·
καὶ δ᾽ ἄλλως Ἀχιλῆι καὶ ἀθανάτων ἀέκητι
αὐτοὶ φραζώμεσθα δόμεν θυμηδέα τιμήν. »
Ὣς φάτο Τυδείδαο δαΐφρονος ὄβριμον ἦτορ.
Καὶ τότ᾽ ἄρ᾽ ἐκ πόντοιο κίεν Πηλῆος ἄκοιτις
αὔρῃ ὑπηώῃ ἐναλίγκιος · αἶψα δ᾽ ἵκανεν
Ἀργείων ἐς ὅμιλον, ὅπῃ μεμαῶτες ἔμιμνον,
οἳ μὲν ἀεθλεύσοντες ἀπειρεσίῳ ἐν ἀγῶνι,
οἳ δὲ φρένας καὶ θυμὸν ἀεθλητῆρσιν ἰῆναι.
Τοῖσι δ᾽ ἅμ᾽ ἀγρομένοισι Θέτις κυανοκρήδεμνος
θῆκεν ἄεθλα φέρουσα καὶ ὀτρύνεσκεν Ἀχαιοὺς
αὐτίκ᾽ ἀεθλεύειν · τοὶ δ᾽ ἀθανάτῃ πεπίθοντο.
Πρῶτος δ᾽ ἐν μέσσοισιν ἀνίστατο Νηλέος υἱός,
οὐ μὲν πυγμαχίῃσι λιλαιόμενος πονέεσθαι
οὔτε παλαισμοσύνῃ πολυτειρέι · τοῦ γὰρ ὕπερθε
γυῖα καὶ ἄψεα πάντα λυγρὸν κατεδάμνατο γῆρας.
Ἀλλά οἱ ἐν στέρνοισιν ἔτ᾽ ἔμπεδος ἔπλετο θυμὸς
καὶ νόος, οὐδέ τις ἄλλος ἐριδμαίνεσκεν Ἀχαιῶν

98 ἔτι P : εἰ D (-σουσί) γε οἱ H^{c} ‖ ἐμεῖο $DU^{pc}QC$: μοῖο PU^{ac} ‖ **99** ἠδὲ (punctis geminatis a P^{2} (?) praepositis) P : om. H ‖ **99 a** : cf. post 85 ‖ **100** ἐΰς R : ἠΰς Ω ‖ ἤδη H : ᾔδει P ‖ **102** ἀργαλέον Ω (cf. III 650 ; VI 262 sq., 290 ; IX 373 sq. ; XI 39 sq. ; XIV 79) : -έως Pauw (et iam ἀλγαλέως R) ‖ αὖτις nos : αὖθις codd. ‖ **105** μένωμεν P : μένομεν H ‖ **106** πείθεσθαι H : πύθ- P ‖ **111** ὑπηώῃ Rhodomann : ὑπ᾽ ἠώῃ codd. ‖ **112** ἐς P : εἰς H ‖ ὅπῃ H : ὅπως P ‖ **114** οἱ δὲ PH^{c} : ἠδὲ D ‖ **120** παλαισμοσύνῃ P : παλαιμ- H ‖ **123** ἐριδμαίνεσκεν PD : ἐρισδαί- UQ ἐριδαί- C.

quand on fait assaut de paroles sur la place publique[1] ; même l'illustre fils de Laerte lui cède le pas sur la place pour l'éloquence[2], non moins que le roi suprême de tous les Argiens, Agamemnon à la bonne pique. Alors, parmi l'assistance, il chante la louange de la sage Néréide ; il dit combien, entre toutes les filles de la mer, elle excelle par la sagesse[3] et la beauté. La déesse est charmée de l'entendre. Il conte l'aimable mariage de Pélée, œuvre commune des bienheureux Immortels, qu'ils célébrèrent près des cimes du Pélion[4] ; il conte le festin et la chère divine qui leur fut servie ; ce jour-là, les Heures diligentes, de leurs mains immortelles, apportaient la nourriture des dieux qu'elles amoncelaient dans la vaisselle d'or ; Thémis, toute radieuse, se hâtait de dresser les tables d'argent ; Héphaistos activait la flamme pure, et les Nymphes versaient à la ronde l'ambroisie dans les coupes d'or. Alors les Grâces préludaient à la danse aimable et les Muses au chant ; et tout était sous leur charme, les monts, les fleuves et les fauves ; le ravissement possédait l'éther incorruptible, l'antre prestigieux de Chiron et les dieux eux-mêmes[5].

De ces noces d'abord, le noble fils de Nélée fait le récit, sans rien omettre, devant les Argiens avides, tout charmés de l'entendre. Puis il chante les exploits immortels d'Achille sans reproche au milieu de l'assemblée, et la foule immense l'acclame de grand cœur. Il célèbre magnifiquement, depuis le début, les actions du héros glorieux en une longue suite de vers[6] : ce sont les douze villes qu'il prit avec leurs peuples

tarque, *Quaest. conv.*, 675 a). Quintus a pu se souvenir que les jeux chez les Phéaciens, au chant VIII de l'*Odyssée*, étaient précédés et suivis par les chants de l'aède Démodocos.

1. Cf. A 247-249.

2. Sur la raison d'être de cette parenthèse, cf. *Notice*, p. 132.

3. Εὐφροσύνη peut désigner chez Quintus la sagesse, l'habileté, la retenue (cf. encore au v. 275) ; εὔφρων est également pris dans le même sens. La signification homérique a été conservée en II, 112.

4. Sur le mariage de Thétis, cf. QS, III, 98-109, et notre note p. 99 n. 8.

κείνῳ, ὅτ' εἰν ἀγορῇ ἐπέων πέρι δῆρις ἐτύχθη·
τῷ καὶ Λαέρταο κλυτὸς πάις εἵνεκα μύθων
εἰν ἀγορῇ ὑπόεικε, καὶ ὃς βασιλεύτατος ἦεν
πάντων Ἀργείων, μέγ' ἐυμμελίης Ἀγαμέμνων.
Τοὔνεκ' ἐν⟨ὶ⟩ μέσσοισιν ἐύφρονα Νηρηίνην
ὕμνεεν, ὡς πάσῃσι μετέπρεπεν εἰναλίῃσιν
εἵνεκ' ἐυφροσύνης καὶ εἴδεος· ἣ δ' ἀίουσα
τέρπεθ'. Ὁ δ' ἱμερόεντα γάμον Πηλῆος ἔνισπε,
τόν ῥά οἱ ἀθάνατοι μάκαρες συνετεκτήναντο
Πηλίου ἀμφὶ κάρηνα, καὶ ἄμβροτον ὡς ἐπάσαντο
δαῖτα παρ' εἰλαπίνῃσιν, ὅτ' εἴδατα θεῖα φέρουσαι
χερσὶν ὑπ' ἀμβροσίῃσι θοαὶ παρενήνεον Ὧραι
χρυσείοις κανέοισι, Θέμις δ' ἄρα καγχαλόωσα
ἀργυρέας ἐτίταινεν ἐπισπέρχουσα τραπέζας,
πῦρ δ' Ἥφαιστος ἔκαιεν ἀκήρατον, ἀμφὶ δὲ Νύμφαι
ἀμβροσίην ἐκέραιον ἐνὶ χρυσέοισ⟨ι⟩ κυπέλλοις,
αἳ δ' ἄρ' ἐς ὀρχηθμὸν Χάριτες τράπεν ἱμερόεντα,
Μοῦσαι δ' ἐς μολπήν, ἐπετέρπετο δ' οὔρεα πάντα
καὶ ποταμοὶ καὶ θῆρες, ἰαίνετο δ' ἄφθιτος αἰθὴρ
ἄντρά τε Χείρωνος περικαλλέα καὶ θεοὶ αὐτοί.
Καὶ τὰ μὲν ἂρ Νηλῆος ἐὺς πάις Ἀργείοισι
πάντα μάλ' ἱεμένοις κατελέξατο· τοὶ δ' ἀίοντες
τέρπονθ'. Ὃς ⟨δ'⟩ Ἀχιλῆος ἀμύμονος ἄφθιτα ἔργα
μέλπε μέσῳ ἐν ἀγῶνι, πολὺς δ' ἀμφίαχε λαὸς
ἀσπασίως· ὃ δ' ἄρ' ἔνθεν ἑλὼν ἐρικυδέα φῶτα
ἐκπάγλως κύδαινεν ἀρηρεμένοις ἐπέεσσι,

124 πέρι EAld. : περὶ Ω ‖ **128** τοὔνεκ' H : -κεν PL (qua forma poeta non utitur) ‖ ἐνὶ Rhodomann : ἐν codd. ‖ ἐύφρονα [εὔ- D] H : -ονι P ‖ **130** ante καὶ add. τε Scaliger multique edd. ‖ **135** θοαὶ P : θεαὶ H om. C ‖ **139** ἐκέραιον Rhodomann : -ρεον PD -ραον H[c] ‖ χρυσέοισι κυπέλλοις Rhodomann : χρυσέοις κυπέλλοισιν [-έλοι- D] codd. ‖ **140** ἐς R : εἰς Ω ‖ τράπεν Scaliger : -πον codd. ‖ **144** νηλῆος R[pc] : -λέος Ω ‖ ἐὺς P : ἠὺς H ‖ πάις om. P ‖ **146** ὃς P : ὅσ' H ‖ δ' add. Rhodomann ‖ **148** ἑλὼν Rhodomann (cf. θ 501) : ἔχων codd. ‖ **149** ἀρηρεμένοις Zimmermann : -ραμ- codd.

pendant la traversée, et onze encore sur le vaste continent[1] ; la défaite de Télèphe, celle qu'il infligea à la Force du glorieux Éétion dans la contrée de Thèbe[2] ; tous ceux qu'il tua de sa pique, Cycnos, le fils de Poséidon[3], le divin Polydore, le beau Troïle et l'irréprochable Astéropée ; ce sont les flots du Xanthe, tout rouges de sang, et les morts sans nombre dont il couvrit l'étendue de ses eaux mugissantes, le jour où il ôta le souffle au corps de Lycaon, près du fleuve bruissant ; c'est Hector dompté[4] ; c'est la mort de Penthésilée et celle du fils divin d'Érigénie au beau trône. Pour les Argiens, il conte tous ces exploits dont ils furent témoins ; il dit sa force prodigieuse : nul adversaire n'était de taille à lutter contre lui, ni dans les jeux où les jeunes gars s'affrontent à la course, ni non plus dans les concours équestres ou dans les joutes au corps à corps[5] ; il dit sa beauté, qui passait, et de loin, celle des autres Danaens ; il dit sa valeur sans pareille, quand survenait la bataille d'Arès. Il implore les Immortels : qu'ils lui donnent de voir le fils de ce héros, pareil à son père, arriver de Scyros que battent les flots !

Les Argiens approuvent les paroles de Nestor ; Thétis aux pieds d'argent fait de même et lui donne[6] les rapides coursiers qu'Achille à la bonne pique avait jadis reçus en présent de Télèphe sur les bords du Caïque : l'homme se tourmentait alors pour une blessure maligne ; mais Achille le guérit avec la lance dont il l'avait frappé lui-même pendant la bataille, en lui traversant la cuisse de son dard robuste[7]. Ces chevaux, Nestor le Néléide les remet à ses compagnons qui vont

1. Cf. I 328 s.

2. Pour la prise de Thèbe, cf. Z 414 ss.

3. D'après la tradition des *Cypria* (Proclos ; Apollod., *Epit.*, III, 31), que garde Quintus (cf. IV, 468-471 ; XIV, 131), Cycnos est le premier chef troyen tué au moment du débarquement des Grecs en Troade ; sa mort suit celle de Protésilas. Quintus le fait périr par la lance d'Achille ; il ignore donc la version d'après laquelle le fils de Poséidon était invulnérable.

4. Dans les v. 154-160, la chronologie n'est pas respectée : la mort de Troïle (cf. p. 152, n. 2) est antérieure à la colère d'Achille. Les autres exploits sont contés par Homère : Polydore

δώδεχ᾽ ὅπως διέπερσε κατὰ πλόον ἄστεα φωτῶν,
ἕνδεκα δ᾽ αὖ κατὰ γαῖαν ἀπείριτον, ὡς ⟨δ᾽⟩ ἐδάιξε
Τήλεφον ἠδὲ βίην ἐρικυδέος Ἠετίωνος
Θήβης ἐν δαπέδοισι, καὶ ὡς Κύκνον ἔκτανε δουρὶ
υἷα Ποσειδάωνος ἰδ᾽ ἀντίθεον Πολύδωρον
καὶ Τρωίλον θηητὸν ἀμύμονά τ᾽ Ἀστεροπαῖον,
αἵματι δ᾽ ὡς ἐρύθηνεν ἅδην ποταμοῖο ῥέεθρα
Ξάνθου καὶ νεκύεσσιν ἀπειρεσίοισι κάλυψε
πάντα ῥόον κελάδοντα, Λυκάονος ὁππότε θυμὸν
νοσφίσατ᾽ ἐκ μελέων ποταμοῦ σχεδὸν ἠχήεντος,
Ἕκτορά θ᾽ ὡς ἐδάμασσε, καὶ ὡς ἕλε Πενθεσίλειαν
ἠδὲ καὶ υἱ⟨έ⟩α δῖον ἐυθρόνου Ἠριγενείης.
Καὶ τὰ μὲν Ἀργείοισιν ἐπισταμένοισι καὶ αὐτοῖς
μέλπε, καὶ ὡς ἐτέτυκτο πελώριος, ὥς τέ οἱ οὔ τις
ἔσθενε δηριάασθαι ἐναντίον, οὔτ᾽ ἐν ἀέθλοις
αἰζηῶν, ὅτε ποσσὶ νέοι περιδηριόωνται,
οὐδὲ μὲν ἱππασίῃ οὐδὲ σταδίῃ ἐνὶ χάρμῃ,
κάλλεΐ θ᾽ ὡς Δαναοὺς μέγ᾽ ὑπείρεχεν, ὥς τέ οἱ ἀλκὴ
ἔπλετ᾽ ἀπειρεσίη, ὁπότ᾽ Ἄρεος ἔσσυτο δῆρις.
Εὔχετο δ᾽ ἀθανάτοισι καὶ υἱέα τοῖον ἰδέσθαι
κείνου ἀπὸ Σκύροιο πολυκλύστοιο μολόντα.
Ἀργεῖοι δ᾽ ἄρα πᾶσιν ἐπευφήμησαν ἔπεσσιν
αὐτή τ᾽ ἀργυρόπεζα Θέτις, καί οἱ πόρεν ἵππους
ὠκύποδας, τοὺς πρόσθεν ἐυμμελίῃ Ἀχιλῆι
Τήλεφος ὤπασε δῶρον ἐπὶ προχοῇσι Καΐκου,
εὖτέ ἑ μοχθίζοντα κακῷ περὶ ἕλκεϊ θυμὸν
ἠκέσατ᾽ ἐγχείῃ, τῇ μιν βάλε δηριόωντα
αὐτὸς ἔσω μηροῖο, διήλασε δ᾽ ὄβριμον αἰχμήν.

151 ἕνδεκα H : εν spatio relicto P ″— δεκα (sic) in textu add. P[2] ‖ δ᾽ (post. loco) add. Köchly ‖ **154** ἰδ᾽ P : ἠδ᾽ H ‖ **155** τρωίλον P : τρώι- H ‖ τ᾽ ἀστεροπαῖον P[1γρ] : τ᾽ εὐστ- P τε στ- H ‖ **161** υἱέα R[pc]Lasc.[2] : υἷα Ω ‖ **165** ποσσὶ νέοι DC : ποσσὶν νέοι UQ ποσσὶν ἔοι P ‖ **167** κάλλεΐ R : -λλει Ω ‖ **170** κείνου Rhodomann : κεῖνον codd. ‖ **171** ἔπεσσιν RLasc.[1] ἐπέεσσιν Ω.

les conduire aux nefs, tout en célébrant bien haut leur roi pareil aux dieux.

Mais voici que Thétis, au milieu de l'assemblée, place l'enjeu de la course, dix vaches, toutes avec de belles génisses accourant sous leurs pis. L'indomptable Péléide, le hardi preux, les avait un jour ramenées de l'Ida, en s'assurant sur sa grande pique[1].

Pour les conquérir, deux hommes se lèvent, pleins du désir de vaincre : Teucros d'abord, le fils de Télamon ; puis Ajax, — Ajax, le meilleur entre tous les archers locriens[2]. Prestement ils se ceignent d'un pan d'étoffe pour couvrir leur virilité : s'ils jettent sur eux ce voile décent, c'est par égard pour l'épouse du robuste Pélée et pour toutes les Néréides de la mer, venues avec elle assister aux jeux où les Argiens vont montrer leur force[3]. L'Atride, roi de tous les Argiens, leur désigne le but qu'il fixe à leur course de vitesse. L'amicale Discorde les excite. De la borne de départ, ils s'élancent avec la rapidité de l'épervier[4]. L'issue de la course est encore douteuse et les Argiens, que ce spectacle divise en deux camps, acclament chacun leur favori. Mais au moment même où ils vont atteindre le but convoité, des Immortels, peut-être, entravent la fougue et les jambes de Teucros : un dieu, ou quelque malchance, le jette sur une souche de tamaris aux profondes racines ; quelle douleur[5] ! Il bute et tombe à terre en se tordant cruellement la pointe du pied gauche ; les veines, toutes

(Υ 407-418 ; Φ 91 ; cf. QS, IV, 586) ; Lycaon, Astéropée et la bataille sur les bords du Xanthe (Φ 34-382) ; la mort d'Hector (X).

1. Achille avait pris à Énée les troupeaux qu'il gardait dans l'Ida ; puis il l'avait poursuivi jusqu'à Lyrnesse. L'épisode était conté dans les *Cypria* (cf. Proclos et Apollod., *Epit.*, III, 32) ; Homère y fait longuement allusion (Υ 89-96, 188-191).

2. Homère appelle Ajax « le rapide fils d'Oïlée » (N 701 ; Υ 754).

3. La coutume pour les athlètes de se ceindre le ventre est homérique (Ψ 683-685, 710 ; σ 67 ; ω 89) ; mais la justification qui en est donnée, un peu lourdement, appartient sans aucun doute à Quintus.

4. Pour les v. 193-196, cf. Ψ 757 s. ; rapprocher QS, IV, 550 s. En parlant de l'amicale Discorde, Quintus songe peut-être aux deux Éris d'Hésiode, *Travaux*, 11-26.

Καὶ τοὺς μὲν Νέστωρ Νηλήιος οἷς ἑτάροισιν
ὤπασεν· οἳ δ' ἐς νῆας ἄγον μέγα κυδαίνοντες
ἀντίθεον βασιλῆα. Θέτις δ' ἐς μέσσον ἀγῶνα
θῆκεν ἄρ' ἀμφὶ δρόμοιο βόας δέκα· τῇσι δὲ πάσῃς
καλαὶ πόρτιες ἦσαν ὑπὸ μαζοῖσιν ἰοῦσαι·
τάς ποτε Πηλείδαο θρασὺ σθένος ἀκαμάτοιο
ἤλασεν ἐξ Ἴδης μεγάλῳ περὶ δουρὶ πεποιθώς.
Τῶν πέρι δοιοὶ ἀνέσταν ἐελδόμενοι μέγα νίκης,
Τεῦκρος μὲν πρῶτος Τελαμώνιος ἠδὲ καὶ Αἴας,
Αἴας ὅς τε Λοκροῖσι μετέπρεπεν ἰοβόλοισιν.
Ἀμφὶ δ' ἄρα ζώσαντο θοῶς περὶ μήδεα χερσὶ
φάρεα, πάντα δ' ἔνερθεν ἅ περ θέμις ἐκρύψαντο
αἰδόμενοι Πηλῆος ἐυσθενέος παράκοιτιν
ἄλλάς τ' εἰναλίας Νηρηίδας, ὅσσαι ἅμ' αὐτῇ
ἤλυθον Ἀργείων κρατεροὺς ἐσιδέσθαι ἀέθλους.
Τοῖσι δὲ σημαίνεσκε δρόμου τέλος ὠκυτάτοιο
Ἀτρείδης ὃς πᾶσι μετ' Ἀργείοισιν ἄνασσε.
Τοὺς δ' Ἔρις ὀτρύνεσκεν ἐπήρατος· οἳ δ' ἀπὸ νύσσης
καρπαλίμως οἴμησαν ἐοικότες ἰρήκεσσι·
τῶν δὲ καὶ ἀμφήριστος ἔην δρόμος· οἳ δ' ἑκάτερθεν
Ἀργεῖοι λεύσσοντες ἐπίαχον ἄλλυδις ἄλλος.
Ἀλλ' ὅτε τέρματ' ἔμελλον ἱκανέμεναι μεμαῶτες,
δὴ τότε που Τεύκροιο μένος καὶ γυῖα πέδησαν
ἀθάνατοι· τὸν γάρ ῥα θεὸς βάλεν ἠέ τις ἄτη
ὄζον ἐς ἀλγινόεντα βαθυρρίζοιο μυρίκης.
Τῷ δ' ἄρ' ἐν⟨ι⟩χριμφθεὶς χαμάδις πέσε· τοῦ δ' ἀλεγεινῶς

179 ἐς codd. : ἐπὶ Platt ‖ κυδαίνοντες P : -ντα H ‖ **181** δέκα· τῇσι Rhodomann : δεκάτησι codd. (sed δέκατῃσι P^{pc}) ‖ **185** δοιοὶ J. C. Struve : οἵδε codd. ‖ **191** ὅσσαι [ὅσαι H^{c}] ἅμ' αὐτῇ PH^{c} : ἅμ' αὐτῇ ὅσαι D ‖ **192** ἀέθλους H : ἄεθλα P ‖ **193** ὠκυτάτοιο P : -του H ‖ **194** μετ' codd. : μέγ' Lasc.^{2} ‖ **195** ὀτρύνεσκεν P : ὠτρ- H ‖ ἐπήρατος Köchly : ἀκή- codd. ‖ **196** ἰρήκεσσι(ν) H : ἱρ- P ‖ **198** λεύσ(σ)οντες Lasc.^{2} Rhodomann : λεύσαντες codd. ‖ **200** που om. H ‖ **203** ἐνιχρι(μ)φθεὶς Rhodomann : ἐγχριμφθεὶς P -ιφθεὶς H.

tuméfiées, s'enflent sur les deux côtés du pied. Un cri monte aussitôt à travers l'assemblée des Argiens. D'un bond, Ajax dépasse son rival, joyeux, tandis qu'accourent les gens de sa suite, les Locriens, le cœur transporté d'une soudaine allégresse. Ils emmènent les vaches aux navires pour les mettre en pâture. Les compagnons de Teucros se sont aussi précipités : ils s'empressent autour de lui et le ramènent, boitant. Vite, les médecins étanchent le sang de son pied ; ils appliquent sur ses plaies un pansement de laine imbibé d'onguents[1], qu'ils enveloppent avec précaution dans un bandage et ils calment ainsi les cruelles souffrances du héros.

C'est maintenant le tour d'autres concurrents : pour la lutte redoutable, deux hommes aussitôt se portent candidats, deux âmes violentes, le fils de Tydée le dompteur de chevaux et l'orgueilleux Ajax. Ils s'avancent dans la lice : les Argiens restent tout émerveillés à la vue de ces champions pareils à des Immortels[2]. Soudain, ils se ruent l'un contre l'autre : on dirait deux fauves de la montagne, quand ils combattent pour un cerf dont ils veulent faire leur proie ; leurs forces sont égales et nul ne cède, ne fût-ce que d'un pas : rien ne peut les émouvoir[3]. Eux aussi se valent par la fougue et la vigueur. Ajax réussit enfin à saisir le Tydéide dans sa puissante étreinte et tente de le broyer. Mais l'autre pare avec adresse et énergie : il laisse glisser son flanc ; puis, brusquement, soulève le vaillant fils de Télamon, en pesant de l'épaule sous le biceps ; dans le même temps, il lui porte par en-dessous un coup de jambe à la cuisse pour lui faire perdre l'équilibre, et il le jette à terre, tout vaillant

1. L'expression μοτάων εἴρια, surprenante du point de vue de la grammaire, comporte un *hapax* μοτή, équivalent du terme technique μοτός, charpie. Or si Quintus forge des mots nouveaux par composition ou dérivation, cette « création » est tout à fait isolée dans son œuvre. Nous proposons τομάων, les « coupures », les « plaies », ou peut-être les « incisions » faites par le médecin pour expulser le sang des ecchymoses. Sur la médication des luxations, cf. Hippocrate, *Off.*, 22-23 ; *Fract.*, 9-11.

ἄκρον ἀνεγνάμφθη λαιοῦ ποδός, αἳ δ' ὑπανέσταν
οἰδαλέαι ἑκάτερθε περὶ φλέβες. Οἳ δ' ἰάχησαν
Ἀργεῖοι κατ' ἀγῶνα. Παρήιξε⟨ν⟩ δέ μιν Αἴας
γηθόσυνος · λαοὶ δὲ συνέδραμον, οἵ οἱ ἕποντο,
Λοκροί, αἶψα δὲ χάρμα περὶ φρένας ἤλυθε πάντων ·
ἐκ δ' ἔλασαν μετὰ νῆας ἄγειν βόας, ὄφρα νέμωνται.
Τεῦκρον δ' ἐσσυμένως ἕταροι περιποιπνύοντες
ἦγον ἐπισκάζοντα. Θοῶς δέ οἱ ἰητῆρες
ἐκ ποδὸς αἷμ' ἀφέλοντο · θέσαν δ' ἐφύπερθε τομάων
εἴρια συνδεύσαντες ἀλείφασιν, ἀμφὶ δὲ μίτρῃ
δήσαντ' ἐνδυκέως · ὀλοὰς δ' ἐκέδασσαν ἀνίας.
Ἄλλοι δ' αὖθ' ἑτέρωθε παλαισμοσύνης ὑπερόπλου
καρπαλίμως μνώοντο δύω κρατερόφρονε φῶτε,
Τυδέος ἱπποδάμοιο πάις καὶ ὑπέρβιος Αἴας,
οἵ ῥ' ἴσαν ἐς μέσσον. Θάμβος δ' ἔχεν ἀθρήσαντας
Ἀργείους · ἄμφω γὰρ ἔσαν μακάρεσσιν ὁμοῖοι.
Σὺν δ' ἔβαλον θήρεσσιν ἐοικότες, οἵ τ' ἐν ὄρεσσιν
ἀμφ' ἐλάφοιο μάχονται ἐδητύος ἰσχανόωντες,
ἶσον δ' ἀμφοτέροισι πέλει σθένος, οὐδέ τις αὐτῶν
λείπεται οὐδ' ἠβαιὸν ἀταρτηρῶν μάλ' ἐόντων ·
ὣς οἵ γ' ἶσον ἔχον κρατερὸν μένος. Ὀψὲ δ' ἄρ' Αἴας
Τυδείδην συνέμαρψεν ὑπὸ στιβαρῇσι χέρεσσιν
ἆξαι ἐπειγόμενος · ὃ δ' ἄρ' ἰδρείῃ τε καὶ ἀλκῇ
πλευρὸν ὑποκλίνας Τελαμώνιον ὄβριμον υἷα
ἐσσυμένως ἀνάειρεν ὑπὸ μυῶνος ἐρείσας
ὦμον, καὶ ποδὶ μηρὸν ὑποπλήξας ἑτέρωσε

204 ἀνεγνάμφθη P : -άφθη H ‖ **205** περι- habuit Ω ‖ **206** παρήιξεν BL^{pc}R : -ξε Ω ‖ **209** μετὰ codd. : κατὰ Kōchly ‖ **211** ἐπι- codd. : ἔτι J. C. Struve ‖ **212** ποδὸς H : ποδῶν P ‖ τομάων nos : μοτάων codd. ‖ **213** εἴρια συνδεύσαντες codd. : εἴρι' ἄδην δεύσαντες Jacobs ‖ μίτρῃ (i. e. μίτρῃ) P : -ην H^{c} μέτρην D ‖ **214** δήσαντ' P : δῆσαν τ' H ‖ ἐκέδασ(σ)αν NREAld. : -ασεν Ω ἐσκέδασαν N^{r} ‖ **215** ἄλλοι Ω : ἄλλω RE^{s1}Ald. ‖ ἑτέρωθε P : -εν H ‖ **218** ἔχεν : fortasse ἕλεν ‖ **225** ὑπὸ Spitzner : ἐπὶ codd. ‖ **228** ὑπὸ Kōchly : ὑπὲρ codd. ‖ **229** ὑποπλήξας codd. : -πλίξας Lobeck.

guerrier qu'il est[1] ! Il s'assied sur lui : quel cri dans la foule ! Plein de rage, Ajax, cœur de vaillance, se remet sur pied et, une seconde fois, se prépare pour l'implacable combat. Déjà, de ses mains terribles, il s'est couvert le corps de poussière[2] ; déchaîné par la fureur, il rappelle le Tydéide dans la lice. L'autre, sans trembler, court sur lui. Leurs pieds soulèvent un nuage de poussière. Alors, d'un même mouvement, ils s'élancent l'un sur l'autre. Deux taureaux dans la montagne ne sont pas plus intrépides, lorsque, pour éprouver leur fougue et leur bravoure, ils se rencontrent en faisant voler la poussière sous leurs sabots, tandis que les cimes d'alentour résonnent de leurs beuglements ; avec une ardeur effrénée, ils entrechoquent leurs fronts, jamais lassés, de toute leur force : longue est la bataille ! La fatigue les fait haleter violemment pendant l'implacable combat, et leurs mufles laissent couler à terre des flots d'écume[3]. Les deux champions se livrent une aussi rude bataille avec leurs bras robustes : les échines et les nuques musclées claquent sous les paumes avec le bruit sec que font les arbres dans la montagne, quand ils heurtent leurs branches vigoureuses[4]. Souvent le Tydéide, de ses puissantes mains, étreint le grand Ajax au bas de ses cuisses solides ; mais il ne parvient jamais à le renverser, tant il est solidement campé sur les jambes. De son côté, Ajax, qui domine son adversaire et l'attaque, penché en avant, le secoue par les épaules pour tenter

1. Ajax a l'avantage de la taille (v. 253 s.) ; il a réussi à immobiliser son adversaire dans ses bras et s'efforce de lui couper le souffle et de lui broyer les côtes (ἆξαι) ; Spitzner rapproche avec raison Philostrate, *Imag.*, ɪɪ, 21 (lutte d'Héraclès contre Antée). Mais Diomède échappe à Ajax en se laissant glisser ; puis, au moment où l'une de ses épaules (la droite, par exemple) se dégage de l'étreinte, il se redresse en portant un coup avec cette épaule *sous* le biceps (gauche, dans notre hypothèse) d'Ajax et compromet ainsi son équilibre. Ajax ne tient plus que sur la jambe droite ; alors Diomède frappe de sa jambe gauche la cuisse droite de son adversaire et l'oblige à plier le genou. Ajax, porté vers la droite par la pression de l'épaule, est brusquement projeté à gauche par le coup de jambe (c'est ce que marque ἑτέρωσε). Secoué par ce double mouvement, il est aisément renversé. Quintus ne fait que développer d'une façon plus

κάββαλεν ὄβριμον ἄνδρα κατὰ χθονός, ἀμφὶ δ' ἄρ' αὐτῷ
ἕζετο · τοὶ δ' ὁμάδησαν. Ὁ δ' ἀσχαλόων ἐνὶ θυμῷ
Αἴας ὀβριμόθυμος ἀνίστατο δεύτερον αὖτις
ὁρμαίνων ἐς δῆριν ἀμείλιχον · αἶψα δὲ χερσὶ
σμερδαλέῃσι κόνιν κατεχεύατο καὶ μέγα θύων
Τυδείδην ἐς μέσσον ἀύτεεν. Ὃς δέ μιν οὔ τι
ταρβήσας οἴμησε καταντίον · ἀμφὶ δὲ πολλὴ
ποσσὶν ὑπ' ἀμφοτέρων κόνις ὤρνυτο. Τοὶ δ' ἑκάτερθε
ταῦροι ὅπως συνόρουσαν ἀταρβέες, οἵ τ' ἐν ὄρεσσι
θαρσαλέου μένεος πειρώμενοι εἰς ἓν ἵκωνται
ποσσὶ κονιόμενοι, περὶ δὲ βρομέουσι κολῶναι
βρυχμῇ ὑπ' ἀμφοτέρων, τοὶ δ' ἄσχετα μαιμώωντες
κράατα συμφορέουσιν ἀτειρέα καὶ μέγα κάρτος
⟨δηρ⟩ὸν ἐπ' ἀλλήλοισι πονεύμενοι, ἐκ δὲ μόγοιο
λάβρον ἀνασθμαίνοντες ἀμείλιχα δη⟨ρ⟩ιόωνται,
πουλὺς δ' ἐκ στομάτων χαμάδις καταχεύεται ἀφρός ·
ὣς οἵ γε στιβαρῇσιν ἄδην πονέοντο χέρεσσιν ·
ἀμφοτέρων δ' ἄρα νῶτα καὶ αὐχένες ἀλκήεντες
χερσὶ περικτυπέοντο τετριγότες, εὖτ' ἐν ὄρεσσι
δένδρε' ἐπ' ἀλλήλοισι βαλόντ' ἐριθηλέας ὄζους.
Πολλάκι δ' Αἴαντος μεγάλου στιβαροὺς ὑπὸ μηροὺς
κάββαλε Τυδείδης κρατερὰς χέρας, ἀλλά μιν οὔ τι
ἂψ ὦσαι δύνατο στιβαροῖς ποσὶν ἐμβεβαῶτα ·
τὸν δ' Αἴας καθύπερθεν ἐπεσσύμενος ποτὶ γαῖαν

230 κάββαλεν EAld.Lasc.[2] : καὶ βάλεν [βαλεν P] Ω ‖ αὐτῷ UQR Lasc.[2] : αὐτοῦ P -τὸν (?) D -τὸ C ‖ **231** ὁμάδησαν R : ὠμ- Ω ‖ **237** ὤρνυτο LREAld. : ὄρ- Ω ‖ **240** βρομέουσι RLasc.[2] : βρεμέουσι H -έθουσι P ‖ **241** βρυχμῇ codd. : -χῇ Schneider ‖ μαιμώωντες P : -μώοντες H[c] -μαῶτες D ‖ **243** δηρὸν Köchly : om. P, spatio relicto, haud dubio quia Y et Ω mutili erant ; θυμὸν perperam coni. H addiditque in textu P[2] ‖ **244** δηριόωνται Spitzner : δηϊόωνται H -ντες P ‖ **245** καταχεύεται Köchly : κατεχεύατο codd. ‖ **248** τετριγότες Heyne (cf. Ψ 714) : -τρυγ- codd. ‖ **249** βαλόντ' P : βάλοντ' H ‖ **253** ἐπεσσύμενος Pauw : -νον codd. ‖ γαῖαν P[sl] (sed αν expuncto), H[c]RAld. : γαῖα PD (= Ω).

de le plaquer au sol. Sans cesse les lutteurs essaient de nouvelles prises. La foule des spectateurs, rangée sur les côtés, pousse de grands cris : ici on encourage le glorieux Tydéide ; là, la Force d'Ajax. Enfin celui-ci, d'une double secousse aux épaules, réussit à ébranler le brave et, l'empoignant par le bas-ventre, il le jette brusquement à terre, comme une pierre, en y mettant toute sa vigueur[1]. Quel bruit fait le sol de Troie, quand tombe le Tydéide ! Quelles acclamations dans l'armée ! Il ne s'en relève pas moins d'un bond, prêt à reprendre le combat pour la troisième fois contre le formidable Ajax. Mais Nestor se dresse dans l'assistance et dit aux deux concurrents :

« Arrêtez, nobles enfants, cette lutte redoutable ! Oui ! nous le savons tous : vous n'avez pas votre égal, tant s'en faut, parmi les Argiens, depuis qu'a péri le grand Achille[2]. »

A ces mots, ils arrêtent le combat. De la main, ils s'essuient le front tout ruisselant de sueur ; ils s'embrassent et, renouant leur amitié, oublient leur querelle[3]. La divine Thétis, vénérable entre toutes les déesses, leur donne alors quatre captives dont la vue emplit d'admiration même ces héros, si puissants et si intrépides. C'est qu'elles surpassent toutes les captives par leur retenue et leur adresse à l'ouvrage, hormis Briséis aux jolies tresses. Achille les avait jadis conquises à Lesbos et il n'avait eu qu'à se louer d'elles : l'une était l'intendante des repas et apportait les viandes ; une autre passait dans les rangs des convives pour leur servir le doux breuvage du vin pur ; la troisième venait

explicite la tactique dont use Ulysse contre Ajax en Ψ 725 ss. ; sur l'usage du croc-en-jambe dans la lutte, cf. De Ridder, dans Daremberg-Saglio, *Dict. des Antiquités*, *s. v. Lucta*, 1341 s. — Köchly, qui corrige, après Lobeck, ὑποπλήξας en ὑποπλίξας, interprète autrement la dernière phase du combat : Diomède soulève de terre Ajax qui doit, pour se maintenir, s'agripper à lui, des mains et des pieds ; le fils de Tydée plie alors sa propre cuisse de manière à se défaire du pied qui l'enlaçait.

1. Les monuments figurés illustrent cette phase du combat : De Ridder, *loc. cit.*, fig. 4622. Pauw et Köchly comprennent, avec la leçon χεῖρα : « *Ajax ... manu sub ventrem injecta femur com-*

ἐξ ὤμων ἐτίνασσε κατὰ χθονὸς οὖδας ἐρείδων·
ἄλλοτε δ' ἀλλοίως ὑπὸ χείρεσι δη⟨ρ⟩ιόωντο.
Λαοὶ δ' ἔνθα καὶ ἔνθα μέγ' ἴαχον εἰσορόωντες,
οἳ μὲν Τυδείδην ἐρικυδέα θαρσύνοντες,
οἳ δὲ βίην Αἴαντος. Ὁ δ' ἄλκιμον ἄνδρα τινάξας
ἐξ ὤμων ἑκάτερθε, βαλὼν δ' ὑπὸ νηδύα χεῖρας,
ἐσσυμένως ἐφέηκε κατὰ χθονὸς ἠύτε πέτρην
ἀλκῇ ὑπὸ σθεναρῇ· μέγα δ' ἴαχε Τρώιον οὖδας
Τυδείδαο πεσόντος, ἐπηΰτησε δὲ λαός.
Ἀλλὰ καὶ ὣς ἀνόρουσεν ἐελδόμενος πονέεσθαι
τὸ τρίτον ἀμφ' Αἴαντα πελώριον· ἀλλ' ἄρα Νέστωρ
ἔστη ἐν⟨ὶ⟩ μέσσοισι καὶ ἀμφοτέροισι μετηύδα·
« Ἴσχεσθ', ἀγλαὰ τέκνα, παλαισμοσύνης ὑπερόπλου·
ἴδμεν γὰρ δὴ πάντες ὅσον προφερέστατοί ἐστε
Ἀργείων μεγάλοιο καταφθιμένου Ἀχιλῆος. »
Ὣς φάτο· τοὶ δ' ἔσχοντο πονεύμενοι. Ἐκ δὲ μετώπων
χερσὶν ἄδην μόρξαντο κατεσσύμενόν περ ἱδρῶτα·
κύσσαν δ' ἀλλήλους, φιλότητι δὲ δῆριν ἔθεντο.
Τοῖς δ' ἄρα ληιάδας πίσυρας πόρε πότνα θεάων,
δῖα Θέτις· τὰς δ' αὐτοὶ ἐθηήσαντο ἰδόντες
ἥρωες κρατεροὶ καὶ ἀταρβέες, οὕνεκα πασέων
ληιάδων προφέρεσκον ἐυφροσύνῃ τε καὶ ἔργοις
νόσφιν ἐυπλοκάμου Βρισηίδος, ἅς ποτ' Ἀχιλλεὺς
ληίσατ' ἐκ Λέσβοιο, νόον δ' ⟨ἐπ⟩ετέρπετο τῇσι·
καί ῥ' ἣ μὲν δόρποιο πέλεν ταμίη καὶ ἐδωδῆς,
ἣ δ' ἄρα δαινυμένοισι παροινοχόει μέθυ λαρόν,

255 δηριόωντο Tychsen : δηιόωνται H δηό- P ‖ **259** χεῖρας P : -ρα H ‖ **265** ἐνὶ Hermann : ἐν codd. ‖ μέσσοισι P : μέσοισι D -ιν Hc ‖ **266** ἴσχεσθ' H : -ετ' P -ετε L ‖ **267** δὴ om. P ‖ προφερέστατοί Zimmermann : προφεροι P προφερέστεροί P²H ‖ **269** ἔσχοντο H (cf. Γ 84 ; ω 57 ; QS xii 216) : ἴσχ- P ‖ **271** κύσσαν Tychsen : κύσαν [κῦ- LR] codd. ‖ **272** ληιάδας Pauw : νη- codd. ‖ πόρε om. P ‖ **274** πασέων P : -σάων H ‖ **275** ληιάδων Pauw : νη- codd. ‖ **276** ἐυπλοκάμου H : -μοιο P ‖ **277** νόον Rhodomann : νόος codd. ‖ ἐπετέρπετο R : ἐτέρ- Ω.

après manger leur verser de l'eau sur les mains ; la dernière ôtait les tables après chaque service[1]. L'ardent Tydéide et l'orgueilleux Ajax se les partagent et les envoient auprès des nefs aux bonnes proues.

Pour la boxe, voici que s'avance Idoménée le preux ; il s'avance, car il n'est aucun jeu où il ne soit passé maître[2]. Mais personne ne se présente pour le combattre : chacun s'incline devant lui, par respect pour son âge. Alors, devant l'assistance, Thétis lui donne le char et les rapides coursiers que la Force du grand Patrocle avait ramenés naguère de chez les Troyens, le jour qu'il tua le divin Sarpédon[3]. Idoménée charge son écuyer de les conduire aux nefs ; quant à lui, il ne quitte pas la noble assemblée. Phénix prend la parole parmi les robustes Argiens :

« Les dieux viennent donc d'accorder à Idoménée un beau prix sans combat, sans qu'il ait eu besoin de dépenser sa force, ses poings et ses épaules, ni de verser le sang : ils font honneur à son âge[4]. Maintenant c'est à d'autres, c'est à vous, les jeunes, de briguer le prix en boxeurs qui sachent porter leurs coups droit sur l'adversaire ; à vous de délecter le cœur du Péléide[5]. »

Il dit ; chacun en l'entendant jette un regard sur le voisin ; mais tous restent cois et déclinent le combat. Il faut que le fils du noble Nélée les gourmande :

« Amis ! quel déshonneur ! Vous, des capitaines rompus au métier de la guerre, vous vous dérobez devant un amical tournoi de boxe ! C'est pourtant un jeu bien fait pour les jeunes : il est rude, mais donne la gloire.

prehendit pedesque adversario subducit. » Mais ὑπὸ νηδύα signifie « dans la région inférieure », non « au-dessous du ventre » : cf. x, 78.

1. Les v. 274-277 sont tirés de I 128-130 (= 270-272), 664. La prise de Lesbos, mentionnée par l'*Iliade (loc. cit.)*, devait être contée dans les *Cypria :* cf. Apollod., *Epit.*, III, 33. Le charme des Lesbiennes est connu ; des concours de beauté avaient lieu dans le sanctuaire d'Héré : schol. à I 129 ; B. Snell, *Mélanges H. Grégoire*, I (1949), 547 s. — Les v. 278-281 développent Ψ 705 au moyen de κ 352-359, et de Ω 303.

2. Pour l'expression, cf. Ψ 653, 664. Mais ces multiples talents d'Idoménée ne sont pas connus d'Homère.

ἄλλη δ' αὖ μετὰ δόρπον ὕδωρ ἐπέχευε χέρεσσιν,
ἣ δ' ἑτέρη ἀπὸ δαιτὸς ἀεὶ φορέεσκε τραπέζας.
Τὰς δ' ἄρα Τυδείδαο μένος καὶ ὑπέρβιος Αἴας
δασσάμενοι προέηκαν ἐυπρώρους ἐπὶ νῆας.
Ἀμφὶ δὲ πυγμαχίης ὦρτο σθένος Ἰδομενῆος,
ὤρνυτ', ἐπεί οἱ θυμὸς ἴδρις πέλε παντὸς ἀέθλου.
Τῷ δ' οὔ τις κατέναντα κίεν· μάλα γάρ μιν ἅπαντες
αἰδόμενοι ὑπόειξαν, ἐπεί ῥα γεραίτερος ἦεν.
Τῷ δ' ἄρ' ἐνὶ μέσσοισι Θέτις πόρεν ἅρμα καὶ ἵππους
ὠκύποδας τοὺς πρόσθε βίη μεγάλου Πατρόκλοιο
ἤλασεν ἐκ Τρώων Σαρπηδόνα δῖον ὀλέσσας.
Καὶ τοὺς μὲν θεράποντι πόρεν ποτὶ νῆας ἄγεσθαι
Ἰδομενεύς, αὐτὸς δὲ κλυτῷ ἐν ἀγῶνι μένεσκε.
Φοῖνιξ δ' Ἀργείοισιν ἐυσθενέεσσι μετηύδα·
« Νῦν μὲν ἄρ' Ἰδομενῆι θεοὶ δόσαν ἐσθλὸν ἄεθλον
αὔτως, οὔ τι καμόντι βίῃ καὶ χερσὶ καὶ ὤμοις,
ἀλλ' ἄρ' ἀναιμωτὶ προγενέστερον ἄνδρα τίοντες.
Ἀλλ', ἄλλοι νέοι ἄνδρες, ἐπεντύνεσθε ἄεθλον
χεῖρας ἐπ' ἀλλήλοισι δαήμονας ἰθύνοντες
πυγμαχίης, καὶ θυμὸν ἰήνατε Πηλείωνος. »
Ὣς φάτο· τοὶ δ' ἀίοντες ἐσέδρακον ἀλλήλοισιν·
ἦκα δὲ πάντες ἔμιμνον ἀναινόμενοι τὸν ἄεθλον,
εἰ μή σφεας ⟨ἐν⟩ένιπεν ἀγαυοῦ Νηλέος υἱός·
« Ὦ φίλοι, οὔ τι ἔοικε δαήμονας ἄνδρας ἀυτῆς
πυγμαχίην ἀλέασθαι ἐπήρατον, ἥ τε νέοισι
τερπωλὴ πέλεται, καμάτῳ δ' ἐπὶ κῦδος ἀγινεῖ.

280 ἐπέχευε P[sl]L[pr]R[pc] : -χεε P -χευεν H ‖ **281** ἀεὶ L[pr]REAld. : αἰεὶ Ω ‖ τραπέζας P : τράπεζαν H ‖ **283** δασσάμενοι H : -νος P ‖ **284** ὦρτο (quod sub forma ὤρνυτ' consulto repetitum est) codd. : πρῶτον Pauw ‖ **288** ἐνὶ P : ἐν H ‖ **295** οὔτι R et Kŏchly : οὕτω P οὔπω H ‖ καμόντι Kŏchly : κάμνοντι codd. ‖ **297** ἄεθλον Scorial. Σ II 6 et Rhodomann : ἀέθλων Ω ‖ **298** ἐπ' Rhodomann : ὑπ' codd. ‖ δαήμονας P : -μενας H ‖ **300** ἐσέδρακον Ω : ἐπέ- R ; de constructione, vide Apoll. Rhod. III 100 s. ‖ **302** ἐνένιπεν Kŏchly (cf. II 430) : ἔνισπεν codd. ἐνένισπεν Rhodomann.

Ah ! si j'avais encore dans les membres la même vigueur qu'au temps où nous vînmes ensemble, mon cousin Acaste et moi, aux funérailles de Pélias, cet émule des dieux ! Ce jour-là, — c'était pourtant contre le divin Pollux que je boxais —, je sus le tenir en échec et reçus même prix que lui. Quand vint la lutte, Ancée lui-même, le champion fort entre tous, se troubla rien qu'à ma vue ; il prit peur et n'osa se présenter pour me disputer la victoire. Il se souvenait qu'une fois déjà, chez les Épéens experts au corps à corps, je l'avais vaincu, malgré sa valeur ; il était tombé, le dos dans la poussière, près du tombeau de feu Amaryncée et il y avait là grande foule pour admirer ma vigueur et ma force. Sa défaite avait ôté l'envie à ce gaillard d'en venir aux mains une seconde fois contre moi et j'obtins le prix sans entrer dans l'arène. Je suis maintenant recru de vieillesse et de maux. C'est donc à vous que je m'adresse ; c'est à vous que revient l'honneur de conquérir le prix de la boxe : il est glorieux pour un jeune de remporter un prix dans les concours[1]. »

A ces mots du vieillard, un audacieux se lève, le fils du superbe Panopée, cet émule des dieux, celui qui devait aussi construire plus tard le cheval fatal à la ville de Priam. Personne n'ose s'approcher, pour le rencontrer à la boxe ; il se connaît moins en revanche au métier de l'horrible guerre, quand survient la bataille d'Arès. Le divin Épéios allait donc sans sueur emporter le prix splendide aux nefs des Achéens[2], quand s'avance vers lui le fils du noble Thésée, Acamas, le manieur de pique[3]. Son cœur déborde de force ; ses bras agiles

1. Ce discours est tiré de Ψ 626 ss. : v. 306 ∾ Ψ 629 ; — v. 312-317 ∾ Ψ 630 s., 635 ; — v. 320 s. ∾ Ψ 643 ss. Quintus a voulu donner une suite aux jeux en l'honneur du prince épéen Amaryncée, au cours desquels Nestor s'était distingué, notamment en triomphant à la lutte de l'Étolien Ancée de Pleuron. Il a donc imaginé que le héros avait assisté aussi aux funérailles de Pélias, ce qui ne choque pas la vraisemblance, puisque le père de Nestor Nélée est le frère jumeau de Pélias, père d'Acaste. Nestor et Ancée ne figurent pas dans les autres relations des Jeux en l'honneur de Pélias : d'après Apollodore (*Bibl.*, III, 9, 2 ; 13, 3) et Hygin (*Fables*, 273), c'est Pollux qui avait rem-

Ὡς εἴθ' ἐν γυίοισιν ἐμοῖς ἔτι κάρτος ἔκειτο
οἷον ὅτ' ἀντίθεον Πελίην κατεθάπτομεν ἡμεῖς,
αὐτὸς ἐγὼ καὶ Ἄκαστος, ἀνεψιοὶ εἰς ἓν ἰόντες,
ὁππότ' ἄρ' ἀμφήριστος ἐγὼ Πολυδεύκεϊ δίῳ
πυγμαχίῃ γενόμην, ἔλαβον δέ οἱ ἶσον ἄεθλον·
ἐν δὲ παλαισμοσύνῃ με καὶ ὁ κρατερώτατος ἄλλων
Ἀγκαῖος θάμβησε καὶ ἔτρεσεν, οὐδέ μοι ἔτλη
ἀντίον ἐλθέμεναι νίκης ὕπερ, οὕνεκ' ἄρ' αὐτὸν
ἤδη που τὸ πάροιθε παρ' ἀγχεμάχοισιν Ἐπειοῖς
νίκησ' ἠὺν ἐόντα, πεσὼν δ' ἐκονίσατο νῶτα
σῆμα πάρα φθιμένου Ἀμαρυγκέος, ἀμφὶ δ' ἄρ' αὐτῷ
πολλοὶ θηήσαντο βίην καὶ κάρτος ἐμεῖο·
τῶ νύ μοι οὐκέτι κεῖνος ἐναντίον ἤρατο χεῖρας
καὶ κρατερός περ ἐών, ἔλαβον δ' ἀκόνιτος ἄεθλον.
Νῦν δέ με γῆρας ἔπεισι καὶ ἄλγεα· τοὔνεκ' ἄνωγα
ὑμέας, οἷσιν ἔοικεν, ἀέθλια χερσὶν ἀρέσθαι·
κῦδος γὰρ νέῳ ἀνδρὶ φέρειν ἀπ' ἀγῶνος ἄεθλον. »
Ὣς φαμένοιο γέροντος ἀνίστατο θαρσαλέος φώς.
υἱὸς ὑπερθύμοιο καὶ ἀντιθέου Πανοπῆος,
ὅς τε καὶ ἵππον ἔτευξε κακὸν Πριάμοιο πόληι
ὕστερον· ἀλλ' οὔ οἵ τις ἐτόλμαεν ἐγγὺς ἱκέσθαι
εἵνεκα πυγμαχίης· πολέμου δ' οὐ πάγχυ δαήμων
ἔπλετο λευγαλέου, ὁπότ' Ἄρεος ἔσσυτο δῆρις.
Καί κεν ἀνιδρωτὶ περικαλλέα δῖος Ἐπειὸς
ἤμελλεν τότ' ἄεθλα φέρειν ποτὶ νῆας Ἀχαιῶν,
εἰ μή οἱ σχεδὸν ἦλθεν ἀγαυοῦ Θησέος υἱός,
αἰχμητὴς Ἀκάμας, μέγα δ' ἐν φρεσὶ κάρτος ἄεξεν,

308 εἰς ἓν ἰόντες codd. : εὐμενέοντες Platt ‖ **311** κρατερώτατος LEAld. : -ώτερος Ω ‖ **312** ἔτρεσεν H : -σε P ‖ **316** πάρα Spitzner : παρὰ H περι- P ‖ αὐτῷ H : -τὸν P ‖ **317** πολλοὶ R : -λλὴν Ω ‖ θηήσαντο P : -ντα H ‖ ἐμεῖο H[c] : ἐμοῖο PD ‖ **321** ἔοικεν H[c]L[pr]RLasc.[2] : -κα PD ‖ χερσὶν ἀρέσθαι Spitzner : -σὶ φέρεσθαι codd. ‖ **326** ἐτόλμαεν ἔγγυς PH[c] : -μα ἔνεγγυς D ‖ **330** ἤμελλεν H : -ε P ‖ **332 sq.** ἄεξεν uel ἔχεν (ἕλεν maluit J. C. Struve) Pauw : ἀέξων et ἔχων codd.

portent des lanières de cuir tanné qu'Agélaos, le fils d'Événor, a expertement passées autour des mains de son prince, tout en lui donnant ses conseils[1]. De leur côté, les compagnons d'Épéios encouragent leur seigneur, fils de Panopée : lui, tel un lion, se tient debout au milieu d'eux, portant aux bras ses cestes, taillés dans le cuir tanné d'un bœuf qu'il avait assommé[2]. Quels cris montent partout dans la foule pour enflammer l'ardeur des robustes champions : qu'ils combattent sans défaillance et trempent leurs bras dans le sang ! Impatients eux-mêmes, ils ont pris place dans l'étroite lice, chacun essayant ses poings pour voir s'ils ont gardé leur rapidité d'autrefois et ne se sont pas alourdis à la guerre. Bientôt, ils se font face, les poings hauts, l'œil aux aguets ; sur la pointe des pieds, ils avancent tout doucement, plaçant un genou devant l'autre, afin d'éviter le plus longtemps possible la force redoutable de l'adversaire. Soudain ils se ruent l'un sur l'autre : les nuages ne sont pas si prompts, quand, emportés par les rafales, ils se heurtent en faisant jaillir l'éclair ; l'immensité de l'éther est ébranlée par le choc des nuées qui s'aiguisent et la tempête résonne des grondements du tonnerre[3]. Les cestes de cuir tanné font sonner ainsi leurs mâchoires ; le sang ruisselle à flots ; la sueur coule des fronts et, se mêlant au sang, rougit la fleur de leurs joues. Leur ardeur a bien rude besogne. Épéios ne laisse pas de répit : il charge sans relâche, avec une force déchaînée. Mais le fils de Thésée garde son sang-froid dans la lutte : souvent il manœuvre pour que les poings puissants de son adversaire portent dans le vide ; puis, d'une feinte savante, il l'oblige à écarter

porté le prix de la boxe et Atalante avait triomphé de Pélée à la lutte.

1. Ce personnage est inconnu d'ailleurs. Alors que, dans la pratique courante, le pugiliste lace lui-même ses cestes, l'épopée lui donne habituellement un aide. Le ceste épique est le ceste léger qui laisse les doigts découverts (Pausanias, VIII, 40, 3) ; plus tard, il sera renforcé au moyen d'anneaux de cuir passés aux doigts (le pouce excepté) et deviendra redoutable.

2. Cf. Γ 375 ; Hésiode, *Travaux*, 541.

ἀζαλέους ἱμάντας ἔχων περὶ χερσὶ θοῇσι,
τούς οἱ ἐπισταμένως Εὐηνορίδης Ἀγέλαος
ἀμφέβαλεν παλάμῃσ⟨ιν⟩ ἐποτρύνων βασιλῆα.
Ὣς δ' αὔτως ἕταροι Πανοπηϊάδαο ἄνακτος
θαρσύνεσκον Ἐπειόν · ὃ δ' ἐν μέσσοισι λέων ὣς
εἱστήκει περὶ χερσὶν ἔχων βοὸς ἶφι δαμέντος
ῥινοὺς ἀζαλέας. Μέγα δ' ἴαχον ἔνθα καὶ ἔνθα
λαοὶ ἐποτρύνοντες ἐυσθενέων μένος ἀνδρῶν
μῖξαι ἐν αἵματι χεῖρας ἀτειρέας. Οἳ δὲ καὶ αὐτοὶ
ἔσταν μαιμώωντες ἐνὶ ξυνοχῇσιν ἀγῶνος,
ἄμφω χεῖρας ἑὰς πειρώμενοι, εἴ περ ἔασιν
ὡς πρὶν ἐυτρόχαλοι μηδ' ἐκ πολέμου βαρύθοιεν.
Αἶψα δ' ἄρ' ἀλλήλοισι καταντία χεῖρας ἄειραν
ταρφέα παπταίνοντες, ἐπ' ἀκροτάτοις δὲ πόδεσσι
βαίνοντες κατὰ βαιὸν ἀεὶ γόνυ γουνὸς ἄμειβον
ἀλλήλων ἐπὶ δηρὸν ἀλευόμενοι μέγα κάρτος.
Σὺν δ' ἔβαλον νεφέλῃσιν ἐοικότες αἰψηρῇσιν,
αἵ τ' ἀνέμων ῥιπῇσιν ἐπ' ἀλλήλῃσι θοροῦσαι
ἀστεροπὴν προϊᾶσι, μέγας δ' ὀροθύνεται αἰθὴρ
θηγομένων νεφέων, βαρὺ δὲ κτυπέουσιν ἄελλαι.
Ὣς τῶν ἀζαλέῃσι περικτυπέοντο γένεια
ῥινοῖς · αἷμα δὲ πουλὺ κατέρρεεν · ἐκ δὲ μετώπων
ἱδρὼς αἱματόεις θαλερὰς ἐρύθαινε παρειάς.
Οἳ δ' ἄμοτον πονέοντο μεμαότες · οὐδ' ἄρ' Ἐπειὸς
λῆγεν, ἐπέσσυτο δ' αἰὲν ἑῷ περὶ κάρτεϊ θύων.
Τὸν δ' ἄρα Θησέος υἱὸς ἐυφρονέων ἐν ἀέθλῳ
πολλάκις ἐς κενεὸν κρατερὰς χέρας ἰθύνασθαι

335 ἀμφέβαλεν H : -βαλ' ἐν P ‖ παλάμῃσιν RLasc.²: -ῃσ' Ω ‖ **339** ἴαχον H : -χεν P ‖ **344** πρὶν P : ποτ' H ‖ πολέμου H : -μοιο P ‖ **345** δ' Lasc.¹⁻² : τ' codd. ‖ **347** ἀεὶ Köchly : ἑὸν codd. ‖ **353** γένεια Heyne : -ειαι codd. ‖ **357** λῆγεν Lasc.² : λῆσεν H λύσεν P ‖ δ' om. P ‖ περὶ codd. : μέγα Köchly (cf. III 384 ; VII 109 ; XIII 208) ‖ **358** ἐν ἀέθλῳ : ἐνὶ θυμῷ coni. J. C. Struve, fort. recte (uersus apud Ω in paginae initio legebatur) ‖ **359** ἰθύνασθαι P : -νεσθαι H.

ses mains de la position de garde[1], et, dans une brusque détente, lui assène sur l'arcade sourcilière un coup qui pénètre jusqu'à l'os ; un filet de sang coule de l'œil. L'homme réussit pourtant à frapper Acamas d'un lourd coup de poing à la tempe, qui l'envoie rouler à terre. D'un bond, Acamas se relève aussitôt ; il se jette sur le puissant champion et l'atteint à la tête ; mais lui, esquivant une seconde attaque d'une légère inclinaison, il riposte du gauche sur le front et du droit sur le nez, dans une brusque détente. Acamas déploie pareillement toutes les ressources de son art pour jouer des poings[2]. Les Achéens viennent alors les séparer, bien qu'ils veuillent poursuivre le combat : la victoire a tant d'attrait ! Leurs écuyers se précipitent et délacent aussitôt les cestes sanglants de leurs bras robustes ; ils reprennent peu à peu leur souffle après l'épreuve en s'essuyant le front avec de molles éponges[3]. Leurs amis et leurs compagnons les apaisent et les mettent en présence : qu'ils oublient au plus tôt le courroux qui les point et renouent leur amitié ! Ils se rendent aux instances de leurs compagnons[4], car c'est sagesse que de garder toujours un cœur débonnaire : ils s'embrassent et leur âme oublie l'âpre querelle. Thétis, voilée de noir, leur remet aussitôt la récompense qu'ils convoitent, deux cratères en argent qu'Eunée, le fils vaillant de Jason, avait offerts au divin Achille pour la rançon du puissant Lycaon, dans Lemnos battue des flots[5]. Héphaistos les avait fabriqués pour les donner à Dionysos le très vénéré, le jour où il conduisit sur l'Olympe son épouse divine, la fille glorieuse de Minos que Thésée avait abandonnée, malgré lui, dans Dié

1. Un boxeur doit attaquer tout en gardant le visage couvert ; mais Acamas feint des attaques latérales qui obligent Épéios à riposter à droite et à gauche en se découvrant. Διατμήγω signifie proprement « couper un objet en deux » ; il semble normal de comprendre qu'Acamas *sépare* les poings de son adversaire ; Köchly entend au contraire qu'il écarte *(diducit)* ses propres poings pour feindre des attaques en directions opposées.

2. Pour le pugilat, les modèles de Quintus sont l'*Iliade* (Ψ 653 ss. : combat d'Épéios contre Euryale), Apollonios (*Argon.*, II, 1 ss. : combat de Pollux contre Amycos) et Théocrite (XXII,

θῆκε, καὶ ἰδρείῃσι διατμήξας ἑκάτερθε
χεῖρας ἐς ὀφρύα τύψεν ἐπάλμενος, ἄχρις ἱκέσθαι
ὀστέον · ἐκ δέ οἱ αἷμα κατέρρεεν ὀφθαλμοῖο.
Ἀλλὰ καὶ ὣς Ἀκάμαντα βαρείῃ χειρὶ τυχήσας
τύψε κατὰ κροτάφοιο, χαμαὶ δέ οἱ ἤλασε γυῖα.
Αὐτὰρ ὅ γ' αἶψ' ἀνόρουσε καὶ ἔνθορε φωτὶ κραταιῷ,
πλῆξε δέ οἱ κεφαλήν · ὃ δ' ἄρ' ἔμπαλιν ἀίσσοντος
βαιὸν ὑποκλίνας σκαιῇ χερὶ τύψε μέτωπον,
ἄλλῃ δ' ἤλασε ῥῖνας ἐπάλμενος · ὃς δὲ καὶ αὐτὸς
μήτι παντοίῃ χέρας ὤρεγε. Τοὺς δ' ἄρ' Ἀχαιοὶ
ἀλλήλων ἀπέρυξαν ἐελδομένους πονέεσθαι
νίκης ἀμφ' ἐρατῆς · τῶν δ' ἐσσυμένως θεράποντες
ῥινοὺς αἱματόεντας ἄφαρ σθεναρῶν ἀπὸ χειρῶν
λῦσαν · τοὶ δ' ἄρα τυτθὸν ἀνέπνευσαν καμάτοιο
μορξάμενοι σπόγγοισι πολυτρήτοισι μέτωπα.
Τοὺς δ' ἕταροί τε φίλοι τε παρηγορέοντες ἄγεσκον
ἄντικρυς ἀλλήλων, ὥς κεν χόλου ἀλγινόεντος
ἐσσυμένως λελάθωνται ἀρεσσάμενοι φιλότητι ·
ἀλλ' οἳ μὲν πεπίθοντο παραιφασίῃσιν ἑταίρων
(ἀνδράσι γὰρ πινυτοῖσι πέλει νόος ἤπιος αἰεί) ·
κύσσαν δ' ἀλλήλους, ἔριδος δ' ἐπελήθετο θυμὸς
λευγαλέης. Τοῖς δ' αἶψα Θέτις κυανοκρήδεμνος
ἀργυρέους κρητῆρας ἐελδομένοισιν ὄπασσε
δοιώ, τοὺς Εὔνηος Ἰήσονος ὄβριμος υἱὸς
ὦνον ὑπὲρ κρατεροῖο Λυκάονος ἐγγυάλιξεν
ἀντιθέῳ Ἀχιλῆι περικλύστῳ ἐνὶ Λήμνῳ ·
τοὺς Ἥφαιστος ἔτευξεν ἀριπρεπέι Διονύσῳ
δῶρον, ὅτ' εἰς Οὔλυμπον ἀνήγαγε δῖαν ἄκοιτιν
Μίνωος κούρην ἐρικυδέα, τήν ποτε Θησεὺς

361 ἐς P : εἰς H ‖ ὀφρύα P : -ας H ‖ **362** ὀστέον NREAld. : -έου Ω ‖ **368** ὃς J. Th. Struve : ὡς codd. ‖ **371** ἐρατῆς Rhodomann : -τεινῆς codd. ‖ **377** φιλότητι Lasc.^{2} et Tychsen : -τα codd. ‖ **380** δ' (ant. loco) H : τ' P ‖ **382** κρητῆρας R^{sl} : κρατ- Ω ‖ **383** ἰήσονος P : ἰάσ- H ‖ **388** μίνωος PUQ : μίκωνος D μίνωνος CN^{r}.

battue des flots[1] ; Sire Dionysos en fit présent à son fils, après les avoir emplis de nectar ; et lui, Thoas, les offrit, avec bien d'autres trésors, à Hypsipyle[2], qui les légua à son fils divin, et Achille les reçut de celui-ci pour le rachat de Lycaon. De ces cratères, le fils du noble Thésée obtient l'un et Sire Épéios, tout joyeux, envoie l'autre à ses nefs. Podalire s'applique à guérir les blessures qui couvrent leurs chairs meurtries. Pour ce soin, il ne s'en remet à personne : d'abord il suce les plaies ; puis, de ses propres mains, il en coud expertement les lèvres et applique ces baumes que son père lui avait jadis enseignés. Ils ont la vertu de guérir promptement les blessures, fussent-elles les plus incurables : un jour suffit à dissiper les tortures du mal. Les plaies que portent leur visage et leur cuir chevelu ne tardent pas non plus à se cicatriser et leurs souffrances s'évanouissent[3].

Pour l'épreuve de l'arc, Teucros et le fils d'Oïlée[4] se présentent : ils se sont déjà mesurés à la course. Agamemnon à la bonne pique fait disposer au loin un casque à crinière ; puis il proclame : « Le meilleur, sans conteste, sera celui qui pourra trancher le panache avec sa pointe de bronze. » Ajax n'attend pas davantage : il décoche son trait, mais ne touche que le casque, dont l'airain retentit avec un bruit strident. Teucros, le cœur tout brûlant d'impatience, tire après lui et voici la crinière tranchée par la pointe de la flèche. Quelles acclamations

27 ss. : même sujet) ; on peut aussi comparer le combat d'Entelle contre Darès chez Virgile, *Én.*, v, 362 ss. Voici une liste des principaux rapprochements : v. 332 ∾ Ap. Rh., 45 ; — v. 333-337 ∾ Ψ 681-684 ; Ap. Rh., 26, 52 s. (cf. Théocr., 80 s.), 63-66 (cf. Théocr., 91 s.) ; — v. 341 ∾ O 510 ; Ap. Rh., 50, 78 (cf. *Argon.*, IV, 402 ; QS, I, 710) ; — v. 342 ∾ Ψ 685 ; Théocr., 94 ; — v. 343 s. ∾ Ap. Rh., 46 s. ; Virg., 376 s. ; — v. 345 ∾ Ψ 686 ; Ap. Rh., 67 ss. ; Théocr., 65 ; — v. 346 s. ∾ Λ 547 ; Ψ 690 ; Ap. Rh., 90 (cf. Virg., 426), 94 ; — v. 349-352 ∾ Ψ 687 ; — v. 353-355 ∾ Ψ 688 s. ; Ap. Rh., 82 s. (cf. Virg., 436), 86 s. ; — v. 356 ∾ Ap. Rh., 84 ; — v. 359 ∾ Théocr., 123 (cf. Virg., 446) ; — v. 360 ∾ Ap. Rh., 72 ; Théocr., 85 ; — v. 361 s. ∾ Théocr., 104 s. ; — v. 363 ∾ Ap. Rh., 69 ; — v. 364 s. ∾ Ψ 690 s. ; Théocr., 107, 124 ; — v. 367 ∾ Ap. Rh., 72, 93 ; Théocr., 120 (cf. Virg., 438) ; — v. 369 ∾ Ψ 313 s. ; Théocr., 85, 95 s. (cf. Virg., 441).

κάλλιπεν οὐκ ἐθέλων ⟨γε⟩ περικλύστῳ ἐνὶ Δίῃ·
τοὺς δ' ἠὺς Διόνυσος ἑῷ πόρεν υἱέι δῶρον
νέκταρος ἐμπλήσας, ὃ δ' ἄρ' ὤπασεν Ὑψιπυλείῃ
πολλοῖς σὺν κτεάτεσσι Θόας, ἣ δ' υἱέι δίῳ
κάλλιπεν, ὃς δ' Ἀχιλῆι Λυκάονος εἵνεκα δῶκε.
Τῶν δ' ἕτερον μὲν ἔλεσκεν ἀγαυοῦ Θησέος υἱός,
ἄλλον δ' ἠὺς Ἐπειὸς ἑὰς ἐπὶ νῆας ἴαλλε
γηθόσυνος. Τῶν δ' ἀμφὶ δεδρυμμένα τύμματα πάντα
ἠκέσατ' ἐνδυκέως Ποδαλείριος, οὕνεκ' ἄρ' αὐτὸς
πρῶτα μὲν ἐκμύζησεν, ἔπειτα δὲ χερσὶν ἑῇσι
ῥάψεν ἐπισταμένως, καθύπερθε δὲ φάρμακ' ἔθηκε
κεῖνα τά οἱ ⟨τὸ⟩ πάροιθε πατὴρ ἑὸς ἐγγυάλιξε,
τοῖσί περ ἐσσυμένως καὶ ἀναλθέα τύμματα φωτῶν
αὐτῆμαρ μογέοντος ὑπ' ἐκ κακοῦ ἰαίνονται·
τῶν δ' ἄφαρ ἀμφὶ πρόσωπα καὶ εὐκομόωντα κάρηνα
τύμματ' ἀπαλθαίνοντο, κατηπιόωντο δ' ἀνῖαι.
  Ἀμφὶ δὲ τοξοσύνης Τεῦκρος καὶ Ὀιλέος υἱὸς
ἔστασαν, οἳ καὶ πρόσθε δρόμου πέρι πειρήσαντο.
Τῶν δ' ἄρα τηλόσε θῆκεν ἐυμμελίης Ἀγαμέμνων
ἱππόκομον τρυφάλειαν, ἔφη δέ ⟨τ⟩ε· « Πολλὸν ἀμείνων
ἔσσεται ὃς κέρσειεν ἄπο τρίχας ὀξέι χαλκῷ. »
Αἴας δ' αὐτίκα πρῶτος ἑὸν προέηκε βέλεμνον,
πλῆξε δ' ἄρα τρυφάλειαν, ἐπηΰτησε δὲ χαλκὸς
ὀξύτατον. Τεῦκρος δὲ μέγ' ἐγκονέων ἐνὶ θυμῷ
δεύτερος ἧκεν ὀιστόν, ἄφαρ δ' ἀπέκερσεν ἐθείρας

389 γε add. R[s1] et Rhodomann ‖ **394** ἔλεσκεν J. Th. Struve : ἔχε- codd. ‖ **396** ἀμφὶ La Roche : ἀμφι- codd. ‖ δεδρυμμένα Tychsen : τετρυμμένα [-υμένα P] codd. τετρυγμένα Lasc.[2] πεφυρμένα Platt ‖ **397** αὐτὸς codd. : αὐτὰ Pauw αἷμα Platt ‖ **398** -σὶν ἑῇσι(ν) codd. : -σὶ θοῇσι Castiglioni ‖ **399** φάρμακ' ἔθηκε PD : -κα θῆκε H[c] ‖ **400** τὸ add. L[s1] et J. C. Struve promaluit R[s1] ‖ ἐγγυάλιξε H : -ιζε P ‖ **401** περ Zimmermann : δ' ἆρ codd. ‖ **402** μογέοντος P : μογόεντος H ‖ **403** ἄφαρ P : ἄρ' H ‖ **406** ἔστασαν P : στάσαν H ‖ πέρι H[c]R : περι- PD ‖ **408** τε Spitzner : ἑ codd. ‖ **409** ἄπο Kōchly : ἀπὸ codd. ‖ **413** ὀιστόν PDQ : -τοί C -τός U.

dans la foule des spectateurs ! On n'en finit pas de célébrer le vainqueur, car, bien qu'il ressentît la foulure qu'il s'était faite au pied pendant la course, la douleur n'avait pas empêché sa main de lancer, droit au but, le trait qui vole[1]. L'épouse de Pélée lui donne la belle armure de Troïle pareil aux dieux. Ce fils d'Hécube l'emportait de bien loin sur tous les garçons de la divine Troie ; pourtant sa beauté ne lui servit de rien : l'inexorable Achille, profitant de sa lance et de sa force, lui prit la vie[2]. Parfois, dans un jardin verdoyant et humide de rosée, un épi ou un pavot grandit, gonflé de sève, au bord d'une pièce d'eau ; mais, avant qu'il ne porte fruit, une faucille fraîchement aiguisée le tranche, sans lui permettre d'achever pleinement sa croissance ni de produire sa semence ; elle le moissonne, quand il est stérile et incapable de se perpétuer, au moment où il va s'épanouir à la rosée du printemps[3]. Tel le fils de Priam, que sa beauté rendait l'égal des dieux, avait péri sous les coups du Péléide, les joues vierges encore de duvet, ignorant encore la jeune épousée, adolescent qui partageait encore les jeux des enfants[4]. Le Destin l'avait entraîné dans la bataille tueuse d'hommes, quand il commençait à peine à goûter aux joies de la jeunesse, à cet âge où l'on a de l'audace, où le cœur parvient à sa plénitude[5].

Mais voici l'épreuve du disque, un disque énorme et massif[6]. Combien s'essaient à le lancer de leur bras

1. Pour les v. 407-410, cf. Ψ 854-858, 862 s. ; pour les v. 412-415, cf. Ψ 870 s., 881.

2. D'après les *Cypria,* Troïle fut surpris par Achille au moment où il abreuvait ses chevaux hors de la ville ; il fut massacré sur l'autel d'Apollon Thymbréen et Achille jeta sa tête au visage des Troyens qui accouraient au secours : cf. Proclos ; Apollod., *Epit.*, III, 32 ; schol. ATV à Ω 257 ; Eustathe, à Ω 251 (1348, 22) ; C. Robert, *Heldensage,* III, 1122 ss. ; A. Severyns, *Cycle,* 304 ss. ; voir en outre Virgile, *Én.*, I, 475 (et Servius *ad loc.*) ; Horace, *Odes,* II, 9, 15 s. Quintus fait peut-être allusion à la décapitation de Troïle aux v. 425 s. Homère (Ω 257) connaît aussi la mort de Troïle qu'il nomme ἱππιοχάρμης ; il semble donc le considérer comme un combattant dans la force de l'âge (c'était l'opinion d'Aristarque), alors qu'il est un tout jeune garçon dans le Cycle. Quintus confond les deux variantes : il insiste sur la jeunesse de

ὀξὺ βέλος· λαοὶ δὲ μέγ' ἴαχον ἀθρήσαντες
καί μιν κυδαίνεσκον ἀπείριτον, οὕνεκ' ἄρ' αὐτὸν
πληγὴ ἐπαλγύνεσκε θοοῦ ποδός, ἀλλά μιν οὔ τι
βλάψεν ὑπαὶ παλάμῃσι θοὸν βέλος ἰθύνοντα.
Καί οἱ τεύχεα καλὰ πόρε⟨ν⟩ Πηλῆος ἄκοιτις
ἀντιθέου Τρωίλοιο, τὸν ἠιθέων ὄχ' ἄριστον
Τροίῃ ἐν ἠγαθέῃ Ἑκάβη τέκεν, οὐδ' ἀπόνητο
ἀγλαΐης· δὴ γάρ μιν ἀταρτηροῦ Ἀχιλῆος
ἔγχος ὁμοῦ καὶ κάρτος ἀπήμερσαν βιότοιο.
Ὡς δ' ὁπόθ' ἑρσήεντα καὶ εὐθαλέοντ' ἀνὰ κῆπον
ὑδρηλῆς καπέτοιο μάλ' ἀγχόθι τηλεθάοντα
ἢ στάχυν ἢ μήκωνα, πάρος καρποῖο τυχῆσαι,
κέρσῃ τις δρεπάνῳ νεοθηγέι, μηδ' ἄρ' ἐάσῃ
ἐς τέλος ἠὺ μολεῖν μηδ' ἐς σπόρον ἄλλον ἱκέσθαι,
ἀμήσας κενεόν τε καὶ ἄσπορον ἐσσομένοισι
μέλλονθ' ἑρσήεντος ὑπ' εἴαρος ἀλδαίνεσθαι·
ὣς υἱὸν Πριάμοιο θεοῖς ἐναλίγκιον εἶδος
Πηλείδης κατέπεφνεν, ἔτ' ἄχνοον, εἰσέτι νύμφης
νήιδα, νηπιάχοισιν ὁμῶς ἔτι κουρίζοντα·
ἀλλά μιν ἐς πόλεμον φθισίμβροτον ἤγαγε Μοῖρα
ἥβης ἀρχόμενον πολυγηθέος, ὁππότε φῶτες
θαρσαλέοι τελέθουσιν, ὅτ' οὐκέτι δεύεται ἦτορ.
Αὐτίκα δ' αὖτε σόλον περιμήκεά τε βριαρόν τε
πολλοὶ πειρήσαντο θοῆς ἀπὸ χειρὸς ἰῆλαι.

416 πληγὴ H : -ῇ P ‖ ἐπαλγύνεσκε(ν) [-υνόεσκε P] codd. : ἔτ' ἀλγύνεσκε J. C. Struve, fort. recte ‖ **418** πόρεν L[sl] : -ρε Ω ‖ **419** ὄχ' P : μέγ' H ‖ **420** τέκεν οὐδ' P : τέκετ' οὐδ' [τέκε τοῦ δ' QC] H ‖ **421** ἀγλαΐης P : ἀγλαόν H ‖ δὴ P : ἤδη H[c] εἰ δὴ D ‖ **423** εὐθαλέοντ' P : -λόεντ' H ‖ **425** τυχῆσαι Rhodomann : -ήσας codd. ‖ **426** νεοθηγέι L[pr]R : νεηθ- Ω ‖ **427** ἐς (ant. loco) H : εἰς P ‖ ἠὺ P : ἠδὲ H ‖ **428** ἐσσομένοισι P : αἰθομ- H ‖ **429** sic habet P : μέλλον θ' (sic) ὑπ' εἴαρος ἑρσήεντος D[ac] (et H) ; corr. cett., sed θ' ante ὑπ' transp. UQ et Lasc.[1] (cf. etiam μᾶλλον //// ἑρσήεντος //// ὑπ' εἴαρος cum duabus rasuris L) ‖ ἀλδαίνεσθαι P : ἀλθαί- H ‖ **431** ἄχνοον Rhodomann : ἄχροον P ἄχρονον H ‖ **433** ἐς P : εἰς H ‖ **435** οὐκέτι H : οὐκ ἔτι P οὐκ ἐπι- Platt[2] ‖ **437** πειρήσαντο H : -ήσαν P.

agile ! Mais il est si pesant qu'aucun Argien ne réussit à l'envoyer, sauf Ajax qui ne sait pas fuir : sa main puissante le lance aussi aisément qu'un rameau de chêne agreste que la chaude saison de l'été a séché, comme elle dessèche les moissons dans les champs. Pour le coup, chacun s'émerveille : à quelle distance il a fait voler, d'un seul bras, ce bronze que les bras de deux hommes n'avaient soulevé qu'à grand-peine[1] ! C'est le disque que la Force d'Antée aimait jadis à lancer, en se jouant, d'une main, pour faire l'essai de sa vigueur, avant qu'il n'eût péri sous la puissante étreinte d'Héraclès[2]. Sire Héraclès le conquit, entre autre butin, et garda ce prix que lui avait valu son bras invincible ; plus tard, il en fit présent au valeureux fils d'Éaque, après qu'il l'eut aidé à ruiner les remparts d'Ilion et sa glorieuse cité[3]. Son fils le reçut de lui et l'apporta devant Troie sur ses nefs rapides : ce souvenir de son père lui donnerait plus de cœur pour combattre les robustes Troyens et il pourrait aussi s'exercer à faire l'essai de sa vigueur. C'est ce disque-là qu'Ajax a lancé si loin de son bras solide. La Néréide alors lui accorde les armes fameuses de Memnon pareil aux dieux : de quoi faire aussi[4] l'admiration des Argiens, tant elles sont colossales[5]. Le glorieux guerrier les reçoit avec un visage triomphant ; car il est le seul à qui elles conviennent, le seul à avoir les membres assez puissants et le corps assez gigantesque pour pouvoir s'en revêtir. Outre ce prix, il emporte aussi le grand

Troïlc, mais le fait périr dans la bataille (v. 433 s.). Cette contamination résulte moins d'un désir de synthèse que d'un manque d'informations précises.

1. Ce sont les hommes qui ont apporté le disque pour le concours. Il n'est pas nécessaire d'entendre ἄειραν comme un irréel. Quintus imite dans ce vers E 303-304 (cf. M 447-449 ; Ω 454-456) et Apoll. Rhod., III, 1365-1368.

2. Héraclès avait étouffé dans ses bras le brigand Antée, fils de la Terre, qu'il avait rencontré en Libye, en allant conquérir les fruits des Hespérides. Le poète transforme cet exploit en une véritable expédition qui rapporte un riche butin à Héraclès.

3. Sur la prise de Troie par Héraclès et le rôle de Pélée dans cette expédition, cf. p. 32, n. 1-2.

Τὸν δ' οὔ τις βαλέειν δύνατο στιβαρὸν μάλ' ἐόντα
'Αργείων · οἷος δ' ἔβαλε⟨ν⟩ μενεδήιος Αἴας
χειρὸς ἀπὸ κρατερῆς, ὡς εἰ δρυὸς ἀγρονόμοιο
ὄζον ἀπαυανθέντα θέρευς εὐθαλπέος ὥρῃ,
ὁππότε λήια πάντα κατὰ χθονὸς αὐαίνηται.
Θάμβησαν δ' ἄρα πάντες, ὅσον χερὸς ἐξεποτήθη
χαλκὸς ὃν ἀνέρε χερσὶ δύω μογέοντες ἄειραν ·
τόν ῥα μὲν 'Ανταίοιο βίη ῥίπτασκε πάροιθε
ῥηιδίως ἀπὸ χειρὸς ἑῆς πειρώμενος ἀλκῆς,
πρὶν κρατερῇσι χέρεσσι δαμήμεναι Ἡρακλῆος ·
Ἡρακλέης δέ μιν ἠὺς ἑλὼν σὺν ληίδι πολλῇ
ἀκαμάτης ἔχε χειρὸς ἀέθλιον, ἀλλά μιν ἐσθλῷ
ὕστερον Αἰακίδῃ δῶρον πόρεν, ὁππότ' ἄρ' αὐτῷ
'Ιλίου εὐπύργοιο συνέπραθε κύδιμον ἄστυ,
κεῖνος δ' υἷέι δῶκεν, ὃ δ' ὠκυπόροις ἐνὶ νηυσὶν
ἐς Τροίην μιν ἔνεικεν, ἵνα σφετέροιο τοκῆος
μνωόμενος Τρώεσσιν ἐυσθενέεσσι μάχοιτο
προφρονέως, εἴη δὲ πόνος πειρωμένῳ ἀλκῆς ·
τόν ῥ' Αἴας μάλα πολλὸν ἀπὸ στιβαρῆς βάλε χειρός.
Καὶ τότε οἱ Νηρηὶς ἀγακλυτὰ τεύχεα δῶκε
Μέμνονος ἀντιθέοιο, τὰ καὶ μέγα θηήσαντο
'Αργεῖοι · λίην γὰρ ἔσαν περιμήκεα πάντα.
Καὶ τά γε καγχαλόων ὑπεδέξατο κύδιμος ἀνήρ ·
οἴῳ γὰρ κείνῳ γε περὶ βριαροῖς μελέεσσιν
ἥρμοσεν ἀπλήτοιο κατὰ χροὸς ἀμφιτεθέντα.
Αὐτὸν δ' αὖτ' ἀνάειρε μέγαν σόλον, ὄφρά οἱ εἴη

439 ἔβαλεν BL[pc]REAld. Lasc.[2] : -ε Ω ‖ **441** ὄζον PQC : ἄζον U ἅζον D ‖ ἀπαυανθέντα P : ἀπαυαθέντα H[c] ἀπανα- D ‖ θέρευς Spitzner : -ρους codd. ‖ **444** χαλκός Rhodomann : χάλκεος codd. ‖ ὃν PH[c] : ὃς D ‖ δύω H : δύο P ‖ μογέοντες P : -ντε H ‖ **445** ῥα μὲν Rhodomann : ῥά μιν codd. (fort. recte : cf. II 163) μὲν ἄρ' West (per litt.) ‖ 'Ανταίοιο Rhodomann : ἀγκαί- (ex 312) codd. ‖ **453** ἔνεικεν H : -καν P ‖ **454** μάχοιτο codd. : -χηται Köchly[2] ‖ **457** οἱ NREAld. : τοι P[pc]H τι P[ac] ‖ **461** βριαροῖς μελέεσσιν nos (cf. V 616 ; XI 410) : -ροῖσι μέλεσσιν codd. omnes nisi quod βριαροῖ μέλεσιν habet U ‖ **463** αὐτὸν nos : -τὸς codd.

disque : il s'en servira de jeu, quand il désirera mettre à l'épreuve sa mâle ardeur[1].

Pour le saut, les concurrents se lèvent en grand nombre. C'est Agapénor à la bonne pique qui dépasse, d'une grande longueur, les marques de ses rivaux[2]. Quel cri dans la foule, quand il réussit ce saut prodigieux ! La divine Thétis lui donne la belle armure du grand Cycnos. Celui-ci, après la mort de Protésilas, avait ôté le souffle à beaucoup ; mais il fut le premier des preux que tua le fils de Pélée, et le deuil alors enveloppa les Troyens[3].

Au lancer du javelot, Euryale distance largement ses concurrents. La foule l'acclame et chacun jure que même une flèche empennée ne pourrait porter plus loin[4]. En récompense, la mère du belliqueux Éacide lui donne à emporter une vaste coupe en argent, un butin qu'Achille avait conquis jadis, quand il eut frappé Mynès de sa pique, le jour où il ruina l'opulente cité de Lyrnesse[5].

Ajax, cœur de vaillance, veut disputer l'épreuve où l'on combat des pieds et des poings[6] : il se lève et, à plusieurs reprises, lance son défi au plus brave des héros, pour qu'il vienne dans la lice. Mais chacun demeure interdit, rien qu'à contempler la vigueur du vaillant guerrier ; personne n'ose l'affronter. Une affreuse épouvante a brisé tous les courages et l'on réfléchit avec effroi que ses poings invincibles, en frappant, sont capables de broyer un visage sous leurs coups : ce ne sera pas long ; quel malheur attend le rival d'Ajax ! Finalement, la foule fait signe de la tête à Euryale[7] : il est un homme ferme au combat et un pugiliste expert ; nul ne l'ignore. Mais lui, au milieu de l'assistance, laisse tomber ces mots, tout tremblant devant le farouche champion :

1. Nous corrigeons αὐτός qui manque de clarté : le sens de «*sponte sua*» ne convient pas ; on pourrait comprendre «à lui seul» (cf. v. 444), mais cette précision est déplacée dans une phrase destinée à expliquer pourquoi Thétis donne le disque à Ajax, en plus de son prix. Μένος ἠύ est soit le sujet d'εἴη (Köchly), soit plutôt un accusatif de relation dépendant de πονέεσθαι.

τερπωλὴ μένος ἠὺ λιλαιομένῳ πονέεσθαι.
Οἱ δ' ἄρα δη<ρ>ιόωντες ἐφ' ἅλματι πολλοὶ ἀνέσταν·
τῶν δ' ἄρ' ὑπέρθορε πολλὸν ἐυμμελίης Ἀγαπήνωρ
σήματα· τοὶ δ' ὁμάδησαν ἐπ' ἀνέρι μακρὰ θορόντι.
Καί οἱ τεύχεα καλὰ πόρε<ν> μεγάλοιο Κύκνοιο
δῖα Θέτις· τὸν γάρ ῥα φόνῳ ἔπι Πρωτεσιλάου
πολλῶν θυμὸν ἑλόντα κατέκτανε Πηλέος υἱὸς
πρῶτον ἀριστήων, Τρῶας δ' ἄχος ἀμφεκάλυψεν.
Αἰγανέῃ δ' ἄρα πολλὸν ὑπέρβαλε δηριόωντας
Εὐρύαλος· λαοὶ δὲ μέγ' ἴαχον· οὐ γὰρ ἔφαντο
κεῖνον ὑπερβαλέειν οὐδὲ πτερόεντι βελέμνῳ.
Τοὔνεκά οἱ φιάλην πολυχανδέα δῶκε φέρεσθαι
μήτηρ Αἰακίδαο δαΐφρονος, ἥν ποτ' Ἀχιλλεὺς
ἀργυρέην κτεάτισσε βαλὼν ὑπὸ δουρὶ Μύνητα,
ὁππότε Λυρνησσοῖο διέπραθεν ὄλβιον ἄστυ.
Αἴας δ' ὀβριμόθυμος ἐελδόμενος πονέεσθαι
χερσὶν ὁμῶς καὶ ποσσὶν ἀνιστάμενος καλέεσκεν
ἐς μέσον ἡρώων τὸν ὑπέρτατον. Οἱ δ' ὁρόωντες
θάμβεον ὄβριμον ἄνδρα καὶ ἄλκιμον, οὐδέ τις ἔτλη
ἄντα μολεῖν· πάντων γὰρ ὑπέκλασε δεῖμ' ἀλεγεινὸν
ἠνορέην, φοβέοντο δ' ἀνὰ φρένα μή τινα χερσὶ
τύψας ἀκαματοισιν ὑπὸ πληγῇσι πρόσωπον
συγχέῃ ἐσσυμένως, μέγα δ' ἀνέρι πῆμα γένηται.
Ὀψὲ δὲ πάντες ἔνευσαν ἐπ' Εὐρυάλῳ μενεχάρμῃ,
ἴδμονα πυγμαχίης εὖ εἰδότες· ὃς δ' ἐνὶ μέσσοις
τοῖον ἔπος προέηκεν ὑποτρομέων θρασὺν ἄνδρα·

464 τερπωλή Pauw : -ῆς codd. ‖ **465** δηριόωντες Lasc.² (?) et Pauw : δηιό- codd. ‖ ἐφ' ἅλματι R^pc et Rhodomann : ἐφάλματος Ω ‖ **467** τοὶ Rhodomann : τῶ codd. ‖ θορόντι P : -ντες H ‖ **468** πόρεν L^pcR : -ε Ω ‖ **469** ῥα om. H ‖ ἔπι Lehrs : ἐπὶ codd. ‖ **476** ἥν H : ἤ P ‖ **477** μύνητα P : μέν- H ‖ **478** λυενησσοῖο (sic) P : λυρνησοῖο H ‖ -θεν ὄλβιον P : -θε τρώιον H ‖ **481** τῶν post μέσον add. D ‖ **485** ἀκαμάτοισιν nos : -τησιν [-τησι H] Ω ‖ **487** ἔνευσαν Pauw : ἔλευ- codd. ‖ **488** ἴδμονα P : -νι H ‖ εἰδότες P : -τι H.

« Amis, désignez un autre Achéen, à votre gré : j'accepte la rencontre. Mais le grand Ajax me fait peur : il est bien trop fort ! Il me rompra le cœur, en chargeant, pour peu que la colère le prenne ! Comment pourrais-je échapper à cet homme invincible et revenir sauf aux vaisseaux ? »

On éclate de rire à ces paroles. Ajax, cœur de vaillance, se délecte de joie au-dedans de lui-même. Il emporte deux talents d'argent qui brillent : c'est le prix que Thétis accorde à sa victoire sans combat. Le souvenir de son fils s'est ravivé en elle, quand la déesse regarde Ajax, et les sanglots envahissent son cœur.

C'est maintenant le tour des bons meneurs de chevaux[1]. Ils se lèvent sans retard, animés par le désir du prix : d'abord Ménélas, puis Eurypyle hardi au combat, puis Eumélos, Thoas et Polypoetès pareil aux dieux[2]. On passe leur harnais aux chevaux ; on attelle les chars : chacun fait diligence en songeant aux joies de la victoire. Les voici déjà rassemblés pour le tirage au sort, debout sur leur char[3], dans la carrière sablonneuse ; ils prennent chacun leur place près de la borne de départ et leurs mains puissantes s'emparent des rênes. Les chevaux, ruant dans les brancards, s'évertuent à qui bondira le premier ; ils piaffent sur place, dressent l'oreille et couvrent d'écume les têtières[4]. Au signal, les conducteurs, sans perdre un

1. Ἱππασίη, non homérique, désigne tour à tour la course de chars et celle des chevaux montés (v. 578) ; la traduction respecte cette ambiguïté. L'épisode emprunte largement à Homère : v. 500-504 ∾ Ψ 287-289, 293 ; — v. 505 ∾ Ψ 437 ; — v. 506 s. ∾ Ψ 352 ; — v. 508 ∾ Ψ 481 ; — v. 509 ∾ Ψ 334 ; — v. 512-515 ∾ Ψ 362-365, 369 ; — v. 516 s. ∾ Ψ 540 ss. ; — v. 518-521 ∾ Ψ 365 ss., 372 ; — v. 522 ∾ Ψ 376 s., 536 ; — v. 524 ∾ Ψ 372 ; — v. 536 ∾ Ψ 513 ; — v. 540 ∾ N 399 ; Ψ 394 s.

2. Thoas est Étolien ; Eurypyle, Eumélos et Polypoetès sont des Thessaliens. Eumélos, fils d'Admète, avait déjà couru dans l'*Iliade* et il aurait remporté le prix si son char ne s'était brisé. Polypoetès, fils de Pirithoos, avait triomphé au disque.

3. Πεδίον, donné par Y (= P), fait pléonasme avec χῶρον (v. 507) ; il doit s'agir d'une conjecture destinée à combler une lacune, de même que l'impossible χῶρον donné par H : cf. notre

« Ὦ φίλοι, ἄλλον μέν κεν Ἀχαιῶν, ὅν κ' ἐθέλητε,
τλήσομαι ἀντιόωντα, μέγαν δ' Αἴαντα τέθηπα·
πολλὸν γὰρ προβέβηκε· διαρραίσει δέ μοι ἦτορ,
ἤν μιν ἐπιβρίσαντα λάβῃ χόλος· οὐ γὰρ ὀίω
ἀνδρὸς ἀπ' ἀκαμάτοιο σόος ποτὶ νῆας ἱκέσθαι. »
Ὣς φαμένοιο γέλασσαν· ὃ δ' ἐν φρεσὶ πάμπαν ἰάνθη
Αἴας ὀβριμόθυμος. Ἄειρε δὲ δοιὰ τάλαντα
ἀργύρου αἰγλήεντος ἅ οἱ Θέτις εἵνεκ' ἀέθλου
δῶκεν ἄτερ καμάτοιο· φίλου δ' ἐμνήσατο παιδὸς
Αἴαντ' εἰσορόωσα, γόος δέ οἱ ἔμπεσε θυμῷ.
Οἳ δ' αὖθ' ἱππασίῃ μεμελημένον ἦτορ ἔχοντες
ἐσσυμένως ἀνόρουσαν ἐποτρύνοντος ἀέθλου,
πρῶτος μὲν Μενέλαος ἰδ' Εὐρύπυλος θρασυχάρμης
Εὔμηλός τε Θόας τε καὶ ἰσόθεος Πολυποίτης.
Ἵπποις δ' ἀμφὶ λέπαδνα βάλον καὶ ὑφ' ἅρματ' ἔρυσσαν
πάντες ἐπειγόμενοι πολυγηθέος εἵνεκα νίκης.
Αἶψα δ' ἄρ' ἐς κλῆρον ξύνισαν βεβαῶτ' ἐνὶ δίφροις
χῶρον ἀν' ἠμαθόεντ'· ἐπὶ νύσσῃ δ' ἔσταν ἕκαστοι·
καρπαλίμως δ' εὔληρα λάβον κρατερῇς παλάμῃσιν.
Ἵπποι δ' ἐγχριμφθέντες ἐν ἅρμασι ποιπνύεσκον,
ὅππως τις προάλοιτο, πόδας δ' ὑπεκίνυον αὔτως,
οὔατα δ' ὠρθώσαντο καὶ †ἄμπυκα δεύεσαν ἀφρῷ.†

490 κεν P : om. H τιν' suppl. L[sl]R[sl] et edd. ‖ κ' ἐθέλητε R : κε θέλ- Ω ‖ **491** τέθηπα H : -πεν P ‖ **493** μιν H : μοι (ex 492 ?) P ‖ **494** ἀπ' ἀκαμάτοιο H : ἀποκαμ- P ‖ σόος Heyne : σόον H σῶον P ‖ νῆας H : νῆα P ‖ **497** εἵνεκ' Rhodomann : οὕν- codd. ‖ **499** ἔμπεσε H : ἔκπ- P ‖ **502** ἰδ' BR : ἠδ' Ω ‖ **504** ἀμφι- habuit Ω ‖ **506** ἐς R : εἰς Ω ‖ κλῆρον Pollack (*Hippodrom.* 1890, 25-30, cl. Ψ 352) : πεδίον P χῶρον H ‖ βεβαῶτ' : dualis suspectus ; βέβασάν τ' Zimmermann[2], alii alia ‖ **507** ἠμαθόεντ' Rhodomann : αἱματόεντ' codd. ‖ νύσσῃ P : -ης H ‖ ἔσταν DUQ : ἔσταν PC ‖ **508** λάβον Pauw : βάλον P -λε H ‖ **509** ἐγχριμφθέντες R : -ιμφέντες P -ιφθέντες H ‖ ποιπνύεσκον Rhodomann : -ύοντες codd. ‖ **510** προάλοιτο EAld. Lasc.[2] : προάλυτο H προεύλυτο P ‖ ὑπεκίνυον suspectum : -κίνεον J.C. Struve, quod epica dictione alienum uidetur ‖ αὔτως Rhodomann : αὐτῶν codd. ‖ **511** ὠρθώσαντο P : ὀρ- H ‖ δεύεσαν Ω : corruptum ; δεύσαντ' L[mg] δεύετο Lasc.[2] ; ἄμπυκας ἀφρῷ ἔδευσαν coni. Kōchly, sed correptio in quinto pede insolita uidetur.

instant, pressent du fouet l'ardeur de leurs rapides coursiers. Les chevaux, avec la promptitude des Harpyies, se cabrent aussitôt dans les traits, tout indignés ; puis ils emportent au galop les chars qui volent sur le sol. On ne peut discerner sur la piste ni la marque des roues, ni même celle des sabots, si vive est l'allure des attelages dans la course. Un nuage de poussière monte de la plaine vers l'azur : on dirait une fumée ou ce brouillard que le Notos ou le Zéphyr en fureur répandent sur les cimes des montagnes, à l'entrée de l'hiver, quand les sommets sont tout ruisselants de pluie[1]. Les chevaux d'Eumélos ont pris la tête ; ceux du divin Thoas les suivent ; chacun crie sur son char, tandis que les attelages filent à travers la vaste carrière de la plaine[2]...

(lacune de 48 vers)

« ... loin de la divine Élis : quel exploit il avait accompli ! Il avait devancé le char rapide d'Oenomaos, l'insensé qui massacrait alors sans pitié les jeunes prétendants de sa fille, la sage Hippodamie[3]. Pourtant Pélops lui-même, quoiqu'il fût bon meneur de chevaux, ne possédait pas des coursiers d'une telle valeur ; ils n'avaient que de bien faibles jarrets au regard de ceux-ci, qui peuvent rivaliser avec les vents. »

Tradition manuscrite, 116 s. La correction κλῆρον s'autorise d'Homère (Ψ 352) ; la rapidité de l'indication ne surprend pas, malgré R. Keydell (*Byzant. Zeitschrift*, 1960, 119, n. 1), car il arrive plus d'une fois à Quintus d'abréger. L'emploi du duel avec valeur de pluriel βεβαῶτε est isolé chez Quintus ; mais aucune des corrections proposées n'est satisfaisante ; celle de Zimmermann par exemple (cf. l'app. crit.) inverse l'ordre chronologique donné en Ψ 352. Nous préférons garder le texte : cet emploi du duel est bien attesté dans l'épopée, notamment pour les participes : *Hymne hom. à Apollon*, 487 ; Apoll. Rhod., III, 206 ; Oppien, *Cynég.*, II, 165, 260 ; IV, 358 ; Orphée, *Argon.*, 1091.

1. Pour la comparaison, cf. p. 74, n. 1.

2. Sur cette lacune, cf. l'*Introduction*, p. XLVIII. Dans les 48 vers perdus, le poète racontait la chute de Thoas et d'Eurypyle (cf. v. 538-540) ; il expliquait aussi comment Ménélas réussit à distancer Eumélos qui menait au début de la course (v. 522). Après l'épreuve, un spectateur, anonyme pour nous, faisait l'éloge des chevaux de Ménélas : nous avons conservé la fin de son discours.

Οἳ δ' ἄφαρ ἐγκονέοντες ἐλαφροπόδων μένος ἵππων
μάστιον· οἳ δὲ θοῇσιν ἐοικότες Ἁρπυίῃσι
καρπαλίμως ζεύγλῃσι μέγ' ἔνθορον ἀσχαλόωντες,
ἅρματα δ' ὦκα φέρεσκον ἀπὸ χθονὸς ἀίσσοντα·
οὐδ' ἁ⟨ρ⟩ματροχιὰς ἰδέειν ⟨πέλεν⟩ οὐδὲ ποδοῖιν
ἐν χθονὶ σήματα, τόσσον ὑπεξέφερον δρόμον ἵπποι.
Πουλὺς δ' αἰθέρ' ἵκανε κονίσαλος ἐκ πεδίοιο
καπνῷ ἢ ὀμίχλῃ ἐναλίγκιος, ἥν τ' ἐν ὄρεσσιν
ἀμφιχέῃ πρώνεσσι Νότου μένος ἢ Ζεφύροιο
χείματος ἐγρομένου, ὁπότ' οὔρεα δεύεται ὄμβρῳ.
Ἵπποι δ' Εὐμήλοιο μέγ' ἔκθορον· οἳ δ' ἐφέποντο
ἀντιθέοιο Θόαντος· ἐπ' ἄλλῳ δ' ἄλλος ἀύτει
524 ἅρματι· τοὶ δ' ἐφέροντο δι' εὐρυχόρου πεδίοιο...

(desunt 48 versus)

526 «... Ἤλιδος ἐκ δίης, ἐπεὶ ἦ μέγα ἔργον ἔρεξε
παρφ⟨θ⟩άμενος θοὸν ἅρμα κακόφρονος Οἰνομάοιο,
ὅς ῥα τότ' ἠιθέοισιν ἀνηλέα τεῦχεν ὄλεθρον
κούρης ἀμφὶ γάμοιο περίφρονος Ἱπποδαμείης.
Ἀλλ' οὐ μὰν κεῖνός γε καὶ ἱππασίῃσι μεμηλὼς
ἵππους ὠκύποδας τοίους ἔχεν, ἀλλ' ἄρα πολλὸν
ποσσὶν ἀφαυροτέρους· οἳ γάρ τ' εἴδοντ' ἀνέμοισιν.»

513 μάστιον P : -ιγον H ‖ **514** ἔνθορον codd. : ἔκθ- Tychsen ‖ ἀσχαλόωντες codd. : ἰσχανό- Platt ‖ **516** οὐδ' Rhodomann : οὐδέ θ' codd. ‖ ἁρματροχιὰς Köchly : -ίας NREAld. ἁματροχιὰς H ἅμα τρ- P ‖ πέλεν (uel σθένος) add. Rhodomann σθένον praetulit Köchly ‖ **518** κονίσαλος Spitzner : -ίσσα codd. ‖ **519** ὀμίχλῃ UQBN : ὁμ- Ω ‖ **521** ἐγρομένου H : ἀγρ- P ‖ **522** ἔκθορον Heyne (cf. 584 et Zenod. Ψ 759) : ἔνθ- codd. ἔκφερον Zimmermann³ (cf. 517 et Ψ 376) ‖ οἳ P : αἳ H ‖ ἐφέποντο Hᶜ : ἐφίπ- PD ‖ **523** δ' om. P ‖ **524** post 524 deerat in Ω folium unum, scil. 48 uersus. Alterum folium, 526-573 continens, auulsum est et post v 158*a* translatum, ubi hos uersus conscripsit P, admonens quidem ζήτει ὄπισθεν πρὸς τὸ τέλος τῆς ῥαψῳδίας ; genuinum ordinem restituit H, sed v 158*a* (= IV 525 apud ueteres edd.) perperam transposuit, quod recte perspexit Treu ‖ **527** παρφθάμενος Rhodomann : -φάμ- codd. ‖ κακόφρονος PLasc.¹⁻² : κακο spatio relicto H ‖ **530** μὰν P : μὴν H ‖ **531** ἔχεν Lᵖʳ : ἔσχεν Ω ‖ πολλὸν plerique : -λλῶν Pˢˡ (sed expunctum), Uᵃᶜ.

C'est par ces paroles qu'il célèbre les fougueux chevaux et leur maître, le fils d'Atrée ; et Ménélas en a le cœur plein de joie. Ses écuyers ont vite fait de détacher du joug l'attelage tout haletant ; les autres conducteurs qui ont disputé dans l'arène le prix de la course, détellent aussi leurs chevaux au galop de tempête. Auprès du divin Thoas et d'Eurypyle ferme au combat, Podalire accourt pour soigner les plaies et les meurtrissures qu'ils se sont faites en tombant de leur char. L'Atride donne libre cours à sa joie : la victoire déjà l'a comblé ; mais Thétis aux jolies tresses lui offre par surcroît une belle coupe en or, un joyau que possédait le divin Éétion, avant qu'Achille n'eût ruiné l'illustre cité de Thèbe[1].

C'est maintenant le tour d'autres concurrents : pour la course montée[2], ils posent la têtière sur le front de leurs bêtes et les amènent sur la piste ; puis, sitôt qu'ils ont en main le fouet en cuir de bœuf, tous sautent sur leur monture et les voici en selle. Les chevaux, la bouche écumante, rongent leur mors et frappent le sol de leurs sabots, impatients de bondir dans l'arène. Soudain le signal leur ouvre la carrière. De la borne de départ, ils s'élancent au galop, ardents à la lutte. Le souffle puissant du Borée n'a pas de plus rapides rafales, ni le Notos mugissant qui ébranle les flots du grand large sous le coup de ses ouragans, lorsque le sinistre Autel se lève, apportant aux marins larmes et malheurs[3]. Les chevaux vont du même train ; leur galop soulève sur la plaine un immense tourbillon de poussière. Les cavaliers stimulent leur monture par des

1. Éétion, père d'Andromaque, régnait à Thèbe Hypoplacienne, capitale de la Cilicie homérique située au Nord du golfe d'Adramytte. Il fut tué par Achille qui ramena du sac de Thèbe Chryséis et un riche butin : Homère cite le cheval Pédasos (Π 153), une cithare (I 188) et un disque en fer (Ψ 826 s.).

2. Μονάμπυξ est l'épithète du cheval de selle, le κέλης : Pind., *Olymp.*, v, 7 ; Eurip., *Alceste*, 428 ; *Suppl.*, 586, 680 ; sur le sens d'ἄμπυξ, cf. p. 155, n. 4. Pour la course de chevaux, le poète s'inspire encore de la course de chars homérique ; il reprend en outre des motifs déjà utilisés dans l'épisode précédent : v. 546 s. ∾ v. 512 s. ; — v. 550 s. ∾ Ψ 375, 758 ; — v. 556 s. ∾

Ἦ μέγα κυδαίνων ἵππων μένος ἠδὲ καὶ αὐτὸν
Ἀτρείδην· ὃ δ' ἄρ' ᾗσι περὶ φρεσὶ γήθεε θυμῷ.
Τοὺς δὲ μέγ' ἀσθμαίνοντας ἄφαρ θεράποντες ἔλυσαν
ζεύγλης· οἳ δὲ καὶ αὐτοὶ ἀελλόποδας λύον ἵππους
πάντες ὅσοις ἐν ἀγῶνι δρόμου πέρι δῆρις ἐτύχθη.
Ἀντίθεον δὲ Θόαντα καὶ Εὐρύπυλον μενεχάρμην
ἠκέσατ' ἐσσυμένως Ποδαλείριος ἕλκεα πάντα
ὅσσα περιδρύφθησαν ἀπ' ἐκ δίφροιο πεσόντες.
Ἀτρείδης δ' ἀλίαστον ἐγήθεεν εἵνεκα νίκης·
καί οἱ ἐυπλόκαμος Θέτις ὤπασε καλὸν ἄλεισον
χρύσεον, ἀντιθέοιο μέγα κτέαρ Ἠετίωνος,
πρὶν Θήϐης κλυτὸν ἄστυ διαπραθέειν Ἀχιλῆα.
Ἄλλοι δ' αὖθ' ἑτέρωθε μονάμπυκας ἔντυον ἵππους
ἐς δρόμον ἰθύνοντες, ἕλοντο δὲ χερσὶ βοείας
μάστιγας, καὶ πάντες ἀναΐξαντες ἐφ' ἵππων
ἕζονθ'· οἳ δὲ χαλινὰ γενειάσιν ἀφρίζοντες
δάπτον καὶ ποσὶ γαῖαν ἐπέκτυπον ἐγκονέοντες
ἐκθορέειν. Τοῖς δ' αἶψα ⟨τάθη⟩ δρόμος· οἳ δ' ἀπὸ νύσσης
καρπαλίμως οἴμησαν ἐριδμαίνειν μεμαῶτες,
εἴκελοι ἢ Βορέαο μέγα πνείοντος ἀέλλαις
ἠὲ Νότου κελάδοντος, ὅτ' εὐρέα πόντον ὀρίνει
λαίλαπι καὶ ῥιπῇσι, Θυτήριον εὖτ' ἀλεγεινὸν
ἀντέλλῃ ναύτῃσι φέρον πολύδακρυν ὀιζύν·
ὣς οἵ γ' ἐσσεύοντο κόνιν ποσὶ καρπαλίμοισιν
ἐν πεδίῳ κλονέοντες ἀπείριτον. Οἱ δ' ἐλατῆρες

533 ἵππων μένος P : ἵπον μένος UC ἱπουμένος D^{mg} ἵππον μένος DQ (unde ἵππου μ. recc.) ‖ **534** δ' ἄρ' Pauw : γὰρ codd. ‖ θυμῷ H : -μός P ‖ **537** δρόμου om. H κλυτῷ coni. L^{sl} ‖ πέρι Tychsen : περι- P περὶ H ‖ **538** Εὐρύπυλον Rhodomann : εὐρύαλον codd. ‖ **545** αὖθ' H : αὖ P ‖ μονάμπυκας PH^{c} : μὸν ἄπυκας D (unde μώνυχας recc.) ‖ **548** ἀφρίζοντες codd. : ἀφριόωντες malimus ‖ **549** δάπτον codd. (cf. VII 319 ; XI 176) : δάκνον Tychsen ‖ **550** τάθη add. Rhodomann ‖ **551** οἴμησαν H : ἤμ- P ‖ **553** ὀρίνει Köchly : ὄρινεν [-ε P] codd. ‖ **555** ἀντέλλῃ ναύτῃσι P : ἀντέλην αὐτῇσι H.

cris ; d'une main, ils cravachent à coups répétés ; de l'autre, ils tirent sans répit sur le mors qui crisse entre les mâchoires. Les bêtes donnent toute leur mesure et, tandis que la foule pousse d'indicibles clameurs, elles volent au travers de la large plaine. La victoire va bientôt échoir, sans conteste, au fringant cheval, venu d'Argos, que monte Sthénélos[1] ; mais soudain il quitte la piste et va maintes fois s'égarer dans la plaine. Le fils de Capanée ne réussit pas, malgré son habileté, à lui faire prendre le tournant, car l'animal n'a pas encore l'habitude des courses. Ce n'est pourtant pas qu'il soit de vile race, ce rejeton des dieux : son père, le fougueux Arion, était issu de Harpyie et du grondant Zéphyr[2] ; il surpassait de si loin ses congénères qu'il aimait à rivaliser de rapidité avec les plus fougueuses bourrasques de son père ; son maître, Adraste, l'avait reçu en présent des Bienheureux[3]. Telle était la race de ce coursier dont le fils de Tydée avait fait cadeau à son compagnon dans la sainte Troade[4]. Sthénélos avait tant de confiance en la vitesse de ses jarrets qu'il l'avait engagé dans le concours disputé par les chevaux montés ; il s'était présenté parmi les premiers, car il comptait gagner dans cette épreuve une belle gloire. Mais il n'a guère à se louer de lui, le jour où il brigue le prix dans les jeux en l'honneur d'Achille : il n'arrive que second ; l'Atride a su le distancer : l'expérience a eu raison de la vitesse. Néanmoins la foule célèbre, autant qu'Agamemnon, le cheval du fier Sthénélos et son maître : pour arriver

v. 518-521 ; — v. 558 ∾ Ψ 371 ; — v. 561 ∾ Ψ 367 ; — v. 562 ∾ Ψ 372 ; — v. 565 s., 583 s. ∾ Ψ 320 s. ; — v. 568-573 ∾ Π 150 ; Ψ 346 s. ; — v. 574 s. ∾ Ψ 511 ; — v. 575 ∾ Ψ 319.

1. Sthénélos, fils de Capanée et d'Évadné, est le lieutenant de Diomède qui conduit le contingent argien.

2. Le fameux Arion (ou mieux Aréion) est fils de Poséidon et de Déméter-Érinys métamorphosée en jument d'après la *Thébaïde* cyclique ; des poètes plus récents le disaient fils de Poséidon et de Harpyie : cf. A. Severyns, *Cycle*, 220 ss. Quintus a méconnu ces traditions : il attribue à Arion les parents qu'Homère donne aux chevaux d'Achille : comparer QS, iii, 750 s. ; viii, 155. C'est grâce à ce cheval qu'Adraste avait pu échapper à la mort après la défaite des Sept devant Thèbes.

ἵπποις οἷσιν ἕκαστος ἐκέκλετο, τῇ μὲν ἱμάσθλῃ
ταρφέα πεπληγώς, ἑτέρῃ δ' ἐν⟨ὶ⟩ χειρὶ τινάσσων
νωλεμὲς ἀμφὶ γένυσσι μέγα κτυπέοντα χαλινόν.
Ἵπποι δ' ἐρρώοντο · βοὴ δ' ἀνὰ λαὸν ὀρώρει
ἄσπετος · οἳ δ' ἐπέτοντο διὰ πλατέος πεδίοιο.
Καί νύ κεν ἐσσυμένως ἐξ Ἄργεος αἰόλος ἵππος
νίκησεν μάλα πολλὸν ἐφεζομένου Σθενέλοιο,
εἰ μὴ ἄρ' ἐξήρπαξε δρόμου, πεδίον δ' ἀφίκανε
πολλάκις · οὐδέ μιν ἐσθλὸς ἐὼν Καπανήιος υἱὸς
κάμψαι ἐπέσθενε χερσίν, ἐπεί ῥ' ἔτι νῆις ἀέθλων
ἵππος ἔην · γενεῇ δὲ μάλ' οὐ κακός, ἀλλὰ θοοῖο
θεσπέσιον γένος ἔσκεν Ἀρίονος ὃν τέκεν ἵππων
Ἅρπυια Ζεφύρῳ πολυηχέι φέρτατον ἄλλων
πολλόν, ἐπεὶ ταχέεσσιν ἐριδμαίνεσκε πόδεσσι
πατρὸς ἑοῖο θοῇσι καταιγίσι, καί μιν Ἄδρηστος
ἐκ μακάρων ἔχε δῶρον · ὅθεν γένος ἔπλετο κείνου,
καί μιν Τυδέος υἱὸς ἑῷ πόρε δῶρον ἑταίρῳ
Τροίῃ ἐνὶ ζαθέῃ. Ὁ δέ οἱ μέγα ποσσὶ πεποιθὼς
ὠκὺν ἐόντ' ἐς ἀγῶνα καὶ εἰς ἔριν ἤγαγεν ἵππων
αὐτὸς ἐνὶ πρώτοισιν ὀιόμενος μέγα κῦδος
ἱππασίης ἀνελέσθαι. Ὁ δ' οὔ τί οἱ ἦτορ ἴηνεν
ἀμφ' Ἀχιλῆος ἄεθλα πονεύμενος · ἧ γὰρ ἵκανε
δεύτερος, Ἀτρείδης δὲ παρήλασεν ὠκὺν ἐόντα
ἰδρείῃ. Λαοὶ δ' Ἀγαμέμνονα κυδαίνεσκον
ἵππον τε Σθενέλοιο θρασύφρονος ἠδὲ καὶ αὐτόν,

558 ἐκέκλετο om. H ‖ **559** ἐνὶ Wernicke (cf. XII 570) : ἐν codd. ‖ **564** νίκησεν H : -σε P ‖ **565** δρόμου codd. : -μον Heyne ‖ **566** μιν Rhodomann : μεν P μὲν H ‖ ἐὼν om. H ‖ **568** κακός H : -κῶς P ‖ **571** ἐριδμαίνεσκε PH[c] : -μαίνε (sic) D ‖ **573** uide ad 524 ; uersuum ordine restituto, post 573 unius uersus spatium reliquit H ; propterea lac. stat. edd. omnes praeter Zimmermann, iniuria, ut uid., quanquam 573-574 non plane cohaerent ‖ **574** ἑταίρῳ PH[c] : ἑταίρῳν (sic) D ‖ **576** ἐς R : εἰς Ω ‖ ἵππων P[sl]H : ἵπποι P ‖ **577** διόμενος PH[c] : διδό- D ‖ **578** ὁ δ' PH[c] : οὐδ' D ‖ ἴηνεν PH[c] : ἴημεν D ‖ **579** ἵκανε(ν) Rhodomann : ἔμελλεν ἱκάνειν codd.

second après s'être tant de fois éloigné de la borne[1], il faut que ses jarrets se soient déchaînés avec une force peu commune ! Thétis donne alors à l'Atride triomphant la cuirasse en argent de Polydore le rejeton des dieux[2]. A Sthénélos, elle accorde le casque en bronze massif d'Astéropée, ainsi que ses deux lances et son robuste ceinturon[3].

Les autres cavaliers et tous les concurrents qui sont venus en ce jour lutter près de la tombe d'Achille reçoivent aussi leur récompense[4]. Le fils du belliqueux Laerte en a le cœur aigri : il eût aimé vaincre, lui aussi ; mais il n'a pu montrer sa force dans les jeux, retenu par la douloureuse blessure que lui fit le vaillant Alcon, quand il combattait pour le corps du puissant Éacide[5].

1. Νύσση désigne tantôt la borne qui marque le départ d'une course (Ψ 758 ; θ 121 ; QS, IV, 195, 507, 550), tantôt celle que les chars ou les chevaux doivent contourner au milieu de la course (Ψ 326-343) ; c'est le sens ici, comme le confirme l'emploi de κάμψαι au v. 567. Πολλάκι(ς) (v. 566, 583) laisse supposer que les chevaux doivent tourner plusieurs fois autour de la borne, comme sur l'hippodrome ; chez Homère, les chars ne tournent qu'une seule fois.

2. Polydore est le plus jeune fils de Priam ; Achille le tue dans l'*Iliade :* cf. Υ 407-418 ; QS, IV, 154.

3. Astéropée, chef des Péoniens et petit-fils de l'Axios, périt en Φ 139-199 ; pendant les Jeux, Achille donne en prix sa cuirasse et son poignard (Ψ 560 ss., 807 s.).

4. Tous les concurrents reçoivent un prix comme chez Homère ; mais si celui-ci énumère les prix de consolation à l'occasion de chaque épreuve, Quintus se contente d'une indication très générale.

5. Voir QS, III, 308-319.

οὕνεκα δεύτερος ἦλθε, καὶ εἰ μάλα πολλάκι νύσσης
ἐξέθορεν, μεγάλῳ περὶ κάρτεϊ καὶ ποσὶ θύων.
Καὶ τότ' ἄρ' Ἀτρείδῃ Θέτις ὤπασε καγχαλόωντι
ἀργύρεον θώρηκα θεηγενέος Πολυδώρου·
δῶκε δ' ἄρα Σθενέλῳ βριαρὴν κόρυν Ἀστεροπαίου
χαλκείην καὶ δοῦρε δύω καὶ ἀτειρέα μίτρην.
Ἄλλοις δ' ἱππήεσσι καὶ ὁππόσοι ἤματι κείνῳ
ἦλθον ἀεθλεύσοντες Ἀχιλλῆος ποτὶ τύμβῳ
δῶρα πόρεν πάντεσσιν. Ἐπὶ σφίσι δ' ἄχνυτο θυμὸν
υἱὸς Λαέρταο δαΐφρονος, οὕνεκ' ἄρ' αὐτὸν
νίκης ἱέμενον κρατερῶν ἀπέρυξεν ἀέθλων
ἕλκος ἀνιηρὸν τό μιν οὔτασεν ὄβριμος Ἄλκων
ἀμφὶ νέκυν κρατεροῖο πονεύμενον Αἰακίδαο.

583 μάλα om. H spatio relicto || **584** ἐξέθορεν DQC : -ρε PU || καὶ P : οἷς H || **587** Ἀστεροπαίου Rhodomann : -αίης P -αῖαν H || **588** δύω P : δύο H || **589** δ' Basil. : θ' codd. || **590** ἀεθλεύσοντες J. C. Struve (cf. 113, 117) : -θλήσ- codd. || **591** πόρεν H : -ρε P || **593** νίκης Platt : ἀλκῆς codd.

NOTES COMPLÉMENTAIRES

Livre I

Page 13.

3. Thème homérique : I 460 ; cf. ζ 273 ; π 75 ; φ 323.
4. Comparer Apoll. Rhod., iv, 714.
5. Il ne sera plus question de la purification de Penthésilée qui est annoncée ici.

Page 15.

2. La maladie de l'œil visée ici est peut-être le glaucôme dont sera atteint Laocoon au livre xii. Les formes bénignes de cette affection étaient curables. Ἀχλύς appartient au vocabulaire médical : Hippocrate. *Prorrh.*, ii, 20 ; Aëtius, vii, 27.
3. Cf. β 175 ; π 17-18 ; et QS, vii, 637-639.
4. Sur la réception de Penthésilée par Priam, cf. *Notice*, p. 8.

Page 16.

6. Les souvenirs homériques sont nombreux dans les v. 106-114 : Z 460-465 ; M 312 ; X 324-327, 482 ss. ; Ω 740-742, 749 ; cf. aussi Eurip., *Androm.*, 5. Pour le v. 112, cf. p. 12, n. 1,

Page 17.

5. Pour l'« Armement de Penthésilée », Quintus se tient beaucoup plus près d'Homère (Γ 328-339 ; Λ 16-42 ; Π 130-139 ; T 368-381) qu'Apollonios de Rhodes (*Arg.*, iii, 1225-1230) ; mais il remplace les précisions techniques par des enjolivements plus ou moins contestables (cnémides et crinière en or) ; on relève certaines analogies avec l'« Armement de Turnus » chez Virgile (*Én.*, xii, 87 ss.).

Page 18.

5. Pour la comparaison, cf. N 242-244. Δεικνύς signifie que l'éclair est un présage de pluie ou de vent : [Théophraste], *De signis tempest.*, 21 et 32 ; Aratos, *Phén.*, 924 s., 933 ss.
6. Il paraît surprenant que Penthésilée ait laissé ses javelines dans le *megaron*, alors qu'elle a déposé le reste de son équipement dans sa chambre ; mais cette anomalie s'explique par l'imitation trop servile d'un modèle dont on peut se faire une idée par Virgile, *Én.*, xii, 92 s. Cf. nos *Recherches*, p. 23 s.

7. A partir de l'époque hellénistique, les Amazones reçoivent la double-hache à la place de la hachette ou *sagaris:* voir par ex. C. Robert, *Hom. Becher*, 25-29.

8. Certaines peintures de vases du VIe s. montrent déjà Penthésilée à cheval ; d'autres la représentent combattant à pied : D. von Bothmer, *Amazons in Greek art* (1957), 82, 103, 111. Quintus ne précise pas si les compagnes de Penthésilée sont aussi des cavalières. Le βόρειος ἵππος est mentionné par l'*Oxy. pap.* 1611, fr. 2, qui cite peut-être l'*Éthiopide;* sur les cavales engendrées par Borée, cf. Υ 223-229.

9. Le texte des mss ne peut être conservé : c'est l'épouse de Borée qui habite en Thrace et non Penthésilée. D'ailleurs, selon l'usage homérique, c'est le visiteur qui reçoit le présent d'hospitalité et non l'hôte qui l'accueille (Quintus imite dans notre passage δ 736). La légende rapportée ici fait difficulté du point de vue de la chronologie, puisque Orithyie, fille d'Érechthée, est antérieure de plusieurs générations. Elle doit être en tout cas ancienne : Virgile, d'une manière plus étrange encore, donne à Turnus des chevaux que son grand-père aurait hérités d'Orithyie (*Én.*, XII, 82 ss.) ; il est clair qu'il a trouvé ce détail chez l'auteur dont s'inspire Quintus. Il faut rappeler que, selon Justin, II, 4, Penthésilée avait succédé comme reine des Amazones à une certaine Orithyie.

Page 20.

5. Les Argiens se rassemblent spontanément : le poète veut signifier que l'armée est dépourvue de champion, du moment que les Éacides sont absents. Le discours qui suit rappelle celui de Thoas en O 286.

6. Ἄητος (Φ 395) faisait difficulté déjà pour les Anciens. La forme dont use Quintus, ἄατος (⏑ — ⏓), représente peut-être une *interpretatio* visant à assimiler le mot à ἀάατος (⏒ — ⏑ ⏑), qu'Apoll. Rhod., II, 77, emploie dans le sens d'« invincible ». Ἄητος est d'ailleurs glosé, entre autres, par ἀκόρεστος, ἀκατάπαυστος, δεινός, μέγας. Cf. B. Snell-H. Mette, *Lex. frühgriech. Epos, s. v.*

Page 21.

4. Cf. Π 314 s.

Page 22.

5. Comparaison imitée de P 520 ss. et de γ 449.

Page 24.

4. Cf. p. 23, n. 3.

Page 25.

5. C'est le seul passage où soient mentionnés l'arc et le carquois : Quintus suit ici une autre source qu'aux v. 140-169 ;

Virgile, *Én.*, xi, 648-655, est tributaire du même modèle (cf. nos *Recherches*, p. 24). Une « coupe homérique » figure Penthésilée combattant avec la bipenne et portant l'arc en bandoulière : C. Robert, *Hom. Becher*, 25-29.

6. Cette comparaison, tirée d'Apoll. Rhod., iv, 216, revient plusieurs fois dans le poème : QS, ii, 536 ; iii, 325 ; v, 409 ; viii, 230 ; ix, 503.

Page 29.

1. Comparer avec QS, vi, 324. Comme l'a vu Hermann, ἄγεσθαι signifie que les abeilles vont sortir de la ruche sous la conduite de leur reine.

Page 32.

3. Quintus se contente de résumer l'histoire des Aloades, Otos et Éphialtès, telle qu'elle est contée dans l'*Odyssée* (λ 305-320).

4. Pour cette comparaison, cf. Λ 176 ; O 323-325 ; ι 296 ; QS, xiii, 72 ss., 133 ss.

Page 33.

4. Cf. Ξ 407.

Page 34.

3. L'invulnérabilité d'Ajax, ignorée d'Homère, a dû être imaginée par l'*Éthiopide*. On pensait d'ordinaire que le corps entier du héros bénéficiait de ce privilège, à l'exception d'une partie (cou, flanc ou aisselle), ce qui ne laissait pas de faire difficulté pour la scène du suicide : il fallait parfois qu'un dieu révélât au héros comment il pourrait mettre fin à ses jours (Eschyle, dans schol. à Soph., *Ajax*, 833) : cf. A. Severyns, *Cycle épique*, 328. Quintus résout autrement le problème : Ajax est garanti seulement des coups portés par les ennemis.

4. La comparaison rappelle le présage apparu à Priam (v. 198 ss.) ; elle se retrouve chez Tzetzès, *Posthom.*, 145 s.

5. Cf. p. 31, n. 3.

6. Il y a là sans doute surtout une allusion à la fuite d'Hector et des Troyens au moment où ils entendent le cri d'Achille : Σ 229 ; cf. en outre pour Ajax, H 216 ss. ; N 193 ; Ξ 401-432 ; et pour Achille, Υ 375-380, 443 ss. ; X 90 ss.

Page 36.

5. On trouve une comparaison analogue en i, 249. Quintus imite ici plus particulièrement P 53-58, et Théocrite, i, 2.

Page 37.

6. Αἴγλη désigne la « splendeur », la « clarté » qui émane de Zeus (cf. ζ 45), plutôt que l'éclat de la foudre.

Page 38.

4. Cette généalogie est propre au poète ; mais il est naturel que des affinités existent entre Arès, dieu thrace, et Borée (cf. viii, 243, et Callim., *Hymne à Délos*, 63 ss.) ou, comme ici, avec les filles de Borée.

5. Pour les v. 685-688, cf. N 17-19 ; Denys le Périég., 1162.

Page 40.

3. Transposition d'une sentence hésiodique : *Travaux*, 313.

Page 41.

3. Souvenir d'Hésiode, *Travaux*, 210 (cf. *Théog.*, 609).

4. L'épisode de Thersite est, pour une bonne part, tiré de l'*Iliade;* on peut rapprocher v. 722 ∾ B 224 ; v. 741 ∾ B 243 ; v. 750-755 ∾ B 214, 247, 270-277 ; v. 759-760 ∾ B 211-277 (et notamment B 220). Quintus emprunte quelques traits au pugilat d'Ulysse et d'Iros : v. 742-746 ∾ σ 95-99 ; v. 762 ss. ∾ σ 56 s.

5. D'après Lycophron, *Alex.*, 999, Thersite était abattu d'un coup d'épée (ou de lance ?) pour avoir crevé l'œil de Penthésilée ; le tragique Chérémon le faisait déjà périr dans les mêmes conditions, peut-être au cours du banquet funèbre, dans son *Achille tueur de Thersite* (Nauck, *Trag. graec. fragm.* [2], 782 ; cf. le cratère de Boston publié dans *Amer. Journ. Arch.*, 1908, pl. xix). Tzetzès (schol. à Lycophron, 999) attribue cette version à οἱ μὴ εἰδότες ; selon la tradition authentique, ajoute-t-il, Thersite périssait, comme chez Quintus, sous le poing d'Achille, parce qu'il avait grossièrement raillé son chagrin. Cette version concorde avec le sommaire de Proclos (cf. aussi schol. à Soph., *Phil.*, 445 ; Eustathe, à B 219) et doit remonter à l'*Éthiopide;* le coup de poing est en tout cas attesté dès le ve s. par un fragment de Phérécratès (fr. 155 *b* Edmonds).

Page 42.

2. Les Grecs s'entremettent entre les adversaires comme sur le cratère de Boston (cf. la note complémentaire ci-dessus). Dans l'*Éthiopide*, Achille devait aller se purifier du meurtre à Lesbos ; sur le cratère de Boston, on aperçoit Poina, qui paraît concerner Achille plutôt que Thersite.

3. Cf. H 394 ss.

4. Dans l'*Éthiopide* aussi, les Troyens ensevelissent l'Amazone. Selon d'autres, c'est Achille qui lui donnait la sépulture : Servius, à Virgile, *Én.*, i, 491 ; Tryphiod., 39 (d'où Tzetzès, *Posthom.*, 209 ss.) ; et peut-être déjà le vase de Boston où la dispute paraît faire suite à un banquet funèbre ; la Table Capitoline montre Thersite massacré sur le tombeau de l'Amazone. Chez Dictys, iv, 3, Diomède persuade aux Grecs, malgré Achille, de jeter Penthésilée dans le Scamandre.

LIVRE II

Page 56.

3. C'est l'annonce du thème que développera Achille après avoir été frappé de loin par une flèche d'Apollon (III, 68-82).

Page 57.

4. Cf. Tyrtée, fr. 6 Diehl³.

5. Polydamas, fils de Panthoos, né la même nuit qu'Hector, est un conseiller prudent et avisé qui connaît le passé et l'avenir (Σ 249-253) : on comprend qu'il sache prévoir aussi exactement l'issue de l'expédition de Memnon. Il existe d'autre part un second Polydamas, fils d'Anténor : cette homonymie a peut-être incité le poète à prêter au Polydamas homérique le conseil de rendre Hélène qu'Homère place dans la bouche d'Anténor (H 348-353, 363 s., qui ont servi de modèle aux v. 53-58).

6. Cet avertissement rappelle celui que donne le même Polydamas en M 226 s.

Page 58.

4. Ph. Kakridis, Κόιντος Σμυρναῖος, 179, n. 1, rapproche à juste titre les v. 76-77, d'une sentence orphique des *Lithica*, 87 s. : οὐ γὰρ ἄτερ καμάτοιο τέλος μύθοισι καὶ ἔργοις | εὐρύοπα Κρονίδης ἐθέλει δόμεν. Ce parallèle justifie ἔργον.

Page 59.

3. On trouve des idées et des expressions analogues en N 732-734 ; Π 30 s. ; Sophocle, *Ajax*, 1079-1084. Cf. aussi ο 21 et surtout Hés., *Travaux*, 495.

4. Pour les v. 94-97, cf. Γ 156-160 ; H 362 ; QS, II, 66.

5. Dans l'art archaïque et sans doute dans l'*Éthiopide* (cf. δ 188 ; λ 522), Memnon a la peau blanche, mais les Éthiopiens qui l'entourent sont des noirs : cf. [Hésiode], *Catalogues*, fr. K 2, 17 Merkelbach ; Xénophane, fr. 14 Diehl³ ; Polygnote, d'après Pausanias, x, 31, 7. Plus tard, Memnon sera imaginé lui-même à la manière des Éthiopiens : Virgile, *Én.*, I, 489 ; Ovide, *Amours*, I, 8, 4 ; *Pont.*, III, 3, 96 ; Philostrate, *Imag.*, I, 7, 2. Quintus ne donne aucune précision en ce qui le concerne.

6. Sur l'immensité de l'armée éthiopienne, cf. Apollod., *Epit.*, v, 3 (d'après l'*Éthiopide?*) ; QS, II, 31, 109 s., 196-201.

Page 60.

5. Téthys, épouse d'Océan, paraît symboliser parfois comme son époux le fleuve circulaire qui entoure le monde habité : cf., outre notre passage, QS, III, 748 (= XII, 160) ; v, 14. En XI, 418, elle désigne peut-être la mer.

6. Alors que Quintus fait venir Memnon d'une Éthiopie mythique, la légende avait reçu très tôt une interprétation historique : pour Eschyle déjà, la mère de Memnon était une Cissienne (fr. 405 Nauck[2]) ; d'après ces arrangements, Memnon résidait à Suse où il construisit la citadelle qui porte son nom. Quand il fut appelé par Priam, il subjugua au cours de son expédition tous les peuples situés entre Suse et Troie ; les Phrygiens montraient encore au temps de Pausanias la route qu'il avait tracée : c'est la Voie Royale ou Memnonienne qui passe par Sardes : Hérodote, v, 52 s. ; vii, 151 ; Strabon, xv, 3, 2 (728) ; Diod. Sic., ii, 22 ; iv, 75 ; Pausanias, i, 42, 3 ; iv, 31, 5 ; x, 31, 7.

7. Les Solymes, qu'Hérodote identifie aux Milyens, sont un peuple de Pisidie, voisin des Lyciens, qui tenait les redoutables passes de Termessos, le Climax qu'Alexandre dut forcer : Strabon, xiv, 4, 9 s. (666 s.). Bellérophon et son fils Isandros avaient combattu contre eux d'après l'*Iliade* (Z 184, 204) ; mais Quintus est le seul à parler de la défaite que leur inflige Memnon. Il l'a peut-être imaginée lui-même à partir de ε 282 s., d'où l'on peut conclure que le pays des Solymes est une étape nécessaire quand on vient d'Éthiopie ; certains croyaient d'ailleurs que les monts Solymes dont parle l'*Odyssée* se trouvaient non en Asie Mineure, mais à proximité de l'Éthiopie : Strabon, i, 2, 28 (34). Ph. Kakridis (Κόιντος Σμυρναῖος, 28) explique ἱερόν soit par le culte de Zeus Solymeus, soit par le nom de Jérusalem (Ἱεροσόλυμα) : cette dernière hypothèse paraît bien improbable.

Page 61.

4. La coupe sert de prétexte au poète pour donner la généalogie des Dardanides d'après Υ 215-240. Homère avait pareillement résumé l'histoire des Atrides à l'occasion du sceptre d'Agamemnon (B 101-108).

5. Cf. Z 264 s. ; o 392-394.

6. Transposition d'une sentence homérique : o 68, 72-74.

Page 62.

3. Les Kères sont ici presque identiques aux divinités du Destin, comme en ii, 510 ; xiii, 235, et dans l'expression ὑπὲρ Κῆρας (vii, 289).

4. C'est précisément ce que faisaient Éos et Thétis dans l'*Éthiopide* et dans la *Psychostasie* d'Eschyle : cf. Nauck, *Trag. graec. fragm.*[2], p. 88.

5. L'Olympe est considéré comme un palais.

6. Cf. δ 809.

Page 64.

2. Cf. ci-dessous p. 69, n. 1.

3. Cf. ci-dessous p. 98, n. 5.

4. Cf. QS, iii, 331.

Page 66.

4. Quintus est la seule source littéraire qui mentionne Phérée ; mais ce héros figure parmi les Grecs descendant du cheval sur un vase à figures noires de Berlin (Furtwängler, n° 1723) : W. Zschietzschmann, *Jahrb. d. d. arch. Inst.*, XLVI, 1931, 54, fig. 5.

5. Comparaison tirée de M 41-48.

6. La restitution μέν est d'autant mieux assurée que la comparaison concerne non le seul Memnon, mais aussi ses deux adversaires.

7. Le détail est traditionnel ; mais Quintus n'a pas pris garde qu'Éos enfreint ainsi les ordres donnés par Zeus aux v. 170 ss.

Page 71.

7. Memnon est un prince de légende venu d'un pays merveilleux : cf. *Notice*, p. 55.

Page 72.

3. Tous ces hauts faits de Thétis sont contés dans l'*Iliade:* Z 130-137 ; A 586-594 ; Σ 394-407.

Page 73.

4. Les héros ont exalté leur lignage, ils portent des armes divines et Zeus les a touchés de sa « grâce » ; il est donc normal que « leur cœur » soit « plein de superbe » (cf. *Notice*, p. 48). La correction de Köchly affaiblit et obscurcit le texte : il n'est pas d'usage de parler de l'« ardeur *intérieure* » (φρεσί) qui anime des héros en pleine bataille, alors qu'une telle formule est pleinement justifiée en I, 406 et XII, 534.

5. Pour les armes d'Achille, cf. Σ 478 ss. ; pour celles de Memnon, cf. *Notice*, p. 50, n. 3.

6. Cf. N 132 s.

7. Cf. Apoll. Rhod., III, 1042-1045 ; Philostrate, *Imag.*, I, 7, 1.

Page 75.

4. Ici τρέω a clairement la valeur de « trembler » (cf. XII, 180 ; *al.*) ; ailleurs il garde le sens homérique de « fuir » : VI, 559 ; XI, 405. Souvent les deux idées sont impliquées en même temps : I, 8, 278 ; II, 404 ; *al.*

Page 76.

8. Le sens invite à garder l'aoriste ἀμφεχέαντο qui s'oppose au duratif φορέοντο ; la même antithèse se retrouve dans la phrase suivante, mais les termes en sont inversés (chiasme). Au v. 553, la correction de Köchly est difficilement admissible : ἦκα signifie non « avec précaution », « délicatement » (un tel sentiment serait d'ailleurs bien moderne), mais « lentement »,

« faiblement » (cf. xiii, 30, 31, 36), ce que contredit θοῶς. On gardera donc οἳ καί, tour emprunté à Υ 234.

Page 78.

2. Pour la description du bosquet des Nymphes, Quintus s'inspire de Z 419 s.

3. Sur ce développement, cf. p. 74, n. 2. Les v. 598 s. sont tirés de E 749 s.

Page 79.

2. Sur l'interprétation de ce vers, cf. nos *Recherches*, p. 205.

3. Rappel de i, 668.

4. Quintus imite ici A 516 pour la forme ; mais l'idée est hésiodique : ἄτιμος désigne celui qui est dépourvu d'honneurs ou plutôt d'apanage (Hésiode, *Théog.*, 395).

5. Cf. I 14 ; Hésiode, *Travaux*, 737 ; QS, vii, 586 ; ix, 235 ; xiv, 600.

6. Sur cette généalogie d'Éos, cf. *Notice*, p. 52, n. 2.

7. Bien que l'évocation de la bataille ait été brutalement interrompue (v. 548) et que l'on n'ait pas précisé que les Troyens avaient regagné Troie (v. 582-585), la correction ἴσαν ne peut être retenue : la nuit est tombée depuis longtemps et ce court paragraphe est descriptif plutôt que narratif ; αὖλιν ἔχοντες répond à ἔσαν.

Page 80.

4. D'ordinaire, Éos adresse une prière à Zeus soit pour obtenir l'immortalité pour son fils (Proclos, d'après l'*Éthiopide*), soit pour provoquer la métamorphose (Ovide, *Métam.*, xiii, 598 ss.). Une telle attitude aurait été ici incompatible avec les scènes précédentes.

5. Ces oiseaux noirs, pareils à des corbeaux, passaient pour avoir des migrations annuelles : ils venaient d'Égypte ou d'Éthiopie (Pline l'A., *Hist. nat.*, x, 37 [26] ; Solin, xl, 19 ; Dionysios, *Ixeutiques*, i, 8) ou des environs de Cyzique (Élien, *Hist. An.*, v, 1) pour se rassembler autour du tombeau de Memnon. Cf. aussi Pausanias, x, 31, 6 ; Servius, à Virgile, *Én.*, i, 751 ; Cramer, *Anecd. Par.*, i, 25.

6. Ce détail caractéristique est conforme au récit de Dionysios : cf. nos *Recherches*, p. 29. Au contraire, selon Pausanias, *l. c.*, les oiseaux allaient prendre de l'eau dans l'Aesépos avec leurs ailes et nettoyaient le tombeau.

7. Sur ces deux traditions concurrentes, cf. *Notice*, p. 55.

8. Selon d'autres, Éos demeure inconsolable et verse chaque matin des larmes qui se changent en rosée : [Hésiode], fr. 252 Rzach ; Ovide, *Métam.*, xiii, 621 s. ; Stace, *Silves*, v, 1, 34 s.

9. Ovide, *Métam.*, xiii, 600-622, conte autrement le prodige. Memnon est brûlé sur le bûcher et, grâce à l'intervention de Zeus, ses cendres donnent naissance à un oiseau memnon, qui est alors

la métamorphose de Memnon lui-même ; puis d'autres oiseaux analogues se forment, et ceux-ci, après avoir fait trois fois le tour du bûcher, engagent le combat, souvenir des anciennes hoplomachies qui figuraient dans les jeux funèbres (Ψ 798 ss.). Quintus étant certainement tributaire de Dionysios (cf. ci-dessus, n. 6), les quelques analogies qu'on relève entre son récit et celui d'Ovide doivent remonter à un modèle hellénistique, peut-être à un poème de Boiô ou de Callimaque. Ovide (*Amours*, I, 13, 3), Pline, Élien et Solin (*ll. cc.*) font également allusion aux combats des memnons ; Servius *(l. c.)*, en revanche, les passe sous silence.

Livre III

Page 96.

2. Κορύσσομαι signifie « s'armer » : QS, VIII, 264 ; IX, 112 ; X, 48. Mais il se dit aussi d'une tempête ou d'un fléau qui surgit et paraît dresser la tête : QS, VI, 601 (= VIII, 227 ; XIII, 254) ; X, 59 ; XIV, 344. Les deux sens coexistent ici.

3. Sur la justification qui est donnée ici de la conduite des Troyens, cf. *Notice*, p. 89.

4. Cf. QS, I, 173.

Page 98.

4. Apollon est donc le seul responsable de la mort d'Achille cf. *Notice*, p. 91, n. 3.

5. Comparer avec Horace, *Odes*, IV, 6, 9. L'image est homérique (Δ 462 ; cf. Λ 485) ; mais le poète la renouvelle en utilisant les théories de la physique ancienne qui expliquaient les tremblements de terre par des tempêtes souterraines (typhons) : cf. Aristote, *Météor.*, II, 7-8 ; A. Ernout-L. Robin, *Commentaire de Lucrèce*, III, p. 270 ss. ; et, chez Quintus, II, 230 ss.

6. Le texte est corrompu. Nous traduisons en adoptant notre conjecture ἀρητόν ; mais il faut peut-être supposer une lacune.

Page 99.

3. Achille fait allusion à la prédiction de Thétis en Φ 277 s. Le héros expire habituellement devant les Portes Scées : X 360 ; Apollod., *Epit.*, V, 3 ; *Table Iliaque* D 1 (citée par Th. W. Allen, *Homeri opera*, V, p. 126), d'après Arctinos. Dans son résumé de l'*Éthiopide*, Proclos commet sans doute une légère inexactitude, quand il prétend qu'Achille avait pénétré dans la ville à la suite des Troyens fugitifs : il est à remarquer qu'en ce cas les Grecs auraient eu beaucoup plus de peine pour ramener la dépouille d'Achille.

4. Pour ce sens d' ἐδάμνα, cf. v. 148.

5. Nouvelle intervention des Vents qui jouent un rôle important dans les *Posthomériques*.

6. Pour les v. 90-95, cf. Φ 518-520, à quoi s'ajoutent des réminiscences de Δ 451 et d'Hésiode, *Travaux*, 13.

7. Quintus s'inspire du discours qu'Héré adresse à Zeus en Ω 56-63.

8. Quintus est revenu plusieurs fois, en termes différents, sur le mariage de Thétis : III, 613-626 ; IV, 49-55, 131-143 ; V, 338-340. La tradition épique ignore les métamorphoses de la Néréide : Σ 84-87, 429-437 ; Ω 59-63, 534-537 ; *Cypria*, fr. 1-3 Allen (et le sommaire de Proclos) ; [Hésiode], fr. 81 Rzach ; — cf. Pind., *Pyth.*, III, 85-96 ; *Ném.*, V, 22-26 ; *Isthm.*, VIII, 28-50 ; Eschyle, fr. 350 Nauck[2] ; Eurip., *Iphig. Aulis*, 701-707, 1036-1079 ; Apoll. Rhod., IV, 805-809. D'après ces auteurs, les dieux, voulant honorer Pélée, lui accordèrent la main de Thétis ; mais, comme celle-ci refusait de se mésallier, ils lui promirent un fils qui serait un héros hors de pair. La déesse consentit alors à cette union qui fut célébrée sur le Pélion en présence de tous les Olympiens. C'est la version que Quintus suit ici et au livre IV. D'après la version populaire (cf. p. 119, n. 5), Pélée devait s'emparer par la force de Thétis qui tentait de lui échapper par ses métamorphoses. Ces deux traditions sont souvent combinées : Pindare (*Ném.*, IV, 62-68) et Apollodore (*Bibl.*, III, 13, 5) placent le combat avant les noces du Pélion. Quintus imagine une fusion plus intime en III, 616 ss. : Pélée, dit-il, *n'aurait pu vaincre* Thétis, si les dieux n'avaient su convaincre la déesse en lui promettant de la rendre mère d'un héros.

Page 101.

4. Le texte est corrompu. Dans un type aussi banal de formule, il faut rechercher des tours usuels, ce qui exclut des corrections telles que ἄφαρ, ἄνω, ἔσω, ἄκρου, bien que certaines soient paléographiquement séduisantes ; c'est une préposition qu'on attend en pareil contexte : I, 259 ; II, 238 ; III, 228 ; IV, 364 (= VI, 563) ; VIII, 87 ; cf. Δ 106 ; Λ 842. On pourrait aussi changer τυχήσας en θέμεθλα d'après XI, 45, en admettant une fin de ligne mutilée sur l'archétype.

Page 102.

4. L'image des faons apeurés est tirée de X 1.

Page 103.

4. Cette première partie de la harangue de Pâris rappelle les paroles que prononce Hector en P 220-232.

5. C'est-à-dire un chasseur : la périphrase est bien lourde.

6. Cf. Eurip., *Troyennes*, 830-832.

Page 104.

3. En général, Quintus garde à ὁμοκλή son acception homérique de « menaces », « reproches » ; mais, à la suite des poètes hellénistiques, il l'emploie aussi dans le sens de « bataille » (cf. VIII, 187), qui a été tiré d'une interprétation inexacte de Π 147. Le mot devient alors un équivalent de κυδοιμός, φόνος, μόθος : comparer II, 359, 484 ; III, 243 (= VII, 103), 321 ; etc.

4. Cf. Apoll. Rhod., II, 130-135. Sur l'opération de l'enfumage des abeilles, voir en outre Aristote, *Hist. des animaux*, IX, 40, 2 ; Virgile, *Géorg.*, IV, 228 ss. ; Pline l'A., *Hist. Nat.*, XI, 15 (45).

Page 105.

3. Ἐπιφρονεῖν ἄσπετόν τινι équivaut à μέγα φρονεῖν ἐπί τινι ; cette tournure ne semble pas attestée ailleurs, mais, en raison d' Ἀχιλῆι, il paraît impossible de corriger en ἔπι φρονέουσι.

4. Cf. QS, I, 105.

5. Cf. H 206-312 ; Ξ 402-432 ; P 129 s.

6. « Tu as l'esprit égaré, *tibi mens laeua est* » (J. Martin). Rhodomann et Köchly comprenaient : « *at tibi animus ad tenebras tendit* » ; mais cette traduction ne rend ni νόος (« raison »), ni ἐστί.

Page 106.

5. Glaucos paraît aussi frêle à côté du gigantesque Achille qu'un arbuste que la tornade a couché près d'un chêne.

Page 108.

3. Cf. QS, II, 236.

4. Quintus n'use qu'ici de κυνέη : il a pu songer à la coiffe de peau à double crête que les artistes donnent à Pâris ; mais l'emploi d'ἔθλασσεν et l'imitation de Λ 41 obligent à admettre que Pâris porte un casque métallique.

Page 109.

4. Pour l'aigle, cf. Φ 252 s. Homère ne parle pas de la lâcheté des vautours, mais il les montre toujours aux prises avec des charognes : cf. D'Arcy W. Thompson, *Glossary of Gr. birds*, 47 ss. ; O. Keller, dans *Real-Encykl.*, *s. v.* Geier, 933.

5. Cf. QS, XI, 217 s.

6. L'image est hardie : elle a son origine dans des tours tels que ceux de I, 19 (cf. VI, 152, 296), 221 ; II, 523 (cf. I, 61 ; XIII, 219).

Page 110.

4. Texte conjectural. Nous donnons à ἀμφί une valeur adverbiale.

Page 111.

5. Cf. T 339 ; Apoll. Rhod., III, 994 s.

6. Cf. Ψ 14, 153.
7. Cf. K 15.
8. Pour l'expression, cf. Π 714.
9. La ville basse, par opposition à la citadelle que les assiégés tiennent encore.

Page 113.

4. H. Lloyd-Jones, *Class. Quarterly*, xii, 1962, 193, n. 1, remarque que cette expression confirme la correction de Valckenaer κατέδοιμι dans Esch., *Agam.*, 474.

Page 116.

4. Allusion à Σ 322 ; T 16 s. (cf. aussi P 136). Pour l'expression, le poète paraît s'inspirer de Théocrite, xxiv, 118.
5. La transfiguration d'Achille rappelle à certains égards celle d'Ulysse chez les Phéaciens : cf. notamment ζ 229 s.

Page 118.

4. Les Néréides et les Muses assistaient aux funérailles d'Achille dans l'*Éthiopide :* voir le résumé de Proclos et la Table Iliaque A (Th. W. Allen, *Homeri opera*, v, p. 126) ; cf. aussi Pind., *Isthm.*, viii, 57 ss. ; Tzetzès, *Posthom.*, 435 s., 452 s. ; et l'hydrie corinthienne du Louvre E 643 (E. Pottier, *Vases antiques du Louvre*, i, 59, pl. 51 ; W. Zschietzschmann, *Athen. Mitt.*, liii, 1928, 44, n° 90). Quintus, ici encore, complète le sommaire de la seconde *Nekyia* (ω 47 ss., 57-62) en utilisant la Patroclie (Σ 35-51, 65-72).

Page 119.

3. Cf. Ψ 15.
4. Astéropée est le petit-fils du fleuve Axios qui arrose la Macédoine ; cf. QS, iv, 588 (et la note).
5. Les métamorphoses de Thétis ne semblent pas connues d'Homère, à moins qu'elles ne soient sous-entendues par Σ 434 ; les *Cypria* et les *Catalogues* hésiodiques les ignorent aussi. En revanche, elles apparaissent tôt dans l'art, par exemple sur le coffre de Cypsélos. Il s'agit sans doute d'un thème populaire, comme le pense le scholiaste de Pindare (schol. à *Ném.*, iii, 60) : cf. Pind., *Ném.*, iii, 35 ; iv, 62-65 ; Hérodote, vii, 191 ; Soph., *Troïlos*, fr. 561 Nauck² ; Ovide, *Métam.*, xi, 235-265 ; Apollod., *Bibl.*, iii, 13, 5 ; schol. AT à Σ 433 ss. Dans notre passage, Quintus est tributaire d'une source mythographique qu'il complète en s'inspirant des métamorphoses de Protée (δ 417 s., 455-458). Sur les différentes versions du mariage de Thétis dans la *Suite d'Homère*, cf. p. 99, n. 8.

Page 120.

3. Calliope est la première des Muses selon Hésiode, *Théog.*, 79 ; c'est pourquoi Quintus emploie l'emphatique αὐτή.

4. Imitation d'Apoll. Rhod., I, 23-31. Cf. QS, III, 103-105.
5. Cf. I 413 ; ω 93 s.

Page 121.

3. Pour les v. 659-661, cf. Ψ 57-62. Θοήν ne doit pas être corrigé ; sa signification est précisée par deux passages parallèles : I, 706, et surtout X, 259.

4. Éos est « triomphante », parce que la mort de Memnon est vengée (cf. v. 608).

5. Καὶ τότε δή (v. 672) ne pouvant servir chez notre poète de corrélatif à ὅτε, il faut admettre un δέ *apodoticon* au v. 667 ou mieux une anacoluthe. En effet le début de la phrase laisse supposer qu'on va raconter les événements qui se sont passés le lendemain de la mort d'Achille, alors qu'il est question en réalité du deuil de plusieurs jours qui a suivi : ἐπ' ἤματα πολλά est garanti par le v. 621 (sur l'emploi de cette formule vague au lieu des dix-sept jours et des dix-sept nuits dont parle ω 63, cf. p. 105, n. 2). Par conséquent, malgré l'imprécision de καὶ τότε δή, on admettra qu'Achille est brûlé au terme de cette période de deuil et non le lendemain même de sa mort.

6. Sur les funérailles d'Achille d'après l'*Éthiopide*, cf. le résumé de Proclos ; Pind., *Pyth.*, III, 102 s. ; Apollod., *Epit.*, V, 5. Dans sa narration (v. 672-742), Quintus utilise le récit de la seconde *Nekyia* (ω 65-84) et surtout les Funérailles de Patrocle.

Page 122.

3. En énumérant le taureau, le mouton et le porc, le poète songe sans doute au sacrifice triple de la *trittys* (cf. λ 130 s.), le *suovetaurile* des Latins.

4. Quoiqu'il soit mentionné à côté de l'or, l'électron désigne l'ambre et non un métal : cf. V, 625-630.

5. Pour l'offrande des cheveux, cf. Ψ 135 s., 141, 152 ; ω 46.

6. Les ἱππῆες de ω 70 sont certainement des guerriers montés en char ; mais les *Posthomériques* connaissent aussi la cavalerie. 'Ερρώσαντο (cf. ω 69) n'implique nullement des joutes militaires, comme le pensait V. Bérard, mais un défilé « en force » : cf. Ψ 128-134 ; Apoll. Rhod., I, 1059 s. ; IV, 1535 s. ; Tzetzès, *Posthom.*, 433 s., 439 s.

7. Cf. Π 459 s. ; Τ 38 s. ; Ψ 185-191.

Page 123.

2. Les auteurs de l'époque impériale mentionnent la découverte de semblables « ossements de Géants », qui sont plutôt en réalité ceux d'animaux préhistoriques : Pausanias, VIII, 29, 3; 32, 5 ; Philostrate, *Apoll. Tyane*, V, 16 ; *Héroïque*, I, 3. Comparer Properce, II, 9, 14.

Page 124.

3. Pour l'amphore, cf. Ψ 91 s. ; ω 73 ss. ; Stésichore, fr. 72 Bergk[4].

4. Pour le tombeau d'Achille, cf. Ψ 255 ss. ; ω 80-84 ; et l'*Éthiopide* (d'après Proclos). Quintus ne spécifie pas que les restes du héros sont réunis à ceux de Patrocle, comme le précise ω 77, à la suite de Ψ 83 ss. ; on connaît en effet à l'époque hellénistique deux tumulus distincts : Strabon, xiii, 1, 32. Il semble que τύμβον καὶ σῆμα soit un hendiadyn ; les deux mots sont ailleurs équivalents : comparer i, 787 et 806 ; ii, 589, 644, 649 et 647 (il s'agit dans le premier cas d'un tombeau bâti ; dans le second, d'un tumulus) ; on retrouve σῆμα dans le sens de tumulus en i, 822 ; vii, 159 ; x, 486, etc. Il est dès lors peu probable que le mot désigne ici la stèle dressée sur le tumulus (cf. ix, 48 ; x, 488).

5. Pour les v. 743-747, cf. P 426-447 ; Ψ 277, 283 s.

6. Pour les v. 748-751, cf. Π 148-151.

7. Un imparfait δέχνυντο n'a pas de sens, car la relative n'exprime pas un fait, mais la volonté des dieux, comme la proposition précédente. La forme doit donc être accentuée comme un optatif homérique : cf. P. Chantraine, *Gramm. homér.*, i, p. 51.

Page 125.

2. Cf. Ψ 277 s. (et T 408-417). Poséidon avait donné les chevaux à Pélée au moment de son mariage avec Thétis : Apollod., *Bibl.*, iii, 13, 5 ; schol. à Pind., *Pyth.*, iii, 167 a ; Eustathe, à Π 862 (1090, 43) ; Tzetzès, schol. à Lycophron, *Alex.*, 178. L'enlèvement de Néoptolème n'est pas attesté ailleurs ; on raconte d'ordinaire que le fils d'Achille périt à Delphes et qu'il y reçut les honneurs réservés aux héros.

3. La construction d'ἀκηχέμενοι est anormale, mais excusée par l'antithèse.

4. Dionysos et Héraclès sont les deux exemples de mortels divinisés que les mythographes hellénistiques citent le plus volontiers : cf. par exemple Diod. Sic., iii, 74 ; iv, 15 ; voir H. Jeanmaire, *Dionysos*, 452.

5. D'après xiv, 224, au contraire, Achille habite aux champs Élysées : voir la note à ce passage.

6. Comme les héros qui viennent d'être nommés.

7. L'île de Leucé ou Ile Blanche se trouve dans le Pont-Euxin, en avant des bouches de l'Istros (Danube). D'après l'*Éthiopide* (cf. Proclos), Thétis enlevait elle-même son fils sur le bûcher pour le transporter à Leucé ; cf. aussi Pind., *Ném.*, iv, 49 s. ; Apollod., *Epit.*, v, 5. On prétendit plus tard que le héros y épousait Hélène : Pausanias, iii, 19, 11-13 ; Philostrate, *Héroïque*, xx, 32-40. Selon Philostrate, Thétis avait demandé à Poséidon de faire surgir l'île ; le récit de Quintus repose sur cette variante, mais Thétis y joue un rôle purement passif.

8. Cf., pour l'expression, I 154 ss. Ces sacrifices sont mentionnés par Philostrate *(loc. cit.)*; le terme de περικτιόνων est très exact, car il était interdit d'habiter l'île elle-même.

Livre IV

Page 136.

2. Certaines familles nobles de Lycie prétendaient descendre de Glaucos : cf. Hérodote, I, 147.
3. Sur ce dialogue, cf. *Notice*, p. 129-130.

Page 138.

5. La poitrine est le siège de la force et du courage.
6. Ce développement sur les exigences du ventre a des antécédents homériques : T 225, 230 ss. ; η 215-221 ; ρ 286 s.

Page 139.

3. Sur le déplacement de ce vers, cf. notre *Tradition manuscrite de Quintus*, p. 116. Le vers est une politesse de Diomède à l'adresse d'Ajax considéré comme le plus brave des Grecs après Achille ; il prépare la réplique de celui-ci.
4. Littéralement : « déposer des prix splendides » ; cf. v. 104, 115 ss. Ces trois passages sont tirés de ω 85 s., 91 s.
5. Cette conversation n'a pas été mentionnée au livre III.

Page 141.

5. Les Muses, les Heures et les Charites sont présentes sur le Vase François : Furtwängler-Reichhold, *Griech. Vasenmal.*, pl. I-II. Les poètes mentionnent l'épithalame que les Muses chantèrent en l'honneur des nouveaux époux : Pind., *Pyth.*, III, 89-92 ; *Ném.*, V, 22 s. ; Eurip., *Iphig. à Aulis*, 1040-1047. Pour les Charites, cf. l'*Hymne hom. à Apollon*, v. 189-199, où Phoibos est accueilli sur l'Olympe par les chants des Muses ainsi que par les danses des Charites et des Heures. Quant à Thémis, c'est elle qui avait mis en garde Zeus et Poséidon contre un éventuel mariage avec Thétis : Pind., *Isthm.*, VIII, 31 ; Apoll. Rhod., IV, 800 ; Apollod., *Bibl.*, III, 13, 5 (elle intervient aussi dans les *Cypria*, si l'on admet la correction de Heyne Θέμιδος dans le sommaire de Proclos) ; on comprend donc la joie qu'éprouve ici la déesse (v. 136) en voyant que Zeus a écouté ses conseils. Sur l'antre de Chiron où fut célébré le mariage, cf. Eurip., *Iphig. à Aulis*, 705-707 ; schol. T à Ω 62.
6. Pour ἔνθεν ἑλών, cf. θ 500. Ici comme dans ses autres résumés de la guerre de Troie (I, 9-14 ; VII, 378-381 ; XIV, 127-135), Quintus se sépare de la chronologie des *Cypria* (Ovide, *Métam.*, XII, 64-145, s'en écarte aussi, mais d'une manière différente). D'après le poème de Stasinos, les Achéens avaient d'abord débarqué par erreur en Mysie, où Achille blessait Télèphe de sa lance ; puis ils étaient revenus en Grèce. Télèphe, voyant que sa blessure était incurable, se rendait à Argos sur l'ordre d'Apollon ; il obtenait d'Achille qu'il le guérît et acceptait en échange

de guider les Grecs jusqu'à Troie. Quintus ignore la double traversée des Grecs (cf. VII, 379 s.) ; c'est sur les bords du Caïque (IV, 174), donc en Mysie, qu'Achille guérit son adversaire, et cette guérison intervient peu après le combat (VIII, 152 s.). L'épisode paraît donc se situer après la prise des douze villes insulaires que le poète place pendant la traversée (cf. p. 12, n. 1) ; il est mis sur le même plan que la prise de Thèbe et doit, dans l'esprit de Quintus, faire partie de l'expédition contre les onze villes du continent. Cette version se retrouve dans Tzetzès, *Antehom.*, 263-285. Philostrate, *Héroïque*, III, 28-29, 33, affirme aussi que ce n'est pas par erreur que les Grecs ont débarqué en Mysie, mais pour détruire un allié de Priam ; il ajoute que la guérison de Télèphe a eu lieu en Troade.

Page 142.

5. La guerre ne sera envisagée qu'au v. 168. Ἱπποσίη vise donc soit les courses de chars (cf. v. 500, 530), soit celles de chevaux montés (v. 578). La σταδίη χάρμη, qui désigne à proprement parler le combat d'infanterie lourde, doit concerner les concours en champ-clos, la lutte, la boxe, le pancrace, peut-être l'hoplomachie.

6. Cf. Ψ 616 s.

7. Télèphe, fuyant devant Achille, avait été arrêté par un cep de vigne et blessé à la cuisse par son adversaire. Achille le guérit plus tard en appliquant sur sa blessure la rouille de l'arme dont il l'avait frappé : cf. Apollod., *Epit.*, III, 17 s. ; Ovide, *Métam.*, XII, 111-112. Sur la place de cet épisode dans la vulgate troyenne et chez Quintus, cf. p. 141, n. 6.

Page 143.

5. Pour les v. 197-199, cf. Ψ 382, 766-768. L'*Iliade* rapporte un incident analogue à celui qui est conté ici, mais elle le décrit avec plus de réalisme : c'est sur une bouse de vache que glisse Ajax pour la plus grande joie des spectateurs (Ψ 774-777) ; Quintus « corrige » cette trivialité en recourant à un autre passage homérique (Z 39). La mésaventure d'Ajax était suscitée chez Homère par Athéné ; Quintus rectifie aussi : il accuse une divinité anonyme, sans exclure d'ailleurs l'intervention du hasard.

Page 144.

2. Pour les v. 215-216, cf. Ψ 701, 708-710. Diomède et le grand Ajax sont les plus valeureux des Grecs (cf. v. 38, 98 s.). Ils avaient disputé dans l'*Iliade* le combat singulier (Ψ 811-815 ∾ QS, IV, 216-219) ; mais Quintus supprime cette épreuve qui a disparu très tôt du programme des jeux helléniques.

3. Pour la comparaison, cf. Π 756-758 ; QS, I, 222 ; VIII, 175. L'épisode de la lutte qui suit doit beaucoup à Homère : v. 224 ∾ Ψ 719 s. ; — v. 225-232 ∾ Ψ 711, 725-729 ; — v. 247 s. ∾ Ψ 714 ; — v. 263-270 ∾ Ψ 733-739.

Page 145.

2. Ajax ne fait pas tomber la poussière qui s'est attachée à lui quand il a roulé à terre : les lutteurs ont coutume de se « poudrer » le corps (ὑποκονίζεσθαι), la poussière étant destinée à éponger la sueur et à faciliter les prises ; cf. Lucien, *Anacharsis*, 29. Ajax veut éviter que Diomède ne glisse encore entre ses bras.

3. Pour la comparaison, cf. Apoll. Rhod., II, 88 s. ; Oppien, *Cynég.*, II, 50-61 ; le détail de l'écume est pris à Apoll. Rhod., III, 1352 s. (cf. Υ 168) et se retrouve en V, 373 ; VII, 319. Comme le poète le suggère par sa comparaison (v. 242), les lutteurs se heurtent souvent le front, à la façon des taureaux ou des béliers : cf. Lucien, *Anacharsis*, 1 ; De Ridder, *loc. cit.*

4. Imitation de Π 768 s.

Page 146.

2. Cette intervention rappelle celle d'Idée dans le combat singulier entre Ajax et Hector (Η 279-282) ; elle utilise aussi Ψ 890 s.

3. Cf. Π 282 ; QS, IV, 376 s.

Page 147.

3. Comparer Ψ 800. Les Myrmidons avaient capturé le char de Sarpédon, une fois que Patrocle eut tué le cocher du héros et le héros lui-même : Π 462-507.

4. Les v. 294-296 développent Ψ 788. Pour le v. 297, cf. ω 89 (et Apoll. Rhod., III, 561).

5. Les Jeux funèbres sont destinés à honorer et à réjouir le mort, en particulier les concours violents qui font couler le sang. Cette idée très archaïque est déjà formulée en II, 649-655.

Page 148.

2. Tous les détails relatifs à Épéios sont homériques : v. 324 s. ∾ Ψ 665 ; θ 493 ; λ 523 ; — v. 326-328 ∾ Ψ 669-671, 676 (et, pour l'expression, Théocrite, XXIV, 116 s.) ; — v. 331 ∾ Ψ 677. Dans l'*Iliade*, le fils de Panopée met sans peine Euryale hors de combat.

3. Acamas, éponyme de la tribu Acamantide, est, comme Démophon, fils de Thésée et de Phèdre. Homère ne le connaît pas, mais il apparaît dans l'*Ilioupersis :* cf. QS, XIII, 496-543 et les notes à ce passage. Le poète l'a choisi en raison de son nom (l'« Indomptable »), peut-être aussi parce que Thésée passait pour l'inventeur de la boxe et du pancrace : schol. à Pind., *Ném.*, V. 89.

Page 149.

3. Pour le v. 350, cf. QS, VIII, 184 ; sur l'éclair qui jaillit sous le choc des nuages, cf. ci-dessus p. 69, n. 1.

Page 150.

3. Cf. Σ 414 s. ; QS, IV, 354 s.

4. Pour les v. 376 s., cf. QS, IV, 271 ; pour le v. 378, cf. QS, I, 781.

5. D'après Homère (Φ 34-46 ; Ψ 740-747), Lycaon, fils de Priam, fut pris par Achille au cours d'une embuscade nocturne. Patrocle alla le vendre sur le marché aux esclaves de Lemnos et le céda à Eunée, fils de Jason, contre un cratère en argent que Thoas avait acheté à des Phéniciens. Achille donna en prix ce cratère dans les jeux en l'honneur de Patrocle. Les deux vases de Quintus sont un simple doublet qui fournit au poète l'occasion d'une note de mythologie lemnienne tirée, pour l'essentiel, d'Homère (λ 321-325) et d'Apollonios (*Arg.*, III, 997-1004 ; 1097-1101 ; IV, 423-428, 432-434).

Page 151.

1. D'après la version courante (cf. par exemple Apollod., *Epit.*, I, 9), Thésée, à son retour de Crète, débarqua à Naxos que l'on identifie souvent à la Dié homérique : Callim., fr. 601 Pfeiffer ; Diod. Sic., IV, 61, 5. Là, il abandonna Ariadne, soit qu'il fût épris d'une autre femme, soit qu'il y eût été contraint par les dieux (c'est la version admise dans notre passage), soit encore que Dionysos lui eût enlevé son épouse. Quoi qu'il en soit, Dionysos épousa la fille de Minos : il célébra son mariage à Lemnos (Apollodore), sur l'Olympe (Quintus) ou à Dié même (tradition des *Catastérismes* représentée par Hygin, *Astron.*, III, 5 ; scholies de Germanicus, éd. Breysig, p. 61 ; *Epitome, apud* Maass, *Comm. Ar. rell.*, p. 192 et 573 ; voir C. Robert, *Eratosthenis Catast. rell.*, 66-67 ; et J. Martin, *Histoire du texte des Phén. d'Aratos*, 61-67). La jeune épouse reçut une couronne, forgée par Héphaistos, qui devint plus tard une constellation (Apoll. Rhod., III, 1002 ss. ; tradition des *Catastérismes*), ainsi qu'un voile, don des Charites (Apoll. Rhod., IV, 424-434). Quintus se souvient ici de ces deux cadeaux.

2. Thoas, fils de Dionysos et d'Ariadne, est le père d'Hypsipyle. Au moment où les Lemniennes massacrèrent tous les hommes de l'île, Hypsipyle parvint à le sauver ; plus tard, devenue reine des Lemniennes, elle accueillit les Argonautes, et, de son union avec Jason, elle eut plusieurs fils, notamment Eunée. On a relevé en II, 138 ss. un semblable catalogue généalogique à propos d'une autre œuvre d'art : cf. p. 61, n. 4.

3. Pour les v. 397-404, cf. Δ 218 s. Podalire et Machaon sont les fils d'Asclépios à qui Chiron avait enseigné la science des simples.

4. Dans l'*Iliade* (Ψ 859), Teucros a pour rival le Crétois Mérion. Quintus remplace ce dernier par Ajax, fils d'Oïlée, qui conduit le contingent des archers locriens (N 716) ; Ajax lui-même ne combat pas à l'arc, ni chez Homère, ni chez Quintus, sauf en XI, 440-446.

Page 152.

3. La comparaison est tirée de Θ 306-308.
4. Cf. Apoll. Rhod., II, 43-44.
5. Platt (1910), suivi par Zimmermann (1913), corrigent οὐκέτι δεύεται en οὐκ ἐπιδεύεται, pour introduire une référence à la vieillesse : « lorsque le cœur ne connaît pas (encore) la défaillance. » Cette idée est exclue par le contexte.
6. Pour le lancement du disque, Quintus doit beaucoup à Homère : v. 436 s. ∾ Ψ 826, 831 ; — v. 839-842 ∾ Ψ 838, 842 s., 845 (et Oppien, *Halieut.*, I, 27) ; — v. 443 ∾ Ψ 881 ; — v. 445-449 ∾ Ψ 827-829. Mais, dans l'*Iliade*, Ajax est vaincu à cette épreuve par Polypoetès.

Page 153.

4. Καί : « aussi », comme ils avaient admiré le disque.
5. Les armes de Memnon, forgées par Héphaistos, étaient fameuses depuis l'*Éthiopide* qui les décrivait sans doute en détail : cf. ci-dessus la *Notice* du livre II (p. 50, n. 3). Quintus se montre très discret sur elles au livre II (v. 455) et, ici même, il note plus leur taille que leur beauté.

Page 154.

2. Pour le saut, que ne mentionnent pas les Jeux en l'honneur de Patrocle, cf. θ 128. Quintus emprunte une expression à Ψ 843. Le chef arcadien Agapénor, qu'Homère cite une seule fois (B 609), prendra place dans le cheval de Troie (QS, XII, 325) ; il fondera Paphos à Chypre après la guerre.
3. Sur Cycnos, cf. p. 142, n. 3 ; sur Protésilas, cf. p. 66, n. 5.
4. Littéralement : « Ils affirmaient qu'ils ne pourraient le dépasser, même avec une flèche » (cf. v. 466). J. Martin propose une construction différente : « Ils disaient (avant qu'Euryale n'eût lancé son trait) que, même avec une flèche, il n'arriverait pas à surpasser les autres. »
5. Lyrnesse, cité des Lélèges, est située dans la plaine de Thèbe, près du Golfe d'Adramytte. Elle avait pour roi Mynès, fils d'Événos ; on a parfois inféré de B 692 que celui-ci était l'époux de Briséis.
6. La périphrase rappelle une expression de Pindare, *Ném.*, X, 48 ; elle désigne ici le pancrace qui est anachronique à l'époque héroïque ; Quintus en a sans doute conscience et évite à dessein d'employer le mot propre. Les v. 480-488 sont une imitation du préambule à l'épisode homérique du pugilat (cf. surtout Ψ 659, 665-680).
7. Euryale, fils de Mécistée (v. 487), est l'adversaire d'Épéios dans le pugilat homérique ; il y faisait déjà piètre figure.

Page 155.

4. Ἄμπυξ désigne normalement le frontal : les chevaux, en redressant la tête, laissent couler leur écume sur le front de leur

voisin de joug. Il n'est pas nécessaire d'admettre que le mot désigne ici abusivement le mors.

Page 156.

3. Oenomaos, roi de Pise en Élide, obligeait les prétendants de sa fille Hippodamie à se mesurer avec lui dans une course de chars ; avec ses chevaux divins, présents d'Arès, il réussissait toujours à les vaincre et les massacrait. Mais Pélops parvint à le gagner de vitesse grâce à la complicité d'Hippodamie et aux chevaux ailés que lui avait donnés Poséidon : Pind., *Olymp.*, I, 65-88 ; Apollod., *Épit.*, II, 3-5.

Page 157.

3. Cf. Aratos, *Phén.*, 402-430 ; QS, I, 355 s. L'Autel est une constellation de l'hémisphère austral, placée sous la queue du Scorpion ; il apparaît vers le 20 novembre et ne reste visible que peu de temps. D'après la légende, c'est sur cet Autel que les Dieux prêtèrent serment avant de lutter contre les Titans.

Page 158.

3. D'après la *Thébaïde*, Poséidon avait donné le cheval à Coprée qui en avait fait présent à Héraclès, et Héraclès à son tour l'offrit à Adraste.

4. Si le texte ne comporte pas de lacune après le v. 573, Quintus néglige d'indiquer comment le fils d'Arion, qui appartenait à Adraste, est devenu la propriété de Diomède avant d'échoir à Sthénélos.

ERRATA

Dans l'apparat critique *(passim)*, écrire « C. L. Struve » au lieu de « J. C. Struve ».
P. 14 (I 58, trad.) : écrire « sous ses *sourcils* ».
P. 17 (I 120, app. crit.) : écrire « YDUQLR » au lieu de « YQLR ».
P. 35 (I 599, app. crit.) : écrire « x 62 » au lieu de « x 92 ».
P. 74 (II 503, trad.) : écrire « orbite divin*e* ».
P. 75 (note 1) : écrire « par *laquelle* » au lieu de « par lequel ».
P. 101 (III 143, trad.) : écrire « des *chasseurs* apeurés ».
P. 112 (III 421, trad.) : écrire « frappé d'une *lourde* pierre dans... ».
P. 140 (IV 113, trad.) : écrire « les uns, *de concourir dans l'immense lice*, les autres... ».
P. 146 (IV 269, app. crit.) : écrire « XII 215 » au lieu de « XII 216 ».
P. 156 (IV 512, texte) : écrire ἵππων.
P. 156 (IV 526, trad.) : écrire « Élid*e* ».

TABLE DES MATIÈRES

Ce volume,
le cent soixante et unième
de la série grecque
de la Collection des Universités de France,
publié aux Éditions Les Belles Lettres,
a été achevé d'imprimer
en mars 2022
sur les presses
de La Manufacture Imprimeur
52205 Langres Cedex, France

N° d'édition : 10161
N° d'impression : 220178
Dépôt légal : mars 2022